中国 MBA 创新精品系列教材

战略管理

主　编　吕　巍　周　颖　冯德雄
主　审　项保华

武汉理工大学出版社
·武　汉·

【内容提要】

本书由战略管理概论,战略环境分析,战略分析工具,企业愿景、使命和社会责任,公司层战略选择,业务层战略选择,竞争战略选择,战略选择工具,战略实施,战略评估与控制,战略实施与控制工具共11章构成。本书可作为MBA教材,也可作为高校经济管理类专业本科生、研究生的教学参考书。

图书在版编目(CIP)数据

战略管理/吕巍,周颖,冯德雄主编.—武汉:武汉理工大学出版社,2010.8
ISBN 978-7-5629-3107-2
中国MBA创新精品系列教材
Ⅰ.① 战…
Ⅱ.① 吕… ② 周… ③ 冯…
Ⅲ.① 战略-高等学校-教材
Ⅳ.① F270

中国版本图书馆CIP数据核字(2010)第155917号

出版发行:武汉理工大学出版社
武汉市武昌珞狮路122号 邮编:430070
http://www.techbook.com.cn 理工图书网
印 刷 者:通山金地印务有限公司
经 销 者:各地新华书店
开 本:787×1092 1/16
印 张:21.5
字 数:384千字
版 次:2010年8月第1版
印 次:2010年8月第1次印刷
印 数:1～3000册
定 价:40.00元

中国 MBA 创新精品系列教材

前　言

在经济全球化的大背景下，行业竞争不断加剧，使得企业必须不断审视环境的变化，必须站在全局的高度去把握未来，才能获得可持续发展。本书系统地阐述了现代战略管理理论，并引用了大量著名管理理论家和实践家的精辟论述，详细地介绍了众多实用的战略管理方法与技术，具有很强的前瞻性和实战性。

本书围绕企业战略分析、战略选择、战略实施和控制的过程，系统介绍了企业如何通过外部环境和内部环境分析，制定企业战略，并对企业战略加以实施和控制。全书共11章，以战略管理过程为主线，从应用视角出发组织教材的内容体系。与其他教材相比，本书具有以下几个优势：

前瞻性。本书吸收了国内外战略管理研究的前沿成果，通过企业家谈战略、战略管理前沿，提供战略管理方面的最新观点和发展趋势。

针对性。本书内容在国际化和本土化结合的基础上，注重中国特色，具有很强的针对性。在案例选择上，力求针对 MBA 教学特点，结合农业、加工工业、煤炭、矿业等西部产业特点，促进学生进行案例思考，并通过案例分析使学生加强对战略管理理论知识的理解。

实战性。本书通过战略分析工具、个案研究、案例讨论，力求理论与实践相结合，突出专业技能的培养，使学生能够掌握战略管理的分析方法和技能。本书辟有专门的章节介绍相关的战略应用分析工具、实用模型和实施方法，具有很强的操作性和实战性，使本书显著区别于一般的战略管理书籍而成为 MBA 战略管理课程的首选教材。

本书是由吕巍及其所带的研究团队共同完成的，在编写过程中收集和研究了大量的资料和案例，并进行了实地考察和访谈调研，最后由吕巍和周颖进行统一修改和定稿。由胡媛媛（第1章、第10章）、冯德雄（第2章、第3章、第4章）、郑瑞娟（第5章）、连莲（第6章）、施晓榴（第7章）、刘畅（第8章）、陈力萍（第9章）、刘真（第11章）参加了各章编写。

本书由战略管理专家、复旦大学企业管理系项保华教授审稿。项教授对全书的编写大纲和编写内容提出了宝贵的意见，在此深表敬意和感谢。

由于研究深度还有待加强，各方资料也还需进一步挖掘。因此，书中难免有不成熟和不准确的地方，甚至存在错误，恳请各位专家、学者、实践人士及广大读者不吝赐教。

编　者

2010年7月于上海

目 录

战略管理概论 1

企业家谈战略——比尔·盖茨关于战略的语录

企业在本质上是由它的使命(目标)和业务来定义的。当提到耐克和阿迪达斯,我们会认为其代表了优秀的运动服装业;而说到微软和SAP,会立刻联想到其主打产品Windows和企业ERP系列。一名优秀的企业领导者,应在最初就对企业自身未来业务进行深刻思考,并能提出一个坚定且清晰的远景目标,在其指引下制定相应的市场战略并不遗余力地推行。如果说目标是远处的灯塔,那么战略就是向灯塔航行的船只。战略不是一项文字游戏,而是洞察力、实战经验以及理性分析的产物,它要回答这样一个关键的问题——我们怎样才能到达心中的圣地?

微软当初遵循以下六个战略,使其最终获得了软件市场的统治地位:

(1) 将你的精力集中于攻占一个有潜力且竞争对手不多的市场。

(2) 尽量以较大的规模提早进入看好的市场。

(3) 建立自己的领地。

(4) 从每一个可能的方面和途径入手来建造保护自己领地的堡垒。

(5) 针对年度总利润制定你的商业战略。

(6) 使消费者无法拒绝使用你的产品。

战略是什么?迈克尔·波特说战略是“放弃”,杰克·韦尔奇说战略是“重建游戏规则”,钱·金说战略是“发现蓝海”,柳传志说战略是“想清你的目的,目的决定一切”。当下全世界的工商企业都面临着越来越复杂的环境,越来越激烈的竞争,越来越大的市场范围,越来越快的社会、经济、文化和技术的变化。对于企业来说,如何对未来的市场环境变化做出正确的判断?如何调整企业的经营行为,以应对这种未来的变化,从而领先对手,获得竞争优势？如何从各种社会与商业关系中发掘别人没有发觉的价值，创造出别人没有采用过的盈利模式？这都是企业家和管理者非常关注的战略问题。那么战略管理到底是什么？战略理论是如何发展到今天的？战略管理体系能帮助企业完成哪些职能？本章将就战略及战略管理的基本概念进行纵览与概述。

1.1 战略及战略管理概述

对于管理者而言，战略是公司的一种策略，尽管这种策略没有对未来的详细部署进行细致的描述，但是它为管理决策提供了框架。战略理论是如何发展而来？自战略的概念产生至今，人们对它的认识发生了怎样的变化？战略的现代定义是什么？各学派虽有不同的见解，但对于战略的本质却有着类似的看法：战略反映了企业对以何种方式、在何时何地进行竞争，与谁竞争，以及对竞争的宗旨的认识。

1.1.1 战略理论发展历史

(1) 早期战略思想阶段

在此阶段，虽没有出现完整的战略理论体系，但已产生了很精深的战略思想。美国哈佛大学的迈克尔·波特教授对此作了精辟的概括，总结了早期战略思想阶段的三种观点。

① 法约尔观点

20 世纪初，法约尔(Henry Fayol，1841—1925)对企业内部的管理活动进行整合，将工业企业中的各种活动划分成六大类：技术活动、商业活动、财务活动、安全活动、会计活动和管理活动，并提出了管理的五项职能：计划、组织、指挥、协调和控制，其中计划职能是企业管理的首要职能。这可以说是最早出现的企业战略思想。

② 巴纳德观点

1938 年，美国经济学家切斯特·巴纳德(Chester I. Barnard，1886—1961)在《经理人员的职能》一书中，首次将组织理论从管理理论和战略理论中分离出来，认为管理和战略主要是与领导人有关的工作。此外，他还提出管理工作的重点在于创造组织的效率，其他的管理工作则应注重组织的效能，即如何使企业组织与环境相适应。这种关于组织与环境相“匹配”的主张成为现代战略分析方法的基础。

③ 安德鲁斯观点

20 世纪 60 年代，哈佛大学的安德鲁斯(Kenneth R. Andrews，1916—2005)对战略进行了四个方面的界定，将战略划分为四个构成要素，即市场机会、企业实力、个人价值观和渴望、社会责任。其中市场机会和社会责任是企业外部因素，企业实力与个人价值观和渴望则是企业内部因素。他还主张企业应通过更好地配置自己的资源形成独特的能力，以获取竞争优势。

(2) 传统战略理论阶段

1965 年，安索夫出版了第一本有关战略的著作《企业战略》，成为现代企业战略理论研究的起点。从此以后，很多学者积极地参与企业战略理论的研究，在这一时期出现了多种不同的理论学派。

① 设计学派

这一学派以安德鲁斯教授及其同仁为代表。设计学派认为，企业战略的形成必须由企业高层经理负责，而且战略的形成应当是一个精心设计的过程，它既不是一个直觉思维的过程，也不是一个规范分析的过程；战略应当清晰、简明，易于理解和贯彻。

② 计划学派

计划学派以安索夫为杰出代表。计划学派认为，战略的形成是一个受控制的、有意识的、规范化的过程。战略行为是其对环境的适应过程以及由此而导致的企业内部结构化的过程。

③ 定位学派

定位学派的杰出代表人物是迈克尔·波特。定位学派认为企业在制定战略的过程中必须要做好两方面的工作：一是企业所处行业的结构分析；二是企业在行业内的相对竞争地位分析。

④ 创意学派

创意学派认为战略的形成是一个直觉思维、寻找灵感的过程。

⑤ 认知学派

认知学派认为，战略的形成是基于处理信息、获得知识和建立概念的认知过程。其中后者是战略产生的最直接、最重要的因素，而在哪一阶段取得进展并不重要。

⑥ 学习学派

学习学派与其他学派的不同之处在于，它认为战略是通过渐进学习、自然选择形成的，可以在组织上下出现，并且战略的形成与贯彻是相互交织在一起的。

⑦ 权力学派

权力学派认为，战略制定不仅要注意行业环境、竞争力等经济因素，而且要注意利益团体、权力分享等政治因素。

⑧ 文化学派

文化学派认为，企业战略根植于企业文化及其背后的社会价值观念，其形成过程是一个将企业组织中各种有益的因素进行整合以发挥作用的过程。

⑨ 环境学派

环境学派强调的是企业组织在其所处的环境里如何获得生存和发展，它只起到了一种让人们关注环境因素的作用。

⑩ 结构学派

结构学派把企业组织看成是一种结构——由一系列行为和特征组成的有机体，把战略制定看成是一种整合——由其他各种学派的观点综合而成的体系。

(3) 竞争战略理论阶段

在企业战略理论的发展过程中，十种战略学派都曾在一定时期内发挥过一定作用。但随着企业战略理论和企业经营实践的发展，企业战略理论的研究重点逐步转移到企业竞争方面，特别是 20 世纪 80 年代以来，西方经济学界和管理学界一直将企业竞争战略理论置于学术研究的前沿地位，从而有力地推动了企业竞争战略理论的发展。回顾近 30 年来的发展历程，企业竞争战略理论涌现出了三大主要战略学派：行业结构学派、核心能力学派和战略资源学派。

① 行业结构学派

行业结构学派的创立者和代表人物是迈克尔·波特教授。波特的杰出贡献在于实现了产业组织理论和企业竞争战略理论的创新性兼容，并把战略制定过程和战略实施过程有机地统一起来。波特认为，构成企业环境的最关键部分就是企业投入竞争的一个或几个行业，行业结构极大地影响着竞争规则的确立以及可供企业选择的竞争战略。为此，行业结构分析是确立竞争战略的基石，理解行业结构永远是战略制定的起点。为此，波特创造性地建立了五种竞争力分析模型，他认为一个行业的竞争状态和盈利能力取决于五种基本竞争力之间的相互作用，即进入威胁、替代威胁、买方讨价还价能力、供方讨价还价能力和现有竞争对手之间的竞争，而其中每种竞争力又受到诸多经济、技术因素的影响。在这种指导思想下，波特提出了赢得竞争优势的三种基本竞争战略：总成本领先战略、差异化战略以及专一化战略。

② 核心能力学派

1990 年，普拉哈拉德和哈默尔在《哈佛商业评论》上发表了“企业核心能力”一文。其后，越来越多的研究人员开始投入到企业核心能力理论的研究中。所谓核心能力，就是所有能力中最核心、最根本的部分，它可以通过向外辐射作用于其他各种能力，影响着其他能力的发挥及其效果。一般来说，核心能力具有如下特征：核心能力可以使企业进入各种相关市场参与竞争；核心能力能够使企业具有一定程度的竞争优势；核心能力应当不会轻易地被竞争对手所模仿。

核心能力学派认为，现代市场竞争与其说是基于产品的竞争，不如说是基于核心能力的竞争。企业的经营能否成功，已经不再取决于企业的产品、市场的结构，而取决于其行为反应能力，即对市场趋势的预测和对变化中的顾客需求的快速反应，因此，企业战略的目标就在于识别和开发竞争对手难以模仿的核心能力。另外，企业要获得和保持持续的竞争优势，就必须在核心能力、核心产品和最终产品三个层面上参与竞争。在核心能力层面上，企业的目标应是在产品性能的特殊设计与开发方面建立起领导地位，以保证企业在产品制造和销售方面的独特优势。

③ 战略资源学派

战略资源学派认为，企业战略的主要内容是如何培育企业独特的战略资源，以及最大限度地优化配置这种战略资源的能力。在企业竞争实践中，每个企业的资源和能力是各不相同的，同一行业中的企业也不一定拥有相同的资源和能力。这样，企业战略资源和运用这种战略资源的能力方面的差异，就成为企业竞争优势的源泉。因此，企业竞争战略的选择必须最大限度地有利于培植和开发企业的战略资源，而战略管理的主要工作就是培植和发展企业对自身拥有的战略资源的独特的运用能力，即核心能力，而核心能力的形成需要企业不断地积累战略实施所需的各种资源，需要企业不断学习、不断创新、不断超越。只有在核心能力达到一定水平后，企业才能通过一系列组合和整合形成自己独特的不易被人模仿、替代和占有的战略资源，才能获得和保持持续的竞争优势。

尽管波特的行业结构分析说与随后出现的核心能力说、战略资源说在企业战略研究的侧重点上各有不同，但鉴于它们把买方市场的特征作为主要经济特征，将环境复杂多样的变化作为战略研究的时代背景，将市场竞争作为战略研究的主要内容，将谋求建立和维持企业的竞争优势作为战略目标，我们可以将它们统称为竞争战略理论。

(4) 动态竞争战略理论阶段

进入 21 世纪以来，全球众多企业面临的竞争环境更加富于变化和难以预测。面对竞争环境的快速变化、产业全球化竞争的加剧、竞争者富于侵略性的竞争行为以及竞争者对一系列竞争行为的反应所带来的挑战，传统战略管理的理论方法已无法满足现实企业中战略管理决策的需要。于是，近年来一些管理学者提出了新的战略理论，即“动态能力论”和“竞争动力学方法”。

① 动态能力论

动态能力论的提出主要基于以下认识：过去的战略理论是由从企业战略的层次上对企业如何保持竞争优势的分析构成的，而对企业怎样和为什么要在快速变化的环境中建立竞争优势却论述不多。动态能力论则主要是针对基于创新的竞争、价格的竞争、增加回报以及打破现有的竞争格局等领域的竞争进行的。它强调了在过去的战略理论中未能受到重视的两个方面：第一，“动态”的概念是指企业重塑竞争力以使其与变化的经营环境保持一致的能力，当市场的时间效应和速度成为关键、技术变化的速度加快、未来竞争和市场的实质难以确定时，就需要企业有特定的、对创新的反应。第二，“能力”这一概念强调的是战略管理适当地使用、整合和再造企业内、外部的资源和能力，以满足环境变化需要。

② 竞争动力学方法

竞争动力学方法是在竞争力模式理论、企业能力理论和企业资源理论的基础上，通过对企业内、外部影响企业经营绩效的主要因素与企业之间的相互作用，参与竞争的企业质量、企业对竞争的反应速度和灵活性分析，回答在动态的竞争环境条件下，企业应怎样制定和实施战略管理决策，才能获得超过平均水平的收益并维持竞争优势。

近年来，竞争动力学的研究和分析在国外受到越来越多的关注，而且有关这方面的研究成果被普遍地应用在战略管理的实践中。首先，它研究处于竞争状态的企业之间的竞争作用，这种竞争作用产生的原因，以及竞争作用发生的可能性；第二，它研究和分析影响企业竞争或对竞争进行反应的能力要素；第三，它还对不同条件下的竞争结果进行分析和对比。

动态竞争的主要特点在于：首先，动态竞争是高强度和高速度的竞争，每个竞争对手都在不断地建立自己的竞争优势和削弱对手的竞争优势，竞争对手之间的战略互动明显加快。其次，任何一个抢先战略都有可能被竞争对手的反击行动所击败；任何竞争优势都是暂时的，而不是可以长期保持的。此外，竞争战略的有效性不仅取决于时间领先，更主要的是及时地建立新优势。最后，在静态竞争条件下，竞争战略的主要目的是建立、保持和发挥竞争优势，主要对成本与质量、时间和专有技术、建立进入障碍、规模优势四个领域的竞争有直接贡献，但在动态竞争条件下，上述四个领域所建立起来的优势都是可以被打破的。

成熟的战略管理理论认为,战略管理是由环境分析、战略制定、战略实施、战略控制四个不同阶段组成的动态过程,这一过程是不断重复、不断更新的。理论上通常都是按上述顺序对企业的战略管理进行分步研究。但是在实际应用中,这几个步骤往往是同时发生的,或是按照不同于上述的步骤进行的。这就要求企业的管理者们必须创造性地设计、应用战略管理系统,并且,这一系统应该有足够的弹性以适应企业所面临的时刻变化着的外部环境。这一动态过程理论上称之为战略管理过程。以战略管理过程理论为依据进行的动态企业战略管理研究,在国内外开始的时间并不是很长,目前正处于发展阶段。我国企业应当高度重视战略管理理论研究,以指导企业在激烈的竞争中立于不败之地。

1.1.2 战略管理的概念及其特征

(1) 战略管理诞生的背景

公司内部的管理活动仅仅是现代决策者的部分职责,除此之外,它们还必须应对公司直接的和宏观的外部环境带来的挑战。直接外部环境包括竞争对手、供应商、日益稀缺的资源、政府机构及其制定的大量政策法规,还包括消费者。宏观外部环境包括经济和社会状况、政治因素和技术发展水平,所有这些都要进行预测、检测、评估,并反映到决策者的决策过程中。然而,决策者为了满足公司的利益相关者的种种要求,经常不得不把公司内部活动和外部环境的需求放到次要位置上。为了有效地处理影响公司发展和收益的所有事宜,决策者在管理过程中总是尽可能地对环境变化及难以预料的竞争需求进行预测,从而使公司在竞争环境中能够处于最有利的地位。

第二次世界大战以后,范围广泛、规模庞大的管理活动明显地变得更加复杂起来,这主要是因为竞争公司数量的增加、规模的增大,政府在自由公司体系中作为买方、卖方、管理者和竞争者的作用的增强,以及国际贸易影响的加深。管理活动最显著的改变发生在 20 世纪 70 年代,当时出现了"长期规划"、"新风险管理"、"规划、设计、预算"、"经营策略"等多种管理思想。与此同时,在制订和实施计划时更加重视环境预测和外部因素。这种通盘考虑的方法称之为战略管理。

(2) 战略管理的概念及其内容

战略管理是指为制订和实施那些旨在实现公司目标的计划而做出的决策和行动的集合。

战略管理的内容包括:规划公司的使命,包括对宗旨、理念和目标的明确陈述;对公司内部状况和能力进行分析;评估公司的外部环境,包括竞争环境和广泛的相关因素;通过把自身资源与外部环境进行匹配来分析公司可供选择的方案;围绕公司的使命对每种选择进行评价,通过这种方式确定最理想的方案;选择一组能够实现最理想方案的长期目标和总体战略;制定与所选的长期目标和总体战略相匹配的年度目标和短期战略;通过有计划地对资源进行分配的方式实施战略,其重点是任务、人员、组织结构、技术和薪酬制度的匹配;对战略过程的进展状况进行评价,并用于未来的决策制定。

(3) 战略管理的特征

① 全局性

企业的战略管理是以企业的全局为对象,根据企业总体发展的需要而制定的。它所管理的是企业的总体活动,所追求的是企业的总体效果。虽然这种管理也包括企业的局部活动,但是这些局部活动是作为总体活动的有机组成部分在战略管理中出现的。具体地说,战略管理不是强调企业某一事业部或某一职能部门的重要性,而是通过制定企业的使命、目标和战略来协调企业各部门的行动。这样也就使战略管理具有综合性和系统性的特点。

② 高瞻性

由于战略决策涉及一个企业活动的各个方面,虽然它也需要企业上、下层管理者和全体员工的参与和支持,但企业的最高层管理人员介入战略决策是非常重要的。这不仅是由于他们能够统观企业全局,了解企业的全面情况,而且更重要的是他们具有对战略实施所需资源进行分配的权力。

③ 整合性

企业的资源,包括人力资源、实体财产和资金,或在企业内部进行调整,或从企业外部来筹集。在任何一种情况下,战略决策都需要在相当长的一段时间内致力于一系列的活动,而实施这些活动需要大量的资源作为保证。因此,为保证战略目标的实现,就需要对企业的资源进行统筹规划,合理配置。

④ 长远性

战略管理中的战略决策是对企业未来较长时期(5 年以上)内,就企业如何生存和发展等进行统筹规划。虽然这种决策以企业外部环境和内部条件的当前情况为出发点,并且对企业当前的生产经营活动具有指导、限制作用,但是这一切是为了更长远的发展,是长期发展的起步。从这一点上来说,战略管理也是面向未来的管理,战略决策要以经理人所期望或预测将要发生的情况为基础。在迅速变化和充满竞争性的环境中，企业要取得成功必须对未来的变化采取预应性的态势，这就需要企业做出长期性的战略规划。

⑤ 外部复杂性

现今的企业都存在于一个开放的系统中，它们一方面影响着这个系统，同时又常常受这个系统中不能由企业自身控制的因素所影响。因此，在未来竞争的环境中，企业要使自己占据有利地位并取得竞争优势，就必须考虑与其相关的因素，即竞争者、顾客、资金供给者、政府等外部因素，以使企业的行为适应不断变化的外部力量，使企业能够继续生存下去。

1.1.3 战略管理的要素

一般说来，战略管理包含以下四个关键要素：

(1) 战略分析

战略分析的主要目的是了解组织所处的环境和相对竞争地位，评价影响企业目前和今后发展的关键因素，并确定在战略选择步骤中的具体影响因素。战略分析主要包括[1]：

① 确定企业的使命和目标

确定企业的使命和目标是企业战略制定和评估的依据。企业使命是对企业是什么类型、为什么存在的界定和定位，它规定了企业应当做什么、不应做什么。企业使命反映了企业的目的、特征和性质，是企业存在的意义和价值，或是企业所肩负的最大责任。例如，通用电气的使命是"以科技及创新改善生活品质"，索尼的使命是"体验发展技术造福大众的快乐"，联想的使命则是"为客户利益而努力创新"。明确企业使命，也就是对本企业是干什么的，为哪一类顾客服务，企业对顾客的价值是什么，业务是什么等这些问题进行思考并做出回答。而企业的目标是在一定时期企业生产经营活动预期要达到的成果，是企业生产经营活动目的性的反映与体现。

② 外部环境分析

战略分析要了解企业所处的环境（包括宏观环境和微观环境）正在发生哪些变化，这些变化将带来更多的机会还是更多的威胁？外部环境是企业无法改变而又必须适应的因素，战略的确定必须建立在坚实的外部环境分析的基础上。在外部环境的分析过程中，需要首先确定外部重要的机会和威胁，然后构造出竞争态势矩阵和外部因素评价矩阵。一般认为企业的宏观环境因素有四类，即政治法律环境、经济环境、社会文化与自然环境以及技术环境。而企业的微观环境主要包括产业环境和市场环境两个方面。

产品生命周期、产业五种竞争力、产业内的战略群体、成功关键因素等分析方法是微观环境分析的重要内容。

③ 内部环境分析

企业内部能力与资源是把握市场机会、应对风险的基础。企业需要了解自身在所处行业的地位，具有哪些资源以及战略能力；还需要了解与企业有关的利益和相关者的利益期望，在战略制定、评价和实施过程中，这些利益相关者会有哪些反应，这些反应又会对组织行为产生怎样的影响和制约。

(2) 战略选择

战略分析阶段就是要明确“企业目前状况”，战略选择阶段所要回答的问题是“企业走向何处”，即战略的制定、评价和选择。

① 制订战略选择方案

在制定战略过程中，当然是可供选择的方案越多越好。企业可以从对企业整体目标的保障、对中下层管理人员积极性的发挥以及企业各部门战略方案的协调等多个角度考虑，选择自上而下的方法、自下而上的方法或上下结合的方法来制订战略方案。

② 评估战略备选方案

评估备选方案通常采用两个标准：一是考虑选择的战略是否发挥了企业的优势，克服劣势，是否利用了机会，将威胁削弱到最低程度；二是考虑选择的战略能否被企业利益相关者所接受。事实上，普适的选择标准并不存在，管理层和利益相关团体的价值观和期望在很大程度上影响着战略的选择。此外，对战略的评估最终还要落实到战略收益、风险和可行性分析等财务指标上。

③ 选择战略

选择战略即最终的战略决策，确定准备实施的战略。如果由于采用多个指标对多个战略方案的评价产生不一致时，最终的战略选择可以考虑以下几种方法：

a. 根据企业目标选择战略。企业目标是企业使命的具体体现，因此，选择对实现企业目标最有利的战略方案。

b. 聘请外部机构。聘请外部咨询专家进行战略选择，利用专家广博和丰富的经验，能够得到较客观的看法。

c. 提交上级管理部门审批。对于中下层机构的战略方案，提交上级管理部门能够使最终选择的方案更加符合企业整体战略目标。

④ 制定战略政策和计划

根据企业最终选择的战略，制订具体的战略实施计划，包括研究与开发、资本需求和人力资源等各个方面。

(3) 战略实施

战略实施即采取措施发挥战略作用,将战略转化为行动。本阶段主要涉及以下问题:如何在企业内部各部门和各层次间分配及使用现有的资源;为了实现企业目标,还需要获得哪些外部资源以及如何使用;为了实现既定的战略目标,需要对组织结构做哪些调整;如何处理可能出现的利益再分配与企业文化的适应问题;如何进行企业文化管理,以保证企业战略的成功实施等[2]。

(4) 战略评价和调整

在这一阶段,战略制定者应着力于检验战略的有效性,通过评价企业的经营业绩,审视战略的科学性和有效性。根据企业情况的发展变化进行战略调整,即参照实际的经营状况、变化的经营环境、新的思维和新的机会,及时对所制定的战略进行调整,以保证战略对企业经营管理进行指导的有效性。战略调整包括调整企业的战略展望、企业的长期发展方向、企业的目标体系、公司的战略以及企业战略的执行等内容。

企业战略管理的实践表明,战略制定固然重要,战略实施也同样重要。一个良好的战略仅是战略成功的前提,企业有效的战略实施才是企业战略目标顺利实现的保证。同样,如果企业在初始阶段并未制定出合适的战略,在战略实施阶段能够修正原有战略的不足之处,那也有可能最终导致战略的完善与成功。

1.1.4 战略管理体系的职能

战略管理体系的具体职能,包括以下四个方面:

(1) 战略研究职能

战略研究职能包括战略研究和战略性研究两个方面。战略研究是针对未来环境的变化研究企业发展的战略目标、战略和战略规划。而战略性研究是在战略研究的指导下,针对变化的某个方面、某个层次、某个局部,研究指导应对的政策和策略。目前,大多数企业没有专门研究政策和策略的机构,常常是在某方面工作出现失误或不适应变化时,才会在管理层会议上提出某项相应的政策。这种情况一方面反映了企业缺少内在的主动权,常常会制约外在竞争的主动性;另一方面,提出的政策和策略之间易产生抵触。企业的政策和策略研究作为战略性研究的重要研究内容,需由战略发展部门、各经营部门积极参与。

（2）战略情报职能

战略情报的范围不限于市场环境，还包括社会环境和其他环境。针对不同环境的相互作用对企业发展的直接作用和间接作用，针对竞争博弈对企业未来发展的作用，战略情报不仅调查正在发生的变化，还要预见可能发生的新变化，因此战略情报的职能不仅是收集信息、调查情况，还包括更多的研究方面。市场信息常常只是战略情报的一个参考。战略情报中包括了预见调查和预测调查，也包括了对不同调查方法的设计研究。

（3）战略组织职能

战略组织职能是通过组织方方面面的关系和资源，包括可控的和不可控的企业内外的各种力量和要素，协同展开战略项目，以创造或取得新的机会。

（4）战略控制职能

战略控制职能包括规划控制、组织控制和战略成本控制等。

规划控制由战略部署和战略规划制约。组织控制即公司治理。目前，我国讨论的公司治理容易脱离实际，对于不同的公司，或者对一个公司的不同发展时期，战略是不同的，若出现战略同质化，则企业在竞争中必定面临失败。企业未来十年或十年以上的发展战略不同，公司治理的依据不同，治理结构也应不同，组织控制才能起到应有的作用。战略成本控制并非直接针对经营，而是针对企业发展态势、发展主动权。企业发展的速度和规模对于企业发展的态势和主动权有直接影响，但是在变化的环境中，尤其是在快速变化的环境中，速度和规模的发展不一定起正作用，反而有可能导致优势变为劣势。

1.2 战略管理层次

从构建企业的竞争优势角度看，战略管理区别于一般的企业战略计划的关键在于它更多地强调了企业内在的战略能力。战略管理的鼻祖安索夫曾说过，战略管理过程可以用于战略开发的各个层面。换句话说，不管所处层面如何，都需要对战略进行有效管理，从而确保战略推动组织朝着目标前进。在企业内在能力中，一个突出的问题是公司内部的各个层面都会开发各自的发展战略，而且这些战略在不同程度上都难免出现矛盾。这是因为，部门经理开发的战略与高层经理开发的战略会有所不同。虽然各个层面的选择都很重要，但有一些选择对公司的影响更加深远。为此，战略管理需要围绕战略目标对战略能力的要求进行系统开发。

斯琴德尔（Schendel）和霍弗（Hofer）根据安索夫的研究成果开发的战

略管理四层面法，可以用来考察战略开发的各个层面：职能层面、业务层面、公司层面和企业层面。但是普遍观点认为公司层面和企业层面战略较难区分，为此，将它们合并称之为公司战略，这样可以从公司战略、职能战略和业务战略三个层面理解战略管理的层次结构。事实上，组织的类型、性质决定了战略开发的层面。目标单一的小型企业不需要考虑企业层面和公司层面的战略，而大型多元化企业的管理层则要重视每个层面的战略。

1.2.1 公司层战略

公司层战略是战略开发的最高层面，也叫企业层面战略、公司层面战略或企业发展战略。公司层战略是以企业整体为对象，是企业的战略总纲，也是企业最高层领导指导和控制企业的行动纲领。一般来说，公司层战略管理主要关注两个问题：其一，企业应该做些什么，涉及如何确定企业的性质和宗旨，选择企业的活动范围和重点。显然，这是企业生存和发展的根本问题。其二，企业怎样去发展这些业务，主要的关注点在于如何决定各个战略单位的设立及其目标和资源配置。

(1) 多元化战略

多元化战略体现出企业不满足于现有产业链的经营，或对现有产业链的前景抱有不乐观的预期，基于分散风险的考虑，开展其他多元业务。多元化战略按与现有业务相关的程度，可以分为相关多元化战略和非相关多元化战略。

(2) 一体化战略

一体化战略是指企业利用社会化生产链中的直接关系来扩大经营范围和经营规模，在供、产、销方面实行纵向或横向联合的战略。根据产业链延伸方向分类，一体化战略主要有纵向一体化、横向一体化和混合一体化三种类型。

(3) 国际化战略

企业的国际化战略通常是公司在国际化经营过程中的发展规划，指跨国公司为了把公司的成长纳入有序轨道，不断增强企业的竞争实力和环境适应性而制定的一系列决策的总称。企业的国际化战略可以分为本国中心战略、多国中心战略和全球中心战略三种。

(4) 虚拟经营战略

虚拟经营是指企业在组织上突破原有的界限，虽有生产、营销、设计、财务等功能，但企业实体内却没有完整的执行这些功能的组织[3]。企业的虚拟经营，是指企业在组织上突破有形的界限，不必设置设计、生产、财务、营销等功能的具体组织结构实体，而又能照样完成各种功能任务的一种经营方式。

(5) 创新战略

创新战略是企业依据多变的环境，积极主动地在经营战略、工艺、技术、产品、组织等方面不断进行创新，从而在激烈竞争中保持独特的优势的战略。从创新对象方面，可以分为产品创新、生产技术创新、组织与管理创新和研究开发创新等创新方式；根据创新的难度和特点，又可以把创新分为领先型创新、跟随型创新和依赖型创新三种类型。

1.2.2 业务层战略

理解公司层战略的目标和对象对于理解业务层战略和职能层战略具有重要的指导意义。业务层战略是在公司层战略指导下，针对于某一个特定战略单位的战略计划。一般意义上强调业务层战略在实施公司层战略过程中有如下几个要点：① 如何贯彻企业使命；② 业务发展的机会和挑战分析；③ 业务发展的内在条件分析；④ 业务发展的目标和要求；⑤ 业务发展的重点、阶段和措施。业务层基本竞争战略可分为成本领先战略、差异化战略、聚焦战略及低成本差异化战略四种。

(1) 成本领先战略

成本领先战略指通过规模化生产或依靠独特的生产工艺，在成本水平上大大领先于对手，从而获取价格上的竞争优势的战略。在消费者对价格敏感、产品标准性较强、产品品牌效应不显著的情况下，成本领先战略是有效的。成本领先战略往往意味着巨大的生产规模和专业化程度很高的生产设施。如果一个企业能够取得并保持全面的成本领先地位，那么只要能使价格相等或接近于该产业的平均价格水平，它就会成为所在产业中的超群之辈。当成本领先的企业的产品价格相当于或低于其竞争厂商时，它的低成本就会转化为高收益。

(2) 差异化战略

差异化战略是通过形成自己的特色，以与其他企业的产品形成差异，从而避开正面的价格竞争的战略。差异化一般通过品牌、技术性能、新功能、服务等方式来实现。值得注意的是，差异化战略并不意味着可以忽略成本控制，不过此时成本控制已不是企业首要的战略目标。

(3) 聚焦战略

当企业想利用其核心竞争力满足某一特定行业细分市场的需求而不

考虑其他需求时，它可以采用聚焦战略。具体来说，聚焦战略包括产品线聚焦战略、顾客聚焦战略以及地区聚焦战略。

(4) 低成本差异化战略

顾客在购买一个产品或一项服务的时候往往有很高的期望，希望购买低价、差异化的产品。正是由于顾客的这些期望，企业开始采用新的战略以高效地生产差异化的产品，即低成本差异化战略。有效率的生产是保持低成本的来源，而差异化是独特价值的来源。低成本差异化战略可以让具备柔性生产能力的企业对新技术以及所处外部环境做出及时调整。

个案研究——雀巢："高危产业"中的领跑者

一场"毒奶粉"事件使三鹿这个国内奶业巨头轰然崩溃。食品安全问题日益为人们所重视，食品产业也成为一个危机四伏的产业。然而，全球食品行业的龙头老大——雀巢却成就了其百年的辉煌。

作为世界上最大的食品企业集团，通过上百年时间的投资并购和扩张，雀巢奠定了自己在全球食品行业中的领军地位。2006 年，雀巢年收入高达 6270 亿元人民币。目前，在全球 81 个国家有 1200 多家工厂，拥有约 26.5 万名员工，拥有 8500 多种使用雀巢品牌的食品、饮料和医药用品，加上各种不同的包装、规格，雀巢的产品种类已多达 22000 余种，成为全球最大的食品饮料企业集团。目前，雀巢瓶装水、速溶咖啡、饮料、奶制品、冰淇淋、婴儿食品、糖果、巧克力以及宠物食品在同类产品中销量位居榜首，据说每秒钟有 4500 杯雀巢咖啡被人喝下。稳健发展而大肆扩张、温情脉脉培育市场而无情排挤竞争对手、面对危机经验丰富并手法老成，雀巢的发展战略及其所采取的商业策略无疑是一个值得研究的范本。

从瑞士到挪威，从英国到澳大利亚再到中国，雀巢以无比的决心与耐心，努力在全球范围内进入任何一个具有增长潜力的新兴市场。而从商业战略的角度看，雀巢在世界各地市场上稳步发展和扩张中取得成功的最重要发展战略举措离不开三个方面：共赢的本土化发展策略、成功的资本运作与出色的市场推广。

共赢的本土化发展策略：从"人才培育、市场培育到解决原料供应"，相比于短期利益，雀巢更看中的是企业的长远利益，并愿意为此加大投入，雀巢也以无比的决心与耐心成就了一段商业传奇。雀巢共赢的本土化发展策略使其获得许多国家的市场准入，并快速切入新兴市场。雀巢明白，要想在不同国家站稳脚跟，就必须把企业的各项业务融入所在国的文化中去，考虑当地民众利益，赢得他们的好感，并以极大的耐心帮助当地农民种植咖啡，进而解决原料供应。如在印度，为了使投资兴建的奶制品工厂有可靠的产品质量，雀巢贷款给当地农民打井、种草，并免费提供兽药和兽医技术，很快就使当地农民为雀巢提供充足奶源。在中国，以雀巢当时进入落后的黑龙江双城为例，为了解决奶源供应问题，雀巢不仅从欧洲派来一支专家队伍，给农户讲授照顾奶牛和采奶技术，还为农民支付贷款的利息，这在当时是非常艰难的事情，用雀巢自己的说法是比培养一个合格的工程师还难。但通过这种方式，雀巢不但为当地农民提供了稳定的收入，同时也有效解决了自己的原料供应问题。雀巢帮助农民提高收入的发展方式很快得到中国政府的高度赞许，为雀巢赢得了良好的社会形象。这种共赢的本土化发展战略，也使雀巢在行业竞争压力不断加大时能得以持续快速发展。

成功的资本运作：雀巢从 Jules Monnerat 时代就知道，一个企业要想不断突破各种竞争阻力、迅速切入新兴市场和在竞争激烈的市场中取得稳定的优势地位，不断投资并购是必经途径和有效方法。据统计，1985—2000 年的 15 年中，雀巢总共花了 260 亿美元并购其他同行企业。1999—2003 年，雀巢收购了至少 32 家水务公司。据了解，目前雀巢在世界各地所并购的企业大多是行业龙头企业。通过控制这些龙头企业，雀巢控制了市场，并获得了庞大的客户群，使企业获得快速的增长。如 2001 年，雀巢以 103 亿美元收购北美第二大宠物食品企业——普里纳公司。同年 8 月，雀巢又以 28 亿美元控股美国第三大冰淇淋企业——德雷尔公司。

出色的市场推广：除了遍及世界的优良产品外，出色的市场推广和成功的广告策略也是雀巢成功扩张的原因之一。当时很多国家的人们根本不知道咖啡为何物，雀巢及时了解当地市场和消费者的心理趋势，并通过大量广告等信息传播方式，以极大的耐心慢慢培育消费者爱好。同时，雀巢通过大量生动的广告和市场推广，让消费者记住了雀巢咖啡。尽管雀巢在世界各地的产品涵盖各类食品，但由于雀巢将广告语的无数次引用，在消费者眼中，雀巢就是速溶咖啡的代名词，雀巢早已家喻户晓，深入人心。同样，在中国一提起雀巢，“味道好极了”的广告词马上会浮现在脑海中。

创新是企业生存、发展的内在要求和基本方式，也是企业不断适应环境、实现自我超越的必然过程，更是提升品牌竞争力的关键，雀巢另一成功的重要原因就在于持续重视科研创新。为了更好地研究消费者需求和开发新产品，2001 年，雀巢在瑞士洛桑成立科研中心，并在世界各地成立了 20 个专业产品技术中心，当年投入的研发费用就达 7 亿美元。

经济全球化已使雀巢的决策层认识到，“组合模块”结构已是全球化经营管理的必然趋势。因此，雀巢将企业的组织结构由过去的“大块”构架变成“模块”结构，即将各地企业划分成为多个规模较小的业务部门，以便灵活运作和及时做出应变决策。其具体做法是：各分公司作为一个直接运作于市场、具有独立性的模块，可有权采取独特的策略，独立运作于所在地区的市场，但服从于集团总战略和接受公司总部的协调，其完善的管理结构构建也使雀巢拥有极大的竞争优势。

（资料来源：董文海. 雀巢："高危产业"中的领跑者. 企业管理，2009(3)，编者有删节。）

1.2.3 职能层战略

作为战略执行部门，职能层战略(Functional Strategy)不仅要秉承企业公司层战略的使命和要旨，更主要的是在业务层战略指导下，针对某一特定职能单位的性质制订战略执行计划。因此，职能层战略的关注重点是如何提高企业资源利用效率，它由一系列详细的方案和计划构成，涉及企业的各个职能领域，其主要内容包括：① 如何实现业务发展目标；② 职能目标的确定及论证；③ 职能发展的重点、阶段和主要措施；④ 职能战略实施中的风险分析和应变能力分析等[4]。

1.3 战略管理过程

成熟的战略管理理论认为，战略管理是由环境分析、战略制定、战略实施、战略控制四个不同阶段组成的动态过程[5]，这一过程是不断重复、不断更新的。理论上通常都是按上述步骤对企业的战略管理进行分步研究。但是，在实际应用中，这几个步骤往往是同时发生的，或是按照不同于上述步骤进行的。这就要求企业的管理者们必须创造性地设计、应用战略管理系统，并且，这一系统应该有足够的弹性以适应企业所面临的时刻变化着的外部环境。这一动态过程理论上称之为战略管理过程。

1.3.1 战略管理过程的组成

战略管理过程包括战略制定、战略实施和战略评价三个阶段[6]。

(1) 战略制定

战略制定包括拟定公司愿景和使命、确定公司所面临的外部机会与威胁、决定内部优势与劣势、建立长期目标、提出供选择的战略以及选择具体的战略方案。战略制定涉及的问题包括：决定企业进入哪些新行业，企业放弃哪些业务，企业如何配置资源，是否扩大经营范围或进行多元化经营，是否进入国际市场，是否进行并购或组建合资企业，如何防止恶意接管等。由于任何一个组织拥有的资源都不是无限的，企业家必须决定哪一个可供选择的战略方案将为企业带来最大收益。战略制定决策将使企业在相当长的一段时间内与特定的产品、市场、资源和技术联系起来。战略决定着企业的长期竞争优势，因此无论好与坏，战略决策都会带来多种重要后果，并对企业产生持久的影响。企业高层管理人员应当高瞻远瞩，高度重视战略制定决策过程，并有权调配重要的战略实施资源。

(2) 战略实施

战略实施要求企业确定年度目标、制定政策、激励员工和配置资源，以保证制定的战略能够得到有效贯彻。战略实施包括塑造支持战略的企业文化、建立有效的组织结构、重新规划营销活动、制定预算、开发和使用信息管理系统，以及将员工报酬与公司业绩挂钩。战略实施经常被称为战略管理的行动阶段。战略实施意味着动员员工及管理人员将已制定的战略付诸行动。战略实施常常被看做是战略管理过程中最艰难的一个阶段，该阶段要求个人具备良好的纪律性、责任心和奉献精神。成功的战略实施依赖于经理人员激励员工的能力，这更是一种艺术，而非科学。如果战略制定完好而不能付诸实施，那将达不到任何预期目标。

(3) 战略评价

战略评价是战略管理的最后阶段。管理者需要知道在什么时候特定的战略出了哪些问题，战略评价是获得这一信息的基本手段。基本的战略评价的活动是：检查作为当前战略基础的外部环境和内部条件；衡量战略实施的业绩；采取纠正措施。

1.3.2　战略管理过程的模型

若想取得战略管理的成功，必须将战略管理作为一个完整过程来加以管理，忽视其中任何一个阶段都不可能取得战略管理的成功[7]。然而从实践的角度来看，尽管许多企业制定了发展战略，但却忽视了战略管理过程中的动态性，从而使得战略管理过程只能成为纸上谈兵。图 1-1 的模型为企业建立动态性的战略管理过程提供了参考。

(1) 公司使命和社会责任

公司使命的唯一目的是将自己与其他公司区别开来，并明确自己的经营范围。简而言之，使命用一种能够反映战略决策者的价值观和考虑问题的优先次序的方式描述了公司的产品、市场和技术。例如，三星集团的新任主席李昆喜就在公司使命中打上了自己的思想烙印。上任后不久，他就

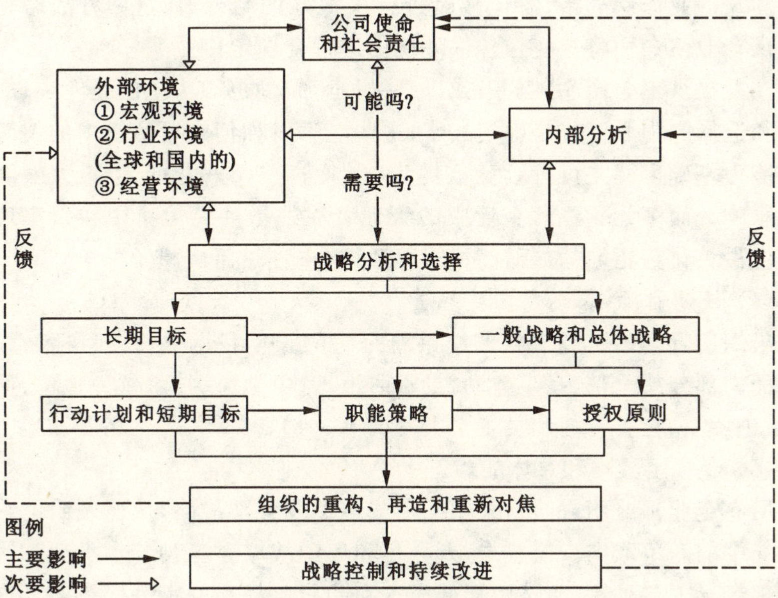

图 1-1 战略管理模型

把全州造纸公司和 Shinsegae 百货剥离出去。这一缩减企业规模的举动体现出偏好专业化的一种管理理念,从而改变了企业的发展方向和业务范围。社会责任是企业战略决策者需要重点关注的问题,因为企业使命必须清楚地表明它将如何为社会作出贡献。企业需要为自己设立社会责任目标,就像设立企业的其他目标一样。

(2) 内部分析

企业不仅要对其财力、人力和物力的数量和质量进行分析,还要对企业管理和组织结构的优势和劣势进行评估。最后,把企业过去获得的成功及一贯关注的业务与企业的现有能力进行对比,以明确企业将来的能力所在。

(3) 外部环境

企业的外部环境包括能够影响其战略选择和其竞争地位的所有条件和因素。战略管理模型表明,外部环境包含三个相互作用的部分:宏观环境、行业环境和经营环境。

(4) 战略分析和选择

同时对企业的外部环境和内部状况进行分析,能够使企业明确哪些是对自己有吸引力的机会,这些机会是企业潜在的投资方向。不过,这些机会必须对照企业使命进行甄别,以进一步明确哪些是真正的机会。这个甄别过程的结果就是做出了一个战略选择。这个过程意味着把企业的长期目标和它的业务层战略、总体战略进行了很好的结合，而这两种战略是为了实现企业使命而将企业在外部环境中进行合理定位。

在只提供单一产品（服务）或以某一种产品（服务）为主的企业中，战略分析和选择的中心工作是确定战略，这些能够对如何在价值链中的关键活动和能力基础上建立可持续竞争优势（企业核心竞争力）产生最大限度的积极影响。而多元化经营企业中的管理者往往把注意力集中在以实现股东价值最大化为指导的如何将不同业务结合起来的问题上。

(5) 长期目标

组织所寻求的跨越多年的结果就是它的长期目标。长期目标一般包括下面的部分或全部内容：盈利、投资回报、竞争地位、技术领先地位、生产率、员工关系、社会责任和员工个人发展等。

(6) 业务层战略和总体战略

所有企业都或明或暗地采用一种或多种业务层战略，从而表明了它们在市场中的竞争取向。低成本、差异化和集中战略是三种基本类型。明智的管理者寻求各种途径，试图把低成本和差异化战略的竞争优势融入自己的业务层战略中。管理者还常常把那些为了在动态环境中实现公司长期目标而采取的主要行动与综合性的总体计划结合起来，这个计划称之为总体战略，表明了企业将如何实现其长期目标。尽管每个总体战略都是各种长期战略的统一整体，但实际上有 14 种基本方法，即集中发展、市场开发、产品开发、技术创新、横向一体化、纵向一体化、合资、战略联盟、合作、相关多元化、非相关多元化、转向、剥离和清算。

(7) 行动计划和短期目标

行动计划把业务层战略和总体战略转变为“行动”，它包括以下四个方面：第一，行动计划要确定下个星期、下个月或下个季度要采取的具体职能策略和行动，这是为了建立竞争优势而做出的努力的一部分。第二，要有清晰的时间安排。第三，通过明确谁来为计划中的每项“行动”负责，行动计划对经营责任进行划分。第四，行动计划中的每项“行动”必须有一个或一个以上的具体、直接的目标作为行动的结果。

(8) 职能策略

在企业的业务层战略和总体战略确定的框架下，每个职能部门都要明确并采取有助于建立持续竞争优势的活动。各个职能部门的管理者制定职能策略，这些职能策略描述了各个职能部门的活动，并且常常把自己的职能部门作为行动计划的核心。职能策略是对用来实现短期目标和建立竞争优势的方式或活动的详细描述。

(9) 授权原则

在当今竞争激烈的全球化市场中，速度成为成功的关键。一种提高反应速度和响应灵敏性的方法是促使并允许在可能的情况下尽量由组织的最底层作决策。所谓原则，就是预先制定的一些决策，这些决策能够指导或替代那些重复性的或者对时间敏感的管理决策。为了以一种与企业的战略目标一致的方式建立和控制企业的运营过程，有必要制定一些能够对业务经理们思考、决策和行动起到指导和预先授权作用的原则。这些原则常常能够提高管理有效性，其方式是把战略实施过程中的常规决策进行标准化，并给予或扩大经理和下属们自行处理问题的权力。

(10) 组织的重构、再造和重新对焦

到目前为止，在战略管理过程中，管理者在制定战略并开始通过行动计划和职能策略加以实施的时候一直保持一个明确的市场主攻方向。现在把目光转向企业内部——如何兼顾业务活动的效率和效果从而使战略获得成功。把企业组织起来实现目标的最佳途径是什么？应该怎样获取竞争优势？应该用什么样的价值观指导我们的日常活动——组织和组织成员应该是什么样的？我们应该建立一个怎样的薪酬系统才能对恰当的行为起到激励作用？全球化市场中的激烈竞争使得“注重公司内部”的传统不得不面对一系列的问题，包括重塑公司自身、对市场进行前所未有的关注、缩小公司规模、对公司进行重构和再造等，这些做法都反映出管理者试图重塑组织的战略实施过程十分关键。为了满足战略带来的对成本和质量方面的要求，对公司的结构、领导层、文化和薪酬制度都有可能作出改变。

(11) 战略控制和持续改进

战略控制涉及在战略实施过程中对其进行跟踪，探查问题和变化所在，并作出必要的修正。与事后控制不同，战略控制在战略管理过程中始终以业务层战略和总体战略作为指导，而这时最终结果还远没有出现。过去十年中，全球市场的快速变化使得持续改进成为许多组织进行战略控制时需要考虑的另一个重要问题。持续改进为管理者提供了一种战略控制形式，使得管理者能够对影响公司获得成功的数以百计的领域中所发生的快速变化主动及时地作出反应。

1.3.3 战略管理过程观的意义

将战略管理看做一个过程有三个方面的重要意义：

(1) 明确战略管理各子过程之间的作用关系

战略管理中任何子过程的改变都将会对几个或所有其他组成部分产生影响,正如战略管理过程模型所显现出的,大部分箭头有两个出口,这说明信息流通常是相互作用的。例如,外部环境中的作用力可能会对公司使命产生影响,而公司也可能反过来影响外部环境,并加剧其所在经营领域中的竞争。一个具体的例子是,一家电力公司被说服在其公司使命中承诺要开发替代能源产品,于是它可能会在煤液化领域中加大研发力度。外部环境影响了公司的使命,而修订后的使命向外部环境发出了竞争的信号。

(2) 理清战略管理流程的思路与逻辑

战略的制定和实施是有先后顺序的,这个过程开始于公司使命的确立或重新评估,这一步与后面的内部分析和外部环境评估密切相关。随后按顺序进行的是战略选择、长期目标的确立、总体战略的设计、短期目标的确立、经营战略的设计、战略的制度化以及回顾和评估。但值得注意的是,在战略管理过程中这种明显的顺序性并不是一成不变的。首先,为了应对那些决定或影响公司绩效的任何一个主要因素所发生的变化,就必须对公司的战略态势进行重新评估。多种变化包括新竞争对手的出现,首席执行官的变动以及市场变化等,这些都应该促使公司重新评估其战略计划。然而,无论需要从哪里开始进行重新评估,战略管理过程总是开始于公司使命。其次,没有必要在每次进行战略规划时对战略管理过程的每一个组成部分给予同等的重视。处于相对稳定环境中的公司可能只需要每五年进行一次深入评估。即使过了十年,公司也常常会满足于其最初确立的使命,因而在评估上只花很少的时间。此外,虽然正式的战略规划每五年才进行一次,但是目标和战略却每年都需要更新,并且在这期间很少对战略规划的初始阶段进行严格评估。

(3) 帮助实现动态化的战略管理

将战略管理的过程看做一个动态系统,能够进一步强调那些能够对相互关联、相互依赖的各种战略活动产生影响的各种因素在不断发生变化。管理者应该认识到战略管理过程的各个组成部分是不断演变的,但正规的战略规划却人为地将这些组成部分冻结起来,就像照片冻结了游泳者的动作一样。由于变化是连续的,所以必须对动态战略过程进行持续的监测,以便及时发现战略管理的组成部分是否发生显著变化,防止战略的陈旧和不合时宜。

1.4 案例讨论:苏宁扩张,顺势? 逆势?

冬天对于某些企业来说,也许正是模式改变的天赐良机。

"收购'大中'的对错,一年见分晓!"一年前,'大中'收购战意外失手后,苏宁电器董事长张近东说。

"企业如果追求短期行为,一定走不远!"一年后,再次面对媒体采访时,张近东更加斩钉截铁。此时,虽然寒冬中的南京大雾弥漫,虽然国内经济大势正值三九严寒,张近东的脸上却难掩春色。

正如南京街头随处可见的苏宁18周年庆广告语:"谁说这是个严酷冬季? 我们看到的是激情的火焰! 谁说这是个下行曲线? 我们感受的是向上的动力!"显然,在这个冬天里,苏宁丝毫不想放慢扩张的脚步。

(1) 机会来了

2008年年底,国美电器掌门人黄光裕因涉嫌经济犯罪被北京警方拘押。这对苏宁来说,好比接到了上帝送来的"大礼包"。虽然张近东没有正面回答记者有关"黄光裕事件"的提问,但"三联状告国美"和"黄光裕事件"对国美的影响显而易见。这一点,从供应商们对待国美的谨慎态度便可知一二。

2007年12月,国美以36.5亿元的高价收购大中电器。国美之所以收购大中电器,是看重其在北京市场整体上呈盈利状态的61家门店。以36.5亿元的收购金额计算,国美为大中电器在北京的每家门店平均支付的收购成本约为6000万元。而如今,由于经济不景气、房屋租金下滑等影响,苏宁在北京开一家新店的成本远比这个数字要少得多。

据介绍,目前苏宁在北京新开一家主力门店的成本,包括店面租金、开张时需要采购商品的"出样成本"以及员工工资等,全算下来,新开一家店的成本不足1500万元。以此标准计算,苏宁在北京2008年新开14家门店仅需2亿多元,2009年计划在京新开20家门店也仅需2亿多元。从成本的角度考量,可以说收购大中的对错已见分晓。更重要的是,金融危机突如其来……双方胜负之别、盈亏之差,更被骤然加倍。而从市场的角度看,家电连锁的覆盖密度还没有达到理想状态,一、二级市场还有很多空白点,而三、四级市场还基本处于真空状态。

基于以上分析,对苏宁来说,"一年后"的2009年,或许真是个千载难逢的大机遇。面对机会,苏宁显示出更大的野心:抓住机会完成对主要竞争对手的超越。根据苏宁透露的战略规划:2009年将推出新开门店200家,店面总数超过1050家,冲刺1100家的门店扩张计划;招聘大学应届毕业生 2000 人，中高层干部 1500 人，年内新增员工总数突破 3.6 万人。进军海外市场的进程也将比预期提前一年，2009 年就会把门店开进中国香港地区。

不容忽视的是，“金融海啸”使全球经济进入了新一轮的调整周期：消费者“捂紧钱袋”已成渡过危机的本能选择。在全球金融危机的冲击下，就连全球家电连锁巨头百思买和日本的山田电机，近日都宣布将大幅削减 2009 年的资本开支。

但主要竞争对手的收缩，并没有改变苏宁电器继续扩张的步伐。在全球金融危机蔓延的情况下，苏宁电器坚持快速扩张，在业内很多人士看来似乎很值得商榷。对此，张近东表示：“金融危机中，零售行业虽然也会受到一定的冲击，但由于很多刚性消费需求依然存在，零售行业整体大萧条的情况并不会出现。通过几年的积累，苏宁的管理基础已经成熟，可以支持苏宁的快速发展；而另一方面，外部环境的变化，也会支持苏宁外延扩张的力度。”

家电行业分析人士刘步尘认为：充沛的现金流状况为苏宁扩张提供了较好的资金基础。2008 年苏宁前三季度财报显示：苏宁 2008 年 1—9 月份经营性活动的现金流达到了 28 亿元，同比增长 80.08%。另外，苏宁于 2008 年上半年成功完成定向增发，融资现金 24 亿元。

(2) 厂商博弈，谁是谁非

在苏宁看来，当前经济环境下，苏宁得到的机遇比遭遇的危机要多得多。但还是有一个问题，对苏宁同样重要——那就是与厂商的关系。毕竟，“龙头领袖”必须要注意到产业链中相关利益者的价值均衡。如果整个产业链发展不健康的话，“老大”也难长久获益，这是大家的共识。

对于苏宁这样的渠道商来说，经营企业关键在于回答好如下问题：

第一，你的客户是谁？第二，你为他们提供什么价值？第三，你如何提供这个价值？苏宁的客户是对价格非常敏感的广大家电消费者。之所以对价格敏感，一是我国的人均收入还不高；二是家电的同质化程度高，比较价格非常容易。所以，能提供的价值主要致力于最低的价格，而低价则主要是靠把厂商的价格压下来。

那么，如何来压价提供这个价值？苏宁和国美以往的方法是连锁经营，通过快速跑马圈地完成对零售渠道的高度控制，这样在与厂商的博弈中占得上风，逼迫厂商把价格降到最低。更妙的是，连锁经营的本钱也并非完全自己掏出来，而是以进店费、装修费等各种费用与厂商分摊。这样，借用别人的鸡（厂商资金）下自己的蛋（连锁店铺），再用蛋去要挟鸡割肉（降价、返点、延长账期），这真是一个绝妙的超爽循环！

但爽的事就是对的事吗?

苏宁电器副总裁、营销管理总部执行总裁金明对媒体回应说:北美、欧洲、日韩的电器连锁业都已形成清晰的游戏规则,中国既然已融入全球经济,行业规则肯定也要与全球接轨。目前,国外电器连锁给供应商付款也是账期操作,一般为 90 天,日本最少的也要 60 天。“这都是公开、透明的游戏规则。”金明表示。美国百思买的 80%连锁店面的销售也都是账期操作的,只有 20%的门店销售是买断经营,而且从中国采购的买断产品也是在北美“到岸”之后顺延 30 天才付款。

可是,下游认可的规矩,上游也认可吗?

对于这种公开、透明的游戏规则,某家电厂商北京分公司经理就表示:厂家和商家追求的目标永远不可能一致。厂家要的是市场份额,而商家要的是利润。如果现在家电连锁业的商业模式不改变,则厂商关系永远不可能达到预期的和谐!而这种状况已经严重影响到家电厂商的竞争力。由于利润单薄,厂家在研发上的投入捉襟见肘。而国际厂商由于品牌溢价,得以享受高利润。一方是高起点、高投入,一方是低起点和低投入,双方的差距将越拉越大!中国家电厂商命运堪忧!

厂家商家各说各的理,究竟能否达成共识,和谐共生?

(3) 老话题,新思路

黄光裕被拘以后,为了争取供应商的持续支持,2008 年 12 月以来一向强势的国美电器终于因“黄光裕事件”而采取了相对温和的策略,与供应商的货款结算以往一直存在的拖欠情况部分得到了改善。一位供应商在《中外管理》中提到:“以往国美电器的货款账期一般为 90 天。但近一个月,正常账期往往都能结算,以往这是只有海尔、西门子、三星等个别企业享受到的待遇,现在大多数企业都能享受到。”

为了缓和与厂商的关系,在困难时期赢得他们的支持,国美已经为厂商关系的和谐发展做出了第一步。那么,苏宁作何考虑?

“我们坚信,厂商合作过程中会有各自的发展要求,但我们的终极目标是一致的,最大的利益一定是共赢。”苏宁总裁孙为民说,“提高整个供应链和零售终端的效率,苏宁还有很多工作要做。首先,网络的空白点太多,苏宁需要加紧建设。其次就是提升利润空间,由于现在的粗放管理,使得供应链里面有很多隐性沉没成本,比如:低周转率、产品滞销等是厂家的负担,而通过苏宁的努力,今后的成效将大大提高,甚至提高 20%~30%都是可能的。现在在苏宁,5%左右的产品占据着 40%~50%的销售额,15%~20%以上的商品占有 90%以上的销售额,有效商业面积的利用也不够充分。通过加强管理解决上述问题之后,都将为厂商带来实惠和收益。”

孙为民认为:因为诚信体系的问题,也人为造成了厂商关系的复杂性。比如,库存是大家都非常重视的,但恰恰厂商互相之间关于库存的消息是互相封锁的,用来当做谈判的砝码。想下单时厂商就对零售商说这货很紧俏,你不下单我就给别人了。而如果零售商想用一款产品做促销时,也一定会对厂商说这种货现在销得不好,还有很多存货。

所以,苏宁下一步要做的,就是简化复杂的供销关系。

其中包括对自营的探索等。在自营业务中,门店内不再按品牌来陈列,而是按产品品类来展示;也不用厂家雇佣的促销员,而是用苏宁的促销员。如此,制造商会考虑减少无效的渠道投入,控制成本。

苏宁还力求"共享价值链条"。苏宁的思路是:以商业信息化为核心,积极通过 B2B 的无缝对接,实现厂商之间的信息资源共享,从而带动行业资源充分利用。另外,也可以通过系统来推动供应商自身的管理变革,让双方的生意可以"更简单地做"。

至少四年前,苏宁与海尔就率先开始了这方面的"试验"。当时,双方共同建立了"联合经营推进机构",负责海尔全系列产品在苏宁全国的销售,从而实现货源、资金、客户信息的全面共享。

苏宁和三星的合作也是这方面合作的典范。在和三星的合作中,通过 B2B 系统,苏宁连锁店和三星电子公司的仓库、设计系统等实现即时对接,三星可以通过该系统随时了解到其产品在苏宁的销售情况,通过苏宁的终端消费者数据对消费需求进行分析;而苏宁则可以及时了解三星产品的结构变化和新产品的情况,看三星正在研制什么新产品,能给苏宁销售多少。

"这对我们提高产品周转率和降低库存占用非常有帮助,通过系统我们还可以比同行更早了解这些知名品牌的产品动向,能够抢占先机和降低积压风险。"金明说。

(4) 渠道下沉的新考验

苏宁扩张,不得不关注的另一件大事就是"家电下乡"。

之前,苏宁在快速复制门店的过程中,首先考虑的都是市场集中度较高、消费能力较强的重点城市。下一步,苏宁必将对连锁发展策略进行细分和渠道下沉,建立三级立体渠道销售网络,从重点城市到三、四级市场,再到农村市场的完整布局。在中国,农村人口占据了国内绝对多数,如果农村市场不能被完全覆盖,所谓的全国连锁就不完整。

而且,在金融危机和内需不足的形势下,为了完成扩张,苏宁更需要全面占据家电下乡以及农村市场主动权。苏宁作为家电下乡中标全部省份的零售商,目前组织了一支大约 400 人的调研团队,将重点对目前家电下乡的 12 个省份中有代表性的农村家电市场和家电渠道的现状进行研究,对农民消费者的服务需求、产品需求进行分析，为未来大规模进入农村市场提供参考。

毫无疑问，渠道下沉是苏宁下一步的必然选择，也必将面对更大的考验。必须注意到：中国农村市场和城市市场有很大差异性，在城市开店的做法并不一定适合农村，其营销模式和服务体系都要做很大调整。所以必须研究农村人和城市人的消费区别，研究维修和服务问题该如何解决等。这些都是苏宁在未来扩张中必须关注和探索的问题。

（资料来源：刘宏君，成志明．苏宁扩张，顺势？逆势？．中外管理，2009(2)，编者有删节。）

思考并分析：

(1) 苏宁电器逆势扩张的外部环境和内部动因何在？

(2) 苏宁此次战略选择存在哪些风险？

(3) 你认为苏宁应该如何进行“合理”扩张？

战略管理前沿——迈克尔·波特重释差异化战略

(1) 竞争就是“差异”

很多经理人认为竞争就是达到最好，于是总在通过找到某种最佳的方式来赢得竞争。实际上，任何一个行业都不是只有唯一的一种最佳方式，因为客户有各种不同的需求。好的竞争方式有很多种，有很多提供价值的方式。有一种关于竞争的想法更加有用：如何能够做到与众不同，并且以这种方式提供独特的价值。这种竞争方式为顾客提供了更多的选择，为市场提供了更多的创新。

(2)“数一数二”不是战略

错误的理解就会导致错误的决策。对战略的常见误解有以下五种：

——认为战略是一种抱负。如“我的战略就是成为产业第一或第二”，或“我的战略就是要发展”。其实这不是战略，只是希望而已。战略不是一个目标，而应该是方法，也就是“如何”成为第一或第二。关键是如何建立你的竞争优势，怎样独树一帜。

——认为战略就是一些行动。如“我们的战略就是要兼并”、“要国际化”、“要外包”……这些行动做起来应该是合适的，但这些是步骤而不是战略。战略就是怎样定位，使你更有特色、更有优势，这是关键所在，然后再决定采取什么样的步骤。如果把战略作为行动来定义，那么这些行动可能是孤立而不相关的行动，没有服务于一个统一的目标。

——认为重要的东西都是战略。如“营销战略”、“政府战略”、“技术战略”等。其实,战略的核心就是整合。一个企业只有一个战略,不能有很多的战略。企业的各项业务、所有想做的事情,都要整合在一起成为一个整体的战略,而不是把很多战略捏在一起。而且这个战略要一次做成,否则战略各部分就会出现方向不一的情况。

——认为战略就是愿景。如“我们的战略就是为社会制造出重要的产品”,或“为人类提供服务”。战略应该是你的竞争优势何在,你在产业中如何定位才能取得竞争优势,才能持续发展。

——认为战略就是试验。如“因为世界发展非常快,所以我们不应该从一开始就制定战略,应该做很多尝试,看看哪些是成功的”。我认为这是很危险的想法。一般小企业不会在做了很多的试验之后突然有一天奇迹出现就成功了。成功必须要有一定的远见,必须要建立竞争的优势,这需要你从一开始就要想清楚,看清楚机会所在。

(资料来源:王小燕,刘源远. 迈克尔·波特重释差异化战略. 中外管理,2004(7),编者有删节。)

本章小结

战略管理是指为制订和实施那些旨在实现企业目标的计划而做出的决策和行动的集合。其内容包括:规划企业的使命;对企业内部状况和能力进行分析;评估企业的外部环境;通过把自身资源与外部环境进行匹配来分析企业可供选择的方案;围绕企业的使命对每种选择进行评价;选择一组能够实现最理想方案的长期目标和总体战略;制定与所选的长期目标和总体战略相匹配的年度目标和短期战略;通过有计划地对资源进行分配的方式实施战略;对战略过程的进展状况进行评价九个方面。战略管理的特征包括全局性、高瞻性、整合性、长远性和外部复杂性五个方面。

一般来说,战略管理包括四个关键要素:(1) 战略分析:了解组织所处的环境和相对竞争地位,评价影响企业目前和今后发展的关键因素,并确定在战略选择步骤中的具体影响因素;(2) 战略选择:制定、评估以及选择战略方案;(3) 战略实施:采取措施发挥战略作用,将战略转化为行动;(4) 战略评价与调整:通过评价企业的经营业绩,审视战略的科学性和有效性。

战略管理体系包括四个方面的职能:战略研究职能、战略情报职能、战略组织职能以及战略控制职能。通过这四个方面的职能发挥,战略管理体系得以整合并发挥作用,为企业的整体运营提供方向性的指导。

基于安索夫的研究成果，战略管理分为三个层面：公司层战略是战略开发的最高层面，以企业整体为对象，是企业的战略总纲，也是企业最高层领导指导和控制企业的行动纲领。业务层战略是在公司层战略指导下，针对于某一个特定战略单位的战略计划。职能层战略主要是在业务层战略指导下，针对于某一特定职能单位的性质制订的战略执行计划。

成熟的战略管理理论认为，战略管理是由环境分析、战略制定、战略实施、战略控制四个不同阶段组成的动态过程，这一过程是不断重复、不断更新的。在实际应用中，这几个步骤往往是同时发生的，或是按不同于上述步骤进行的。基于这一需求设计的动态过程理论上称之为战略管理过程。

本章英文词汇

战略 Strategy
战略管理 Strategic Management
战略分析 Strategic Analysis
战略选择 Strategic Choice
战略实施 Strategy Implementation
战略评价与调整 Strategic Evaluation and Adjustment
战略管理层次 Hierarchy of Strategic Management
多元化战略 Diversification Strategy
一体化战略 Integration Strategy
成本领先战略 Cost Leadership Strategy
差异化战略 Differentiation Strategy
聚焦战略 Focusing Strategy

本章思考题

1-1 什么是战略？什么是战略管理？
1-2 战略管理体系有哪些职能？
1-3 简述战略管理的层次。
1-4 战略制定包括哪些内容？
1-5 如何认识战略管理是科学与艺术的结合？

参考文献

[1] 余来文．企业战略管理体系的构建研究．科技创业月刊，2006(8)．
[2] 刘腾红，宋克振，张凯，等．经济信息管理．北京：清华大学出版社，2005：141．

[3] 马刚.虚拟经营:知识经济时代中小企业的演进趋势.兰州商学院学报,2002(1):9-13.

[4] 张体勋.李霞,等.现代企业管理.北京:中国纺织出版社,2002:47.

[5] 张捍东,杨维翰,等.企业战略管理理论的发展.安徽工业大学学报(自然科学版),2003,20(4).

[6] [美]弗雷德贝·大卫.战略管理.李东红,译.北京:清华大学出版社,2003:14.

[7] 丁宁.企业战略管理.北京:清华大学出版社,2005:36.

2 战略环境分析

企业家谈战略——张夕勇谈战略

福田汽车切入中高端轻型发动机领域，是应对全球政策环境变化和福田汽车全球化的发展战略选择。做出这一战略选择主要基于以下方面的原因：

首先，满足全球日益严格排放法规的需要。随着中国和全球各国对环境的重视日益提高，全球范围内对排放要求日益严格，中国政府也相继出台多项措施鼓励节能减排。在这种背景下，福田汽车急需满足全球市场排放法规要求的技术先进的发动机，福田汽车虽已有一定的发动机资源，但升级到较高的排放标准技术上难以实现，且成本较高，无法满足福田汽车整车动力升级的需要。

其次，满足提高福田汽车全球市场竞争力的需要。技术先进的发动机是汽车企业核心资源，面对竞争日益激烈的全球市场，除了要比全球市场竞争对手更具规模优势外，还要掌握竞争的核心资源，达到不受制于人和可持续发展的目的。

第三，满足福田汽车全球目标实现的需要。“十一五”期间，福田汽车要实现海外出口销量达到总销量20%的目标。虽然，福田汽车目前已是中国最大的商用车制造商和全球第二大商用车制造商，但与拥有先进发动机资源的日韩欧美汽车企业相比，福田汽车整车产品仍需通过技术升级，在比全球市场竞争对手具有规模优势的基础上更具技术优势和质量优势。为此，福田汽车针对全球高端市场相继研发出了欧马可等高端轻型商用车，但急需与之相配备的高端发动机。

战略环境分析是企业实施战略管理的基础阶段。在这一阶段，企业要对其所处环境进行系统的分析和评价，并预测这些环境的未来发展趋势，以及这些趋势可能对企业造成的影响。本章将从外部环境分析、行业竞争分析、企业内部分析三大模块来系统介绍企业战略环境分析的相关理论。

2.1 外部环境分析

构成企业战略外部环境的要素包括那些不直接影响企业短期行为，但对长期决策有影响的一般社会环境变量。这些变量包括：

(1) 政治法律：分配权利及提供限制和法律保护的法律法规。

(2) 经济：调节原材料、资金、能源与信息交换。

(3) 社会文化：调节价值观、道德与社会习俗。

(4) 技术：产生解决问题的发明。

在当今世界不确定性大大增加的情况下，外部环境发生着迅速而显著的变化，企业是驾驭不了这些变化的。企业的外部环境分析的意义在于评价这些因素的发展趋势，确定它们对企业战略目标和战略制定的影响。

2.1.1 PEST 分析模型

分析外部环境的一个常用工具是 PEST 分析模型，即将企业所处的外部环境划分为政治法律、经济、社会文化、技术四个领域，分析每个领域中与企业密切相关的因素。表 2-1 按 PEST 模型列出了外部环境中的一些重要因素[1]。

表 2-1　外部环境中的重要因素举例

政治法律	经　济	社会文化	技　术
政治体制	市场机制的完善度	生活方式变化	技术的最新发展
政局稳定性	GDP 趋势	消费者的偏好	新管理技术的出现
优惠政策	利率	人口增长率	新产品
税法	汇率	人口年龄分布	专利保护
劳动法规	通货膨胀率	人口地区分布	政府研发总费用
反垄断法规	可支配收入	职业预期	工业研发总费用
环境保护法	失业率	风俗习惯	技术努力重点
外贸法规	工资或价格控制	宗教信仰	—
—	能源供给与费用	—	—

(1) 政治法律环境

政治法律环境是指一个国家或地区的政治制度、体制、方针政策、法律法规等方面。这些因素常常制约、影响企业的经营行为，尤其是影响企业较长期的投资行为。具体而言，政治环境主要包括国家的政治制度与体制，政局的稳定性以及政府对企业的政策等因素；法律环境主要包括政府制定的对企业经营具有刚性约束力的法律、法规，如反不正当竞争法、税法、环境保护法以及外贸法规等因素。如果企业实施国际化战略，则它还需要对国际政治法律环境进行分析，如分析国际政治局势、国际关系、目标国的国内政治环境，以及国际法所规定的国家法律环境和目标国的国内法律环境等。

(2) 经济环境

经济环境是指构成企业生存和发展的社会经济状况。社会经济状况包括经济要素的性质、水平、结构、变动趋势等多方面的内容，涉及国家、社会、市场及自然等多个领域。构成经济环境的关键战略因素包括：GDP的发展趋势、利率水平的高低、财政货币政策的松紧、通货膨胀程度及其趋势、失业率水平、居民可支配收入水平、汇率升降情况、能源供给成本、市场机制的完善程度、市场需求情况等。这些因素往往直接影响着企业的经营，如利率上升很可能会使企业使用资金的成本上升；市场机制的完善对企业意味着更为正确的价格信号、更多的行业进入机会等。企业的经济环境分析就是要对以上因素进行分析，运用各种指标，准确地分析外部经济环境对企业的影响，从而使其战略与经济环境的变化相匹配。

(3) 社会文化环境

社会文化环境是指企业所处社会的民族特征、文化传统、价值观念、宗教信仰、教育水平以及风俗习惯等因素。从影响企业战略制定的角度来看，社会文化环境可分解为人口、文化两个方面。人口因素对企业战略的制定有着重大的影响。如人口总数直接影响着社会生产总规模；人口的地理分布影响着企业的厂址选择；人口的性别比例和年龄结构在一定程度上决定了社会需求结构，进而影响社会供给结构和企业生产；人口的教育文化水平直接影响着企业的人力资源状况。文化环境对企业的影响是间接的、潜在的和持久的，文化的基本要素包括哲学、宗教、语言文字、文学艺术等，它们共同构筑成文化系统，对企业文化具有重大影响。企业的社会文化环境分析就是要把社会文化内化为企业的内部文化，使企业的一切生产经营活动都符合环境文化的价值检验。另外，企业对文化的分析与关注最终要落实到对人的关注上，从而有效地激励员工，有效地为顾客服务。

(4) 技术环境

技术环境指的是企业所处的社会环境中的技术要素及与该要素直接相关的各种社会现象的集合，技术不仅是指那些引起时代革命性变化的发明，而且还指与企业生产有关的新技术、新工艺、新材料的发展趋势以及应用前景。变革性的技术正对企业的经营活动具有巨大的影响，这些技术包括网络、基因、纳米、通信、智能计算机、超导、电子等方面。技术进步创造新的市场，改变企业在行业中的相对成本及竞争位置，为企业带来更为强大的竞争优势。企业要密切关注与本企业产品有关的科学技术水平、发展趋势及发展速度，对于相关的新技术、新材料、新工艺、新设备或新的管理思想、管理方法、管理技术等，企业必须随时跟踪，尤其对高科技企业来说，识别和评价关键的技术机会与威胁是外部环境分析中最为重要的部分。

2.1.2 外部环境关键信息的识别

图 2-1 列出的所有因素都会对企业产生重大影响，外部环境分析的关键步骤是需要找出与本行业、本企业紧密相关的关键信息，对其进行持续监测。识别外部环境关键信息的一种工具是“优先事项矩阵”[2]，如图 2-1 所示，步骤如下：

(1) 识别外部环境中的关键信息。这里的关键信息是指那些一旦发生变化，就会影响行业很多方面的外部因素。

(2) 评估这些信息变量变化的可能性(从低到高排列)。

(3) 判断信息变量对企业可能产生的影响(从低到高排列)。

变化可能性 \ 对企业的可能影响	高	中	低
高	高优先序	高优先序	中优先序
中	高优先序	中优先序	低优先序
低	中优先序	低优先序	低优先序

图 2-1 优先事项矩阵

优先事项矩阵有助于管理者决定哪些信息变量只要进行简单分析(低优先序事项)，哪些需要作为关键因素进行持续监测(高优先序事项)。外部环境关键信息指实际发生的可能性中等或高，对企业可能影响中等或高的环境变量。关键信息确认之后，再进一步划分为潜在机会与威胁，以应用到战略制定之中。

个案研究——西部矿业股份有限公司所处的宏观环境

西部矿业股份有限公司是以铅、锌、铜等有色金属资源开发为主的有色金属行业的大型公司，主要从事铅、锌、铜、铝、金、银等矿的采矿、选矿及其合金产品的科研、生产与销售，有色金属矿产品贸易、地质勘察等业务。其所处的外部环境对于西部有色金属行业而言十分典型。

1. 政治法律环境

目前，国家对有色金属企业的政策取向是，扶持大企业，限制小企业。连续几年在节能、税收、可持续发展等方面都提出了有利于有色金属行业发展的政策。“十一五”规划对电网、运输设备(汽车、火车、地铁等)制造、机械、电子、航空航天、建筑、武器装备制造等行业都提出了发展要求，因此，有色金属的需求量将持续增长。“十一五”期间，GDP 平均复合年增长率将超过 5.7%，预计有色金属的总需求量年增速将达 6%～8%。因此，有色金属作为重要的基础原材料工业，不仅没有边缘化的危险，而且随着工业化及产业升级的深入发展，加上其固有的资源约束特征，其重要性及战略意义将更加突出。这对西部矿业公司是好消息。

同时，“十一五”规划要求在优化结构、提高效益和降低消耗的基础上，资源利用效率要显著提高，单位国内生产总值能源消耗要比“十五”期末降低 20%左右，并需加大环保力度。因为有色金属行业属于高能耗、高污染的行业，所以，这些政策对行业内的上市公司很有利，同时，有色金属企业的环保治理费用将增加，会影响西部矿业公司的部分决策。

2. 经济环境

加入 WTO 既能对矿业的发展提供更为广阔的空间，也会对矿业产生强烈的冲击。与跨国矿业企业相比，国内矿山企业无论是在企业制度、经营规模，还是在技术装备、资源与环境的可持续发展能力等方面，都存在很大的差距。加入 WTO 后，我国正在逐渐下调关税、消除非关税贸易壁垒、开放服务领域，这些都将强烈冲击国内长期处于计划经济体制保护和封闭下的许多矿山企业。况且，随着对外开放的扩大，我国利用国外资源的程度将提高，东部地区对国内资源的依赖程度将下降，国内矿产资源的比较优势将减弱。

3. 社会环境

有色金属相关行业拉动了有色金属行业的发展，近几年来，由于汽车、房地产、机械制造、基础设施等相关行业的发展势头良好，使得有色金属行业一改多年来的“沉闷”局面，出现了订货大幅增加、价格飞速上升的景气状况，从而成为拉动投入产出增长的强劲动力。同时，有色金属行业的迅速发展使有效供给迅速增加，同时推动了下游行业投资的增长。

另一方面，矿区大多数位于生态环境脆弱的地区，如西藏、新疆等地，高寒缺氧，气候恶劣。高寒缺氧加大了生产中活劳动的消费，导致劳动力成本的增加。另外，矿产资源的开发利用势必会对生态环境造成一定的破坏，而生态环境一旦破坏，就很难恢复，因此，环境条件也在一定程度上给矿产资源开发造成了成本上的压力。

4. 技术环境

我国有色金属工业属于传统产业，在一定程度上是以资源的过量消耗和环境生态的破坏为代价的。在开采中的乱采滥挖，冶炼中的“三废”超标排放都直接破坏生态，污染着环境。目前，落后的自焙铝电解槽仍占总产能的1/4，先进的铅冶炼技术在我国还没有得到推广应用，铜、锌冶炼中低浓度二氧化硫利用率与先进国家相比还存在差距。由于技术落后，矿产勘察工作程度低，使部分矿产保有储量不能满足矿山开采需求，后备资源量不足。部分已开采的矿山，勘察程度为矿点检查，开采盲目性和风险性较大。

另外，国内矿产资源开发利用起步较晚，属于粗放型。规模小、工艺落后，综合利用和深加工能力低，只生产初级产品，甚至只卖矿石，缺乏深加工，矿业经济效益低，不利于矿产资源的有效保护和合理开发利用。

（资料来源：陈勇.西部矿业股份有限公司发展战略研究.西安理工大学硕士论文，2007。）

2.2 行业竞争分析

企业战略环境的范围很广，既有社会的因素，又有经济的因素。但是，企业所面临的直接环境因素应是企业所在的行业。行业环境在决定竞争原则和企业可能采取的战略等方面具有决定性的影响。因此，进行行业环境分析是企业战略环境分析的最重要方面。

依照迈克尔·波特教授的观点，一个行业的激烈竞争不是事物的巧合，其根源在于其内在的经济结构。如图2-2所示，一个行业内的竞争，远不止在原有竞争对手中进行，而是存在着五种基本的竞争力，即行业内现有企业间的竞争、潜在竞争者的威胁、替代品生产者的威胁、供应商讨价还价的能力以及购买者讨价还价的能力[3]。

这五种基本竞争力的状况及其综合强度，决定着行业竞争的激烈程度，决定着行业中获得利润的最终潜力。在激烈的市场竞争中，企业会面临许多挑战，因而分析竞争来自何方、处于何种动机、哪个威胁最大、随时

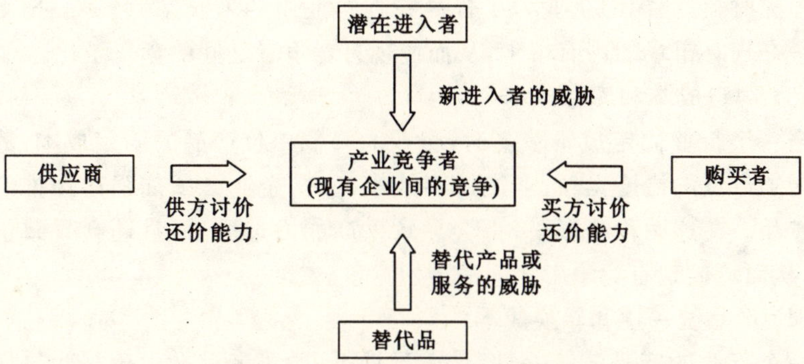

图 2-2 决定行业竞争的五种力量

间的变化趋势等，对于帮助企业在战略上做出相应的反应是十分重要的。因此，五种竞争力模型可以帮助企业了解本行业基本竞争力的强弱对比，得出竞争环境有利与否的判断；同时，还能够帮助企业通过力量强弱的对比分析发现自身的优势和劣势，指导企业进行战略的设计与选择，使企业免受各种竞争力的影响，建立可持续的竞争优势。

2.2.1 竞争对手之间的竞争

竞争对手之间的竞争往往构成了行业竞争结构中最强的一种力量。在许多行业中，公司为获得战略竞争力和超额利润而积极地开展相互间的竞争。竞争对手之间的竞争手段非常多样，一般围绕价格、质量、产品性能特征、顾客服务、保证/担保、广告/促销、经销商网络、产品创新等方面展开。

竞争对手之间竞争的程度在不同的情形下有所不同，有的较为缓和，有的则十分激烈。竞争的程度主要受以下因素的影响：

(1) 竞争者的数量与力量对比

当一个行业的企业数量很多时，必然会有一定数量的企业为了占有更大的市场份额和取得更高的利润而突破本行业规定的行动限制，独立行动，采取打击、排斥其他企业的竞争手段。这势必在现有竞争者之间形成激烈的抗衡。即使在企业数量不多的行业中，若各企业势均力敌，由于它们都有支持竞争和进行激烈反击的资源，也会使现有竞争者之间的抗衡加剧。

(2) 行业增长速度

在行业快速增长时，由于各企业可以充分利用行业的发展，发挥各自的资金和资源优势来发展自己，因而竞争比较缓和。当行业增长速度缓慢甚至停滞时,行业内的企业为了提高在本行业中的增长空间,势必把力量放在争夺现有市场的占有率上,从而使现有竞争者之间的竞争激化。

(3) 固定成本和库存成本

当一个行业固定成本较高时,企业为降低单位产品的固定成本,势必采用增加产量的措施;当行业的库存成本高时,企业必须加强市场推广来销售产品。在这两种情形下,都会导致生产能力过剩,而且还会导致价格大战,从而造成现有竞争者之间的激烈竞争。

(4) 产品统一性和转换成本

一个行业的产品若统一性高、差异性低,购买者就会以价格为导向来选择产品,这样就会导致企业间的竞争加剧。如果产品具有较高的差异性,顾客就会根据自己的偏好对某些产品具有一定的忠诚度,从而加大顾客的转移成本,使得企业间的竞争趋于缓和。同样,转换成本低时,购买者从一家企业转向另外一家企业购买产品时,不会付出多少的额外成本,企业之间的竞争也会加剧。

(5) 规模经济的要求

在规模经济要求企业大量增加生产能力的行业中,新的市场能力的不断增加必然会经常打破行业的供需平衡,使行业产品供过于求,迫使企业不断降价销售,这样就会强化现有企业之间的竞争。

(6) 不同性质的竞争者

任何企业都会根据自己的目标、条件制定自己的战略,并设法在竞争中获胜。因此,竞争者的性质不同,采取的竞争方式和手段也不同。企业如果把市场当做解决生产能力过剩的出路,就会采取倾销过剩产品的办法;如果仅仅把市场销售作为经营的主要职能,它就会以各种方式发展、巩固这种职能。多种经营的企业,若把延伸至某行业经营的产品视为厚利产品,它就会采取扩大或巩固销售量的策略,尽力促使该行业市场的稳定;如果视为正在成长的产品,它就会以整个公司作为后盾采取扩大市场的措施。多种经营的企业,由于实力雄厚,为了本企业的整体发展,有可能采取牺牲盈利的措施,把竞争重点放在某一特定行业上。小型企业为了保持自主经营,可能情愿取得低于正常水平的收益来扩大自己的销路,使大企业的获利水平受到影响,这些都会引起竞争的激化。

(7) 退出障碍

退出障碍是指企业在退出某一行业时要付出的代价。当退出障碍较高时,经营不善的企业也很难退出行业,只有继续经营,这样势必加剧行业的竞争。常见的退出障碍有以下几种:

① 专用性资产。资产的专用性使得企业退出行业后难以把这些资产

转移到其他行业,撤出时会因清算价值降低而蒙受损失。

② 退出的固定费用高。如劳动合同费、职工安置费、设备备件费等都很高。

③ 战略相关性。退出某一行业就会使企业形象、声誉、市场营销能力、设备利用能力受到很大影响。

④ 情感障碍。退出某一行业会影响到员工的事业前途及忠诚度等。

⑤ 政府和社会的限制。例如,政府对失业问题及地区经济影响的关注,会反对或劝阻企业退出某一行业。

对于企业而言,最好选择进入障碍高而退出障碍低的行业,这时新进入者将受到限制,而经营不善的企业又容易退出;反之,进入障碍低而退出障碍高的行业最为不利,这时新进入者很容易进入,而当行业不景气时企业又很难退出,从而加剧行业的竞争程度,如表 2-1 所示[4]。

表 2-1 行业进入障碍和退出障碍组合

退出障碍 / 进入障碍	高	低
高	高收益、高风险	高收益、低风险
低	低收益、高风险	低收益、低风险

2.2.2 潜在进入者的威胁

潜在进入者是行业的重要竞争力,它会对本行业内现有的企业带来潜在威胁也会给这个行业带来新的生产能力。对于一个行业而言,潜在入侵者的威胁大小取决于两个因素:行业的进入壁垒及行业内现有企业对新进入者的反击强度。行业进入壁垒大小主要取决于以下因素:

(1) 规模经济

规模经济的要求阻碍了潜在进入者对产业内现有企业的竞争威胁,因为它要求潜在进入者必须以大的生产规模进入行业,并冒着现有企业强烈反击的风险。如果企业以小的规模进入,则要长期处于成本高的劣势。这两种情况都会使得潜在进入者却步不前。

(2) 产品差异优势

产品差异优势是指原有企业所具有的商标信誉和用户忠诚度等,通过以往的广告、用户服务、产品差异、行业历史等形成的差异化优势。潜在入侵者必须花费巨大的广告和促销投入,消除顾客对原有品牌的忠诚,增加顾客对新品牌的认知,逐渐抢占原有企业的市场。这种投资具有特殊的风险,不但难以成功,而且如果失败了,会丢掉全部投资。在保健品、化妆品、啤酒等行业，产品差异优势是最重要的进入障碍。

(3) 资金需求

有的行业要求潜在入侵者必须拥有雄厚的资金，资金需求就形成进入障碍，进入者要在握有大量资金、冒很大风险的情况下才可能进入。例如，航空业、制药业等行业的资金需求都很大，既包括购买设备的资金，还包括研发、广告等方面的大量资金需求。

(4) 转移成本

这里说的转移成本是指购买者变换供应者所支付的一次性成本，包括重新训练业务人员、增加新设备、调整检测工具等所引起的成本，甚至还包括中断原供应关系的心理成本等，这一切会造成购买者对变化供应者的抵制。进入者要进入，就必须用大量的时间和特殊的服务来吸引顾客，降低顾客的转移成本。

(5) 销售渠道

一个行业的正常销售渠道已经为原有企业服务，潜在入侵者要进入该行业，必须通过让价、合作广告和补贴等办法，使原销售渠道接受自己的产品，这样就形成了进入障碍。那种与原企业建立专营的销售渠道所形成的进入障碍更高，新进入者很难利用这种销售渠道。

(6) 其他因素

进入障碍除了上述因素之外，还包括专利权、资源的独占、占据市场的有利地位、政府补贴、独有的生产经验及政府的某些限制政策等因素。

2.2.3 替代品的竞争

替代品是指那些与本行业的产品具有相同功能的其他产品。例如，塑料、玻璃与金属在作为建筑材料时可以成为替代品，报纸、电视与互联网在提供资讯时也可以互为替代品。替代品之所以具有一定的替代作用，往往是因为具有某种优势，如价格较低或者拥有新的性能，一旦投放市场，会使本行业产品受到冲击。

如何判断替代品竞争力的强弱呢？一要看替代品的盈利能力，如果替代品拥有更低的成本优势或更高的差异化优势，具有更强的盈利能力，那么替代品就具有较强的替代能力；二要看生产替代品的企业所采取的经营战略，如果采取的是积极扩大生产规模、拓展市场的进攻型战略，那么替代品就会带来较高的威胁；三要看用户的转移成本，如果现有企业拥有很强的顾客吸引力和顾客忠诚度，那么顾客转移到替代品的转移成本就很高，替代品的替代能力就会受到影响。

2.2.4 购买者的讨价还价能力

任何行业的购买者都会在各种交易条件(价格、质量、服务等)上尽力迫使卖方让步,以使自己获得更多的收益。在这个过程中,讨价还价的能力起着重要的作用。能力强的就可能得到更多的利益,能力差的就要受到损失。一般而言,买方的讨价还价能力受到以下因素的影响:

(1) 买方的集中度与供应商的集中度

如果买方的集中度相对较高于供应商的集中度,表明买方的购买量占据行业总购买量的比重与卖方的供应量占据总供应量比重相比更高,这样买方由于控制了较大的购买比重,在购买条件上就有较高的讨价还价能力。

(2) 产品的标准化程度

如果买方购买的是标准化产品,它就有更大的自由度来选择对自己更有利的供应者,它们就能够在讨价还价中持强硬态度。如果买方购买的是差异性产品,在其他供应商处很难买到这种产品,这样供应者就会具有较高的讨价还价能力。

(3) 买方的转移成本

如果买方要改变供应商需要付出很高的转移成本,如更新设备或者可能失去供应商提供的相关服务,这样买方的讨价还价能力较低。相反,如果买方的转移成本很低,它就具有较高的讨价还价能力。

(4) 买方形成后向一体化的能力

如果买方可以自己通过后向一体化战略的选择进入供应商的产品,自己生产供应商生产的产品,这样买方由于自己拥有供应品,因而在与供应商进行讨价还价时,就拥有了较高的议价能力。

(5) 买方掌握的信息

如果买方拥有更多的有关供应商的生产和供货信息,就可以在讨价还价时拥有较强的议价能力。

2.2.5 供应商的讨价还价能力

供应商供应的产品的价格高低与质量高低,将对下游买方的盈利能力产生直接的影响。在买卖双方的关系中,供应商总是力图提高供应品的价格,尤其是在提高产品性能和质量时,更是导致价格的提高;而买方总是希望所购商品在不断提高质量的同时,还能够保持价格适度甚至下降。前面所探讨的买方议价能力强的情形,实质上就是供应商讨价还价能力弱的情形，叙述如下：

(1) 供应商的集中度相对于买方的集中度高低

如果供应商供应的商品量占据行业总供应量的比例，超过了买方购买量占总购买量的比例，这时供应商与买方相比，就拥有较高的市场集中度，因此，较买方在讨价还价方面能力更强。

(2) 产品的标准化程度

如果供应商供应的产品标准化程度较低，差异化程度较高，拥有更强的品牌忠诚度，拥有更好的售后服务，就会使得供应商拥有较高的讨价还价能力。

(3) 买方的转移成本大小

如果供应商通过密切联系顾客与顾客建立了长期合作关系，这时买方的转移成本就会大大提高，供应商就会拥有较高的议价能力。

(4) 供应商进行前向一体化的能力

如果供应商向前发展进入买方所在的行业，自己进行产品的深加工或者产品销售，这时供应商就有能力不依赖于买方，从而在与买方的讨价还价中占据主动地位。

(5) 供应商掌握的信息多少

如果供应商掌握着更多的市场供求信息及其他有用的买卖信息，则相对于买方而言，它就拥有了更强的讨价还价能力。

2.2.6 六力互动模型

各市场力量之间的关系，既存在竞争，亦有合作，还可能“共事时合作，分利时竞争”。以产业链上存在直接供求买卖关系的两家企业为例，显然，一旦这两家企业都按五力模型思路，将自己的行动目标锁定为“增强自身地位，削弱对方力量”，则双方之间很容易出现相互冲突的紧张格局；反之，如果这两家企业都特别关注如何精诚合作，更好地满足最终顾客需求，则双方间更可能形成互惠共生的和谐局面。为了立足于企业，应特别分析它与市场各利益主体，如供应商、购买者、替代品厂商、互补品厂商、竞争对手、潜在入侵者这六种与企业经营直接相关的市场力量，所结成的动态竞争及合作关系。图2-3阐明了可用于企业战略与环境关系解构与综合的六力互动模型，以作为剖析企业竞争与合作的框架。相对于五力模型而言，在六力互动模型中专门标示出了“本企业”，从而明确了以企业为基点的战略分析思路；新增了源自互补品厂商的力量；更重要的是，图中箭头的含义是指产业链各主体之间所存在的基于互惠共生的资源注入或现金回报关系，而非五力模型中抽象的相互竞争关系[5]。

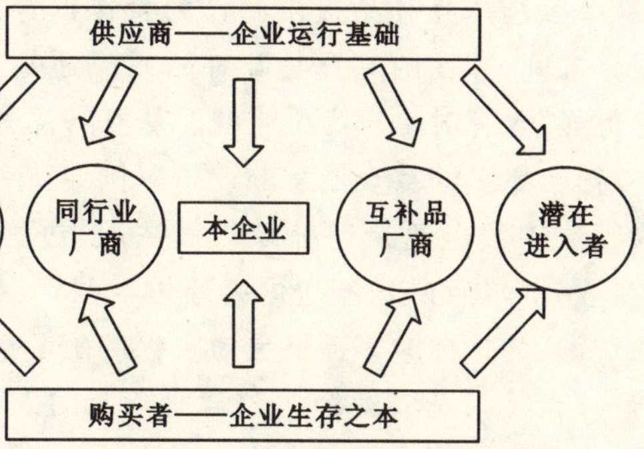

图 2-3　六力互动模型

对于各种市场力量，六力互动模型强调了其所存在的相互作用与相互依赖关系，而没有事先作出竞争或合作的断言。在现实经营中，企业与各相关市场主体之间存在着竞合的微妙关系，这种关系的动态发展会随企业战略的改变而调整，会受相关主体的经验、愿望、态度、行为的影响，并通过各方的互动影响而得到推动与强化。所以，六力互动模型认为，在构建企业战略时，既需要考虑如何增强自身实力，又需要关注如何运用自身实力，更多地与人竞争对抗，还是更多地与人合作共生？是关注各自短期高额回报，还是寻求各方长期互惠发展？

运用六力互动模型，特别关注企业与六力之间可能存在的合作机会，积极寻求各方共同发展之道。当然，作为企业战略考虑，其关键在于弄清合作与竞争的前提条件，注意消解存在于合作与利益分配间的可能矛盾与冲突，如何构建一个有效的竞争或合作对策。

考虑到企业由人所主导，六力互动模型特别关注各种市场力量主体间的互动性，它从支撑企业与环境运行的人际网络入手，考察其中存在的经济及非经济联系。在企业战略构建中，与其费心劳神地进行竞争者分析，还不如做好与企业经营有关的合作共事与利益分享工作。鉴于此，有经验的成功管理者心中较为清楚，且实际上也正是如此决策与行动的。真正影响人们竞合选择与行为的因素，除了各方的历史交往关系，还涉及各方对于自身实力的认识、对于关系性质的看法、对于力量运用的方式等有关过去及未来演化的整体评判。企业能提供相对于其他主体而言更具吸引力的合作条件，从根本上看，竞合还是依赖于企业的战略创新，以达成自身实力的不断提升与完善。

一般而言，利用六力互动模型，考察企业与互补品厂商的关系，较易发现其中所存在的多种合作可能，因为这两者的配合行动通常能够更好地满足双方共同客户的需要。对许多企业而言，作为战略考虑，在市场开拓与渠道建设中，可以选择互补品提供商作为合作伙伴。当然，要准确判定各种产品或服务之间，存在的究竟是互补品效应还是替代品效应，这两类效应究竟何种更显著，有时是较为困难的。从互补品角度切入进行企业战略构思，还可以提出更多的富有创意的设想。例如，小企业在进入新市场时，可以采取为行业中大企业拾遗补缺的做法，通过为顾客提供互补品而盈利；大企业在业务深化与拓展中，可以通过自身产品系列化或者整合市场互补品厂商资源，为目标顾客提供更为完善的配套解决方案。若依据六力互动模型，进一步将眼光放到企业经营所涉及的人际网络，对其做历史性与社会性探讨，就有可能超越简单的经济性分析，得出更具情景依赖性、实践操作性与动态演化性的管理建议。通常而言，这种建议会是介于一味地竞争对抗与绝对地合作共事之间的某种适当的组合。

在一个由灵魂、精神、情感的社会人所组成的企业中，不存在抽象的基于所谓“纯事实”的战略分析；仅仅通过产业结构与竞争状况之类信息的孤立片段解构，不可能获得有关该企业过去及未来行为的准确判断与解读。只有弄清了企业环境中实际行为者个人及其相互间的历史与现实联系，才能为企业战略构建所遇到的与谁合作、与谁竞争、怎样合作及如何竞争等问题提供有效的解决依据。现实中的企业在处理与同行业厂商的关系时，对于合作伙伴的选择，总是更倾向于与自己关系相对较好的核心层或紧密层企业；而打击对象的选择，则倾向于与自己关系相对较差的松散层或流动层企业。

探讨企业外部环境，不考察存在于其中的社会人的成长与交往历史，就不可能了解这其中的行为主体，尤其是关键决策者，其对于决策相关的事实判断与价值选择是如何形成的，从而也就不可能对企业及其行为主体的未来行为做出相对准确的判断，就其未来该如何行动提出较为适当的建议。六力互动模型由于不带有价值预设、尽量采取历史回顾与客观描述的做法，将战略决策中所涉及的判断与选择问题从分析者手中脱离出来，重新交给决策当事人。对于市场行为主体而言，竞争与合作都只是一种手段，而非企业战略所追求的目标。手段本身是无所谓优劣之分，所以，作为战略思考，尤其需要根据具体情况，准确判断到底该采取怎样的竞争或合作措施。探讨企业战略与环境的关系，应关注六力互动模型的管理人性描述，重视人际互动依赖的竞合演化过程，从企业与各市场主体的有机联系中，寻求现实的合作契机，应对潜在的竞争威胁。在具体做法上，需认真考察各市场行为主体的历史关系性质与动态变化过程，如各方关系的持续性质以及未来利益的大小等情况，以帮助企业战略决策者，针对各方竞合关系事件及解决方案，逐步形成权重的判断与排序，为最终的战略决策与行动过程的展开奠定良好的基础。

2.3 企业内部分析

在20世纪70年代，企业的战略大多强调需要调整企业内部资源、组织结构和机制甚至是企业本身的目标，来适应外在环境的变化。但是到了20世纪80年代以后，以外部环境为导向的战略范式面临着如何在长期水平上保持连续的挑战。同时，人们也意识到，相对于外部环境的急剧变化，企业本身，特别是企业的内部战略环境往往具有相对的稳定性。而内部战略环境则在很大程度上受制于企业所拥有的资源和能力，所以对企业资源和能力的充分认识，为企业制定更为长远的企业经营战略提供了可能性。过去的行业分析理论更强调企业应寻找适宜的行业环境和结构，包括竞争压力较小、本身的市场定位准确等，从而可以赢得可观的利润。但是随着竞争的日益激烈，几乎找不到所谓竞争程度较低的市场空隙，而且随着技术和市场需求的发展，行业的界限正在被不断争取利润的战略思想打破，各个行业的战略防御也越来越困难，行业边界越来越模糊。特别是在全球化的经济环境中，各个竞争对手都会努力运用全球化和互联网技术带来的种种便利创建自己的竞争优势，但是反过来，这些技术的广泛运用又使得企业难以在长时间内保持竞争优势。因此，只是通过行业选择来争取高额的利润回报在现在的竞争环境下是不可靠的。自然的结果就是，企业必须认真分析自身的资源和能力，找出自己的竞争优势所在，以赢得利润增长。于是，企业家们的关注点和学术界研究的重点都转向了企业的内部资源，这也是本节要认真研究这个内容的原因。

当企业家把目光转向企业内部来思考战略过程时就会意识到，如果企业要建立竞争优势，就需要拥有独特的资源、能力及其竞争力的混合体，并把这些资源、能力和竞争力进行必要的整合，为企业建立独特的市场地位。所以，对企业来说，其竞争优势的起点必须从分析企业的内部资源和能力入手。这些资源包括自然资源、人力资源、信息资源（知识、情报、技术、管理经验、品牌等）、资本（实物及货币）以及社会资源（市场网络、关系网络等），其中自然资源、人力资源、资本属于有形资源，信息资源、社会资源必须依附于某些载体，因此属于无形资源。20世纪90年代以来的相关研究表明，企业的竞争优势主要建立在公司的资源和能力上。21世纪，波特教授又提出将企业和社会联系起来，通过企业社会责任来形成企业内部的可持续竞争优势，而企业社会责任就是企业的核心资源与能力。企业资源的生产能力，决定着企业的核心竞争力。企业归根结底就是要运用其核心竞争力来超越竞争对手，让竞争对手无法模仿和超越。资源、能力和核心竞争力是对企业有重大现实意义的概念，也是本节要介绍的关键概念和研究重点。

当理解了研究企业内部资源的重要性后，还需要懂得外部环境、内部资源和企业战略之间的关系。通过图 2-4 不难发现，战略的实质是通过整合和调整企业本身的资源和能力来把握机会、规避威胁。于是，从某种意义上讲，战略就是企业内部因素和企业外部因素相互动态作用过程中的桥梁。

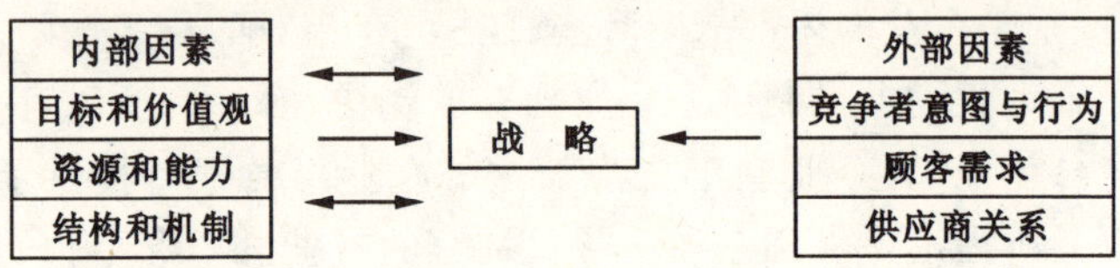

图 2-4　介于企业内部和外部的桥——战略

借助图 2-4 可以在理论上快速勾画出内部资源的重要性和研究的必要性，但是明确这三者关系的目的还在于强调，在一个动态的全球化环境下，真正动态地全面理解、研究并运用内部资源分析具有重大的现实意义。战略的实质意味着企业的领导人要不断地审视战略规划的内外部环境变量，为战略的形成和保持长期的战略优势提供支持。但是，在一个动态的全球化环境下，一个既定的战略为企业创造的价值可能有限且短暂，因为战略制定源于对外部环境的理解和内部资源的控制运用。这意味着企业从一个既定的战略中获得的竞争优势是有限的。杰克·韦尔奇认为，企业若想具有生命力，必须重新定位、重新开始，不断地获取新的创意，更新自己。然而，重新开始和获取新的创意意味着企业要认识并且承认自己的竞争优势是有限的，更重要的是要让每个员工都认识到这一点，成为组织的意识。比尔·盖茨曾说，“我们离破产永远只有 18 个月。”保持对竞争优势的审视也是微软公司具有极大创造力的一个前提条件，如果企业没有彻底理解竞争优势的限制性，那么，学习能力就不能充分发挥，组织建立新的竞争优势就可能受到限制。这就是在《财富》世界 500 强企业排名前 50 名的生命期限一般只有 20 年的原因。

当企业开始进行内部分析的时候可能会犯错。所以，企业高层首先要做到的就是具备勇气、充满自信，能够应付复杂多变的环境，并且愿意雇佣那些能对自己负责、对工作负责的人。

具体说来，在能力、资源和核心竞争力的决策中经常犯错的原因包括三个方面：不确定性、复杂性和组织内部的冲突。

新的政治格局、新的经济环境新的技术、社会趋势和价值观的变化以及顾客具体需求的转变等关键变量的变化都是战略决策者面临的不确定性。环境的不确定性又增加了研究这些环境的复杂性。而对复杂性的不同认识、理解和领会使得组织在进行核心竞争力等战略决策时会发生组织内部冲突。

显然，在制定可能受到上述因素影响的决策时，必须做出合理的判断，而这些判断都是在没有可以参照的科学模型或相关数据不全面、不可靠的条件下做出的。判断意味着需要承担风险。所以，在全球化和技术化的竞争环境中，高层决策的判断力就会成为一种极其重要的竞争优势来源。

但是，对战略的不断审视意味着不断地调整和执行，而这些行为带来的变化可能会影响到企业的权力分配和内部组织结构，企业内部很可能产生惯性以及对变化的抵触情绪。所以，要在一个快速变化的环境中保持企业的竞争优势，企业的领导者就必须有勇气采取适当的方法来推行变化。

2.3.1 企业的资源

投入到企业生产和运营中的都是企业的资源。资金、设备、员工技能、市场关系、专利以及经理人的才能都是企业的资源。所以，单单靠企业的财务报表或者企业的库存记录是不能完全反映企业资源的。一种较为经典的分类方法是将企业的资源分为有形资源和无形资源两类。有形资源是那些能够被量化、看得见的资源，如生产设备、存货或者是一个正式的生产流程报告系统等。无形资源则是不易被看见和察觉的，同时也不容易被竞争对手发现和模仿，但对企业的价值增加具有重要意义的资源。如与供应商的良好关系、管理模式、良好的声誉和强大的品牌力等。但是在有形资源越来越近似的竞争环境下，企业最终靠无形资源和人力资源来进行差异化的竞争，员工之间的信任关系和自身能力都对竞争优势有着不可忽视的影响。

(1) 企业的有形资源

如表 2-2 所述，企业的有形资源包括企业的财务资源、实物资源和组织资源，它们可以被较为容易地识别和评估，并在企业的各项财务报表中得以反映。值得注意的是，这些财务报表却不能反映企业的所有资产价值，因为它们忽略了一些无形资产。因此，企业的竞争优势就不能完全反映在财务报表中，并且有形资源的潜力很难再继续挖掘。比如，把一辆卡车看做是一种有形的企业资源，你不能同时让一辆卡车开到五个地方，或者让一个司机同时驾驶五辆卡车。值得注意的是,一种资源的价值和许多其他因素有关,比如卡车作为有形资源,需要和适当的物流调度以及卡车司机的人力资源管理结合起来才能发挥这个有形资源的价值。

表 2-2 企业的有形资源和评估

有形资源	主要特征	主要指标
财务资源	企业自有资金和融资的能力,它在总体上决定了企业的投资能力、资金能力和资金使用的弹性	● 资产负债率 ● 资金周转率 ● 各项开支 ● 使用制度
实物资源	企业工厂和设备的规模、技术、位置以及灵活度;企业土地和建筑的地理位置和用途;企业拥有的原材料决定着企业可能的成本、质量以及生产能力和水准	● 固定资产的现值 ● 工程的规模 ● 固定资产的多用途 ● 固定资产的折旧率
组织资源	企业的报告系统以及它正式的计划、控制和协调系统	● 运用公司流程的运行效率

当需要对有形资源做战略价值的评估时,就需要明确资源的战略价值是由它们对企业的能力、核心竞争力以及竞争优势所作贡献的程度来衡量的。对有形资源的战略评估包括两大问题:

① 有什么机会可以更经济地使用企业的库存和固定资产,即是否可以用更小规模的有形资产去完成相同的任务?成功的企业往往可以通过有形资产重组来达到提高效率的目的。

② 有没有可能使现有的有形资源在更高利润的地方被利用?通过自己对有形资源的挖掘以及与他人组成联盟,甚至出售一部分有形资产,能更好利用有形资产的公司可以使资产利润率得以提高。

(2) 企业的无形资源

因为无形资源更难以被竞争对手了解、购买、模仿和替代,企业更愿意将无形资源作为它们能力和核心竞争力的基础和来源。实际上,一种资源越是不可见,就越是能让建立在其基础上的竞争优势更具有持久性。而且,无形资源可以被更深地挖掘。很多企业的知识管理就是如此。不同的员工有不同的知识,当企业建立起共享知识库时,所有的员工都可以分享其他人的知识,而同时自己的知识不会减少。这样的无形知识网络越大,网络内每个人获得的利益就越大。

如表 2-3 所示,企业的无形资源主要有三大类,即技术资源、声誉资源和创新资源。

表 2-3 企业的无形资源

无形资源	主要指标
技术资源	● 专利、商标、版权和商业机密等
声誉资源	● 客户声誉 ● 品牌 ● 对产品质量、耐久性和可靠性的理解
创新资源	● 创意 ● 科研能力 ● 创新能力

① 技术资源

企业的技术资源，特别是指企业所拥有的专利技术，包括专利、商标、版权和商业机密等。尽管有时很难明确界定企业的技术资源究竟为企业所有还是为企业的员工所有，但毋庸置疑的是，技术资源是企业提升核心竞争力的重要武器之一。

② 声誉资源

企业的声誉往往由企业产品的市场地位、形象、对顾客的服务、对员工的公正性所构成。随着产品和技术差异的不断缩小，企业声誉以及企业形象在市场竞争中正扮演越来越重要的角色。

③ 创新资源

企业的创新能力是人力资源、企业文化和技术能力共同作用的结果。这在技术主导的行业中显得格外重要。企业的创新能力直接关系到新产品发布的时间以及领先对手的优势。比如，半导体行业中的 Intel、软件行业中的 Microsoft 和著名的 IBM，其丰富的创新资源使得它们有更多的专利、更多的新产品和领先对手的竞争优势。

作为能力的来源，有形和无形的资源是发展企业竞争优势的关键因素。资源在被整合或者组合的时候，它的战略价值就会增加。企业如果想让一系列的资源同时产生效应，就需要将独特的有形资源和无形资源做独特的组合，以产生能力。

(3) 人力资源

企业的人力资源是非常重要的无形资源，包括企业人员的知识结构、技能和决策能力。许多经济学家把企业的人力资源称为"人力资本"。识别和评估一个企业的人力资本是一件非常困难和复杂的工作。个人的技能可以通过每个人的学历、经验和工作表现来加以评估，但这只是表明了每个人的可能潜力，并不等于将这些人放在一起工作就能发挥出协同效应，也不等于将每个人工作的表现简单地相加即为公司的表现。特别是当公司面临外界环境快速变化，或者企业谋求新的发展时，就必须认识到员工们过去和现在的工作表现是重要的，然而员工能否根据新的要求很快地调整他们的技能将更为重要。美国 Amoco 公司近年来在衡量员工的技能、知识、态度和行为时，强调以下四个方面的标准：

① 达成目标。例如，企业财务目标的达成，各项工作的改善，战略步骤的实施和风险的负担等。

② 解决问题。例如，信息的评估、判断能力和系统地解决问题的能力。

③ 相互沟通。例如，员工之间有效的沟通，组织整体的机敏度和员工的信心。

④ 团队工作。例如，能否面向未来发展团队使命感，提高团队工作能力。

因此，可以发现当代企业除帮助每位员工提高技能之外，越来越强调如何使企业作为一个团队工作的效率得以提高。在此过程中，人们体会到组织能力的提高必须依靠将各项资源有机地加以整合。企业人力资源是否得以充分有效地利用，还有赖于企业内部的文化扭转，以及建立人与人之间的良好关系和创造不懈追求的企业信念。

2.3.2 企业的能力

单独一种企业资源并不能产生实际的生产力，真正的生产力来自于各种资源的组合，而具有有效的资源组合构成的企业才具备采取某些行动的能力，这些企业的能力在战略的制定和执行以及市场竞争中会起到重要的作用。当然，随着战略理论的发展，人们越来越注意到，尽管企业的能力是多样化和多层次的，但是市场竞争的经验使得人们更多地重视企业的“核心能力”或者“特殊能力”，因为只有这种能力的充分发挥才能在与竞争对手的较量中凸显出优势。

(1) 企业的基本能力

在识别企业的核心能力和特殊能力之前，首先要明确一个企业到底有多少种能力。这里有两种最基本的方法：第一种是功能性分类分析法；第二种是价值链分析法。

功能性分类分析法主要是根据每个企业生产经营所必需的各项功能来分析其能力。表 2-4 列举出了利用这种方法分析企业能力的基本模式。

表 2-4　企业能力的功能性分类分析表

功能区域	企业能力
公司管理	● 有效的财务控制系统 ● 多元化公司的战略控制的专门经验 ● 强有力的领导 ● 公司各部门或各业务部的协调能力 ● 公司价值观的定位 ● 有效的激励
信息、管理、研发	● 具有较强的协调能力和综合有效的管理信息系统 ● 基础研究能力 ● 新产品开发和创新发展的能力 ● 新产品开发的速度
生产、制造	● 有效的生产系统规模 ● 生产过程的不断改善能力 ● 灵活和快速的反应能力
营销	● 品牌管理和品牌促进能力 ● 对市场变化的反应能力 ● 促进和利用企业高质量的声誉的能力
分销和推销	● 快速和有效的分销能力 ● 有效的促销和人员推销能力 ● 高质、有效的客户服务能力

价值链分析法是根据企业活动的连续过程来分析企业的能力。图 2-5 列举了一个典型的制造企业的价值链分析过程。人们可以根据价值链的每一阶段分析各阶段的企业能力。

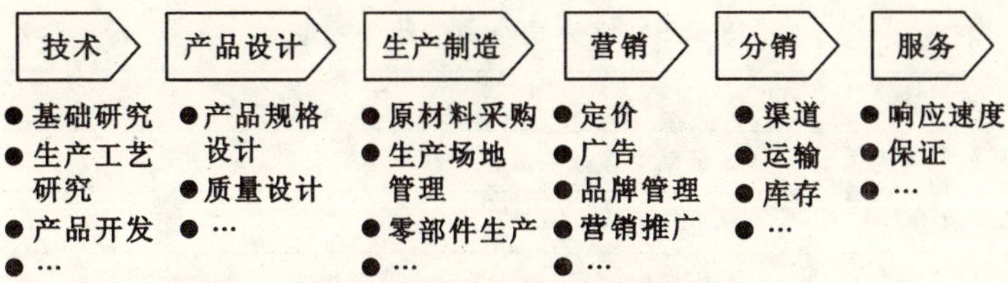

图 2-5　典型制造企业的价值链

功能性分类分析法和价值链分析法都是从解剖学的角度对企业的各方面能力进行分析，但事实上企业的能力往往是企业各项资源的有机结合，而且企业能力的发挥还涉及企业的组织结构。一种特别专业的能力往往与一个特定的企业目标和特定的资源相联系，然而越是综合的能力，如整体的产品开发能力、顾客服务能力、质量管理能力等，它的涉及面就越广泛，往往包含了许多特定的企业能力。在此必须认识到，企业的各项专业的能力并不是可以被直接综合的。综合能力的形成依赖于拥有各项知识的人员的相互交流和综合。要使企业的综合能力提高非常困难，因为它不是提高一个人的能力，而是提高整体的实力。

(2) 核心竞争力

核心竞争力是能为企业带来相对于竞争对手的竞争优势的资源和能力。核心竞争力来源于企业的资源和能力,能帮助企业从激烈的竞争中脱颖而出,并反映出企业的特性。作为一种行动的能力,核心竞争力使得企业能超越竞争对手。通过打造和提升核心竞争力,企业使自己的产品和服务为顾客创造出更多的价值。

值得注意的是,并不是所有的资源和能力都能成为核心竞争力的真正来源。有时即使是那些有竞争价值和潜力并能带来竞争优势的资产,也不能算做核心竞争力。有些资源和能力会削弱企业的竞争能力,这些资源和能力使得企业处在一个相对于竞争对手较弱的地位,会阻止企业发展其核心竞争力。比如,如果企业没有优质的人力资源,就可能在销售上无法和竞争对手抗衡,也无法动态、有效地利用企业的其他设备和资产。在这样的情况下,人力资源就成为企业的弱势。

(3) 核心竞争力的标准

如表 2-5 所示,核心竞争力有四个标准,它们也称作核心竞争力的四种战略力量,即有价值的能力、稀有的能力、难以模仿的能力和不可替代的能力,不能满足这四个标准的能力就不是核心竞争力。所以,核心竞争力都是能力,但是不是每一种能力都是核心竞争力。要成为核心竞争力,必须满足:从顾客的角度出发,是有价值并不可替代的;从竞争者的角度出发,是独特并不可模仿的[6]。

表 2-5　核心竞争力的四个标准

核心竞争力	标　　准
有价值的能力	● 帮助企业减少威胁以及利用机会
稀有的能力	● 不被他人拥有
难以模仿的能力	● 历史的因素:独特而有价值的组织文化和品牌等 ● 模糊性因素:竞争能力的原因和应用不清楚 ● 社会关系的复杂性因素:企业员工之间、供应商以及客户之间的人际关系、责任和友谊等
不可替代的能力	● 不具备战略对等的资源

竞争优势可能来源于有价值和稀有的资源,但是如果要获得持久的竞争优势,就一定需要具备无法被竞争对手模仿和抄袭的资源和能力,也就是一定要把四个标准结合起来才能获得持久的竞争优势。

① 有价值的能力:指那些能为企业在外部环境中利用机会、降低威胁而创造价值的能力。有价值的能力让企业在特定的竞争环境下形成战略优势,并为客户创造价值。

② 稀有的能力：指那些极少数为当前或潜在竞争对手能拥有的能力。评估这项能力的经理应该清楚到底有多少竞争对手拥有这种能力，或者有多少潜在的竞争对手会获得这种能力。有价值的能力如果容易得到，那么这种能力就不能成为企业的战略资产。同样，获得这种能力的对手会立即削弱这种能力给企业带来的价值。

③ 难以模仿的能力：指其他企业不能轻易建立起来的能力。以下阐明了一种或者多种混合的因素可能会产生的难以模仿的能力。

a. 企业基于特定的历史条件而发展起来的难以模仿的能力。企业在发展的过程中，不断地挑选出那些独特的、能反映其特有的历史道路的能力和资源。在企业创立的时候就开始形成的价值观和信仰能形成独特的企业文化，而这些因素的不可见性就让其他企业很难模仿，因为这是隐藏在员工自愿的行为和思想中的。

b. 企业的竞争能力和竞争优势之间的界限模糊。因为界限比较模糊，竞争对手就不容易发现企业竞争优势的基础是什么类型的竞争能力。所以，竞争对手就无法发现应该具备什么样的资源和能力才能具备对等的竞争优势。丰田汽车公司会邀请其竞争对手通用汽车公司或者福特汽车公司到它的汽车生产部门去参观，但是这两家美国的汽车公司还是不具备丰田汽车公司的生产效率和员工士气，因为美国的竞争对手们不清楚隐藏在生产优势后面的能力到底是什么。

c. 社会关系的复杂性。社会关系的复杂性因素主要是指企业内部的社会关系和企业外部的社会关系。企业内部的社会关系包括企业员工之间的相互信任、融洽的关系、友谊和默契的配合；企业外部的社会关系包括广泛而有价值的客户网络、与供应商之间的相互信任和支持以及企业处理外部关系的声誉等。这些社会关系的复杂性对企业相当重要，但是又不易被察觉和复制，因此成为难以模仿的能力。

④ 不可替代的能力：指那些不具有战略对等性的能力。它是衡量一种能力能否成为竞争优势来源的最后一个条件，即一定不要有具备战略对等性的资源，虽然这项资源本身并不是稀有的，也不是不可以模仿的。如果两种能产生价值的企业资源（或企业资源的两种组合）能够分别用来执行相同的战略，那么它们就称作战略对等的资源。总的来说，一种能力越是难以被替代，它所产生的战略资源就越有价值。能力越是不可见，企业就越难找到它的替代能力，竞争对手就越难模仿它的战略以产生价值。

综上所述，只有持续性地发展有价值的、稀有的、难以模仿的以及不可替代的能力，才能获得持久的竞争优势。是否符合这四个条件以及符合的程度如何，会直接决定企业在竞争中的表现以及竞争的结果。

2.4 案例讨论:光明乳业要打“翻身仗”

遭遇“三聚氰胺大地震”重创的乳业市场,由光明乳业率先打破了数月来的沉寂——2009年1月,光明乳业高调推出国内首款无须冷藏的高端常温酸奶——莫斯利安酸奶。“今年将有非常大的市场投入支持这一产品”,光明乳业总裁郭本恒说。

光明的积极动作,首先源于其“超出预想”的市场恢复情况。眼下光明常温产品的销售已经全部恢复,酸奶和鲜奶也恢复了95%以上,这一速度在国内同行中居于首位。

(1)“外伤”与“小手术”

2008年9月25日,即三聚氰胺事件曝光半个月后,郭本恒给全体员工写了一封内部信,题为《我们永远在一起》。信中称,“在全国乃至世界乳业历史上未曾有过的困难和挑战面前,有的死亡,有的内伤,我们只受外伤。”

所谓“受外伤”,是指在国内乳业三大巨头中,光明被检测出的问题产品品类最少且区域最为集中,有5批是在北京生产并销售的酸奶产品,1批是在武汉。这6批次酸奶,问题都出在使用的辅料——工业奶粉环节上。这些奶粉来自于国内同一家供应商,由此光明便采取区隔策略,对产品品质进行有效控制。

尽管如此,事态的发展远比郭本恒最初预想的要严重。截至2008年9月30日,因部分产品召回及退货、部分库存商品计提减值准备及计提销售费用等因素,公司共计产生损失3.4亿元。这还仅仅只是直接损失,消费者信心的崩溃带来的间接市场损失更为巨大,不少市场调研数据均表明,消费者信心的恢复比企业预期的要慢很多。

反思之后,郭本恒认为光明未能“独善其身”的原因,在于对公司体系的管理“下手还不够狠”。既然问题的源头出在供应商上,整顿供应商队伍就成为重中之重。光明按照高质量标准对供应商进行评估,不合格的全部砍掉;与此同时,尽量与规模大的公司进行合作,这样违规操作的可能性变小,以求更稳妥的质量保障。

在郭本恒看来,以上只是个“小手术”而已,这次“三聚氰胺事件”并未让光明伤筋动骨而且能快速恢复市场,最根本的原因是自5年前起,光明在自己的奶源组织方式上做了一次耗时费力的“大手术”。

(2)奶源革命预防“内伤”

早在2003年,光明乳业就率先开始在光明乳业的大本营——上海地区拒收散户牛奶。

最初的动因是，光明要在市场上全面推出“无抗生素牛奶”，上海那时有不少奶站规模很小，而且没有什么长久经营的诚信理念，仅抗生素这一项指标光明就感到无法控制。于是，到 2004 年底，光明在上海实现了养牛规模化，户均养牛已超百头，全部采用机械化挤奶和就地冷却系统。

随后，光明将拒收散奶的“奶源革命”逐步向全国扩展，并开始用“身份证”来管理奶牛。所谓“身份证”，是指为每头奶牛制定的承载综合信息的编码，通过这张“身份证”，管理人员可以简便迅捷地掌握这头奶牛的家族谱系、健康状况、生活作息、产奶效率及品质等多种信息。通过科学管理，牧场或小区的经营者很难人为地造假增加产量，因为每头奶牛每天的产奶信息都有记录，系统自动生成各种项目的自然曲线，如果出现不合理的波动，曲线就会出现异常拐点，提示管理人员去核查实际情况并采取整改措施。

几年下来，31 万多头奶牛都建立了“身份证”。2008 年 9 月之前，光明乳业在全国拥有自营规模牧场 210 个、合作规模牧场近 500 个，占据奶源的绝大部分，散奶只占 5%左右。而当时，包括蒙牛、伊利在内的诸多国内乳品企业，散奶在其奶源结构中都占据 80%以上。

而在“三聚氰胺事件”曝光不久，光明就砍掉了余下的 5%的散奶，目前已做到全国 100%拒收散奶，完全取缔了二道奶贩子。就这一步来看，光明已领先于国内同行。

(3) 机会与挑战

种种迹象表明，光明在奶源上走了一招好棋。

2008 年 11 月，国家发改委等部门联合下发《奶业整顿和振兴规则纲要》，对奶业整顿和振兴提出了分阶段目标，这大大抬高了乳品企业的准入门槛，而以上种种要求，光明现在已基本可以达到。

然而，受了严重“内伤”的蒙牛、伊利损失十分惨重。日前，蒙牛发布业绩预警公告称，预计 2008 年的亏损约为 9 亿元人民币。而近日摩根士丹利预测，因三聚氰胺事件，伊利损失金额约为 23 亿元人民币。由此，过去几年在市场上一度大大超过光明的蒙牛、伊利，如今又与光明站到了同一条起跑线上。

郭本恒不打算放过这个打“翻身仗”的好机会。在他看来，大家都受伤的时候，是渠道拓展的最佳时机。由于光明在传统渠道上的能力相对不强，过去的两年来一直是“虎口拔牙”，同已实现占领全国常温奶市场的蒙牛、伊利抢市场。如今对手自顾不暇，光明自然要加紧在传统渠道和二三线城市的布局，以迅速填补对方丢失的市场份额。

“除了保鲜奶和酸奶这两个主战场，接下来我们在婴幼儿奶粉和常温奶上会有更大的市场动作。”郭本恒透露。

事实上，这不仅仅是光明的机会：年销售额100亿元的三鹿轰然倒塌，伊利、蒙牛等企业大片"领地"失守，光是中低端奶粉市场就出现接近1/3的市场空白。2008年11月，在央视广告招标会上，跃跃欲试的乳业二线品牌唱了主角，动辄砸出上亿元的广告费。更大的挑战来自于财大气粗的外资风险投资。三聚氰胺事件后，中国乳业估值整体偏低，一向嗅觉灵敏的外资已经嗅到了这场危机之后的商机。

如此看来，对手似乎比原来更多。尽管全国的乳业格局短期内并不会轻易改变，扩张亦需要有奶源、营销等诸多基础，但是，机会对于大家来说是平等的。郭本恒坦言，自己正面临这上任以来最大的挑战，而这个挑战的诱惑也是巨大的。

正如郭本恒向来坚持的一个观点：中国的乳业处于"亚稳定"的成长期，而成长期中的老大算不了什么，只有在行业进入成熟期后的老大，才是"真正意义上的老大"。

（资料来源：丁琳. 光明乳业要打"翻身仗". IT经理世界，2009(2)，编者有删节。）

思考并分析：

(1) 光明乳业之前所做出的企业内伤的预防，是基于偶然，还是对企业战略环境精确分析的结果？请给出你的理解。

(2) 请通过对行业竞争环境的分析，判断光明乳业的这场"翻身仗"实现其目标的可能性有多大？当前中国乳业市场的外部环境如何？

战略管理前沿——企业动态能力理论

动态能力理论源于市场环境变化的特点。市场环境日益动态化，技术创新速度加快，经济的国际化和市场的全球化，顾客需求的多样化，造成了竞争内容更新越来越快，竞争优势的可持续性越来越低，唯有不断创新，才能持续成功。

"动态能力"是指企业利用技术资源、组织资源和管理资源来获得竞争优势的能力。同样，企业还可以通过培育独特灵活的能力，来满足顾客和市场日趋增长的需求。如对于信息工作来说，IT资产本身并不能提供超额的回报，但人们发现，当它们被合理地应用于恰当的业务流程中时，就会不断促进企业的发展，给企业带来超额回报。动态能力具有开拓性、开放性、复杂性和难以复制性的特征。

> 动态能力的获得意味着企业拥有新的有关资源使用知识、新的组合资源的方式,也就是说,企业可以激发潜在于企业原有资源中的服务,企业可以获得外部企业拥有的资源服务,企业将获得新的资源协调整合配置的方式。
>
> 企业动态能力由于其包含隐性知识从而具备内部结构的模糊性、多种能力之间互相牵动,以及能力形成的历史特殊性等原因,导致能力是难以复制的,同时,动态能力所配置和调整的资源结构形成了企业的竞争优势的来源。
>
> 基于动态能力理论的战略目标是不断创造新优势。因为在瞬息万变、不可预测的环境下,所有的竞争优势都是短暂的,若固守在保持原有的优势上将导致更大的灾难。只有认真地、不断地和出其不意地打破现有平衡,快速响应机会和重构企业内外部资源,形成一系列暂时的、不相容的新优势,才能保证企业持续的竞争优势。因此,动态能力战略实质是一个创新战略。

(资料来源:DAVID J TEECE. Gary pisano and amy shuen,dynamic capabilities and strategic management. Strategic Management Journal, 1997(08):509-533.)

本章小结

企业是一个开放系统,它与外部环境存在着错综复杂的互动,为大多不可控的外部环境所影响,所以必须对企业外部环境进行深入分析。本章从外部环境分析着手,运用 PEST 分析模型,将企业所处的外部环境划分为政治法律、经济、社会文化、技术四个领域,分析每个领域中与企业密切相关的因素,以对战略环境作出准确评估。然而,并非所有相关因素都会对企业产生重大影响,外部环境分析的关键步骤是找出对本行业、本企业紧密相关的关键信息,对其进行持续监测。优先事项矩阵有助于管理者对关键信息作出识别,划分潜在机会与威胁,以支持战略制定。

与外部环境相比,行业竞争环境对企业的竞争原则和战略行动有更为直接的影响。一个行业的激烈竞争不是事物的巧合,其根源在于其内在的经济结构。五种基本的竞争力量,包括行业内现有企业间的竞争、潜在进入者的威胁、替代品生产者的威胁、供应商讨价还价的能力以及购买者讨价还价的能力。通过研究这些因素,企业在行业中找到这样一个位置,或能以对自身有利的方式影响这些因素,或保护自身免受这些力量的冲击,从而增强获得超额利润的能力。在五力模型中加入互补品这一市场力量,结成动态竞争及合作关系,构建六力互动模型,可用于企业战略与环境关系解构与综合,以作为剖析企业竞争与合作的生态框架。

战略管理的实质是通过整合和调整企业本身的资源和能力来把握机会和规避威胁。企业的资源可以从有形资源、无形资源及人力资源三个方面加以阐释,企业能力的提高必须依靠将各项资源有机地加以整合。企业的能力包含基本能力和核心竞争力两个方面,这些企业的能力在战略的制定和执行以及市场竞争中会起到重要的作用。只有持续性地发展有价值的、稀有的、难以模仿的以及不可替代的能力,才能使企业获得持久竞争优势。

本章英文词汇

五力模型 Five Forces Framework
潜在进入者 Potential Entrants
供应商 Suppliers
购买者 Buyers
竞争对手 Competitive Rivalry
替代品厂商 Substitutes
六力互动模型 Six Forces Interaction Framework
有形资源 Physical Resources
无形资源 Intangible Resources
人力资源 Human Resources
核心竞争力 Core Competence

本章思考题

2-1 PEST 分析模型包含了哪些构成要素?

2-2 如何利用五力竞争模型对企业所处行业竞争态势进行分析?

2-3 企业内部分析包含哪些方面?如何识别一个企业的核心竞争力?

参考文献

[1] 黄凯.战略管理——竞争与创新.北京:北京师范大学出版社,2008.

[2] L L LEDERMAN. Foresight activities in the USA: Time for a re-assessment? Long Range Planning,1984(06):46.

[3] MICHAEL E PORTER.竞争战略.陈小悦,译.北京:华夏出版社,1997.

[4] 王方华,吕巍.战略管理.北京:机械工业出版社,2005.

[5] 项保华.战略管理——艺术与实务.上海:复旦大学出版社,2007.

[6] MICHAEL A HITT,等.战略管理——概念与案例(第8版).吕巍,译.北京:中国人民大学出版社,2009.

战略分析工具 3

企业家谈战略——马化腾的互联网市场战略分析

> 从通信市场来看，我们目前最大的竞争对手是微软的 MSN。即时通信市场是目前互联网应用竞争最激烈的市场，大大小小算起来超过 40 家。这个行业技术门槛不是很高，但是易学难精。即时通信的价值在于它的用户群越大，产业价值才越大，因此要有一定的先发优势。
>
> 与微软竞争，我们的优势是特色优势。与 MSN 相比，QQ 的用户群定位更偏重于中国本地、年龄较轻的用户，这类人群具有一个特点，即愿意去结交一些陌生用户群体。而 MSN 和 E-mail 结合紧密，这类用户的需求是与熟人交流。QQ 也是努力地往上渗透，MSN 也往下，坦率地讲在这一领域有很大竞争，但这两块市场留给其他竞争对手的空间并不是很大。

企业战略分析将内外部因素综合考虑，在环境分析的基础上，结合本章将要阐述的分析工具，如价值链分析、EFE 矩阵外部因素评价、VRIO 内部分析框架、IFE 矩阵内部因素评价、SWOT 分析以及 CPM 竞争态势矩阵分析等，根据企业自身实力及所处的具体环境，综合运用以上一种或多种分析方法，为企业的战略选择及实施提供基础。

3.1 价值链分析

价值链(Value Chain)分析是由波特教授提出的。价值链是一个企业产品设计、生产、销售、交货以及对产品起辅助作用的各种支持性活动的集合。一个企业的竞争优势最终是由其产品或服务的价值来体现的。当消费者寻找到真正希望得到的价值并愿意以与价值相适应的价格进行支付时，企业便在市场上实现了其产品或服务的价值。因此，企业要想在竞争中获得优势，就必须利用自己的经营资源并通过各种价值活动为顾客创造价值。价值活动是一个企业所进行的在形式上和技术内容上各不相同的活动，通过这些活动来达到提高客户价值的目的。由于这些活动在企业内部有序排列，像一条环环相扣的链条，因而形象地称之为价值链。价值链展现了全部的价值，由价值活动和边际利润两部分组成，如图 3-1 所示[1]。

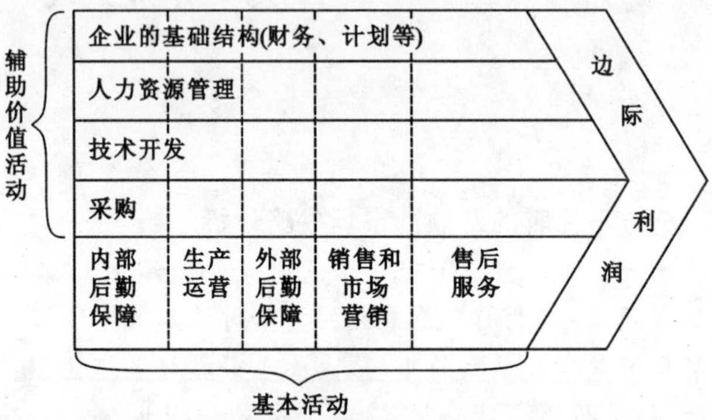

图 3-1　价值链示意图

边际利润是企业创造的总价值和进行价值活动的总成本之间的差额。从图 3-1 可以看出，企业所有有效的价值活动（人力资源管理、技术开发、采购、财务、后勤、运营、销售等）都提供了增值产品或服务，因而都能够产生边际利润。但不可否认的是，企业也的确存在着无效活动和非增值环节，这些活动或环节不可能提高客户价值却浪费了企业资源，提高了经营成本，从而减少了边际利润。因此，价值链分析的一个重要任务就是识别并尽量减少和消除那些无效活动和非增值环节，优化价值活动，创造更大的价值和边际利润。

价值链中的价值活动可分成两大类，即基本价值活动和辅助价值活动。基本价值活动涉及产品的物质创造、向购买者销售产品、货物运送及提供售后服务等活动。在任何一个企业里，基本活动都可以划分为如图 3-1 所示的五个一般种类。而辅助价值活动是对基本价值活动的支持，它们是以提供外购投入品、技术、人力资源和各种企业范围内的功能来实现的。虚线反映了采购、技术开发和人力资源管理同具体的基本价值活动之间的联系及其对整个价值链的支持的客观事实。企业的内部结构与特定的基本价值活动并没有直接联系，而是整个价值链实现其功能的载体。从战略上来讲，价值活动是构筑企业竞争优势的各不相同的功能单元。如何执行各项价值活动决定了企业满足顾客需要的程度，从而决定了企业的差别化。对行业内竞争者的价值链进行比较，可以找出决定企业竞争优势的各种因素。以下分别对价值链中的两种价值活动进行具体介绍。

3.1.1 基本价值活动

在任何一个行业里，企业基本活动一般都可以划分为五种类型，如图 3-1所示。根据行业的特点和企业战略的差异，每种基本价值活动又可以划分为许多不同的具体价值活动。

(1) 内部后勤保障

内部后勤保障指与接收、储存以及向生产部门分发投入品相关的活动，包括收货、搬运、仓储、原材料整理、库存控制、原材料的发放、运输工具的安排和向供应商退货等。

(2) 生产运营

生产运营指生产运营时将生产要素投入转变成最终产品的活动，如机器加工、包装、装配、机器维修、测试、产品检验、打印清单、厂房设施管理和员工调动等。

(3) 外部后勤保障

外部后勤保障指与信息收集、存储和向用户进行实物分送有关的活动，如产成品的仓储、材料搬运、交货时运输工具的使用、订货的进度安排等。

(4) 销售和市场营销

销售和市场营销指有关向用户提供购买产品的手段以及诱导他们利用这些手段的活动，如广告、促销活动、选择销售渠道以及制定价格策略等。

(5) 售后服务

售后服务指在售后提供维持与加强产品价值的活动，如安装、修理、培训、零部件供应和产品调整等。每一种基本活动对于形成和维持某一行业的竞争优势都可能是至关重要的。比如，对一个分销商而言，内部后勤保障和外部后勤保障是最为重要的；对于诸如酒店业或零售业等行业来说，生产活动可能是无足轻重的，而销售和市场营销则是最重要的一种基本价值活动；对于 PC 或其他办公设备的制造商来说，售后服务是体现竞争优势的关键所在。

3.1.2 辅助价值活动

辅助价值活动一般可以划分为四个种类，如图 3-1 所示。如同基本价值活动一样，对于特定行业而言，辅助价值活动可以划分为许多各不相同的具体价值活动。例如，在技术开发这一价值活动中，可能包括零部件设计、现场测试、工艺和工艺设计以及技术选择等。采购活动也可以分为选择合格的新供应商、进一步监控供应商的行为和外购投入品的采购活动等。

(1) 采购

采购是指购买在一个企业价值链里使用的投入品的活动，而不是指外购投入品本身。外购投入品包括原材料、其他在生产过程中所使用的物品以及如办公设备、实验设备、机器设备和建筑物之类的固定资产。尽管外购投入品通常与基本活动相联系，但包括辅助活动在内的每种价值活动都存在着外购投入品，采购有扩展到整个企业范围内的倾向。

(2) 技术开发

任何价值活动都包含着技术。技术包括技术诀窍，技术方式、方法或体现在关键设备中的技术。技术开发由许多活动组成，通过这些活动的开展，有利于改进产品和工艺过程。

(3) 人力资源管理

人力资源管理由聘用、培训、开发和对各种人员的补偿等基本活动组成。人力资源管理活动同其他的辅助活动一样，存在于一个企业的不同部门里，对单项的基本活动、辅助活动和整个价值链都有着重要作用。在任何一个企业里，均可通过实施合理的雇员选拔、聘用和培训等人力资源政策来提高竞争优势。

(4) 企业的基础结构

企业的基础结构由许多活动组成，包括普通管理、计划、财务、会计、法律、政府事务和质量管理。与其他辅助价值活动不同的是，通常基础结构支撑的是整个价值链而不是单项活动。企业基础结构的形式取决于企业是否实行多样化经营。

最后需要指出的是，虽然价值链内在的有机联系是企业价值链活动的重点，但是要实现预期的价值目标必须考虑企业外部的价值链。没有企业外部供应商和销售商价值活动的支持，整个价值链就会脱节或中断，企业价值目标就难以实现。

个案研究——我国番茄加工企业价值链分析

(1) 我国番茄加工企业的基本价值活动

① 内部活动，指番茄原材料的收购、运输、仓储、库存调动、分配以及向番茄种植户提出异议等相关的各种活动。② 生产活动，包括番茄加工制品生产制造过程、产品包装过程、加工机械和设备的维修和维护过程、产

品检测以及为生产而进行的各种管理活动等。③ 外部活动，指加工企业将番茄制成品进行集中、存储并最终将产成品运送给购买方的各种活动。④ 市场营销活动，指引导客户购买其产品，向客户提供吸引他们最终决定购买的各种宣传促销活动，包括各种途径的宣传广告、推销手段、分销渠道的选择、合理定价、有关企业各种产品的报价目录等。⑤ 售前、售后服务，售前服务包括给客户讲解该产品与同类产品的不同特点、产品在使用过程中应注意的事项等；售后服务包括处理客户异议、不合格产品的召回等。

(2) 我国番茄加工企业的辅助价值活动

根据我国番茄加工业辅助价值活动的内容不同，可划分为四种类型：① 采购活动，指除用于购买原材料（番茄）以外的用于加工企业价值活动的各种投入。这种采购活动往往遍布于企业的各个部门中。由于这些活动具有分散性的特点，企业常常忽略对其进行应有的审核。② 技术开发，指番茄加工企业进行的每一项价值活动都蕴涵着一定程度的技术成分。技术开发体现在企业活动中的各个部门，从准备文件、运输产品等活动中的技术到制造番茄加工品本身所表现出来的各种技术，凡与产品及其特征有关的技术开发都将对整个价值活动起到辅助作用。③ 人力资源管理，指番茄加工企业为其所需要的各类人员进行的招聘、雇佣、培训、开发及报酬分配等各种管理活动。④ 基础结构管理，指影响番茄加工企业整个价值链的各种活动，包括企业总体管理、财务、会计、法律、产品或服务质量管理等。

(3) 我国番茄加工业价值链的内涵

我国番茄加工企业通过对企业基本价值活动和辅助价值活动的一系列的有机联系，使价值活动中的任何一个环节都可对企业总价值产生影响，并将企业在从事生产经营活动中每一个环节所创造的价值一环紧扣一环地逐一联结起来，就形成了我国番茄加工企业的价值链。该价值链中的任何一个价值活动都不是孤立的活动，而是相互影响、相互缠绕的一系列活动构成的一个集合体，每一个价值活动进行的方式和效果都是通过价值链这根链条与总成本或与另一价值活动发生关系。例如，对某一番茄加工企业而言，决定收购高品质（清洁和较少农药残留）的番茄这一活动的结果，可导致生产加工过程的简化及废料的减少，既降低了成本又提高了生产效率。对番茄制成品的销售而言，生产的合理安排和产品工艺技术的改进可有效利用设备生产能力，提高价值链的总水平。

(4) 我国番茄加工业价值链与各相关方的关系

① 价值链的纵向联系。番茄种植户即加工企业的供应商提供的产品特点及与企业价值链之间的广泛联系会影响企业成本和经营歧异性。通

过合理协调企业价值链与番茄种植户之间各种价值活动的联系,可达到使双方同时受益的结果。我国番茄加工业的销售渠道体现着企业产成品在流通过程中的价值活动。如销售队伍、销售方式等优化价值链的活动,也可达到降低成本或增强歧异性的目的。

② 价值链的横向联系。番茄加工制成品的开发设计将影响新产品的生产成本的高低;番茄加工设备的采购活动则决定外购投入的成本、最终产品质量;对番茄加工设备的定期保养维修可减少因机器故障而造成的损失等。对我国番茄加工业价值链的各种横向联系的确认可使企业清楚地看到其与竞争对手相比所具有的内部优势和劣势,有针对性地制定企业基本竞争战略。

③ 与顾客的关系。我国番茄加工业的购买方主要是国际市场上的购买者,如将我国番茄加工业出口的番茄酱进行深加工为番茄沙司、番茄粉、番茄汁等的企业。这些国外的工商业形成买方价值链对我国番茄加工企业总价值起着重要的作用。

(资料来源:程中海,罗芳.中国番茄加工业价值链分析与优化初探.北方经济:综合版,2008(7):40-41.)

3.2 EFE:外部因素评价矩阵分析

外部因素评价矩阵(External Factor Evaluation Matrix,EFE 矩阵),是一种综合评价企业外部环境机遇与威胁的方法,使战略制定者可以归纳和评价经济、文化、人口、环境、政治、政府、法律、技术及竞争等方面的信息。建立 EFE 矩阵一般需要经过以下五个步骤:

(1) 列出外部分析过程中确定的关键性外部因素

因素总数控制在 10～20 个,包括影响企业和所在产业的各种机会与威胁。首先列出机会,然后列出威胁,并且尽可能具体一些,可能时要采用百分比、比率和对比数字。

(2) 赋予每个因素一定权数

数值从 0(不重要)到 1.0(非常重要),所有权数总和等于 1.0。权数表明该因素对于企业在其产业中取得成功的相对重要性。机会往往比威胁得到更高的权数,但当威胁因素特别严重时也可给出较高权数。确定合理权数的方法包括对成功和不成功竞争者进行比较,以及通过头脑风暴等集体讨论而达成共识。

(3) 按照企业现行战略对各关键因素的有效反应程度为各关键因素评分

分值范围为 1～4 分,4 分代表反应很好,3 分代表反应超过平均水平,2 分代表反应为平均水平,而 1 分则代表反应差。评分反映了企业战略的有效性,因此它是以公司为基准的,而步骤 2 中的权数则是以产业为基准的。这其中很重要的一点是威胁和机会因素都可以获得 1～4 分。

(4) 用每个因素的权数乘以它的评分,得到各因素的加权分数

(5) 将所有因素的加权分数相加,得到企业外部环境与威胁的综合加权总分

无论 EFE 矩阵所包含的关键机会与威胁数量是多少,企业所能得到的总加权分数最高为 4.0,最低为 1.0,平均总加权分数为 2.5。若总加权分数为 4.0,反映出企业对现有机会与威胁做出了最优秀的反应。或者说,企业的战略有效地利用了现有机会,并把外部威胁的潜在不利影响降到了最低限度。总加权分数为 1.0,则说明公司战略不能利用外部机会或回避外部威胁。EFE 矩阵应包含 10～20 个关键因素,因素数不影响总加权分数的范围,因为权重总和永远等于 1。

以一个矿泉水公司的外部因素评价矩阵为例,其面临的主要机会包括居民收入的增加、消费者对健康的关注等因素,同时也面临政府的政策、开采技术要求等威胁因素,该公司的外部环境总加权数为 2.9,说明公司在利用外部机会和回避外部威胁方面略高于平均水平,如表 3-1 所示。

表 3-1 外部因素评价矩阵示例

关键外部因素	权重	评分	加权得分
政府对饮用水质量标准的制定	0.10	2	0.20
居民可支配收入增长	0.20	4	0.80
消费者更加关注健康	0.20	4	0.80
包装材料技术不断提高	0.05	3	0.15
周边具有新的矿泉水源	0.10	4	0.40
政府的环保政策	0.20	2	0.40
矿泉水的开采技术要求提高	0.15	1	0.15
总加权分值	1.00	—	2.90

应用外部因素评价矩阵时需要注意的是,透彻理解矩阵中采用的因素、权重和评分十分重要,为了尽量避免主观因素的影响,在确立这些数值时可以根据大量企业的历史和现实数据进行比较和定量分析,从而提高科学性与客观性。

3.3 VRIO 分析框架

VRIO 分析框架是资源学派学者 Barney 于 1997 年提出的。Barney 认为，组织所拥有的每一项要素可以用以下四个维度来度量：价值（Value）问题、稀缺性（Rareness）问题、可模仿性（Imitability）问题和组织（Organization）问题，如表 3-2 所示[2]。

表 3-2 VRIO 分析框架

维 度	问 题
价值（Value）问题	一个企业的资源和能力能够使企业对其所面临的环境和威胁作出反应吗
稀缺性（Rareness）问题	多少个正在竞争中的企业已经拥有了特殊的有价值的资源和能力
可模仿性（Imitability）问题	没有某种资源或能力的企业在获得该项资源时比已经拥有该项资源的企业具有成本劣势吗
组织（Organization）问题	企业是用于开发和利用其资源和能力并具备充分竞争潜力的组织吗

3.3.1 价值问题

如果某项资源和能力有助于企业开发外部环境中蕴涵的机会，化解环境中存在的威胁，那么这项资源和能力便是有价值的，并且可以被视为企业的优势；如果该资源不能满足企业的如上要求，则该资源和能力即为企业的劣势。需要注意的是，不能孤立地讨论企业资源和能力的价值问题，资源和能力的价值取决于其能否提升企业的优势，而企业的优势在某些情况下很有可能转变为劣势。这时，企业有两个基本的选择：一是开发新的、有价值的资源和能力；二是在新方法中努力应用传统的优势，而不是开发新的资源和能力。

如何判断资源的价值？一项资源到底能否帮助企业把握外部环境中的机会，以及规避环境中的威胁？对此给出一个准确的判断并非易事。因为我们往往无法掌握足够的信息做出这个判断。

如果评价一个企业消防部门对企业的贡献度，在不发生火灾的情况下，这几乎是不可能的，但不能因为没有失火，就说这个部门是没有价值的，只能说这类资源是有价值的，但其价值的多少难以判断。此外，资源和能力对于企业面临的外部机会和威胁的影响根本不清楚，如自主创新的技术到底是有助于企业开拓市场，还是有可能限制了企业引进更有效率的其他技术，并最终阻碍市场拓展呢？不难发现，很难说资源与生俱来地具有价值或没有价值，同一资源在某些情况下对企业取得竞争优势很有帮助，但在另外的情况下，却可能非但没有帮助，反而会使企业陷入困境。

评估企业资源和能力的价值可以采用检验使用这些资源和能力给企业的收入和成本带来的影响的方法。总的来说，与没有使用这些资源和能力相比，如果企业使用这些资源和能力来开拓机会或缓解威胁后，其成本降低、效益增加，则可以说这项资源是有价值的；反之，即是缺乏价值的。

3.3.2 稀缺性问题

有价值的资源尽管对企业降低成本或提高收益有显著贡献，但如果一种特定的资源为大量企业所掌握时，这个资源就不大可能成为企业竞争优势的源泉。因此，资源是否处于供应短缺状态，是影响企业竞争优势的另外一个重要条件。如果资源供应充分，任何竞争对手都有此类资源，则对企业竞争优势是没有帮助的，这一点在前一部分已详细论述。对于掌握专利、专有技术等资源的企业，由于受到法律的保护，它们在市场上存在很少的竞争者，因而更有可能取得良好的市场表现。这就引出了稀缺性问题：有多少彼此竞争的企业拥有特殊的有价值的资源和能力呢？

需要指出的是，尽管有价值的非稀缺性的普通资源对企业竞争优势的获取起不到基础性作用，但这并不意味着无须关注。只要资源具有价值，即便其极其普通，也能帮助企业解决生存问题，企业在竞争中也能获得均势。例如，考虑将电话作为企业的一种资源，由于几乎所有的企业都使用电话，导致它并不属于稀缺性资源，也不是具有竞争优势的资源。但是，没有电话却可能使企业陷入竞争劣势，从这个意义上讲，电话作为资源对企业竞争均势的获取是有帮助的。

资源稀缺程度达到什么标准才能给企业带来竞争优势呢？这是因不同产业、不同情景而异的。如果一个企业有价值的资源和能力明显不同于目前或潜在的竞争对手时，它们自然能给企业带来竞争优势。但是，行业中如果有一小批未拥有特殊的有价值的资源和能力的企业，则它们仍然能获得竞争优势。总体来说，在一个行业中，只要拥有某种有价值的资源或能力的企业数量少于该行业所需要企业的数量，那么这种资源或能力就可以看做稀缺的和具有竞争优势的潜在资源。

3.3.3 可模仿性问题

拥有有价值且稀缺资源的企业通常是战略创新者，这是由于借助这些资源，它们能够设计实施那些不具备此类资源的企业所无法实现的战略，并获得先动优势，其他企业由于缺乏相关资源和能力，对此只能望洋兴叹。

有价值且稀缺的组织资源能否给企业带来持续的竞争优势，关键在于那些不具有此类资源的企业在尝试获得或开发此类资源时是否面临成本劣势。如果其他企业需要付出极大的成本才能取得这些资源，即在资源获取上处于劣势，这些资源就给现有企业创造了取得持续竞争优势的可能。从这个意义上讲，此类资源就是难以模仿的。这就引出了可模仿性问题：缺乏某项资源的企业是否面临资源获取或开发的成本劣势呢？

假定某一行业，存在五个基本相同的企业，每个企业都制造同样的产品，使用同样的原材料，通过同样的销售渠道将产品销售给同样的消费者。不难看出，在该行业中的企业将获得正常的经济业绩。现在，如果其中的一个企业，不论何种原因，发明或开发了一种到此之前尚未被确认的有价值的资源，并使用这种资源或者开发利用环境中的优势，或者降低环境中的威胁，那么这个企业将获得超过其他竞争对手的竞争优势，并将获得超过正常经济收益的回报。

竞争对手们对此至少有两种方式来加以回应：第一，对这家企业的成功置之不理，继续和从前一样走自己的路，这种处理方式当然会使其处于竞争劣势；第二，尝试了解这家企业成功的原因，然后再实施类似的战略。如果竞争对手在获得或开发所需资源时毫不费力，无须支付高昂的成本，那么这种模仿会导致行业中的企业处于竞争均势。

概括来说，如果一个企业的资源同时具有价值且是稀缺性的，但竞争对手通过学习可以仿效，那么这种资源只能给企业提供短暂的竞争优势，因为随着模仿企业不断加入竞争，供给的增加将降低该资源的价值，此时企业的先动优势将会渐渐失去。从这个意义上讲，企业的资源具有的难以模仿特性可以成为获取持续竞争优势的另外一个重要条件。

3.3.4 组织问题

仅是简单地堆积满足以上三个条件的资源就能确保企业获得持续竞争优势吗？事实上，拥有资源与能否有效地利用这些资源是不同的，大量现实中的个案都说明了这一点。如苹果电脑在 20 世纪 80 年代初期，曾拥有最先进的家用计算机技术，但由于缺乏有效的组织协调，该技术并没有发挥相应的功效；施乐也是同样的例子。这都说明，如果没有一个好的组织系统来利用有价值、稀缺和难以模仿的资源，那么这些资源也不会给企业带来竞争优势。组织因素（如正式的管理控制系统、激励机制等）从这个意义上将构成企业获取持续竞争优势的另外一个因素。它的功能在于将资源价值（或者说对租金的潜在贡献）转化为现实的利润时起到了桥梁作用。

企业拥有竞争优势的潜力在于企业资源和能力的价值、稀缺性以及难以模仿性。但是，为了全面了解其潜力，企业必须被组织起来去开发这些资源和能力。这些观点导致了组织问题：企业是否被组织起来，进而全面地开发其资源和能力的竞争潜力呢？

企业的大部分构成都与组织问题相关，包括企业的正式沟通渠道，正式和非正式的管理控制系统以及薪酬政策。企业的正式沟通渠道是指组织中谁向谁汇报，通常体现于企业的组织架构图之中。管理控制系统包括一系列正式和非正式的控制机制，以此来明确管理者的行为是否与企业的战略保持一致。正式的管理控制系统包括企业的预算及汇报系统，这使得处于较高组织位置的人能了解、把握处于较低位置的人的行为。非正式的管理控制系统则包括企业的文化及员工间对行为互相监督的意愿。薪酬政策是指企业向员工支付报酬的方法，这些政策有助于在某种程度上激励员工以恰当的行为行事。

企业组织的这些要素通常被称为补充性资源和能力，因为从独立运作角度来看，它们对创造竞争优势的贡献非常有限。但是，一旦与其他资源和能力结合起来，它们就能够帮助企业实现对竞争优势潜力的全面开发。

3.3.5 VRIO 分析框架的应用

将有价值、稀缺性、可模仿性和组织系统化问题放在一个框架中，可以清晰地理解潜在收益与开发利用企业的资源或能力之间的联系，如表 3-3 所示。

表 3-3 VRIO 分析框架一体化

资源和能力是否有价值	资源和能力是否稀缺	资源和能力是否难以模仿	资源和能力是否被组织系统化利用	竞争后果或影响	经营业绩
否	—	—	否	竞争劣势	低于正常
是	否	—	—	竞争均势	正常
是	是	否	—	暂时的竞争优势	高于正常
是	是	是	是	持续竞争优势	高于正常

表 3-3 揭示了 VRIO 框架与企业竞争力及经营业绩的关系，如果一项由企业所控制的资源是没有价值的，那么这种资源将不能促使企业选择或实施开发利用环境中的机会或降低环境中劣势的战略，组织去开发这种资源将增加企业的成本或降低其收益。

VRIO 框架为分析企业确定其优势和劣势提供了强有力的分析工具。但是，即使持续竞争优势来源于有价值的、稀缺的、不可模仿的资源和能力基础上，它也不可能永远存在。如果企业在它的竞争环境中所面临的威胁和机会保持相对稳定，那么拥有有价值的、稀有的、难以模仿的、同时被组织有效利用起来的资源和能力的企业，将能够不断地开发和利用这些资源以获得竞争优势。

3.4 IFE：内部因素评价矩阵分析

内部因素评价矩阵（Internal Factor Evaluation Matrix，IFE 矩阵）是对企业组织内部资源与能力进行评价的一种方法，企业可以通过建立内部因素评价矩阵完成对内部条件的分析。该战略分析工具用于总结和评价企业各职能领域的主要优势与劣势，同时为鉴别和评价各个职能领域的关系奠定基础。企业在建立 IFE 矩阵过程中进行直觉判断是非常必要的。对矩阵中包含的各个因素的透彻理解，往往比其中的实际数字更重要。与外部因素评价矩阵和竞争态势矩阵相似，企业可以按照下面五个步骤建立 IFE 矩阵。

（1）列出通过内部分析确定的关键因素

选择 10～20 个内部因素，包括优势和劣势两方面的因素。先列优势因素，后列劣势因素。尽可能具体，并使用百分比、比率和可比较的数字。

（2）给出每个因素的权数

权数从 0（不重要）到 1.0（非常重要）。权数表明企业在某一产业取得成功的过程中，各种因素的相对重要性。无论一项关键因素是内部优势还是劣势，只要对企业绩效有较大的影响，就应当给出较高的权数。所有权数之和等于 1.0。

（3）对各因素给出 1～4 分的评分

1 分代表重要弱点；2 分代表次要弱点；3 分代表次要优势；4 分代表重要优势。值得注意的是，优势的评分必须为 4 分或 3 分，弱点的评分必须为 1 分或 2 分。评分基于公司，而（2）中的权数则基于产业。

（4）以每个因素的权数乘以其评分，得到每个因素的加权分

（5）将所有因素的加权分数相加，得到企业的总加权分

总加权分可以反映该企业响应内部环境中当前与未来因素的优劣。无论一个 IFE 矩阵包含多少因素，总加权分落在 1.0 和 4.0 之间，平均值为 2.5。总加权分大大低于 2.5 的企业，内部状况处于弱势地位；而总加权分大大超过 2.5 的企业，内部状况处于强势地位。像外部因素评价矩阵一样，IFE 矩阵应该有 10～20 个关键因素。因素的多少不影响总加权分的范围，因为权数的总和始终是 1.0。

以某公司的内部因素评价矩阵为例，列出了该公司的内部因素以及权重、评分和加权得分。该公司的内部因素总加权分为 3，说明公司在利用内部优势和回避内部劣势方面略高于平均水平。如表 3-4 所示。

表 3-4 内部因素评价矩阵示例

关键内部因素	权重	评分	加权得分
产品质量	0.10	2	0.20
品牌形象	0.10	4	0.40
制造能力	0.10	4	0.40
技术技能	0.05	3	0.15
营销渠道	0.05	4	0.20
产品创新	0.05	2	0.10
财务资源	0.10	1	0.10
相对成本地位	0.35	3	1.05
顾客服务能力	0.10	4	0.40
总加权分值	1.00	—	3.00

3.5 SWOT 分析

SWOT 分析又称为态势分析，是进行企业外部环境和内部环境分析，从而寻找两者最佳可靠战略组合的一种分析工具，它由美国旧金山大学的管理学教授海因茨·韦里克(Heinz Weihrich)于 20 世纪 80 年代初提出。SWOT 中，S 代表企业的长处或优势(Strengths)；W 代表企业的弱点或劣势(Weaknesses)；O 代表外部环境中存在的机会(Opportunities)；T 代表外部环境所构成的威胁(Threats)。它将与研究对象密切相关的各种主要内部优势、劣势、机会和威胁等，通过调查列举出来，并依照矩阵形式排列，然后运用系统分析的思想，把各种因素相互匹配起来加以分析，从中得出一系列相应的结论，而结论通常带有一定的决策性。决策准则是选择能够发挥企业优势、弥补劣势、抓住机遇、规避威胁的战略[3]。

3.5.1 SWOT分析的内容

SWOT分析的内容十分广泛,在分析时,企业不仅需要从内部获得评价,而且需要考虑外部客户的评价。S、W是内部因素,O、T是外部因素。按照企业竞争战略的完整概念,战略应是一个企业"能够做的"(即企业的优势和劣势)和"可能做的"(即环境的机会和威胁)之间的有机组合。这样才能更为客观地选择行业的成功因素,也能更为客观地对自身的状况进行评价。SWOT分析各因素的具体内容如下:

(1) 竞争优势

竞争优势是指一个企业超越其竞争对手的能力,或者指公司所特有的能提高公司竞争力的东西。例如,当两个企业处在同一市场或者说它们都有能力向同一顾客群体提供产品和服务时,如果其中一个企业有更高的赢利率或赢利潜力,那么,我们就认为这个企业比另外一个企业更具有竞争优势。竞争优势表现在以下几个方面:

① 技术技能优势:独特的生产技术,低成本的生产方法,领先的革新能力,雄厚的技术实力,完善的质量控制体系,丰富的营销经验,上乘的客户服务,卓越的大规模采购技能。

② 有形资产优势:先进的生产流水线,现代化车间和设备,丰富的自然资源储存,吸引人的不动产地点,充足的资金,完备的资料信息。

③ 无形资产优势:优秀的品牌形象,良好的商业信用,积极进取的公司文化。

④ 人力资源优势:关键领域拥有专长的员工,积极上进的员工,很强的组织学习能力,丰富的经验。

⑤ 组织体系优势:高质量的控制体系,完善的信息管理系统,忠诚的客户群,强大的融资能力。

⑥ 竞争能力优势:产品开发周期短,强大的经销商网络,与供应商良好的伙伴关系,对市场环境变化的灵敏反应,市场份额的领导地位。

(2) 竞争劣势

竞争劣势是指公司缺少或做得不好的方面,或指会使公司处于劣势的条件。可能导致内部弱势的因素有:

① 缺乏具有竞争意义的技能和技术;

② 缺乏有竞争力的有形资产、无形资产、人力资源、组织资产;

③ 关键领域里的竞争能力正在丧失。

(3) 潜在机会

公司面临的潜在机会是指影响公司战略的重大因素。公司管理者应当确认每一个机会,评价每一个机会的成长和利润前景,选取那些可与公司财务和组织资源匹配、使公司获得竞争优势的潜力最大的最佳机会。潜在的发展机会可能是:

① 客户群的扩大趋势或产品细分市场;

② 技能和技术向新产品、新业务转移,为更大客户群服务;

③ 前向或后向整合;

④ 市场进入壁垒降低;

⑤ 获得并购竞争对手的能力;

⑥ 市场需求增长强劲,可快速扩张;

⑦ 出现向其他地理区域扩张、扩大市场份额的机会。

(4) 外部威胁

危及公司的外部威胁是指在公司的外部环境中,总是存在某些对公司的盈利能力和市场地位构成威胁的因素。公司管理者应当及时确认危及公司未来利益的威胁,做出评价并采取相应的战略行动来抵消或减轻它们所产生的影响。公司的外部威胁可能是:

① 出现将进入市场的强大的新竞争对手;

② 替代品抢占公司销售额;

③ 主要产品市场增长率下降;

④ 汇率和外贸政策的不利变动;

⑤ 人口特征、社会消费方式的不利变动;

⑥ 客户或供应商的谈判能力提高;

⑦ 市场需求减少;

⑧ 容易受到经济萧条和业务周期的冲击。

3.5.2 SWOT 分析的步骤

进行 SWOT 分析,一般要经过下列步骤:

(1) 企业外部环境分析,列出外部环境中存在的机会和威胁。

(2) 企业内部环境分析,列出企业目前所具有的优势和劣势。

(3) 编制 SWOT 分析表格。

这个表格是二维的,以外部环境中的机会和威胁为一个维度,以内部环境中的优势和劣势为另一个维度,如表 3-5 所示。

表 3-5　SWOT 矩阵分析表

<table>
<tr><th colspan="2" rowspan="2"></th><th colspan="2">内部环境</th></tr>
<tr><th>优势(S)</th><th>劣势(W)</th></tr>
<tr><td rowspan="2">外部环境</td><td>机会(O)</td><td>SO 战略
$=\{(O_1,S_1,S_2),(O_2,S_1,S_3),(O_3,S_3)\}$
依靠内部优势，利用外部机会</td><td>WO 战略
$=\{(O_1,W_1),(O_2,W_2,W_3)\}$
克服内部劣势，利用外部机会</td></tr>
<tr><td>威胁(T)</td><td>ST 战略
$=\{(T_1,T_2,S_1,S_3),(T_2,T_3,S_1,S_2),(T_3,S_1)\}$
依靠内部优势，回避外部威胁</td><td>WT 战略
$=\{(T_2,W_1)\}$
减少内部劣势，回避外部威胁</td></tr>
</table>

表 3-5 中将特定的外部因素与内部因素进行匹配组合，形成了 4 种战略组合：SO(优势/机会)战略、ST(优势/威胁)战略、WO(劣势/机会)战略和 WT(劣势/威胁)战略。

(4) 进行组合分析

对于每一种外部环境和企业内部条件的组合，企业可能采取的策略原则如下：

① SO 战略

增长型战略，这是一种最理想的组合，任何企业都希望凭借自身的优势来最大限度地利用外部环境所提供的多种发展机会。一般来说，企业应在面对新机会时将其优势发挥至最大。

② ST 战略

多种经营战略，企业应该利用自身的优势来对付外部环境中的威胁，但这并非意味着一个企业必须以其自身的实力来正面迎击外部环境中的威胁，而应该扬长避短，采用迂回策略达到发展优势、降低威胁的目的。

③ WO 战略

扭转型战略，这一组合显示了企业的劣势及当前面临的外部机会，企业尽可能克服内部劣势，利用外部机会。如果不采取任何行动，实际上就是将机会拱手让给了竞争对手。

④ WT 战略

防御型战略，显示了企业的劣势及面临的外部威胁，企业应该尽量避免处于这种状态，但如果企业无法回避而不得不面对这种状态时，只有两种选择，要么破产倒闭，要么破釜沉舟。要想迅速扭转企业面临的不利局面，较明智的战略选择是通过合并重组，在短时间内迅速壮大企业的实力以抗衡外部威胁。

在实际运用中，SWOT 模型还有待进一步发展。例如，无论是内部要素还是外部要素都是处于不断变化之中,因此除了对目前的优势和劣势、机遇和威胁进行评价外,还需要根据 SWOT 分析所选的战略实施后对企业未来的 SWOT 将产生什么影响,这种分析也应该成为 SWOT 模型的重要补充,以增强模型的动态性和发展性。再比如,作为一种重要的战略选择模型,不仅需要分析资源和活动,而且还应该包括其他企业因素,并强调企业作为背景、过程和战略产物的作用,同时还需要整合社会和经济等因素,这样才能够使模型具有更多的整合性和包容性。

3.6 CPM:竞争态势矩阵分析

竞争态势矩阵(Competitive Profile Matrix,CPM)的分析方法是通过对不同企业的关键成功因素进行评价比较,确认企业相对于主要竞争对手的竞争地位、面临的机会与风险大小,为企业制定竞争战略提供依据。

3.6.1 CPM:竞争态势矩阵分析步骤

(1) 确定评价或比较对象

在行业范围内,初步了解各竞争对手的状况,选择对本企业有直接影响或者影响重大的竞争对手,作为分析的对象。

(2) 列出评价与比较的因素

列出影响本行业企业竞争地位的主要因素,包括品牌、产品、价格竞争力、广告、管理现状、财务状况、客户忠诚度、市场占有率、基础设施、生产效率等,然后挑选关键因素。

(3) 赋予每个关键因素以权重

权重由 0(不重要)到 1.0(非常重要)。确定的方法可以是通过集体讨论而达成共识。所有因素的权重总和必须等于 1.0。

(4) 评价并比较本企业与竞争对手

挑选关键因素进行评价和比较,以分数体现强弱。其规则是,4 分代表强,3 分代表次强,2 分代表次弱,1 分代表弱。

(5) 计算总加权分数,并评价、比较结果

用每个关键因素的权重乘以它的评分,即得到每个因素的加权分数,然后将加权分数相加得到每个企业的总加权分数。分数最高为 4 分,最低为 1 分,平均总加权分数为 2.5 分。4 分表示企业在竞争中占有很大的优势,3 分表示较少的优势,2 分表示较少的劣势,1 分表示很大的劣势。

以 A、B、C 三个企业的竞争力比较分析为例。为简洁说明情况,仅选

择市场、价格竞争力、财务状况、产品质量和顾客忠诚度五个关键要素，给每个要素赋予一定权重，再分别给三家企业进行评分，最后得出：A企业的总分为2.5分，B企业的总分为1.7分，C企业的总分为2.8分，C企业的竞争力最强，如表3-6所示。

表3-6 竞争态势矩阵表

关键因素	权重	被分析企业A		竞争者B		竞争者C	
		评分	加权分值	评分	加权分值	评分	加权分值
市场份额	0.15	2	0.30	1	0.15	2	0.30
价格竞争力	0.10	1	0.10	4	0.40	1	0.10
财务状况	0.35	2	0.70	1	0.35	4	1.40
产品质量	0.20	4	0.80	2	0.40	3	0.60
顾客忠诚度	0.20	3	0.60	2	0.40	2	0.40
总分值	1.00	—	2.50	—	1.70	—	2.80

需要特别说明的是：不能仅因为在竞争态势矩阵中企业C总加权分数为2.8分，而企业B总加权分数为1.7分，就认为企业C比企业B强65%。数字仅仅揭示了公司的相对优势，而不是绝对的数量关系。

3.6.2 CPM与EFE矩阵的区别

CPM与EFE矩阵中的权数和总加权分数含义相同。但CPM与EFE矩阵之间存在一些重要区别：首先，CPM中的关键因素更加宽泛，不包括具体的或实际的数据，它们甚至可能集中于内部事项；其次，CPM中的关键成功因素不像EFE矩阵中的那样被分为机会与威胁两大类；第三，在CPM中，竞争对手的评分和总加权分数可以与本公司的评分结果相比较，这一比较分析可提供重要的内部战略信息。

除了在CPM中已经列出的关键成功因素以外，分析中常常用到的重要因素还包括产品线的宽度、销售渠道的效率、专有权或专利、地理位置、生产能力与效率、经验、联盟关系、技术优势和电子商务技术等。

3.7 案例讨论：华为面临国际化战略抉择——乘胜出击还是以退为进

尽管身处金融危机之中，华为在海外市场仍有不俗表现。市场研究机构Current Analysis近期发布关于华为在无线领域的总体评估报告，将华为在全球无线市场的地位评定为第一阵营，将其“前景”和“远景”评价为“积极”，并将“势头”评价为“非常积极”。

华为近日宣布，截至2008年9月，华为WCDMA/HSPA已在全球获得共计121个商用客户，统计数据表明，全球超过半数的WCDMA/HSPA运营商选择了华为。第四代基站成为华为在全球移动市场攻城略地的利器。

据了解，华为的40G解决方案已在欧洲、北美、亚太等地成功商用。荷兰电信运营商KPN日前完成其泛欧光纤网络40G升级的第一阶段工作。KPN表示，其40G网络升级采用了华为的设备。

华为借助海外业务崛起极大地提高了市场地位。电信软件市场研究公司Analysys Mason日前发布报告称，华为已经跃升至全球第四大网络管理软件供应商，将美国著名网络公司思科挤到了第五的位置。Analysys Mason公司高级分析师Roz Roseboro表示，华为在过去5年中实现了相当大的增长，现正朝市场前三大供应商的位置迈进。

海外市场的迅速扩张为华为赢得了良好的声誉。目前，华为40G解决方案荣获国际工程协会颁发的Info Vision大奖。同时，华为进入由世界杰出华商协会组织评选的“2008年全球华商高科技500强”，据称这是目前世界上唯一针对全球范围内华商高科技企业进行的排名。参选企业均由华人控股或创办，排名以企业规模实力、增长潜力、影响力等为主要评价指标，由专家综合评定产生。

数据显示，去年华为销售合同额达160亿美元，其中海外销售额所占比例达72%。华为已为全球50强电信运营商中的35家提供服务。

目前，全球金融危机为华为等国内制造商拓展海外市场创造了新的机会。分析人士指出，在市场低迷的行情下，海外企业资产价格大幅缩水，给了中国企业难得的淘“便宜货”的可能，这对于那些需要“走出去”以谋求进一步发展的中国企业来说，是一个难得的机遇。

但目前看来，华为面对全球金融海啸的对策是以退为进。以华为推迟终端业务部门的出售计划为例，华为在一份声明中将推迟的原因归咎于“目前的市场状况和经济形势不明朗”。很显然，一旦经济形势好转，华为必然会重新启动出售谈判。

市场观察人士认为，华为的下一步打算是公开上市。据称，拟出售的终端业务部门生产电话、数据卡和家用网关设备业务状况良好，2008年的销售额预计为35亿美元，比2007年的25亿美元有大幅增长。该终端业务部门的客户包括著名的沃达丰，它购买华为生产的3G电话然后贴牌在欧洲市场出售。华为不仅在亚洲、非洲和中东地区获得了不菲的业绩，而且已成功进入发达国家的市场，如在欧洲多个国家已经获得了许多合同，陆续突破了日本、北美等全球最高端市场。那么,在全球金融海啸肆虐的当下,华为应主攻新兴市场还是发达国家市场?

目前,华为在美国市场的拓展还不尽如人意。数据显示,去年华为在美国市场的销售额仅为1亿美元。美国市场竞争激烈,新进入者往往碰到很多竞争壁垒。而在非洲南部等新兴市场,华为目前已在南非、尼日利亚、肯尼亚等10多个国家设立了代表处。经过近10年的市场培育和耕耘,华为已全面进入非洲南部大多数国家市场并成为当地的主要通信设备供应商。

相对而言,美国等发达国家市场受此次金融危机影响较大,美国大多数运营商都不同程度地削减了各项投资,而发展中国家的运营商由于实力和规模较小,抗风险能力也较差,从而可能影响支付和回款。"海外市场拒绝机会主义",华为总裁任正非的这句话被华为奉为开拓国际市场的圭臬。如今,华为似乎正走在国际市场新征途的十字路口,如何抉择将决定着华为的命运。

(资料来源:刘玉其.华为面临国际化战略抉择——乘胜出击还是以退为进.光机电信息,2008(12):56.)

思考并分析:

(1) 运用所学知识,建立华为公司的EFE矩阵与IFE矩阵。

(2) 如果你是华为公司CEO,你将如何应用SWOT战略分析工具来进行战略选择?

战略管理前沿——种群生态模型

种群生态模型是重点探讨组织种群的创造、成长及死亡的过程及其与环境转变的关系。种群生态模型涉及组织的形式。组织的形式是组织特定的技术、结构、产品、目标和人员,可以由环境进行选择和淘汰。每个新的组织都试图找到能足够支持它的领地或生态位,即唯一的环境资源和需要的领域。在组织的早期发展阶段,它会随着时间的推移扩大组织的规模。如果该领地无效,组织就会衰退,甚至消亡。种群生态理论对种群成长过程进行了探讨,使得生态理论的发展进入动态性的思维。种群成长模型是假定单一种群的成长率是一个S形曲线,即:

$$\frac{\mathrm{d}N}{\mathrm{d}t} = \rho_N$$

$$\rho_N = \lambda_N - \mu_N$$

式中 N——当时种群的规模;

ρ_N——种群的规模为N时的种群成长率;

λ_N——种群的规模为 N 时的种群出生率；

μ_N——种群的规模为 N 时的种群死亡率。

这个模型用于分析种群或产业生存能力及各种资源条件的互动关系，是一个很重要的产业分析工具。在种群成长模型中有两个重要的观念可用于探讨产业的存活能力：

(1) 种群的内在成长率。在没有外部环境资源的限制下，种群的内在成长率会随着组织形式的不同而有所差异。这意味着各种环境不同或资源条件不同时，都会影响组织的存活程度。

(2) 环境的负载容量。社会与经济环境条件对种群成长率会有一定程度的限制，并随着时间呈动态变化，成为环境的负载容量，而环境的负载容量会随着环境资源条件的改变呈动态性的改变。

从单一公司的角度来看，幸运、机会和随机性在生存中起重要作用。组织不断在产生新的想法，这些想法和组织形式对组织而言，是生存还是失败经常只是一个机会的问题，也就是说，外部环境条件是否恰好支持它们。环境的特征与组织所采用的技术和战略一样预示着单一公司的成功和失败。

（资料来源：MICHAEL T HANNAN，JOHN H FREEMAN. Organization ecology. Cambrige，Masschusetts：Harvard University Press，1989.）

本章小结

本章主要介绍了价值链分析、矩阵外部因素评价、内部分析框架、矩阵内部因素分析、SWOT 分析以及竞争态势矩阵等战略分析工具。价值链是一个企业产品设计、生产、销售、交货以及对产品起辅助作用的各种支持性活动的集合，价值链分析的重要任务就是识别并尽量减少和消除那些无效活动和非增值环节，找出决定企业竞争优势的各种因素，优化价值活动，创造更大的价值和边际利润。

外部因素评价矩阵是一种综合评价企业外部环境机遇与威胁的方法，使战略制定者可以归纳和评价经济、文化、人口、环境、政治、政府、法律、技术及竞争等方面的信息。应用外部因素评价矩阵时需透彻理解矩阵中采用的因素、权重和评分标准，在确立这些数值时需辅以定量分析，尽量避免主观因素的影响。

内部分析框架认为，组织所拥有的每一项要素可以用以下四个维度来度量：价值问题、稀缺性问题、可模仿性问题和组织问题，将上述问题作为一个框架的四个构面，可以清晰地理解潜在收益与开发利用企业的资源或能力之间的联系，为确定企业优势和劣势提供了强有力的分析工具。

内部因素评价矩阵是对企业组织内部资源与能力进行评价的一种方法,用于总结和评价企业各职能领域的主要优势与劣势,同时为鉴别和评价各个职能领域的关系奠定基础。企业在建立内部因素评价矩阵过程中,进行直觉判断和对矩阵中包含的各个因素的透彻理解尤为重要。

SWOT 分析法将与研究对象密切相关的各种主要内部优势、劣势、机会和威胁等,通过调查列举出来,并依照矩阵形式排列,然后应用系统分析的思想,把各种因素相互匹配起来加以分析,从中得出一系列相应的结论,以支持战略决策。

竞争态势矩阵分析方法是通过对不同企业的关键成功因素进行评价比较,确认企业相对于主要竞争对手的竞争地位、面临的机会与风险大小,为企业制定竞争战略提供依据。企业在进行战略制定活动时,应结合自身实力、经营特征及环境变化,综合应用上述分析工具,作出更为科学合理的决策方案。

本章英文词汇

价值链　Value Chain　　基础活动　Primary Activities
辅助活动　Support Activities　　稀缺性　Rareness
可模仿性　Imitability　　规模经济　Economies of Scale
感召力　Charisma
竞争态势矩阵　Competitive Profile Matrix
外部因素评价矩阵　External Factor Evaluation Matrix
内部因素评价矩阵　Internal Factor Evaluation Matrix

本章思考题

3-1　什么是价值链?试述价值活动的分类与构成。
3-2　请简述 IFE 矩阵的实施步骤。
3-3　EFE 矩阵与 CPM 竞争态势矩阵有何异同?
3-4　何谓 VRIO 框架?VRIO 框架分析的目的是什么?

参考文献

[1]　MICHAEL E PORTER. 竞争优势. 陈小悦,译. 北京:华夏出版社,2005.
[2]　JAY B BARNEY. Firm resources and sustained competitive advantage. Journal of Management,1991,17(01):99-120.
[3]　HEINZ WEIHRICH. The SWOT matrix: A tool for situational analysis. Long Range Planning,1982,15(02):54-66.

企业愿景、使命和社会责任 4

企业家谈战略——牛根生谈企业社会责任

打造“国家生态圈”，要靠责任到位，铸造全球品牌。2007年，我们去日本考察了丰田、本田等著名企业。今天，日本的企业向你介绍自己时，重点已经不是产能多少、销量多少、利润多少，而是自己承担了多少社会责任，自己在环保事业、公益事业中作出了何种贡献。

如果进行最简单的分类，企业社会责任无非有两个方面：一是本职工作，二是兼济天下。什么是本职工作？涵盖面非常广，但今天应该特别提出的一个范畴是“软件革命”：在管理上创新，在文化上创新，在制度上创新……通过创新赢得国际竞争力。

实践证明，做好本职工作是企业最基本也是最大的社会责任。中国有句古话：“皮之不存，毛将焉附。”本职工作就是这个“皮”。在做好本职工作的前提下，大品牌要负大责任，“兼济天下”始终是企业社会责任的最高境界。事实上，判断一个企业是否负责，不能只看单一指标，必须看综合指标；也不能只看一时，而要看一贯。我们不相信一个对慈善事业无动于衷的“冷血企业”，会是一个对消费者真正负责任的企业；我们也不相信，一个积极履行公益责任的“爱心企业”，会在产品安全责任上得过且过。各类社会责任实际上是相互贯通、浑然一体的。

企业社会责任已越来越成为“全球公司”不可或缺的“国际护照”，没有“责任力”就不会产生“影响力”。在一个全球经济大循环的系统中，如果你不关心全地球的大事、全人类的大事，那么，人们也不会关心你的事，这样的企业跑不快、走不远、跳不高！

战略选择是影响企业生存发展的关键，企业的最高决策者必须从各种可接受的方案中进行取舍，使企业在一定时期内依据自身的资源、能力等情况，以企业价值为导向，有重点地实施某种战略或战略组合。战略选择的依据须同战略环境分析相结合，将成本、收益及风险等因素考虑在内，以构成最高决策者的战略方案选择基础，力争达到成本-收益最优化，并将风险控制在一定范围内。本章分别以企业愿景、企业使命、企业利益相关者及企业社会责任的视角讲述企业的战略选择依据，着眼于企业的可持续成长，将愿景和使命融入企业的战略选择，通过社会责任的践行来提升企业竞争力，实现企业利益相关者的长期收益及价值，达到企业、社会和环境的和谐平衡、持续发展。

4.1 企业愿景

愿景反映了企业所秉持的社会责任价值观和渴望，企业希望借助愿景吸引每一位雇员，最好还能吸引许多其他的利益相关者群体。为了使企业能够达到其期望的未来状态，愿景的表述必须清晰地与企业的内外部环境紧密联系。只有让企业的利益相关者都积极参与愿景的构建与实现，企业愿景才会发生作用。企业愿景是战略规划的最终目的和根本依据，其长期性和预见性提供了规避风险的线索。科学、明确的愿景决定了企业战略的选择范围，在保证战略方向正确的同时留有回旋的余地，提升企业的应变能力。本节从企业愿景的含义、建立的原则及其产生的效能等角度来阐释企业愿景作为企业战略选择依据的内涵。

4.1.1 企业愿景的含义

吉姆·柯林斯(Jim Collins)和杰里·波拉斯(Jerry I. Porras)在其著作《基业长青——企业永续经营的准则》中将企业划分为两种类型：一种是有明确的企业愿景，并成功地将它扎根于员工之中的企业，它们大多是排在世界前列的广受尊敬的企业；另一种类型的企业认为只要增加销售额便万事大吉，而没有明确的企业愿景，或企业愿景没有扩散到整个企业，这些企业绝不可能位居世界前列[1]。只有具备全体员工共同拥有的企业愿景，这个企业才有了成长为优秀企业的基础。

企业愿景(Corporate Vision)是企业永远为之奋斗并希望达到的图景，是一种意愿的表达，愿景概括了企业的未来目标、使命和核心价值，是企业哲学中最核心的内容，是企业希望最终实现的图景。它是企业未来的灯塔，指明了企业前进的方向，是企业战略选择的基础之一。

企业愿景对于创建学习型组织是至关重要的，因为它为学习、工作提供了能量和目标。在缺少愿景的情形下，充其量只会产生“适应型学习”；只有当人们致力于实现某种他们深深关切的事情时，才会产生与工作相适应的“创造型学习”。

企业愿景明确界定公司在未来是什么样子，陈述了企业对社会的影响力、贡献力，在市场或行业中的位置，以及与企业利益相关者之间的经济关系。同时，企业愿景也反映了在组织中从事的理想和动力，是组织的灵魂和不懈的追求。一个愿景所定义的事物必须是那些稳定的事物，在市场日益变化的今天，愿景必须要经得起市场的考验。

要形成一个有效的愿景，需要企业管理层、员工、组织结构及企业文化四个方面的有机融合。管理层要力争使所有的成员在战略认识上达成一致；员工要在管理者的领导下切实地执行企业愿景；组织结构要能够支持变革和形成良好的氛围；愿景要与文化相协调。企业愿景是全体员工为之奋斗的目标，它必须是前瞻性的、挑战性的，又必须是宏伟的，即它既具有难度，又具备可操作性，同时还具有激励功效。

企业愿景包含两个部分：(1) 企业的核心信仰；(2) 企业的未来景象。核心信仰包含企业的核心价值观和核心使命，用于规定企业的基本价值观念和存在原因，是企业长期不变的因素。企业的未来景象是企业未来 10～30 年里努力实现的宏大远景目标和对它的鲜活描述，需要通过创造、重大变革和进步才能获得。

4.1.2 建立企业愿景的原则

在设计和构建企业愿景时，需要企业的管理者明确企业未来发展成功的目标、任务及事业，企业愿景必须清晰明了、形象实际，具有振奋人心的作用，以便企业成员能够通过努力实现。

(1) 清晰明了

生动的前景是组织渴望创造和实现的东西。因此一个成功的愿景应该具备以下两个方面的特征：一是未来要实现的终极目标；二是对目标的生动描述。因此，愿景应该是有形的，易于理解的。简单、积极并充满感情的企业愿景使人们能够很快领会其含义，并引领自身的行动。如麦当劳(McDonald)的“成为世界上最佳用餐体验的快速服务餐厅”、3M 公司的“创造性地解决那些悬而未决的问题”等。

(2) 形象实际

愿景不是单纯为了激发想象力，而是激发坚定的信念，愿景如果不是可实现的就不可能产生坚定的信念。通过找到愿景与现实之间的差距，为企业制定改革决策提供宝贵的动力。愿景提出来后，有助于建立一整套有效的标准，为企业管理层在做决定、选方案时提供可靠的评估基础。如华为“丰富人们的沟通和生活”、沃尔玛(Wal-Mart)“给普通百姓提供机会，使他们能买到与富人一样的东西”等。

(3) 宏伟振奋

愿景要能够激动人心。表达愿景的语言必须能够感染人、鼓舞人。愿景规划给人鼓励，为人们满足重点需求、实现梦想、增添希望。被企业全体成员接受的愿景，可以激励员工工作热情和团队协作，使之能更好地实现企业的整体目标。如玫琳凯(Mary Kay)的愿景是“给女性无限的机会”、万科的愿景是“成为中国房地产行业领跑者”、联想的愿景是“未来的联想应该是高科技的联想、服务的联想、国际化的联想”等。

在构筑企业愿景的时候要注意员工个人愿景与企业愿景的协调，企业的愿景必须构筑在个人愿景之上；同时，企业愿景应该高于个人愿景。最好能从下到上收集筛选，再经过反复酝酿和提炼来充实它，最终形成企业的恒久愿景。

4.1.3 企业愿景的效能

企业愿景有助于明确企业的发展方向和业务领域，使高层管理者对企业的长期发展方向和未来业务结构有一个清晰的认识。如若缺乏企业愿景，企业将依赖于中高级管理层中所有决策者良好的企业家素质和机会主义，而不是系统的成功。企业愿景使中层管理者降低各管理部门制定策略时的风险；同时，它使基层管理部门以此来制定部门使命，设置部门目标体系，制定与企业发展方向和战略协调一致的部门战略。借助企业愿景，能有效地培育与鼓舞企业内部的所有员工，激发个人潜能，帮助员工建立客户导向的思想，为提升顾客满意度而竭尽所能。以下从企业价值、利益相关者、个人愿景、危机处理、企业积淀、知识竞争力六个方面阐述企业愿景所贡献的效能。

(1) 提升企业的存在价值

企业愿景的终极目标就是将企业的存在价值提升到极限。企业的存在价值是企业本质的存在理由和信念。传统观念认为，企业的存在价值在于它是实现人类社会幸福的手段与工具，是在促进全社会幸福和寻找新的财富来源的过程中创造出来的。近来，随着企业价值观经历全球化和信息时代的变革，企业愿景的概念范围也随之扩大。在以往企业活动的基础上增加了与全球自然环境共生和对国际社会的责任和贡献等内容，使企业存在价值这一概念更加完整。在先进企业的经营活动中，有很多优秀企业愿景的例子。如德国默克集团(Merck)的“帮助同疾病斗争的人”，通用电气(GE)的“以技术和革新来使生活丰饶”等。

企业愿景涵括的意义分为三个不同层次：企业对社会的价值处在愿景的最高层，中层是企业的经营领域和目标，下层是员工的行动准则或实务指南。企业对人类社会的贡献和价值是企业赖以存在的根本理由，也是其奋斗的方向，它是最高层次的企业愿景，具有最高的效力；企业的经营领域和目标是低一层次的概念，指出了企业实现价值的途径和方式；行为准则和实务指南是在这个过程中应该遵循的经济和道德准则。愿景所处的层次越高，具有越大的效力，延续的时间越长。

(2) 协调利益相关者

对于一个特定的组织来说，利益相关者通常是指那些与组织有利益关系的个人或群体。弗里曼(Freeman，1984)认为：“一个组织的利益相关者是可以影响到组织目标的实现或受其实现影响的群体或个人。”[2]如果组织忽略了某个或者某些能够对组织产生影响的群体或者个人，就有可能导致经营失败。

正像利益相关者会受到企业的决策、行动的影响一样，这些利益相关者也会影响该企业的决策、行动，两者之间存在着双向的影响和作用力。实质上，企业与利益相关者之间是一种互动的共生关系。企业在制定企业愿景时，必须界定利益相关者的类型、他们的利益诉求以及相应的策略。如何识别各种各样的利益相关者，并通过企业愿景加以反映和协调，是企业高层管理人员的重要任务。如果利益相关者的利益不能在愿景中得到尊重和体现，就无法使他们对企业的主张和做法产生认同，企业也无法找到能对他们施加有效影响的方式。比如说，一家化工企业如果只是以赢利为目标而没有将环保责任融入愿景，必将遭到环保组织、当地社区甚至消费者的抵制。

(3) 整合个人愿景

当今的企业员工，特别是知识型员工非常注重个人的职业生涯规划，都会描述自己未来的个人愿景。要使企业员工都自觉、积极地投入到企业活动中，就需要有企业愿景来整合员工的个人愿景。企业不能仅从经济代价或交换的角度去理解个人和企业的关系。相对于经济利益，员工往往更加重视自我价值的实现和个人能力的提升。企业在制定愿景的时候，应当激发员工的自觉参与意识，理解和尊重员工的个人愿景并将他们恰当地融入企业共同愿景当中。通过这种方式产生的企业愿景能够获得员工的认同和响应，因为他们在充分发挥个人能力去达成企业共同愿景的同时能够实现自我价值。

企业愿景还能收到软约束的效果。众多的中国企业由于管理制度的缺陷，无法对其高管形成有效的制约，高管经常利用制度的缺陷谋取个人私利。但如果企业愿景融合了高管的个人愿景，个人利益和企业利益之间就能形成长期意义上的一致性，企业变成了帮助他们实现自我价值的平台，企业愿景就能对高管发挥无形的制约作用。

(4) 应对企业危机

动态竞争条件下，环境的关键要素复杂多变且具有很大的随机性。企业的生存时刻面临极大挑战，处理不慎就可能演变为致命危机。企业应对危机、摆脱困境迫切需要愿景，明确的企业愿景是动态竞争条件下企业应对危机的必要条件和准则。一方面，企业不能停留于简单的刺激-反应模式，只顾短期经营而忽视长远规划。如果因未来的不可预测性或情况紧急而模糊企业愿景，只是在危机到来时被动应付，那么即使能勉强渡过难关，最终也会因迷失方向而无所适从。另一方面，已经确立愿景的企业在制订危机处理方案时，必须努力遵循源于经济理论、社会道德的企业愿景；必须从企业愿景出发去寻找行动方案，考虑所采取的行动是不是与企业一贯的方针和自身承担的使命和社会责任相一致。以愿景为危机处理的基准才能保证企业的长远利益和社会认同。

(5) 形成企业的积淀

企业现状是日积月累努力的最终结果，而企业愿景就是有选择地、高效地积累这些努力的关键手段。愿景是企业有能力实现的梦想，也是全体员工共同的梦想。愿景能描绘出企业将来的形态，引导企业资源投入的方向。企业因为有愿景，就可以一直朝相同的方向前进，在追求短期目标的同时，也可以为中、长期目标的实现奠定基础。共同愿景还能让每一个人的努力发生累积的效果。

如果企业没有愿景，就会分散力量，也会导致经营上的问题，即使短期内有不错的业绩，也会因为和长期目标不够一致，导致各种力量的互相抵消，使得企业停滞不前。不管是既有事业或新事业都是为了达成企业愿景，反过来说企业有了愿景，才有新事业诞生。在动态竞争中，环境要素复杂多变，拥有愿景的企业可以在其他企业还未看见、尚未察觉的时候，已经开始了对未来的规划和准备。经过长时间努力，当市场机会出现时，企业已经具备所有的竞争力，从而占据竞争的主动，赢得先动优势。相反，企业如果没有愿景,只是跟着别人的做法亦步亦趋,终究会被淘汰。

(6) 增强知识竞争力

当前企业愿景受重视的另一个原因是,组织知识、应变能力等“知识竞争力”作为企业竞争力要素开始受到广泛关注。这些要素的作用发挥取决于企业愿景这种基于知识资源的管理体系的建立。许多学者将企业组织看做知识主体,而把它的知识创造力看做企业应当追求的竞争力要素。组织知识是企业创立以来周而复始地开发、应用、总结而形成的,是以往采取的众多战略步骤的结果,存在一种路径依赖性。路径依赖性越高,越不易被对手所模仿,企业的竞争优势就能更长久。企业如能制定明确的、长期的愿景,保持战略的稳定性和连续性,并保证一切战略、战术行动均围绕愿景而展开,就能使组织知识拥有长期的战略积淀和深厚的文化底蕴,提高其路径依赖性,增强对手模仿的难度。

4.2 企业使命

企业在确定经营战略选择依据的时候,应该明确企业的价值基准、从事的业务及在社会活动中所扮演的角色,即确定企业的使命。使命要建立企业的个性,与所有的利益相关群体相关,且能鼓舞人心。使命和愿景共同为企业选择和实施一种战略或战略组合提供了坚实的基础。当员工能够强烈感受到引导他们努力工作以帮助企业实现其愿景的道德标准时,企业更有可能形成有效的使命。企业使命的确立过程,会从总体上引起企业发展方向、发展道路的改变,使企业发生战略性的变化。明确的使命陈述是确立战略目标的前提,是战略方案制订和选择的依据,是企业分配资源的基础。

4.2.1 企业使命的含义

著名管理学家彼得·德鲁克(Peter Drucker)将“我们的业务是什么?”作为一个企业区别于其他类似企业对经营目标的叙述。使命陈述是对企业存在理由的解答,其有助于企业树立目标和制定战略。优秀企业的创建发展过程通常是眼光远大的领导者与发展机缘相结合的过程,其融合了一群负有使命感的人才和合理的经营策略。优秀的企业能激励员工以个人特有的方式将自己与公司崇高的社会使命结合起来。若能让员工觉得工作就是寻求快乐,那么,源于内心的自我激励将使组织产生巨大的、难以估量的动力。民间机构、非营利性组织的成功运作，正是由于使命保证了成员对组织的承诺，产生了强烈的激情。企业应该本着使命导向的原则去塑造自身的组织框架、企业文化、管理风格，形成战略选择的依据，以使企业取得持续竞争优势，实现良性发展。

企业的存在是为了在宏观环境中实现某种特殊的社会目的或满足某种特殊的社会需要。每个企业从建立伊始，就应该承担相应的责任并履行相应的使命。企业制定战略的第一步就是确立企业使命。一方面，企业使命的定位是在对企业内外部环境分析的基础上完成的；另一方面，企业使命的定位也为企业内外部环境分析界定了范围。

企业战略目标的制定是从确立企业使命开始的。企业使命是指企业区别于其他类型组织而存在的原因或目的。绝大多数的企业使命是高度抽象的，不是企业经营活动具体结果的表述，而是为企业提供了一种原则、方向和哲学。过于明确的企业使命会限制企业功能和战略目标制定过程中的创造性；宽泛的企业使命会给企业管理者留有细节填补及战略调整的余地，从而使企业在适应内外部环境变化中有更大的弹性。

企业使命有狭义和广义之分。狭义的企业使命是以产品为导向的。例如，一家准备进入家电行业的公司可以将其使命定义为生产洗衣机。这一表述清楚地确定了企业的基本业务领域，即公司存在的目的；同时，显然也限制了企业的活动范围，甚至可能剥夺企业的发展机会。因为任何产品和技术都存在一定的市场生命周期，都会随着时间的推移而进入衰退阶段，而市场需求却是持久的。因此，广义的企业使命是从本企业的实际条件出发，以市场为导向来定义的，着眼于满足市场的某种需求。前面提到的这家公司如果将其企业使命定义为"向顾客提供最便捷的家庭生活设备"这一表述相对较为模糊，但为企业经营活动指明了方向，就不会在未来洗衣机市场饱和之时失去方向，失去经营领域的连续性。又如，一家电话设备公司应将自己的使命定义在满足用户通信的需求上，而非局限于电话。这是因为通信是用户持久不变的需要，而电话设备却在不断地更新，从普通电话到半自动电话、自动电话、无绳电话、程控电话、移动电话、3G手机等不断在发展创新。在《营销短视症》一文中，西奥多·莱维特(Theodore Levit)提出了下述观点：企业的市场定义比企业的产品定义更为重要。企业经营必须被看成是一个顾客的满足过程，而不是一个产品的生产过程。产品是短暂的，而基本需要和顾客群则是永恒的。马车公司在汽车问世后不久就会被淘汰，但是同样一个公司，如果它明确规定公司的使命是提供交通工具，它就会马上从马车生产转入汽车生产[3]。

4.2.2 企业使命定位的内容

虽然并不是所有的企业都有书面的使命表述,使命往往只为少数高层管理者所了解,但越来越多的企业将确定企业的使命看成是企业战略的一个重要组成部分。一般的,企业使命的定位包括以下三个方面的内容:企业存在的目的的定位、企业经营哲学的定位及企业形象的定位。

(1) 企业存在目的的定位

企业存在目的的定位应该站在顾客的角度,说明企业通过提供某种产品来满足顾客的某种需求,提升顾客价值,而不是说明企业要生产某种产品。例如,莲花超级购物中心(Lotus Supercenter)的企业目标是:我们在全国开设的莲花超级购物中心和平价百货商店要做到干净、整洁、具有吸引力、友好待客、方便购物并针对家庭而设;我们为顾客提供多种优质品牌的商品及希望拥有的商品以满足他们的日常需求,并以美味、高质量的生鲜食品而闻名;我们的商场坚持提供整体低价商品,并成为每天低价领导者,绝不允许有比我们更低的售价。

围绕着满足某种需求可以开发出许多不同的产品和服务,这就是为什么美国的电话电报公司(AT&T)将企业存在的目的定位于提供信息沟通工具和服务而不是生产电话,埃克森公司(Exxon)的企业使命强调提供能源而不是出售石油和天然气,露华浓公司(Revlon)的企业目标定位于出售希望而非生产化妆品,哥伦比亚电影公司(Columbia Pictures)则旨在提供娱乐活动而不是经营电影业等。彼得·德鲁克认为企业存在的主要目的是创造顾客。只有顾客才能赋予企业存在的意义。他指出:决定企业经营什么的是顾客。顾客愿意购买产品或服务才能将资源变为财富,将一般物质变成产品。只有顾客对产品及其价值的看法才决定企业经营什么、生产什么以及企业的前途。顾客所购买的以及认为有价值的从来就不是产品,而是一种效用,也就是产品或服务带给他们的满足。顾客是企业生存的基础和理由。以满足顾客需要作为企业生存的基础,还会促使企业不断开发新技术和新产品,使企业在创新中不断得到发展[4]。

(2) 企业经营哲学的定位

企业经营哲学是对企业经营活动本质性认识的高度概括,是企业从事生产经营活动的基本指导思想。它是由一系列管理哲学组成的,包括企业的基础价值观、态度、企业内共同认可的行为准则及企业共同的信仰等。例如,莲花超级购物中心的经营哲学是:

① 吸收、培训和发展各个层次的高素质人才。

② 与供应商建立良好关系。

③ 坚持公司内每个员工高度的正直和真诚。

④ 不断提高,好上加好,永不自满。

⑤ 勇敢创新,领导市场。

⑥ 互相公开、友善地进行指正,没有保护性和本位性。

⑦ 技术领导者,成为低成本的经营者。

⑧ 愿意做出改变,我们的态度是“可以做到”,我们的字典里没有“做不到”这个词。

⑨ 建立一支强有力的队伍,互相支持、互相帮助。

⑩ 愿意做困难的决定。

⑪ 在营运和商品采购的各个层次坚持纪律。

⑫ 必须以生鲜食品出名。

⑬ 做得开心,对我们所取得的成就感到骄傲,并从所取得的成果中得到满足。

又如 Zale 公司的经营哲学是:

① 市场和客户服务——企业是以客户为中心的,未来的成功依赖于对顾客的需要的满足程度。

② 管理任务——从经营中取得利润回报,一切活动并不仅仅为了获得成就感,结果必须是可度量的。

③ 人力资源——吸引、发展和激励富有业务能力、有勇气和协调性的人才,对于表现出色的个人会提供各种挑战、机会,从内部提拔是我们的目标。

④ 财务及控制——制订合理的融资计划,为企业的成长筹措资金并优化股东的投资回报,发展和完善控制系统,及时发现潜在的重大失误并进行积极修正。

从以上两个例子可以看出,企业经营哲学的主要内容是通过企业对外界环境和内部环境的态度来体现的。对外包括企业在处理与顾客、供应商、社区、政府、新闻媒体等关系的指导思想;对内包括企业对其投资者、员工及其他资源的基本观念。一般地,企业的经营哲学由于受文化的影响具有较大的共性;同时,不同国家的企业在管理观念上则表现出明显的差别。例如,美国企业在经营哲学的描述上着重于企业在市场上获得成功的因素,如“公司发展事业的基础是技术革新、生产率和市场占有率”(德州仪器公司),“IBM 的事业不是出售机器,而是出售产品的功能,因此必须切实为顾客解决问题”(IBM 公司)。而日本企业的经营哲学旨在向员工表明企业的愿景,唤起员工承担责任的激情和创新精神,如松下电器公司的“像自来水那样不断生产，创造无穷物质财富，建设人间天堂"，东京电气化学工业公司提出的"通过创造，贡献于世界文化产业"等。

(3) 企业形象的定位

企业的公众形象是企业的表现与特征在公众心目中的反映和评价，它取决于满足公众对企业期望的程度，以及承担社会责任的程度。从公共关系理论的角度而言，一个企业组织的营运过程一般涉及员工、股东、顾客、供应商、竞争者、社区、新闻媒体、政府等基本公众。良好的企业形象意味着企业在社会公众心目中的信誉，是吸引客户的重要因素，也是形成企业内部凝聚力的重要原因。每一个企业在其特定的公众心目中都有自己的形象，如顾客普遍认为微软(Microsoft)是软件业的领头羊，索尼(Sony)是生产高质量电子产品的代表，屈臣氏(Watsons)是女性的个人护理专家，百事可乐是新一代的选择等。企业形象的定位通过理念识别、视觉识别、行为识别三个部分来体现。

屈臣氏个人护理店以"探索"为主题，提出了"健康、美丽、快乐"三大理念，协助热爱生活、注重品质的人们塑造自己内在美与外在美的统一。在国内，屈臣氏是第一家以"个人护理"概念经营的门店，其独特而准确的市场定位，令人耳目一新。商店的目标顾客锁定 18～35 岁的女性，她们注重个性，有较强的消费能力，但时间紧张不太爱去大超市购物，追求的是舒适的购物环境。公司的货架、收银台和购物袋上都会有一些可爱的标志，如"心"、"嘴唇"、"笑脸"，给人以温馨、愉快、有趣的感觉。长久以来，屈臣氏不仅在品质与创新方面建立了相当声誉，更赢得了顾客的高度信赖。屈臣氏为顾客提供多元化种类的商品，以迎合不同生活形态的需要。屈臣氏的使命是在顾客追寻健康、美丽、快乐的路途上，为他们带来焕然一新的体验，让每一位顾客时刻都能欢欣自在、仪表出众、身心健康，从而享受更丰盛的人生。屈臣氏承诺会源源不断地为顾客奉上高品质的产品、专业的资讯、令人惊喜不断的购物环境及超值的产品价值。

研究表明，对于不同行业的企业，影响企业形象的主要因素各不相同。例如，在食品业，良好的企业形象在于表达安全、信任感、经营规模、技术等特征；而对生产精密仪器的企业，顾客可能会对可靠性、新产品开发、时代感、研发能力、发展前景等诸方面的形象比较关注；对于服务业，向公众传递良好的服务质量、清洁程度、现代化等信息可能会有利于树立良好的企业形象等。通过公司理念，使用统一标识、专用字体、标准色以及企业主题歌等手段将企业的形象概念具体化，不仅传播了企业文化，使顾客认识、接受企业及其产品，而且有助于使企业的内部与外部达成共识，易于实施企业战略。

彼得·德鲁克曾提到:"关于一个企业的宗旨和使命的定义,很少有维持30年的,更不用说50年了,一般只能维持10年。"这是因为在企业成立之初,企业使命通常比较明确,但随着时间的推移,当企业规模逐渐扩大、增加新产品、开拓新市场时,其使命可能不再适应新的环境条件。因此,企业使命不是一成不变的。在企业生存发展的关键阶段,必须通过制定企业战略,对企业使命进行研究并重新定位。此外,企业无论处于发展的哪一个阶段,对企业的定位或者再定位都应该包括上述三个基本构成因素。

4.2.3 企业使命定位的影响因素

根据美国管理学者维恩·麦金尼斯(Vern J. McGinnis)的研究,一个好的企业使命应包括以下一些特征:① 应该明确企业生存的目的;② 应该既宽泛,以允许企业有创造性的发展,同时又对企业的一些风险行动有所限制;③ 应该使本企业区别于其他同类企业;④ 应该作为评价企业现在和未来的活动的框架;⑤ 应该清楚明白,易于为整个企业所理解[5]。

一般而言,好的企业使命要求企业在进行使命定位时考虑下述六个因素:

(1) 外部环境因素

外部环境是企业生存和发展的基本条件。外部环境发生某些变化,企业使命必须做出相应调整。特别是对于这些变化可能带来的机遇和威胁,企业更要善于发现和及时做出反应。

(2) 企业领导者偏好

企业主要的领导者都有自己的人生观和价值观,对某些问题有自己独特的偏好,如追求产品的创新、注重产品品质或顾客服务等,这些偏好对企业使命的确定有很大的影响。

(3) 企业发展历史

每个企业都有自己的发展历史,既有企业的辉煌业绩,也有它的经验教训。现实和未来是相互连接的,不了解过去,就无法规划未来。

(4) 企业资源

企业资源是企业实现其使命的物质基础,主要包括人力资源、金融资源、物质资源、信息资源和关系资源等。

(5) 企业核心能力

企业使命应尽可能反映它特有的能力,即自身竞争优势,从而指导企业获取较高的市场地位。

(6) 其他与企业相关的利益主体的要求与期望

股东、员工、债权人、顾客、竞争者、政府、社区、公众对企业的要求与愿望,既可能是企业生存和发展的支持力量,也可能是企业生存和发展的制约力量。

企业使命有一个历史的形成过程。一个企业新建时,其使命比较模糊或比较简单,大致局限在经营范围的陈述上。随着企业的发展和对经营过程的体验,其使命会逐步成熟和完善。不同企业因外部环境、领导者偏好、历史背景、企业资源、核心能力以及利益相关主体的价值观的不同,其使命陈述详略、表达内容及方式也不尽相同。

4.2.4 企业使命与战略的关系

任何企业在制定战略时,都必须在分析研究企业及其环境的基础上进一步明确自己的使命。这不仅因为其关系到企业能否生存和发展,而且在整个企业战略的制定、实施和控制过程中有很重要的作用。

(1) 企业使命为企业发展指明方向

企业使命的确定,会从总体上引起企业经营方向、发展道路的改变,使企业发生战略性的变革;同时,企业使命也为企业构筑了目标一致的愿景。一方面,企业使命为企业成员理解企业的各种活动提供依据,确保企业内部对企业目标达成共识;另一方面,企业使命为企业树立良好的公众形象,以使企业获得发展的信心和必要的支持与帮助。

(2) 企业使命是企业战略制定的前提

首先,企业使命是确定企业战略目标的前提。只有明确地对企业使命进行定位,才能正确地树立起企业的各项战略目标。其次,企业使命是战略方案制订和选择的依据。企业在制定战略的过程中,要根据企业使命来确定其基本方针、战略活动的关键领域及行动顺序等。

(3) 企业使命是企业战略的行动基础

首先,企业使命是有效分配和使用企业资源的基础。有了明确的企业使命,企业才能正确合理地把有限的资源分配在能保证实现企业使命的经营事业和经营活动上。其次,企业使命通过企业存在的目的、经营哲学、企业形象三方面的定位而为企业明确经营方向、树立企业形象、营造企业文化,从而为企业战略的实施提供激励。

4.3 企业利益相关者

20世纪60年代，利益相关者理论在美国、英国等长期奉行外部控制型企业治理模式的国家中逐步发展起来。与传统的股东至上的企业理论的主要区别在于：该理论认为，任何企业都是一个包含主要利益相关者群体的系统，包括股东、政府、债权人、雇员、消费者、供应商，甚至是社区居民，由此组织得以确立，并管理各种关系。利益相关者是指能够影响企业的愿景和使命，同时受企业战略的影响，并对企业经营业绩拥有可实施的主张权的个人或群体。企业经营业绩的主张权可以通过利益相关者停止向企业投入关乎其生存、竞争以及盈利的重要资源来实现。如果公司业绩达到或超出他们的期望，利益相关者会继续支持公司。最新研究表明，能够有效处理与利益相关者之间关系的公司，其经营业绩较其他公司更好。因此，企业利益相关者关系及其管理成为企业战略选择的重要依据。

4.3.1 企业利益相关者概述

从利益相关者管理理论来看，企业的发展前景有赖于管理层对公众不断变化的期望的满足程度，即依赖于企业管理层对利益相关者利益要求的回应质量。但是，需要指出的是，平衡所有利益相关者的利益是一个不切实际的目标。企业对所有利益相关者承担同等的责任，理论上看似合理，但因其模糊了企业和市场的边界，而在实际中根本不具备可操作性。因为对所有参与者都负责，实际上造成的后果可能是对所有人都不负责或都负不了责，这是理解利益相关者理论需要注意的问题。虽然企业与利益相关者相互依存，但企业并非在任何时间都与任何利益相关者有同等的依存关系，因此，每个利益相关者能对企业施加的影响也不尽相同。一个利益相关者参与企业的程度越重要，越有价值，则企业对其依赖性就越大；反之，更大的依赖性又会使利益相关者产生对公司业务、决策和行动更强的影响力。

利益相关者管理是指企业的经营管理者为综合平衡这些利益相关者的利益要求而进行的管理活动。其管理方法是，要么与那些控制着关键资源的利益相关者和谐共处，要么将企业与这些利益相关者的需求隔离开来。任何一个企业的发展都离不开各种利益相关者的投入或参与，企业追求的是利益相关者的整体利益，而不仅是某个主体的利益。这些利益相关者都对企业的生存和发展注入了一定的专用性投资，他们或是分担了一定的企业经营风险，或是为企业的经营活动付出了代价，企业的经营决策必须要考虑他们的利益，并给予相应的报酬和补偿。由此而言，企业的生存和发展取决于它能否有效地处理与各种利益相关者的关系，做出最佳的战略选择。

参与企业运作的利益相关者可分为三类群体，包括资本市场利益相关者（企业股东和主要资本提供者）、产品市场利益相关者（企业主要的顾客、供应商、所在社区、工会）和组织利益相关者（企业所有的员工，即战略决策者和战略实施者）。

每一个利益相关者群体都希望有利于自己目标实现的领导方式能够被企业的战略决策者采纳实施，然而不同利益群体的目标通常各不相同，管理者不得不作出妥协和平衡。股东是企业最显而易见的利益相关者，他们由那些向企业投资、期望以此获得丰厚投资回报的个人或团体组成。企业股东的权益受私人财产法和私人企业法保护[6]。

企业的另一类利益相关者——顾客，则希望投资者获得最小化的收益。如果企业产品或服务的质量和效能提高，而价格不上涨，顾客的利益将得到最大化。顾客利益增加了，资本市场上股东的利益就可能减少。

由于潜在利益冲突的存在，每家企业都面临着其利益相关者的挑战。首先，企业必须识别所有重要的利益相关者。其次，一旦企业无法满足所有利益相关者的要求，就要对他们排定优先级。实力是企业判别利益相关者优先级的最关键指标，其他标准还包括利益相关者需求满足的紧急程度及其对企业的重要程度等。

假若企业能赚取超额利润，有效管理利益相关者的难度就会大大下降。有了超额利润带来的能力和灵活性，企业便能更容易同时满足多个利益相关者的需求。如果企业只能获取平均利润，它就很难实现所有利益相关者的利益最大化。企业的目标会变成最低程度地满足所有利益相关者需求，这种平衡的做法也要考虑利益相关者对企业支持程度的重要性。利润在平均线下的企业，无法最低限度地满足所有利益相关者的需求，因此，企业的目标就是如何将利益相关者的损失最小化。企业在进行资本市场、产品市场及组织利益相关群体权重分配时，社会价值、文化差异也会起到一定的影响作用。以下对三类不同的利益相关群体进行深入分析。

4.3.2 资本市场利益相关者

投资者都期望企业能使其投资保值并增值，预期收益与风险程度成正比，即低风险带来低收益，而高风险则会有高收益。假若投资者对企业不满，他们就会对以后的资本投资提出更为严格的要求，甚至停止投资。股东可以通过多种方式表达其不满，包括抛售股票。

一旦企业意识到资本市场利益相关者存在潜在的或实际的不满时，它就会对此作出反应。企业对利益相关者的不满作出的反应会受到它们之间依赖关系的影响（如前所述，也会受到社会价值、文化差异的影响）。依赖关系越紧密、越重要，企业则会越重视、反应越直接。如波音公司与空中客车在商用飞机的全球竞争中，空中客车的 CEO 和高层经理需要认真考虑他们应该做些什么来提升公司的经营业绩，以使资本市场利益相关者满意。实际上，在其超大型飞机 A-380 成本超支的情况下，空中客车试图裁员及外包部分业务来降低成本，以便使自己相对于波音公司更具竞争力。然而，在空中客车总部所在的欧洲，公众非常关注雇员作为利益相关者的权益，在裁员的问题上他们支持工会保护雇员的利益[7]。

4.3.3 产品市场利益相关者

许多对利益相关者内涵了解不深的人会认为产品市场利益相关者（企业主要的顾客、供应商、所在社区、工会）之间没有太多的共同利益。然而，这四类利益相关者群体都会从企业激烈的竞争中获得利益。例如，基于产品和行业特性，市场竞争会为顾客带来价格低廉的产品，而企业则会向供应商支付较高的价格，因为企业愿意向供应商支付高价以换取能够帮助其获得竞争优势的产品或服务[8]。

作为利益相关者的顾客往往要求物美价廉，而供应商则希望找到愿意出高价的忠诚顾客。社区会希望企业能够长期稳定驻扎此地，在提供税收收入的同时，不会提出过多公共服务的要求。工会人员关注的是其所代表的雇员的稳定工作和舒适的工作环境。因此，当公司的利润贡献至少反映出资本市场利益相关者利益（即贷方和股东能接受并使其继续对公司保持兴趣的回报）和产品市场利益相关者利益之间的平衡时，它就能满足产品市场利益相关者的基本需求。在一个竞争的商业环境中，所有的产品市场利益相关者都是至关重要的。然而，很多企业都非常重视顾客，尽管资本市场的利益相关者群体可以决定企业的实力，但最终的标准还是顾客满意度。

4.3.4 组织利益相关者

企业的所有员工，包括战略决策者和战略实施者，总希望企业能营造一个充满活力、充满激励、有益的工作环境。作为一名员工,通常愿意在不断成长并能积极提升自己工作能力和技巧的企业工作,尤其是具有那些高效团队成员以及为使工作达到或超越国际水准所应获取的素质的企业。能有效快速地学习新知识的员工对组织的成功也非常关键。战略决策者在日常工作的基础上对满足企业利益相关者的需求负有最终的责任,战略实施者的受教育程度及工作技能是影响企业战略执行和业绩表现的竞争性武器。

(1) 战略决策者

战略决策者主要是指在企业战略层次的责任者——高层管理者,通过企业战略计划的制订,企业高层管理者为企业选择正确的时机、设置正确的方向、按照正确的顺序、运用最高效的方法去做正确的事情。战略决策者在战略管理过程中的主要任务如表4-1所示。

表4-1 战略决策者与战略决策过程

战略层次	责任者	战略管理工作重点	战略决策过程中的主要任务
公司战略	企业高层管理者	制定和实施企业的宗旨、目标、政策和战略	制定企业的任务和战略
			确定企业各业务部门的任务
			按照任务给各部门分配资源
			批准各业务部门的计划、预算和主要投资
			考核各业务部门的工作,保证整个公司按照战略规划顺利运作

高层管理者对公司能否获得预期的战略结果起着关键作用。工作勤奋、思维缜密、诚实可信、追求卓越、具备常识等特点是成为成功战略决策者的前提。战略决策者在进行战略决策时,最大的特点就是需要具有企业家精神。企业家精神主要体现在企业战略的选择与制定中,就是要使企业不断地追求卓越。这意味着高层管理者要努力维持创新精神和进取精神,不断探索和把握新的市场机会,改进和开发新的产品和服务,寻求满足顾客需要的更好方法,随时准备应付来自环境和竞争者的威胁,使企业在市场竞争中始终处于不败之地。同时,高层管理者还需要正确地、不失时机地决定企业应当放弃哪些业务、保持哪些业务、开发哪些新的业务,以及如何采用正确的方法对企业的业务进行调整,将企业的资源从低收益或收益下降的业务部门转移到高收益或收益增长的业务部门,使企业的资源得到最合理的运用,以取得更好的经营效益。优秀的战略家会告诉所有利益相关者一个远景目标,以帮助公司创造竞争优势。

(2) 战略实施者

战略实施者是指企业中下层管理者和员工,他们在企业的运作中承担不同的职责,在不同的岗位各司其职、各负其责、恪尽职守,上下级密切配合、和谐协作。战略实施者主要包括:业务层战略层次的责任者——业务层战略主要管理者;职能层战略层次的责任者——职能机构的中层管理者;战术层战略层次的责任者——企业的基层管理者及员工。战略实施者在战略管理过程中的主要任务如表 4-2 所示。

表 4-2 战略实施者与战略管理过程

战略层次	责任者	战略管理工作重点	战略实施过程中的主要任务
业务层	业务部门主要管理者	制定和实施企业战略之下的相关业务部门战略	向高层管理者提出业务部门依据总体战略执行的业务层战略
			制订本业务部门的经营计划并获得上级批准
			为取得最佳利润率和业务增长率经营
			按照企业方针、政策及程序进行管理
职能层	中层管理者	制定和实施企业战略、与业务层战略相匹配的职能战略	参与制定企业战略
			制定企业的方针、政策及标准,通过考核与监督,保证执行的一致性
			就各业务部门的任务、战略、经营计划和预算问题,向高层管理者提出建议
			就各业务部门的职能工作,向企业领导者提出专门性意见
			制定职能部门系统的战略、目标和职责
			对于关键岗位的任命、工作标准的设置以及考核评价,提出建议
			在需要的地方提供职能方面的服务
战术层	基层管理者及员工	实现各层次战略的具体方法和步骤	认真落实战略各阶段任务,提出建议

制订一个完善的企业战略计划,绝对不是为了束之高阁。贯彻落实战略计划,并取得预期效果,这是战略实施者的重要职责。企业战略的实施虽然是行政管理性质的工作,但也充满挑战性。它包括建立一个高效的企业组织系统,激励员工的工作积极性和提升劳动生产率,创造一个有利于实现企业战略的企业文化氛围,协调企业内部各方面的关系,修订工作进度,调整工作计划以适应环境变化,当企业的经营活动偏离预期目标时能及时采取正确的行动予以干预并纠正。

4.4 企业社会责任

企业在创造巨大财富、促进社会发展的同时，也带来了不少的问题，引起了人们的疑虑和反思。企业社会责任在企业战略中的意义日益突出，特别是我国本土企业能否从战略的高度来认识企业社会责任问题，将成为制约其可持续发展的关键。在竞争日益激烈的市场环境下，企业已经成为多种社会主体利益的交汇点，其经营决策将直接影响到社会的稳定与发展。现代社会对企业的要求，已经从单纯的营利性组织发展到具有社会性使命的组织。由此，将企业社会责任观念融入企业战略选择和实施中，从利益相关者的角度出发，平衡经济、社会及环境三方绩效，使企业的愿景和使命得以真正实现，这不仅是社会和时代的要求，也是企业展现其价值观和优越性的重要方面。

4.4.1 企业社会责任的内涵

企业社会责任(Corporate Social Responsibility，CSR)这一概念起源于20世纪初的美国，并随着企业和社会的发展而发展。如今，企业社会责任已经超过了以往企业只对股东负责的范畴，强调对包括股东、员工、消费者、社区、客户、政府等在内的利益相关者的社会责任。

迄今为止，学术界在企业社会责任的认知上尚未达成共识。表4-3列举了一些学者或组织关于“企业社会责任”的定义。

表4-3 一些学者和组织对企业社会责任的定义

主要代表人物或组织	定 义
Howard R. Bowen(1953)	商人社会责任的最初定义：商人有义务按照社会所期望的目标和价值来制定政策、进行决策或采取某些行动[9]
William C. Frederick(1960)	社会责任意味着商人应该监督经济体制的运行以满足社会的期望，促进社会进步、生产和分配应以提高总体社会经济福利为目标[10]
Committee for Economic Development(1971)	用三个同心圆来定义社会责任，企业应该为人民生活质量的提高作出更多贡献，而不仅是提供产品和服务的数量[11]
Archie B. Carroll(1979)	企业社会责任包含了在特定时期内，社会对经济上的、法律上的、伦理上的和自行裁量的期望[12]
Peter F. Drucker(1984)	企业并不是为着自身的目的，而是为着实现某种特别的社会目的并满足社会、社区或个人的某种特别需要而存在的[13]

续表 4-3

主要代表人物或组织	定义
Richard M. Hodgetts(1985)	企业社会责任指企业为了所处社会的福利而必须关心的道义上的责任，企业要对股东或业主、债权人、雇员、政府、社会承担特殊的责任[14]
Edwin M. Epstein(1987)	企业社会责任指企业要努力使决策结果对利益相关者产生有利而非有害的影响，企业行为的结果是企业社会责任关注的焦点[15]
Stephen P. Robbins(1991)	企业社会责任指超过法律和经济要求的企业为谋求对社会有利的长远目标所承担的责任
Harold Koontz，Heinz Weihrich(1993)	企业的社会责任就是认真地考虑企业的一举一动对社会的影响[16]
James E. Post(1998)	企业社会责任指企业应该对其影响他人、社区和环境的行为负责
WBCSD(1998)	企业社会责任指企业对可持续发展经济、员工及其家庭、当地社区和社会作出贡献，从而提高其生活质量
袁家方(1990)	企业社会责任指企业在争取自身的生存与发展的同时，面对社会需要和各种社会问题，为维护国家、社会和人类的根本利益，必须承担的义务[17]
卢代富(2001)	企业社会责任以企业的非股东利益相关者为企业义务的相对方，是企业的法律义务和道德义务统一体[18]

企业社会责任的概念，可以分为广义和狭义两种。广义的企业社会责任是指企业作为社会的一分子，应该对社会发展作出自己的贡献，并履行相应的服务社会、贡献社会的责任。狭义的企业社会责任是指企业在创造利润、对股东利益负责的同时，还要承担对员工、消费者、合作伙伴、社区、政府和环境等利益相关者的社会责任；企业不仅要承担法律、行政等方面的强制义务，还需要执行道德、慈善等方面的自愿活动。

在经济全球化背景下，企业社会责任的本质就是企业对其自身经济行为的道德约束。它既是企业的宗旨和经营理念，又是企业用来约束生产经营行为的一套管理和评估体系。

随着经济的发展和社会的变迁，很多企业已经意识到企业社会责任在战略中的意义，即企业要实现可持续发展、长治久安，应当自觉地将社会、环境及利益相关者的责任融入企业经营活动中。从某种层面上讲，企业社会责任已经成为企业未来战略竞争的工具和方法。

4.4.2 企业履行社会责任的意义

虽然从事企业社会责任事务不能给企业带来直接和快速的经济回报，但要意识到企业社会责任能给企业带来战略收益。一般而言，企业履行社会责任的意义主要体现在以下几个方面：提升企业形象和声誉；降低经营成本，吸引投资；拥有优秀且稳定的员工优势，等等。

(1) 提升企业形象和声誉

企业在日常经营过程中认真审视和切实履行对经济、社会、生态和环境的各种责任，可以有效避免因劳工、环境等议题引发的外部压力和诉讼风险。所有成功的企业都依靠与利益相关者的良好关系创造价值，当企业增强了与利益相关者的关系，每个利益相关群体对企业和企业战略目标的潜在支持就会提高。企业社会责任为企业提供了管理和影响这些利益相关者态度和感受的一种手段。为了把企业社会责任信息传递给利益相关者，现在许多企业都提供了有关环境、社会和伦理方面表现的报道。这些行为能增进与利益相关者的关系，提高市场价值。由于企业履行社会责任能影响利益相关者的态度和观念，取得利益相关者的信任，确保良好的关系，给企业带来良好的声誉，因此，不同的企业社会责任战略选择给企业带来的声誉是不同的[19]。

(2) 降低经营成本，吸引投资

企业的社会责任实践能改善雇员的工作态度，提高生产力，从而提升财务、社会和环境绩效，实现经营成本的降低。2009 年 11 月 26 日，中国对外宣布，到 2020 年单位国内生产总值(GDP)的二氧化碳排放在 2005 年的水平上下降 40%～45%。中国正在形成具有自身特色的低碳发展道路，对责任竞争力的获取意愿和快速的企业行为，是企业实现绿色创新和绿色增长的核心。社会责任投资理念的深入，使得愈来愈多的企业和投资者意识到，社会责任践履与企业、社会的可持续成长及长期收益间有着密切的关系，企业可以通过履行社会责任吸引更多的投资，由此创造更多的价值。

(3) 拥有优秀且稳定的员工

企业依靠员工从事生产运营，依靠同其他利益相关者的关系来创造和传递价值。因此，理解并把员工价值视为企业价值不可或缺的部分是企业成功的关键。经济报酬和企业的社会责任表现同为求职者的考虑因素。良好的工作环境，有利于提高雇员的积极性、创造性和对企业的忠诚度；提高劳动生产率，确保产品及服务质量；具有社会责任感的企业能与雇员的价值观相吻合，更能获得雇员的认同感，进而降低管理成本，确保企业的成功。

(4) 增强竞争优势

企业社会责任行为通过各种方式帮助企业提高经济、社会、环境水平，主要包括参加和倡导即将实施的立法，降低将来的强制服从成本，帮助企业明白在生产过程中如何使用生产要素，通过对能源和废物的积极管理降低作业成本，把环境保护作为新的资产，降低产品生命周期成本，提高生产效率。一个切实履行社会责任的企业，将通过产品或服务的创新来更好地实现企业的价值观和战略。

企业竞争力在很大程度上取决于其经营所在地的环境，而企业社会责任被认为是改善竞争环境最具成本收益的一种方式，迈克尔·波特(Michael E. Porter)和马克·克雷默（Mark R. Kramer）将其称之为"竞争环境"。如慈善活动往往是改善竞争环境最具成本收益的一种方式，因为它使企业能够利用非营利组织与其他机构的工作成果和基础设施。一个企业的竞争环境由四个变量组成，决定着企业的竞争优势，如图 4-1 所示[20]。

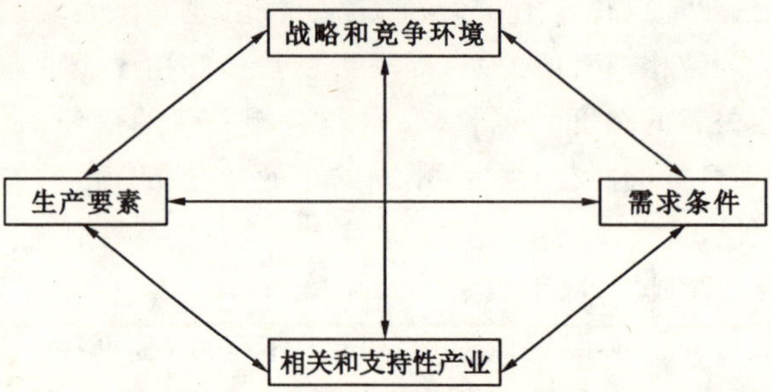

图 4-1　企业的竞争优势分析

生产要素主要指人力资源、资本、硬件基础设施等；战略和竞争环境主要指当地是否有鼓励投资和鼓励企业不断发展的政策及激励措施；需求条件主要包括是否有成熟的客户，是否能够产生客户需求等；相关和支持性产业主要包括是否有能够胜任的供应商和相关产业，是否存在形成组群的各种相关行业。

总之，企业社会责任能使企业以责任理念为经营导向，提升竞争力，促进可持续性成长。企业社会责任对中国企业影响深远，面对企业社会责任的内外部压力，有助于企业形成不断创新的压力和驱动力，提高其战略适应力。中国企业应从战略角度思考，积极改善企业社会责任现状是提升企业竞争力的根本出路，将社会责任作为企业可持续发展的战略选择。

4.4.3　企业战略与企业社会责任

尽管企业社会责任有益于企业的利益相关方，但对企业自身而言往往意味着成本和负担的增加。如果缺乏战略性视角，企业履行社会责任确实可能造成上述结果。因此，正如波特所言，只有通过战略性地承担社会责任，企业才能对社会施以最大的积极影响，同时收获最丰厚的商业利益。

(1) 战略视角下的企业社会责任内涵

随着经济的发展和社会的变迁，企业社会责任的战略意义日益突出。目前，国内已有学者提出了“责任型战略”，指企业以承担社会责任为愿景，将诚信经营、节约能源、爱护环境、善待员工、热心社会公益的经营理念贯穿于企业采购、研发、生产、销售以及市场服务等价值链的各个环节，塑造具有高度亲和力和感召力的企业文化与品牌形象，更加有效整合社会资源，创造有利于企业经营和发展的内外部环境，从而打造企业社会责任竞争力，保证企业可持续发展的新型战略。

战略视角下企业社会责任的要点在于：一是基于诚信价值观。长期保持连贯性的企业责任战略，不仅要保证企业获取正常的商业利益，而且要为社会福利作出应有的贡献。二是展开合作。一个强有力的企业社会责任战略要求致力于与各种不同层次的利益相关方，如国际政府组织、民间社团和当地社区等，进行公开对话并建立有建设性的合作关系。三是尊重差异。在执行企业社会责任战略的过程中，企业在维持高度一致的全球标准和政策的同时，应充分认识并尊重地方差异及其文化差异，企业应采取特别行动对地方差异做出积极回应。

(2) 战略视角下的社会责任分析框架

许多企业已经意识到，要实现持续发展，应当将社会、环境及利益相关方的责任成功融入企业当中。在一定程度上，企业社会责任已经成为企业未来的战略竞争工具和方法，这也要求现代企业必须从战略的高度对待企业社会责任，制定战略时不仅要考虑股东的利益，还应注重利益相关方的利益，把社会责任纳入到企业的战略规划中。

肯尼斯·安德鲁斯(Kenneth R. Andrews)强调，企业战略框架中应当包含社会责任成分。他认为战略决策包括四个主要方面：一是识别和评价契约的优势和劣势(能做的)；二是识别和评价环境中的机会和威胁(可能做的)；三是识别和评价管理者的个人价值观和管理抱负(想做的)；四是识别和评价对社会所应承担的责任(应该做的)[21]。弗里曼(Edward Freeman)和吉尔伯特(Daniel R. Gilbert)认为，企业伦理规范不要沦为浮夸的说教，就必须将其和社会责任战略联系起来，企业战略的概念应该体现伦理规范的思想[22]。

(3) 战略视角下中国企业的社会责任践履

中国企业能否从战略的高度来认识企业社会责任问题，将成为制约其持续发展的关键，同时也是在中国完全开放的环境下，企业能否成功应对国际挑战的关键。因此，企业主动承担社会责任不仅为企业声誉和竞争优势的建立带来了诸多好处，而且可以造福于社会和生态环境[23]。

① 强化人本管理,体现人性化的企业文化。企业的生命力在于创新,而创新的动力来源于人,尤其是异质型人力资本,人是企业核心竞争力的基础。当代企业管理更应该强调以人为中心的人本管理,更加自主、自觉地尊重劳动者的人权,维护其合法权益。同时承担更多的社会责任,以形成积极进取的企业精神和更具人性化的企业文化,从而激发员工的创造力,提升凝聚力,强化企业形象,提高市场竞争力。

② 主动采取企业社会责任战略,并将其纳入企业的战略目标管理系统。企业战略管理框架中不仅有促进发展生产、提高效益的理念,还要体现尊重人权、劳动者权益保护、环境保护、诚信、改善就业、热心公益事业和促进社会稳定等方面应尽的责任,这样才能促进企业的可持续发展。同时,将社会责任理念融入企业战略发展目标中,无形中使自己的产品贴上符合责任要求的"社会标签",有助于形成产品差异化的优势,提升企业的核心竞争力。

③ 战略决策的关键在于对变化的高度掌控。企业实施有效的责任型战略,需要企业的管理者从战略的高度理解社会责任给企业经营带来的机遇与潜在的发展推动力,快速实施企业转型,打造责任竞争力,积极加入全球化市场,从而获取更广泛的社会资源和更广阔的市场空间。

在经济全球化下,企业要生存,不管是地方企业还是跨国公司,不仅要适应国内环境,更要适应国际环境。一个真正成功的企业,衡量的指标已不仅是利润,还应该像社会中成熟的、负责任的、正直的公民一样,要为社会作出贡献,尊重道德行为准则和规范,在决策过程中要以对社会有益为出发点。市场经济中负责任的"企业公民"促进了自身业务的发展,如成为客户首选的合作伙伴,吸引、激励和留用人才,为客户带来更大价值,增强与社会各界关系,以此来获得更多的认可,降低投资风险,吸引更多的投资者,实现持续性成长。

个案研究——宝洁的社会责任践履

● 企业责任(Corporate Responsibility)

做良好的企业公民是宝洁最重要的价值理念之一,与社会共同成长的这段岁月里,宝洁通过各种方式积极回报社会,开展一系列公益活动,帮助0～13岁需要帮助的孩子生活、学习和成长。

● 生活、学习、成长(Live, Learn, Thrive)

一个可爱的小手,食指上停留着一只展翅欲飞的蝴蝶,这个充满温馨和爱意的图案,就是宝洁公司2005年在全球推出的公益标识。在帮助需要帮助的孩子"生活、学习、成长"的公益活动中,彰显宝洁在公益事业的投入上会着力关注0～13岁需要关注的儿童。

□生活——关注儿童的健康

在儿童的幼年阶段，往往因为不洁用水，导致的腹泻、痢疾等疾病会夺走孩子的生命。利用宝洁的技术资源让孩子们获得诸如卫生饮用水是宝洁在全球范围内的一个重要公益项目。

□学习——关注儿童的教育

教育对于儿童的未来发展起着极其重要的作用。宝洁通过向儿童提供接受教育的机会为其未来发展打下坚实的基础。通过建设学校，提供学习书本和其他必需设备，尽力帮助那些求知若渴的孩子们建立一个吸收知识、汲取营养的乐园。

□成长——关注儿童的全面发展

通过各种活动帮助孩子建立自尊、自信和人际交往的能力，让他们充满自信地面对人生。

- 宝洁承诺(P&G Commitment)

宝洁致力于美化全世界消费者的生活。我们不仅仅会提供优质的产品，还以改善世界各地社区为己任。我们的承诺包括以下部分：

□ 可持续发展

□ 产品质量安全

□ 环境保护

□ 社会责任

□ 关怀社会

□ 个人隐私权保护

□ 企业管治

（资料来源：http://www.pg.com.cn/csr/，编者有删节。）

4.5 案例讨论：江淮汽车的绿色愿景

在环境问题日益凸现的今天，打造绿色企业成为很多企业家的追求，节能减排、保护环境已经成为了企业最大的社会责任。

而生态环境的现状却让人堪忧。不仅在中国，全球都面临着冰山的融化，灾害气候增多，臭氧层空洞扩大等诸多问题，所有这一切已经成为了一个全球性的危机。我国是一个发展中国家，调查结果显示我国经济飞速发展过程中造成的污染和消耗也是巨大的，严峻的现实要求我们对这些问题高度重视。如何“节能减排”也已成为全社会共同面对和亟须解决的问题，高能耗、高排放的汽车行业更是责无旁贷。江淮汽车希望通过分享本企业的思路和做法来唤起更多的企业家在这方面的共识，共同营造一个良好的社会环境。

(1)“系统思考”体现社会责任

早在1996年，江淮汽车提出系统思考、团队经营的经营理念，可以说江淮汽车是比较早认识到企业社会责任的企业之一。

所谓系统思考，就是不要把自己的企业当成一个独立的、与社会无关的个体，要把自己放在更广阔的环境里分析自己的行为对环境产生的影响，如果企业对社会所产生的影响是正面的，得到的回报也是正面的，反之亦然。江淮汽车的经历和实践证明，把企业置身于更大的社会环境里面来分析问题、解决问题，才能在发展过程中避免重复同样的错误。

这里有一个故事可以直观地说明系统思考的概念。有一个盲人到亲戚家去吃晚饭，饭后天已经黑了，他的这位亲戚就为他点了一个灯笼，让他打着灯笼回家。结果盲人非常不高兴，认为自己不需要灯笼。实际上盲人的思考是错误的，因为虽然盲人不需要灯笼照明，但是打着灯笼会避免路上其他的行人撞到他，可以为他让路。这就是系统思考。所以对于江淮汽车来说，要先点亮自己的“灯”，用自己的灯影响环境，即使一盏灯不够光亮，但是当第二个、第三个乃至更多的灯笼点亮的时候，汽车行业这条道路将会是光芒四射的。

江淮汽车点亮的这盏“灯”，就是企业社会责任，包括保护环境、关爱员工，也包括节能减排。江淮汽车很早的时候就成为第一个资助国家生态建设的企业，江淮汽车每卖出一辆汽车就拿出一百元资助我国绿化建设，虽然江淮汽车的力量很薄弱，但是正向的行为所产生的影响力会像蝴蝶效应一样，如果有更多的企业在这个过程中实现了互相的影响，那整个社会将会变得越来越美好。

(2) 节能减排的关键是觉悟

企业价值觉悟是除了遵守法律法规之外，对企业最基本的要求。优秀企业家领导的企业必须站到更高的高度，在完成底线任务的时候，认真思考如何对社会作出更多的贡献。而节能减排、保护环境就是中国企业目前面临的最重要的任务。这一问题的解决不仅要靠法律的约束，更要靠企业自身的觉悟。企业在自身发展的过程中自觉地兼顾到节能减排等社会责任，才能使企业达到更高的高度，这也是企业长盛不衰的前提。

江淮汽车一直把节能减排和保护环境当做企业义不容辞的责任。这里有两个例子，第一个就是江淮汽车和配套企业商定的零部件“免包装”，配套企业用可以反复使用的工业器具直接到工厂车间安装，节省了大量纸质包装盒，不仅节约了成本，更重要的是在林业生态保护方面的意义，让更多的树木避免了被砍伐的命运。另外一个例子就是江淮汽车一直坚持实施的"零排放",工厂的水可以循环使用。江淮汽车在企业中建立两个管道,一个管道是从工厂把水送到污水处理站,另一个管道是把水从污水处理站输送回工厂,用于卫生间用水和浇花。短期看来企业会有一定的投入,但实际上对企业的长远发展有百利而无一害。因为一个企业家的视野高度和工作态度会决定企业的行为,而工作态度的改变会使企业在不知不觉中变得越来越强大。

(3) 江淮汽车的愿景

江淮汽车的企业愿景是"制造更好的产品,创造更美好的社会",这也是贯彻在公司整个经营理念的指导思想。更好的产品就是更节能、更安全、排放更少、更适合现代社会需要的产品;江淮汽车通过产品的规划来实现新能源利用、新技术运用并尽量减少排放和污染,在经营理念的指导下,用更节能、更环保的产品来促进社会和谐,创造更美好的社会。这个愿景的提出有一个非常朴素的出发点。江淮汽车的董事长在 20 世纪 90 年代初到美国参观访问,美国的蓝天、绿水、清新的空气、干净整洁的市容都给他留下了深刻的印象,皮鞋几天都不用擦,而回到上海第一天,一个小时以后他就发现皮鞋上已经有一层灰了。这让董事长联想到江淮汽车生存的根本目的是什么。江淮汽车的企业愿景随即被提出来,就是缘于这样一个朴素的认识。

发展到今天,它已经由一个朴素的认识变成了企业的愿景,又由企业的愿景变成了所有江淮人行为上的一种表述。比如说江淮汽车把打造"绿色"企业作为目标,除了"零排放"和"免包装",还十分重视生产过程中的清洁和节能。以铁屑加工为例,江淮采用新技术来减少损耗,铸件厂在加工的过程中,第一道工序就把精度达到非常高的水平,这种少出铁屑的加工技术使产品废料越来越少。这不仅降低了成本,提高了产品竞争力,对社会来说,也会对节能起到很好的效果。在整个制造过程中,运用循环经济、清洁生产这样一些新的管理,新的技术就会实现节能减排的基本目标。

因此,企业在发展生产的时候,千万不要忽视节能减排、保护环境的重要性。最近日本一个研究波动理论的科学家写了一篇名为《水知道答案》的论文,他从水的角度研究了人和环境的关系,他认为所有没有受到污染的水的结晶是非常美丽的,所有受到赞美的水的结晶是非常美丽的,而受到污染的、受到咒骂的水的结晶是非常丑陋的。由此表明了人和自然之间应该是一种更加和谐的关系。如果一个企业乃至全人类为了利益不断地消耗地球的资源,破坏地球的环境,必将会承受更大更多的惩罚。

国家的觉醒,企业的觉悟,加上公民的意识,才可以逐步地改变我们未来的生活方式，作为每一个地球村的公民，一定要把自己的眼光放在更长远、更广的角度看待发展中的平衡问题，让我们真正地生活在一个更美好的家园里。

（资料来源：王东生. 江淮汽车的绿色愿景. 中国名牌，2007(10)：32-34，编者有删节。）

思考并分析：

(1) 运用所学知识，阐明江淮汽车战略选择下企业愿景的独特性。

(2) 以本章内容为基础，结合案例，谈谈你对江淮汽车社会责任的看法。

战略管理前沿——企业慈善事业的竞争优势

从真正意义上的战略性角度来思考企业的慈善活动，既可以改善企业自身的竞争环境，以使社会目标和经济目标相统一，并能使企业的长远业务前景得到改善。企业进行慈善活动的方式必须有根本性的转变，即慈善活动以何为重点，如何开展。

企业的竞争力在很大程度上取决于其经营所在地的环境，社会进步对一家公司的经营影响越大，其所产生的经济效益也就越大。从长远来看，社会目标和经济目标两者具有相关性。当然，这并不意味着企业的任何支出都会带来社会效益，也不意味着任何的社会效益都能提高企业的竞争力。只有在企业支出能同时产生经济效益和社会效益的情况下，企业的慈善活动和股东的利益才可能交汇在一起，如图 4-2 所示，此时，企业的慈善活动对其竞争环境产生重要影响，企业的慈善才真正具有战略性。

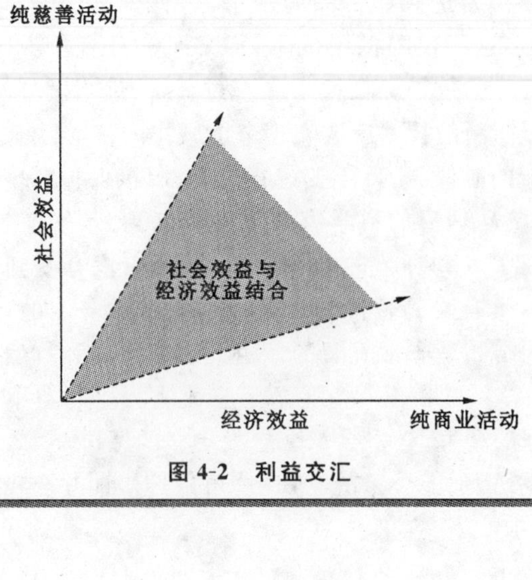

图 4-2　利益交汇

当竞争从廉价生产力要素的比拼转变为更高层次的生产力较量时，竞争环境就变得越关键，企业的成功与其所在地的各种组织及其他环境条件的联系越紧密。一个企业的竞争环境由其所处的经营环境中的四个相互关联的元素组成，即生产要素、需求情况、战略和竞争环境、相关性和支持性产业，它们决定着企业的潜在生产率。产业集群中的个体或集体进行慈善投资对整个集群的竞争力和所有成员企业的绩效都将产生显著的影响。慈善活动往往是改善竞争环境最具成本效益的一种方式，有时甚至是唯一方式。它使得企业不仅能利用自身的资源，而且还可以利用非营利组织和其他机构的工作成果及基础设施，集体进行慈善活动可以实现成本分担。通过分析构成竞争环境的各元素，企业可以找到能同时实现社会价值与经济价值，既能提升自身竞争力又能提升其所在集群竞争力的慈善活动领域。

了解慈善活动和竞争环境间的关系可以帮助企业确定自己的慈善捐赠应以何处为重点，而了解慈善活动创造价值的途径可以使企业明确地看到如何通过自己的慈善捐赠来获得最大的社会效益和经济效益，如图 4-3 所示。

选择最佳捐赠对象：大多数慈善活动都会将钱捐给其他组织，由这些组织来落实社会效益的实现。选择工作更有成效的捐赠对象或合作组织就能使花出去的每一分钱都能产生更大的社会影响。

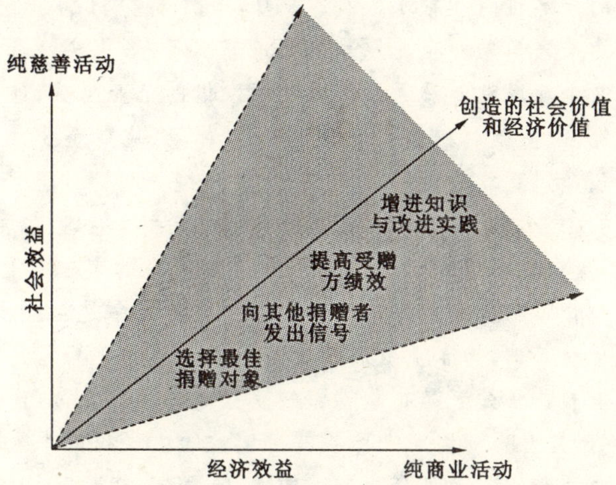

图 4-3 慈善活动价值最大化

向其他捐赠者发出信号：捐赠者可以宣扬工作最有成效的非营利性机构并向其他捐赠者推介，以此吸引更多资助，从而使整个慈善支出费用得到更有效的分配。企业可以利用其独有的宝贵资源完成上述任务。

提高受赠方绩效：通过将自己的慈善活动与自身的业务和战略紧密联系在一起，企业能够在提高受赠方绩效方面创造出比其他类型捐赠者更大的社会价值。在解决与其业务领域相关的问题时，企业拥有的专业资源和技术发挥出的作用是最大的。

增进知识与改进实践：创造社会价值最有力的手段就是开辟解决社会问题的新途径，并将其广泛运用于实践。由企业带给慈善活动的专业知识、研究能力和广泛关系，能帮助非营利机构创造出其仅凭自身财力永远也无法达到的解决方案。

当企业选准了将要支持的慈善事业及其参与方式，便开始进入一个良性循环。通过集中精力改善对本行业和本企业战略最为重要的环境因素，企业将充分利用自身独有的能力来帮助捐助对象创造出更大的价值，由此，慈善活动创造出更大的价值，自身的竞争环境得到更大的改善，两者均受益。

（资料来源：MICHAEL E PORTER，MARK R KRAMER. The competitive advantage of corporate philanthropy. Harvard Business Review，2002(12)：55-68.）

本章小结

本章以企业愿景、企业使命、企业利益相关者、企业社会责任作为企业战略选择依据的考量因素，围绕企业自身及利益相关者持续发展为中心，提升企业综合竞争力，实现全面责任管理的均衡提升。企业愿景是战略规划的最终目的和根本依据，它包含两个部分：(1) 企业的核心信仰；(2) 企业的未来景象。企业愿景必须清晰明了、形象实际，具有振奋人心的作用，以便企业成员能够通过努力实现。借助企业愿景，能有效地提升企业的存在价值、协调利益相关者、整合个人愿景、应对企业危机、形成企业的积淀、增强知识竞争力。

企业使命的确立过程，会从总体上引起企业发展方向、发展道路的改变，使企业发生战略性的变化。企业使命的定位包括企业存在的目的，企业经营哲学及企业形象三个方面。企业使命是企业战略制定的前提、战略的行动基础，为企业发展指明方向。

利益相关者是指能够影响企业的愿景和使命，同时受企业战略产出的影响，并对企业经营业绩拥有可实施的主张权的个人或群体。参与企业运作的利益相关者可分为三类群体，包括资本市场利益相关者，产品市场利益相关者和组织利益相关者。利益相关者管理是指企业的经营管理者为综合平衡这些利益相关者的利益要求而进行的管理活动。

在经济全球化背景下，企业社会责任的本质，就是企业对其自身经济行为的道德约束。它既是企业的宗旨和经营理念，又是企业用来约束生产经营行为的一套管理和评估体系。一般而言，企业履行社会责任有助于提升企业形象和声誉；降低经营成本，吸引投资；拥有优秀且稳定的员工；增强竞争优势等。将企业社会责任观念融入到企业战略选择和实施中，从利益相关者的角度出发，平衡经济、社会及环境三方绩效，使企业的愿景和使命得以真正实现，不仅是社会和时代的要求，也是企业展现其价值观和优越性的重要方面。

本章英文词汇

企业愿景 Corporate Vision
企业使命 Corporate Mission
营销短视 Marketing Myopia
经营哲学 Business Philosophy
利益相关者 Stakeholders
资本市场 Capital Market
产品市场 Product Market
企业社会责任 Corporate Social Responsibility
企业慈善 Corporate Philanthropy
责任型战略 Responsible Strategy

本章思考题

4-1 企业愿景的效能体现在哪些方面？

4-2 企业使命包含了哪些方面的内容？企业使命如何作用于企业战略？

4-3 组织利益相关者如何对企业战略的决策和实施产生影响？

4-4 企业从事社会责任活动的意义如何？

参考文献

[1] [美]JIM COLLINS,JERRY I PORRAS. 基业长青——企业永续经营的准则. 真如，译. 北京：中信出版社，2006.

[2] [美]R EDWARD FREEMAN. 战略管理——利益相关者方法. 王彦华，等，译. 上海：上海译文出版社，2006.

[3] THEODORE LEVITT. Marketing Myopia. Journal of Library Administration，1984，4 (04)：59-80.

[4] [美]PETER F DRUCKER. 管理的实践. 齐若兰，译. 北京：机械工业出版社，2006.

[5] VERN J MCGINNIS. The mission statement：A key step in strategic planning. Business，1981(11)：39-43.

[6] C CALDWELL，R KARRI. Organizational governance and ethical systems：A convenantal approach to building trust. Journal of Business Ethics，2005 (58)：249-267.

[7] D MICHAELS. Airbus seeks union support: Justfing job cuts may prove critical to allaying anger. Wall Street Journal,2007(03):A11.

[8] B A NEVILLE,B MENGUC. Stakeholder multiplicity: Toward an understanding of the interactions between stakeholders. Journal of Business Ethics,2006(66):377-391.

[9] HOWARD R BOWEN. Social responsibilities of the businessman. New York: Harper & Row, 1953(7):6.

[10] WILLIAM C FREDERICK. The growing concern over business responsibility. California Management Review,1960(2):54-61.

[11] CED. Social responsibilities of business corporations. New York: Committee for Economic Development,1971.

[12] ARCHIE B CARROLL. A three-dimensional conceptual model of corporate social performance. Academy of Management Review,1979(10):497-505.

[13] PETER F DRUCKER. The new meaning of corporation social responsibility. California Management Review,1984(7):26.

[14] RICHARD M HODGETTS. Introduction to business administration of corporation in america. New York: CBS College Publishing,1985.

[15] EDWIN M EPSTEIN. The corporate social policy process: Beyond business ethics, corporate social responsibility and corporate social responsiveness. California Management Review,2007(3):104.

[16] [美]HEINZ WEIHRICH,HAROLD KOONTZ. 管理学——全球化视角. 马春光,译. 北京:经济科学出版社,2004.

[17] 袁家方. 企业社会责任. 北京:海洋出版社,1990.

[18] 卢代富. 企业社会责任的经济学与法学思考. 北京:法律出版社,2002.

[19] 姜启军,顾庆良. 企业社会责任和企业战略选择. 上海:上海人民出版社,2008.

[20] MICHAEL E PORTER,MARK R KRAMER. The competitive advantage of corporate philanthropy. Harvard Business Review,2002(12):57-68.

[21] KENNETH R ANDREWS. Public responsibility in the private corporation. The Journal of Industrial Economics,1972,20(02):135-145.

[22] R EDWARD FREEMAN, et al.. Values and the foundations of strategic management. Journal of Business Ethics,1988,7(11):821-834.

[23] 殷格非,崔生祥,郑若娟. 企业社会责任管理基础教程. 北京:中国人民大学出版社,2008.

公司层战略选择 5

企业家谈战略——柳传志谈联想多元化与国际化战略

> 联想新IT领域多元化业务的失败，让我认识到多元化业务为什么难以管理，因为多元化的业务有可能业务间的性质相差很远。如果采用事业部管理方式的话，企业最高管理层的管理范围就会很宽，业务具体的执行、文化体系、激励方式就会相差很远，对这样一个多元化的业务，由这么一个最高层来决定，实际是困难的。因此，若有一个相当强的企划体系帮忙去解决这些问题，那么情况会好一些。但是也不能从根本上解决问题。
>
> 关于国际化的战略的制定，中国企业国际化是两条路，一个是自己建立品牌，自己组织市场推广，像海尔走的路——品牌的建立，今天在我们运作过程之中知道这是一个非常不容易的事情。另外就是并购了，用别人现有的好品牌，比如说并购IBM PC以后，非常感谢IBM有ThinkPad这样一个在全世界叫得响的牌子，但是并购本身又有另一方面大的挑战，在我们做了这件事情以后，舆论总体上都是不看好的。

企业不仅需要正确地确定企业使命和战略目标，而且还必须依据使命和目标的要求，制订出多种可供选择的总体战略方案。公司层战略是企业战略中最高层次的战略，它要解决的问题是确定经营范围和公司资源在不同经营单位之间的分配事项，它决定着企业总的发展方向、较长时期内的奋斗目标、资源的配置以及经营业务间的支持和协调，是企业的战略总纲，也是企业最高层领导指导和控制企业的行动纲领。

传统理论中公司层战略可以归纳为发展型战略、稳定型战略、紧缩型战略和复合型战略四种基本类型，其中发展型战略是应用最多的战略。从企业发展的角度来看,任何成功的企业都应当经历长短不一的增长型战略实施期,因为从本质上说只有增长型战略才能不断地扩大企业规模,使企业从竞争力弱的小企业发展成为实力雄厚的大企业。发展型战略是企业在现有的战略基础水平上向更高一级目标发展的战略。伴随着发展型战略的实施,企业会出现规模增大、经营范围拓展以及经营质量的提高。因此本章将重点讨论几种发展型战略。

企业在选择发展战略时,必须考虑战略维度与战略方式的选择。在战略维度选择上,企业可以考虑产业维度和空间维度这两种主要维度。在产业维度上,企业主要考虑经营的业务范围的宽窄,或者集中发展一种业务,或者向更多业务领域发展,因此形成专业化和多元化两种主要的产业发展战略;在空间维度上,企业主要考虑涉足的空间范围的大小,或者在一个地区范围内发展,或者向全国或国外发展,因此形成国内战略和国际化战略等空间发展战略[1]。

5.1 多元化战略

5.1.1 多元化战略的概念

多元化发展战略又称为多角化战略、多样化战略(Diversification Strategy)或多种经营战略,是指一个企业同时涉足两个或两个以上相关或不相关的产业领域,向市场提供多种基本经济用途的产品,以避免在单一领域经营的风险,使自己能长期稳定地获取和追求最大经济效益的战略选择。多元化发展战略最初是由战略学家安索夫(H. Igor Ansoff,1918—2002)在20世纪50年代提出的,在此后得到了企业管理者的青睐,被广泛使用。

多元化战略是相对企业专业化经营而言的,其内容包括:产品的多元化,市场的多元化,投资区域的多元化和资本的多元化。

所谓产品的多元化,是指企业新生产的产品跨越了并不一定相关的多种行业,且生产多为系列化的产品;所谓市场的多元化,是指企业的产品在多个市场,包括国内市场和国际区域市场,甚至是全球市场;所谓投资区域的多元化,是指企业的投资不仅集中在一个区域,而且分散在多个区域甚至世界各国;所谓资本的多元化,是指企业资本来源及构成的多种形式,包括有形资本和无形资本,如证券、股票、知识产权、商标和企业声誉等。一般意义上的多元化经营,多是指产品生产的多元化。

5.1.2 多元化战略的类型

多元化战略有多种类型，最常见的一种划分方法是根据将要进入的业务的价值链与当前业务的价值链之间的联系情况，将其分为相关多元化和非相关多元化两种形式。

如果企业增加的产品业务在技术、市场、经验、特长方面与原有业务是相关的，就称为相关多元化；若公司为平衡经营的风险而进入与原有行业完全不相关的业务领域，则称为非相关多元化。当然这种进入不是简单的跨行业经营，而是有选择地建立自己的产业组合或资产组合，以自己独特的优势取胜。

(1) 相关多元化战略

相关多元化战略是指进入与公司现在的业务在价值链上拥有竞争性、有价值的“战略匹配关系”的新业务。战略匹配存在于价值链非常相似以至于能够为公司的各方面带来不同机会的经营业务之间，这些方面包括：分享技术，对共同的供应商形成更强的讨价还价能力，联合生产零件和配件、分享共同的销售力量，使用共同的销售机构和同样的批发商或者零售商，售后服务的联合，共同使用一个知名商标，将竞争性的、有价值的技术秘诀或生产能力从一种业务转移到另一种业务，合并相似的价值链活动以降低成本。

相关多元化战略是一种有吸引力的战略，因为它代表了将存在于不同的经营业务价值链之间的战略匹配关系转变成竞争优势的机会。当一个公司以多元化方式进入存在如下机会的经营领域时，就能给公司带来这些战略匹配利益产生的竞争优势的机会。这些机会包括：将专有技能、生产能力或者技术由一种经营转到另一种经营中去；将不同的经营、业务的相关活动合并在一起，降低成本；在新的经营业务中借用共同品牌的信誉；以能够创建有价值的竞争能力的协作方式实施相关的价值链活动。一家多元化经营公司各业务之间的相关性越大，技术转移和合并价值链活动以降低成本的机会、协作创造新的资源能力的机会以及使用共同的品牌的机会就越大，同时创造竞争优势的契机就越大。

根据现有业务和新业务之间关联内容的不同，相关多元化战略又可以分为同心多元化战略和水平多元化战略。

① 同心多元化战略

同心多元化战略即企业利用原有的技术、特长、经验等开发新产品，增加产品种类，从同一圆心向外扩大业务经营范围。同心多元化战略的主要特点是原产品与新产品具有较强的技术关联性。例如,冰箱和空调都要利用压缩机技术,因此,从生产空调向冰箱延伸就是同心多元化战略;而彩电是显像管技术,因此,从生产空调向彩电延伸就不是同心多元化战略。

② 水平多元化战略

水平多元化战略指企业利用原有市场,采用不同的技术来开发新产品。水平多元化战略的特点是原产品与新产品之间具有较强的市场关联性。例如,从生产牙膏向生产牙刷延伸就是水平多元化战略。

相关多元化的优势体现在范围经济上。人们通常对"规模经济"一词十分熟悉,对"范围经济"的概念却较为陌生。通俗地说,规模是指生产系统的大小,当固定成本分摊到较大的生产量时,就会产生规模经济。范围经济指企业通过扩大经营范围,增加产品种类,生产两种或两种以上的产品而引起的单位成本的降低。与规模经济不同,它通常是企业或生产单位从生产或提供某种系列产品(与大量生产同一产品不同)的单位成本中获得节约。而这种节约来自分销、研究、开发和服务中心等部门。

当然,相关多元化战略的战略匹配也不会自动实现,企业必须识别那些具有共享资源潜力的业务,并对它们的经营进行协调,同时必须发现有效转移各种技术和技能的方法。在对不同的业务进行协调管理时,如共享品牌和销售渠道,必须证明确实存在协调管理的利益。如果一种新业务使用老品牌不仅对新业务不利,同时也对老业务产生不利影响,这时一味强调资源共享就是得不偿失的选择。

(2) 非相关多元化战略

非相关多元化战略也称为集团多元化战略,即企业通过收购、兼并其他企业的业务,或者在其他行业投资把业务领域拓展到其他行业中,新产品、业务与企业现有的业务、技术、市场毫无关系。这种战略是实力雄厚的大企业集团采用的一种发展战略。例如,美国通用电气公司制造、销售和维修的产品约13万种,涉足飞机引擎、核反应堆、医疗器械、塑料和家用电器等领域,这就是典型的非相关多元化战略。

非相关多元化中的多元化业务与现有业务的价值链之间不存在"战略匹配",没有一致的战略主题,这种战略可以归为"任何可以获利的业务"。从这个角度上,非相关多元化有时也被称为"财务驱动"的多元化,而相关多元化则被称为"战略驱动"的多元化。

5.1.3 采用多元化战略的动因

企业实行多元化发展战略受内外环境的影响。如果企业经营的外部环境中出现了产品的需求停滞、市场集中度过高、市场需求不确定等情形时，企业会积极地从事多元化战略以分散风险。从企业内部来看，为了能够按时实现战略目标并获得规模经济和范围经济的益处，企业也会选择采用多元化战略。事实上，采用此战略的企业不仅能够充分挖掘企业内部潜力，而且可以获得管理、市场营销、生产和技术方面的协同效应，使新旧业务之间实现资源共享、相互促进、共同发展。

(1) 企业采用多元化战略的外部原因

① 社会需求发生变化，产品需求趋向停滞

社会生产力的发展促进了人们消费范围的扩大和消费欲望的增长，社会需求呈现多样性的发展趋势。任何产品都有其经济生命周期，企业原有产品将逐渐被市场淘汰，社会需求多样化发展给予企业新的市场机会。当企业的原有产品处于其生命周期的衰退阶段时，原有产品出现需求停滞而无法满足企业发展的要求，这些外部原因迫使或诱使企业不断开发新产品、扩展经营范围，以多元化经营满足社会需求日益增长的需要。

另外，由于市场需求的不确定性，企业经营单一产品或服务便会面临很大的风险，其增长率和收益率会被该产品的需求动向所左右。即使原来已从事多元化经营的企业，当原有产品市场需求有很大风险时，为了分散风险，也会积极从事更多元化的经营。

② 新技术革命对经济发展的作用

新技术不断发明并用于生产领域，导致新工艺、新材料、新能源和新产品层出不穷，同时也为企业多元化经营提供了物质技术基础。性能更优越的新产品逐渐替代原产品，新兴工业不断兴起，使许多企业在经营原产品的同时，逐渐向高附加值、前景较好的新兴产业发展。例如，在日本出现了钢铁公司研究生物技术、食品企业开发机器人、纺织企业制造干扰素、钟表企业生产计算机等多元化经营。

③ 竞争局势的不断演变

社会需求增长和新技术革命的影响，使企业外部环境发生了深刻变化。原生产企业扩大生产规模、新厂家加入竞争行列、企业经营手法不断变革等情况，都使市场竞争日趋激烈。兵无常势、水无常形，守业必衰、创新有望。面对严峻的竞争局势，不少企业以变应变，扩展经营业务，以谋求在竞争中取胜。

(2) 企业采用多元化战略的内部原因

① 纠正企业目标差距

企业制定有关增长率、收益率目标，并根据这些目标的实际完成情况决定下一阶段的行动方针。当实际完成情况低于原定目标而形成目标差距时，往往不得不通过多元化经营来弥补，以实现预期目标。一般来说，目标差距越大，企业从事多元化经营的可能性就越大。

② 挖掘企业内部资源潜力

企业资源包括资金、人力、技术、设备、原材料等有形资源，还包括信誉、销售渠道、信息等无形资源。充分利用过剩资源以提高经济效益，是企业采用多元化经营的诱发动机之一。比如，企业拥有的资金超过原经营业务的需要，便可能向市场前景好的新兴产业投资。研究人员归纳了利用过剩资源发展多元化经营的类型：第一类是废弃资源再生型，如化肥厂利用废渣生产水泥、自行车厂用链条冲压边角料生产铁皮暖瓶壳等；第二类是闲置资源利用型，即利用闲置的设备、劳动力、技术力量，开拓新的经营项目，如工业企业利用其多余的劳动力开办生活服务公司等；第三类是资源优势引申型，如军工企业利用其技术设备优势发展民品生产，企业以市场信誉高的厂牌、商标或顺畅的销售渠道开拓新的经营范围等。

③ 实现企业规模经济

企业规模是一种经营资源。为了实现规模经济，企业要考虑是使用职能要素还是产品要素获得最低单位成本，即实现最佳使用密度。企业从事多元化经营，扩大企业规模，能在质量和数量方面占有丰富的经营资源，也就能享受规模经济效益；同时，企业进行多元化经营，可以弥补企业规模不当的弱点，提高企业的盈利水平。

④ 实现范围经济

导致范围经济的非具体要素一般有通用机器设备、普遍应用的技术技能、一般的营销服务和通用的信息网络等。从寻求范围经济的角度出发，企业希望在两个或多个经营单位中分享制造设施、分销渠道、研究开发等资源，减少在各经营单位的投资，降低成本。

⑤ 转移竞争能力

企业进行多元化经营是希望企业将现有的竞争能力转移到新的业务中去，以改善新的业务单位的竞争能力。企业也可以通过并购，将具有竞争能力的企业或业务单位并入本企业，形成差异化的竞争优势。

⑥ 企业重建

企业为了更多地创造价值，购入一些无效率或经营不善的企业，并加以改善提升。企业在进行多元化经营时，可以不考虑被购入企业是否与本企业同属于一个产业。企业重建的措施基本上是重新组建被购入企业的管理层，处理无生产力的资产，改善其生产运作。

除了以上列出的几点外，企业家的个性也会对经营战略的选用产生重要影响。由于企业高层领导对发展战略的选择有决策权，因此，敢于开拓、富有创新精神的企业家采用多元化经营战略的可能性较大，而稳健慎重的企业家采用集中化经营战略的可能性较大。

5.1.4 多元化战略的收益和风险

(1) 多元化战略的收益

结合以上对相关多元化战略和非相关多元化战略的描述，可以总结出实施多元化战略可能具有以下收益：

① 充分利用企业内部优势

多元化经营的企业与专业化经营的企业相比，相当于将原来的由多个专业化经营企业的经营活动组合在一个企业内进行，或者是将多个产业、产品放在一个企业或者企业集团内进行，在这个企业内，可以充分利用企业的技术优势、市场优势、管理优势等资源优势，合理配置资源，提高资源的利用效率。

② 获得市场机会

可使企业获得更多的市场机会，充分运用企业各种资源实现多种业务整合，充实系列产品结构或丰富产品组合结构。

③ 降低或规避经营风险

实行多元化战略，可以将企业资源分散到不同产品或行业经营中，当企业遭受某一产品或经营领域的挫折时，能迅速从不良业务中退出，通过其他产品或行业的成功经营而弥补亏损，从而提高企业的抗风险能力。例如，生产耐用消费品的企业兼营收益较稳定的食品加工业，以分散风险、增强适应外部环境的应变能力。

④ 提高人员流动效率

实施多元化经营的企业可以在内部各业务部门之间实现人员流动，尤其是技术人员和管理人员的流动，而不必完全依赖于常规的招聘和解雇程序，从而提高了企业的效率。

⑤ 信息丰富

对于实施了多元化战略的企业来说，由于有更为广泛的信息渠道，清楚各个业务部门的业绩和目标，其内部的资源配置效率也得到大大提高。

⑥ 协同效应

协同效应是两个事物有机地结合在一起，发挥出超过两个事物简单组合的联合效果。企业采用多元化战略后，新老产品、新旧业务、生产管理与市场营销的各个领域，若具有内在联系，存在着资源共享性，互相就能起促进作用[2]。企业的协同效应表现在管理、市场营销、生产、技术等方面。

总而言之，多元化经营战略在增强企业实力、分散经营风险、发挥资源潜力、树立企业形象等方面具有十分重要的作用。美国的杜邦、通用电气、菲利普·英里斯，日本的三菱，韩国的三星等一批企业通过实施多元化战略取得了较好的经营业绩。

(2) 多元化战略的风险

尽管多元化战略的收益明显，但是其潜在的风险也是不容忽视的，主要包括以下几个方面：

① 管理难度增大

企业在不同的业务领域经营，企业的管理与协调工作就大大复杂化了，因为不同的企业在管理方式、经营理念上都有很大的差异，而在不同的领域内同时经营又可能造成经营理念上的冲突，使管理效率大大降低。多元化经营的企业内部管理的复杂性还表现在不同业务单项的业绩评价、集权与分权的界定以及不同业务单位间的协作等。尤其是当企业进入与原来业务相关度不高的新领域时，企业原有的管理理念、模式和经验可能难以奏效，从而使协调各种关系的成本提高，并可能造成组织结构不稳定，增大经营失控的风险。

② 资源分散

企业的资源是有限的，这些资源包括资金、人才、设备、土地等有形资源和商誉、品牌、专有技术、管理能力、销售渠道等无形资源[3]。实行多元化经营，企业资源与资金被分摊到多项业务中，这一方面可能会导致原有核心竞争力的丧失；另一方面可能陷入资源短缺、周转不灵、不得不收缩或破产的境地。如果企业在原有业务领域并未真正获得竞争优势就迫不及待地进入新的业务领域，就很容易使企业在新旧产业内同时陷入困境，造成经营上的失败。

③ 影响核心能力的培养

实施多元化经营的企业，核心竞争力的培养可能中断，如果新业务发展不利，非但不能创造新旧业务之间的协同效应，反而可能对企业原有品牌价值造成不良影响，从而可能影响企业核心业务所创立的品牌基础[4]。

④ 打破新业务进入壁垒需要成本

克服产业进入壁垒必须付出成本，如额外的促销费用等。同时，在一个企业完全陌生的新产业环境中经营，往往会冒较大的风险。由于企业在刚刚进入一个产业时，不具备在此产业中的经验，缺乏必要的人员、技术等资源，很难在此产业中立足并取得竞争优势。

个案研究——GE的多元化危机

企业界一谈到多元化，往往搬出通用电气(GE)作为多元化成功的典范。多元化战略可谓是GE的一种“传统”，而韦尔奇则把这种传统发挥得淋漓尽致——GE有13个业务集团：8个工业产品集团、4个金融产品集团和1个新闻媒体，每个业务集团都是全球市场的佼佼者。这的确让人羡慕。在韦尔奇担任CEO的20年里，GE完成了993次兼并。从1984年10亿美元并购额小试牛刀，到1985年以62.8亿美元一举收购NBC，韦尔奇一路“疯狂并购”直到卸任。在韦尔奇993次并购背后，是GE强大的资本实力和百年的企业信誉。GE的多元化实质上是利用美国丰富的金融工具和金融衍生工具，通过高超的资本运作手段，谋取高于产业平均利润水平的盈利手段。从这个意义上来说，GE的多元化实际上是多元化投资，而不是产业扩张的多元化经营。

然而有关专家认为，受金融业务缩水影响而导致的现金流减少，很可能给GE的海外投资带来影响。每年开春，GE的股东们都会收到一份特殊的礼物——首席执行官杰夫·伊梅尔特(Jeffrey Immelt)附加在年报中的一封信。2008年的这封信，让人心情沉重。在这封信中，伊梅尔特首次袒露了自己对于金融业务的焦虑。他写道：“泡沫最终破裂，资本过剩也以不光彩的方式宣告终结。就在我撰写这封信的时刻，银行核销了大约1500亿美元。从放宽信贷到失去流动性，这一切转变似乎就发生在眨眼之间……”

就在这封信发出不久，2008年4月11日公布的GE第一季度“成绩单”，让美国股市打了一个“喷嚏”。一季报显示，公司净利润下降6%，每股收益减少2%；全年每股收益预期下调至2.2～2.3美元，低于公司此前预期的2.42美元。当天，美国主要股指下跌超过2%。

对比2004年到2006年伊梅尔特的三封信，2007年，他不仅对市场提出了疑问，也对投资者的信心有所疑虑。3年前，“现在GE是最好的”，凸显了伊梅尔特悠然的心情；2005年，GE股价创10年来最低，但他同样满怀信心：“投资者们在将来会继续得到回报，未来的成长清晰可见，大型化的时代已经来临！”

2006年，他对GE近5年的业绩进行了回顾：公司利润从110亿美元扶摇直上至210亿美元，年回报率为18.4%。因此，他提醒投资者们：“如果你参与经营GE或是持有GE股票，那么这是一项长期投资，而非短期儿戏。”

但如今，他开始向人们抛出自己的疑虑：美国消费者将如何应对房价下跌？我们是应该担心通货膨胀还是经济萧条，还是两者兼而有之？在美国市场萎缩的情况下，全球市场是否还能进一步扩张？美国大选又将带来怎样的风云变化？银行是否会恢复正常水平的借贷——什么时候，什么价格？

众多疑问未解前，GE前三个月的业绩让公司股价一度大跌12%，跌至32美元左右，创1987年以来最大跌幅。

利润的缩水，与GE偏重金融业务这一核心领域息息相关。今年一季度，在公司的六大业务板块中，GE Money和GE商务金融较去年同期，利润分别下降了19%和20%，降至9.95亿美元和11.6亿美元。这不禁让人担心GE金融业务是否比重过大，是否还可能保持高速增长。

2007年，GE Money和GE商务金融两大业务为公司赚取了35%的收益。记者查询发现，2004年两业务利润所占比重为33%，2005年为近35%，2006年也几乎相近。而基础设施业务为GE的“当家花旦”，不过占2007年净利润的37%，其次为医疗(11%)、NBC(11%)和工业(6%)。

GE Money一直是GE的创利大户，其核心业务为信用卡、个人贷款、抵押、汽车解决方案和房屋净值贷款等。即便是2007年美国银行和消费者金融公司疲软无力，该领域也仍然取得了43亿美元的赢利。服务于贷款、运营租赁、融资及商业保险的GE商务金融，同样硕果累累，2007年创造利润60亿美元。

“市场中可用资产可能达到3000亿美元，且回报较高。我们计划从当前的市场动荡中抓住机遇，调整好我们的金融服务业务定位，迎接未来的可观增长。”伊梅尔特在2008年的信中提到。然而在一季报后的电话会议上，伊梅尔特就被迫承认，“公司的资产出售能力受到极端削弱，而一季度末之前我们确实没有看清这一点”。当时贝尔斯登被曝遭受重创。一位金融学专家向《第一财经日报》解释，这可能是这一季度前GE手上拿有一些次贷产品希望出售或变现，但现在遭遇难题，特别是抵押和融资能力上受到了拖累。

据说在2008年3月份的最后两周，GE被迫对部分投资作出了资产冲减。“这种做法，可能就波及了GE的其他业务。”上述金融学专家称，市场逆转之后，一些与金融相关的产业肯定会随波逐流，即便拥有再强大的后盾，也几乎无处可逃。

（资料来源：GE多元化阵痛：成也金融败也金融. 新浪网财经频道，20080424. http://finance.sina.com.cn/roll/20080424/02302173006.shtml，编者有删节。）

5.1.5 实施多元化战略的条件

随着经济的发展和企业经营形势的变化,多元化战略越来越受到企业界的重视。正确地运用该战略,可以救活企业,繁荣企业,使企业得以生存和发展。

但是并非所有的企业都适合采用多元化战略,有些企业实行此战略后甚至遭受了重大的失败。究其原因主要是企业对要进入的经营领域预测失误,或者盲目自信本企业的能力,贸然进入新领域造成企业资源的分散,产生管理方面的冲突并最终导致战略失败。如美国国际电报电话公司多年来一直经营得很成功,但当它买进大陆面包企业和希尔顿饭店后,对新事业束手无策,结果不但没搞好,反而还影响了企业本身电话业务的发展。又如日本索尼公司在1989年以54亿美元的价格买下了美国哥伦比亚和三星两家电影企业,向多元化经营迈出了新的一步;然而以后的几年里一直经营不善,索尼公司在好莱坞亏损了30多亿美元,并使哥伦比亚电影公司的账面资产由原来的50亿美元降至27亿美元;不仅如此,上述消息一传出,索尼公司的股票立即暴跌13%。造成索尼公司多元化失败的原因,主要是不熟悉电影业的经营和缺乏明确的战略[5]。

简单来说,通过回答以下问题可以帮助企业判断是否适合发展新业务:业务能否满足公司盈利目标,业务是否需要大量的资金投入?业务是否有增长潜力?业务是否足够大,可以对公司的利润作出多大贡献?业务发展是否存在政府法规的限制?业务是否容易受经济衰退、通货膨胀、高利率或政府政策的影响?

而企业自身必须具备的条件有以下几点:

(1) 企业战略和目标

多元化企业必须拥有一个超越于具体业务的企业战略,这个战略应该更加强调未来愿景与总体控制,避免业务单元成为没有战略的利润中心。例如,GE著名的四大战略:全球化、服务转型、电子商务和六西格玛,没有一个是与具体业务有关的。同时,企业必须要有明确的目标以保证在多元化的过程中不会被外力所左右而失去控制、盲目多元化。

(2) 核心竞争力和模型

多元化企业必须使企业层面拥有一个强调组织学习能力与创造性的核心竞争力,从而使企业的核心竞争力能够支撑多元化业务的扩张。另外,必须拥有一个竞争性的企业愿景与具备筛选功能的业务模型,从而使公司业务“多而不乱”。

(3) 企业文化

多元化企业必须培养具有较强凝聚力和控制力的企业文化,使企业能够通过共同的理念减少管理成本,降低管理风险。

(4) 实力

企业本身具有拓展经营项目的实力。拥有资金、技术优势的企业集团,实力雄厚、目标远大,出于对长远利益的主动追求便成为这些企业发展的主要对象。具有人才优势的大型企业或高附加价值的新兴行业为了尽可能避免多元化战略对企业带来的不利影响,企业在选择新业务时必须明确业务的选择标准。

5.2 一体化战略

5.2.1 一体化战略的概念

当企业在原有业务基础上,沿着其产品(业务)生产经营链的纵向扩大其生产经营的深度,或沿水平方向扩大其生产经营的广度,以谋求发展壮大的战略就是一体化战略。一体化战略是一个非常重要的企业成长战略,它有利于深化专业分工协作、提高资源的利用深度和综合利用效率。

例如,有的煤炭企业从事煤炭开采,然后再把开采的煤炭全部用于发电,发出的电自己用于炼氧化铝。有人会认为这家企业在从事多元化经营,实质上由于企业向市场提供的只有氧化铝一种最终产品,因此它是一种专业化战略。如果企业的中间产品中有较大部分供应市场,那么就是多元化经营。采用一体化战略不仅取决于企业所涉及的市场特征,而且取决于与产品有关的技术特性。在资本密集型行业,企业一般拥有专业化程度很高的固定资产和有关的服务技术,但是这些资产和技术很难用来转产其他产品,在这种情况下,企业有特色的核心能力主要来源于产品而不是市场。因此,不断地通过市场来挖掘产品的消费就是企业的首选。那些拥有技术诀窍和特殊配方的企业也比较适合一体化战略[6]。

5.2.2 一体化战略的类型

根据产业链延伸方向分类,一体化战略主要有三种类型:纵向一体化、横向一体化和混合一体化。

(1) 纵向一体化战略

沿产业链占据若干环节的业务布局叫做纵向一体化。纵向一体化又叫垂直一体化，指企业将生产与原料供应，或者生产与产品销售联合在一起，是企业在两个可能的方向上扩展现有经营业务的一种发展战略，是将公司的经营活动向后扩展到原材料供应或向前扩展到销售终端的一种战略体系。

纵向一体化是企业经常选择的战略体系，但是任何战略都不可避免地存在风险和不足，纵向一体化的初衷是希望建立起强大的生产规模来获得更高的回报，并通过面向销售终端的策略获得来自于市场各种信息的直接反馈，从而促使企业不断改进产品和降低成本，来取得竞争优势的一种方法。纵向一体化的实现方式大体有 3 种，分别是企业内部壮大、联合(联营)和兼并其他企业。按物质流动的方向，纵向一体化又可以划分为前向一体化和后向一体化。

① 前向一体化

前向一体化是指生产企业与用户企业之间的联合，将企业的价值链进一步延伸，自行生产其价值链的下游产品并销售，或对产品进行深加工。前向一体化战略的优势与后向一体化有着同样的根源，实行此战略能够降低产品成本、提高产品的差别化能力、增加生产经营的稳定性并提高行业的进入壁垒。

前向一体化的目的是促进和控制产品的需求，搞好产品营销。如纺织印染厂，原来只是将坯布印染成各种颜色的花布供应给服装厂，现在纺织印染厂与服装加工厂联合，该厂不仅做印染而且还制成服装出售，这样就促进和控制了产品需求，促进了产品营销[7]。

② 后向一体化

后向一体化是指生产企业与供应企业之间的联合，企业自行生产其价值链的上游产品，比如自己生产原材料或配套零部件，或者向后兼并供应商，使生产所需的大部分原料供应能够在内部解决。第二次世界大战后，全球大公司、大企业的发展趋势在很大程度上是与纵向一体化紧密地联系在一起的。这是因为纵向一体化的好处显而易见，它可以降低产品的成本，可以产生以差别化为基础的竞争优势，可以排除依靠供应商提供关键零配件或支持服务带来的不确定性，也可以借此提高行业的进入壁垒，在一定时间内保持竞争优势。

后向一体化的目的是为了加强核心企业对原材料供应、产品制造、分销和销售全过程的控制，使企业能在市场竞争中掌握主动，从而达到增加各个业务活动阶段利润的目的。如自行车厂原来要向橡胶厂购买轮胎，现在自行车厂与橡胶厂联合起来，让橡胶厂专门生产自行车轮胎，保证了自行车厂的轮胎供应。

后向一体化可以将原来作为一个成本中心的原材料供应变成利润生产中心，尤其是当供应商具有规模边际收益时，这是非常有吸引力的战略选择。它可以使企业摆脱因依靠外部原材料供应而带来的不稳定性；同时，也可以减少企业由于主要供应商利用市场机会抬高价格而造成的脆弱性。企业实现后向一体化之后，不仅能保证交货期，享受低价优惠，还可以提高产品质量，从而可以使其生产稳定、正常地进行，对外界环境具有较强的适应性。

(2) 横向一体化战略

横向一体化战略也叫水平一体化战略，是指与处于相同行业、生产同类产品或工艺相近的企业实现联合。其实质是资本在同一产业和部门内的集中，生产类似产品的企业置于同一所有权控制之下，通过兼并或与同行业的竞争者进行联合以实现扩大规模、降低成本、提高企业实力和竞争优势的目的。

横向一体化战略一般是企业在竞争比较激烈的情况下进行的一种战略选择。这种选择既可能发生在产业成熟化的过程中，成为增加竞争实力的重要手段，也可能发生在产业成熟之后，成为避免过度竞争和提高效率的手段。企业一般在出现下列情况时会采用横向一体化战略：① 企业希望在某一地区或市场中减少竞争，获得某种程度的垄断以提高进入壁垒；② 企业需要借助规模经济效益来获得竞争优势以及企业希望通过横向的兼并或联合从购买对象身上得到某种特别的资源。

纵向一体化与横向一体化在企业发展的不同时期、不同情况下都会被使用，但是在不同的时期使用的侧重点不同。有的企业以横向扩张为基础，然后进行纵向扩张；有的企业先纵向扩张，然后再进行横向扩张。但总的说来，纵向一体化是比横向一体化更为重要的扩张类型。钱德勒(Raymond Chandler，1888—1959)在《看不见的手——美国企业的管理革命》一书中说，横向扩张在美国"并不是一种在生意中常见可行的长期的策略"，横向合并的企业要获得新的优势，主要是靠简单的企业横向合并，"只是因为它们在合并之后接着又采取了纵向结合的战略"[8]。

(3) 混合一体化战略

混合一体化战略是指处于不同产业部门、不同市场且相互之间没有特别的生产技术联系的企业之间的联合，包括以下三种形态：① 产品扩张型，即与生产和经营相关产品的企业联合；② 市场扩张型，即一个企业为了扩大竞争地盘而与其他地区生产同类产品的企业进行联合；③ 毫无关联型,即生产和经营彼此之间毫无联系的产品或服务的若干企业之间的联合。

5.2.3 一体化战略的收益和风险

(1) 纵向一体化的收益

① 实现范围经济,降低经营成本

范围经济是因同时生产或经营几种相关的产品或服务带来的节约。其根本思想是依赖生产的相似性,达到以尽可能少的投入实现生产的多元化,从而达到扩大经营、规避市场风险的目的。

通过实施纵向一体化,把技术上相区别的生产运作放在一起,企业有可能实现高效率。例如,在制造业,这一做法能够减少生产步骤,降低成本,减少运输费用。而且,由于成品和零部件归并成一个系统,在生产、设计、营销等内部环节上更易控制和协调,从而会提高企业的生产效率。生产与销售也可实现纵向一体化,这种一体化能迅速地了解市场供求信息和监控市场。

② 提高差异化能力,形成经营特色

由于企业规模扩大、成本降低和控制加强,行业进入壁垒提高了;由于强化了对关键零部件设计的控制,有可能更好地满足下游市场的特殊需求,从而增强对最终用户的控制;同时,也有更多机会通过使用特殊原材料、零部件或技术等途径寻求区别于同行业竞争者的产品特色[9]。

③ 有助于开拓技术

在某些情况下,纵向一体化提供了进一步熟悉上游或下游相关技术的机会。这种技术信息对基础经营技术的开拓与发展非常重要。如许多领域内的零部件制造企业发展前向一体化体系,就可以了解零部件装配的技术信息。

④ 确保供给和需求

纵向一体化能够确保企业在产品供应紧缺时得到充足的供应,或在总需求很低时能有一个畅通的产品输出渠道。也就是说,纵向一体化能减少上下游企业随意中止交易的不确定性。

⑤ 削弱供应商或顾客的价格谈判能力

如果一个企业在与供应商或顾客做生意时,供应商和顾客有较强的价格谈判能力,且投资收益超过了资本的机会成本,那么,即使不会带来其他的益处,企业也值得去进行前向或后向一体化。因为一体化削弱了对手的价格谈判能力,这不仅能降低采购成本(后向一体化),或者提高价格(前向一体化)，还可以通过减少谈判提高效率。

⑥ 提高差异化能力

纵向一体化可以通过在管理层控制的范围内提供一系列额外价值，来改进本企业区别于其他企业的差异化能力。例如，云南玉溪烟厂为了保证生产出高质量的香烟，对周围各县的烟农进行扶持，使他们专为该烟厂提供高质量的烟草。同样，有些企业在销售自己生产的技术复杂的产品时也需要拥有自己的销售网点，以便提供更好的售后服务。

⑦ 提高进入壁垒

企业实行纵向一体化战略，可以使关键的投入资源和销售渠道控制在自己的手中，从而使行业的新进入者望而却步，防止竞争对手进入本企业的经营领域。企业通过实施一体化战略，不仅保护了自己原有的经营范围，而且扩大了经营业务，同时还限制了所在行业的竞争程度，使企业的定价有了更大的自主权，从而获得较大的利润。例如，IBM 公司即是采用纵向一体化的典型。该公司生产微机的微处理器和记忆晶片，设计和组装微机，同时也生产微机所需要的软件，并直接销售最终产品给用户。IBM 采用纵向一体化的理由是，该公司生产的许多微机零部件和软件都有专利，只有在公司内部生产，竞争对手才难以获得这些专利，从而形成进入壁垒。

⑧ 进入高回报产业

企业现在利用的供应商或经销商有较高的利润，这意味着它们经营的领域属于十分值得进入的产业。在这种情况下，企业通过纵向一体化，可以提高其总资产回报率，并可以制定更有竞争力的价格。

(2) 纵向一体化的风险

① 弱化了激励效应

纵向一体化意味着通过固定关系来进行购买与销售，把市场交易内化为企业内部交易，这样可能会减弱激励效应，从而降低企业的内部运作效率。我国国有企业以前的“大而全”模式就是弱化激励效应的典型实例。

② 加大了管理难度

实行纵向一体化战略以后，两个或多个不同企业合并或联合在一起，企业的管理层次和管理幅度都会加大，管理职能要求更加复杂，管理难度相应加大。尽管存在一个纵向关系，但是在供应链的不同环节可能需要不同的成功关键因素，企业可能在结构、技术和管理上各有所不同。熟悉如何管理这样一个具有不同特点的企业是纵向一体化的主要成本。例如，很多制造企业会发现，投入大量的时间和资本来开发专有技能和特许经营技能以便前向一体化进入零售批发领域，并不是总如想象的能够使核心业务增值，而且运作批发、零售网络会带来很多棘手的问题。

③ 难以平衡生产能力

纵向一体化后，上游单位和下游单位的生产能力必须保持平衡，否则企业就不得不向竞争者购买原料或出售产品。然而为了避免加强竞争者的地位，这些竞争者可能不太情愿与该企业做配套生产。

④ 影响技术扩散与变迁

纵向一体化后，上下游企业形成紧密联系，技术更多的是在上下游企业当中进行扩散，而无法扩散到一体化企业之外。同样，纵向一体化中的下游企业为了上游企业的利益，而拒绝接受纵向一体化外企业的先进技术或优良的零部件，影响了本身技术的提升。从某种意义上来讲，纵向一体化也会成为技术变迁的障碍。

⑤ 延长了时间

后向一体化进入零配件的生产可能会降低企业的生产灵活性，延长对设计和模具进行变化的时间，延长企业将新产品推向市场的时间。如果一家企业必须经常改变产品的设计和模具以适应购买者的偏好，它们通常发现后向一体化，即进入零配件的生产领域的负担很重，因为这样做必须经常改模和重新改进设计，必须花费时间来实施和协调由此所带来的变化。从外部购买零配件通常比自己制造便宜一些，简单一些，使企业能够更加灵活、快捷地调节自己的产品以满足购买者的需求偏好。世界上绝大部分汽车制造商虽然拥有自动化的技术和生产线，但他们还是认为，从质量、成本和设计灵活性的角度来讲，从专业制造商那里购买零配件而不是自己生产会获得更多的利润。

(3) 横向一体化的收益

① 实现规模经济

横向一体化通过收购同类企业达到规模扩张，这在规模经济性明显的产业中，可以使企业获取充分的规模经济，从而大大降低成本，取得竞争优势。

② 减少竞争对手

横向一体化是一种收购企业竞争对手的增长战略。通过实施横向一体化，可以减少竞争对手的数量，降低产业内相互竞争的程度，为企业的进一步发展创造良好的产业环境。

③ 扩张生产能力

横向一体化是企业生产能力扩张的一种形式，这种扩张相对较为简单和迅速。

(4) 横向一体化的风险

① 管理问题

收购一家企业往往涉及收购后母、子公司在管理协调上的问题。由于母、子公司在历史背景、人员组成、业务风格、企业文化、管理体制等方面存在着较大的差异,母、子公司各方面的协调都非常困难,这是横向一体化的一大成本。

② 政府法规限制

横向一体化容易造成产业内的垄断结构,因此,各国法律都对此做出了限制。如美国《反托拉斯法》在确定一项企业合并是否合法时需要考虑的因素包括:防止产业内的集中度;这一合并是否给予合并企业对其他企业的竞争优势;进入该行业是否困难;该行业内是否已经存在一种合并的倾向;被合并企业的经济实力;对该行业产品的需求是否增长;这一合并是否存在激发其他企业进行合并的危险等[10]。

5.3 国际化战略

5.3.1 国际化战略的概念

国际化战略(Internationalization Strategy)是企业产品与服务在本土之外的发展战略。随着企业实力的不断壮大以及国内市场的逐渐饱和,有远见的企业家们开始把目光投向本土以外的全球海外市场。

企业的国际化战略是企业在国际化经营过程中的发展规划,是跨国公司为了把企业的成长纳入有序轨道,不断增强企业的竞争实力和环境适应性而制定的一系列决策的总称。企业的国际化战略将在很大程度上影响企业国际化进程,决定企业国际化的未来发展态势。

跨区域扩张是指企业在其所在区域之外的其他区域建立工厂、子公司或销售机构、连锁店的过程。通过此战略的实施,企业的组织或拥有的市场实现了国内空间边界的扩张,并借此提高国内市场占有率,增强企业的竞争力。跨国扩张与此战略类似,只不过企业以其所处的国家为基点,通过在其他国家建立分公司、子公司、生产工厂或销售机构、连锁店的过程来借此使自己的空间支撑点逐渐地向其他国家扩展,实施其全球战略部署。第二次世界大战以后,随着全球经济一体化趋势的出现,跨国扩张在世界范围内形成了一股风潮,大型的世界级企业即跨国公司不断出现。目前,跨国公司控制着全球国内生产总值的40%、国际贸易总量的60%、国际技术转让量的70%和国际直接投资额的90%。

在经济全球化的背景下，企业国际化已是大势所趋。越来越多的中国企业开始实施国际化战略。中国企业走出国门，积极参与国际产业分工，既是市场竞争的驱动，又是企业自身发展的要求。另外，企业在向国际化发展的进程中，其战略必定不同于以往只在国内市场发展时的战略。企业面对新的情况，面对不同的法律环境，面对不稳定的汇率，应及时制定新的战略，尝试用不同的方法去解决问题。

对于企业国际化的定义，很多人都有不同的理解。可以肯定的是，真正意义上的国际化是资源配置的全球化，是一种资源配置方式的改变，即充分利用、合理配置全球资源，生产出成本低、质量高的产品。这种资源配置全球化由众多的因素组成，如生产制造全球化、市场全球化、技术全球化、人才全球化、资金来源全球化、品牌全球化等。

5.3.2 国际化战略的类型

企业的国际化战略可以分为本国中心战略、多国中心战略和全球中心战略三种。

(1) 本国中心战略

本国中心战略是在母公司的利益和价值判断下做出的经营战略，其目的在于以高度一体化的形象和实力在国际竞争中占据主动地位，获得竞争优势。这一战略的特点是母公司集中进行产品的设计、开发、生产和销售协调，管理模式高度集中，经营决策权由母公司控制。其优点是集中管理可以节约大量的成本，而缺点是产品对东道国当地市场的需求适应能力差。

(2) 多国中心战略

在统一的经营原则和目标的指导下，按照各东道国当地的实际情况组织生产和经营。母公司主要承担总体战略的制定和经营目标分解，对海外子公司实施目标控制和财务监督；海外的子公司拥有较大的经营决策权，可以根据当地的市场变化做出迅速的反应。这种战略的优点是对东道国当地市场的需求适应能力好，市场反应速度快；缺点是增加了母公司和子公司之间的协调难度。

(3) 全球中心战略

全球中心战略是将全球视为一个统一的大市场，在全世界的范围内获取最佳的资源并在全世界销售产品。采用全球中心战略的企业通过全球决策系统把各个子公司连接起来，通过全球商务网络实现资源获取和产品销售。这种战略既考虑到东道国的具体需求差异,又可以顾及跨国公司的整体利益,已经成为企业国际化战略的主要发展趋势。但是这种战略也有缺陷,即对企业管理水平的要求高,管理资金投入大。

5.3.3 国际市场进入模式的选择

纵观中国企业的国际化战略,大致可以分为四种类型:第一种是海外设厂,生产本地化,如海尔;第二种是自有产品直接出口,如华为和中兴;第三种是并购国外企业,如联想;第四种是产品贴牌出口,这类企业以浙江温州企业为多。其中前三种类型是中国企业国际化的方向,也代表了中国企业在国际上的竞争力。当然,上述分类是按照企业的主导战略类型,企业国际化战略有时会采取多种战略,即组合战略来进军海外,或者以战略联盟的形式进行国际扩张。

(1) 海外投资工厂——海尔模式(生产本地化)

海尔的国际化战略启动比较早,这得益于海尔企业领导人的超前战略意识。

成名于电冰箱,继而在家电领域全面开花的海尔在国内站稳脚跟后就开始把战略眼光投向海外,海尔从20世纪90年代开始就在欧美国家一直摸爬滚打。起初,海尔的策略是出口产品,但是发现国外对来自中国的家电认可度不高,而且各国贸易保护主义对出口有种种限制。屡败屡战的海尔开始在海外投资工厂,以本土化生产、本土化销售为方向,结果不但成功绕过贸易壁垒,而且使海外销售迅速发展起来。根据美国《家电》2003年全球家电企业排名,海尔已经超过了日立成为全球第九位,2004年销售收入超过了1000亿元,进入了世界500强的行列。

海外投资设厂虽然实现生产本地化,成功避免了贸易保护主义对出口的限制,但是美国的高成本几乎吞噬了海尔在中国市场积累的低成本优势。因此,海尔开始寻求新的战略,2005年6月,海尔宣布准备以23亿美元的代价竞购美国第三大家电巨头美泰(Maytag),开始新的国际化战略。

(2) 自主知识产权的自有品牌出口——华为模式

2004年是华为国际化战略大获全胜的一年,多年持续的投入终于开始结出丰硕的果实。这种胜利不仅体现在与IT巨头思科的官司最终得以和解,其产品开始突破欧洲和美国市场,海外产品销售额首次超过国内销售额,击败众多国际巨头,成功成为英国电信的优先供应商,角逐总额达1500亿人民币的电信产品大单。中国的高科技企业终于获得世界的认可,华为开始改变世界的眼光。

华为一直专注于通信技术的进步，每年把不低于销售额10%的经费投入研发领域，按照华为2004年销售额近500亿元的数字计算，华为2005年投入研发领域的费用接近50亿元，对中国企业来说，这是一个天文数字。华为的海外策略也是对外直接投资，但主要是建立研究机构和销售网络。在产品方面，华为一直坚持自主品牌的出口方式。

华为的国际化采取了先从第三世界国家入手，进而进入发达国家的道路，与国内市场的战略相似，采取了"农村包围城市"的模式。自主的知识产权和低价战略以及华为人"狼"的精神，使得华为开始获得一些国外订单，市场做得非常艰苦。但是华为咄咄逼人的态势开始让一些国际巨头坐立不安，思科公司在数据产品领域起诉华为。这场初期来势汹汹，最后以和解方式解决的国际官司收到了意外的效果，本来国际知名度不高的中国华为在国际上声名鹊起。有人曾经戏言，即使华为拿出10亿美元做广告，也未必能起到这个效果。

(3) 通过并购获得市场与技术——联想模式

依靠"贸工技"路线迅速崛起的中国联想集团一直坚持务实的发展路线，缺乏核心的自主知识产权一直是联想最大的软肋。即使是联想在市场上取得节节胜利之时，有学者说，联想做得再大，也只是OEM的生产方式，因为联想没有技术。作为高科技类型的企业，缺乏核心技术是很难长久生存的。

联想宣布在全球收购国际电脑巨人IBM的PC业务时，引起了全世界极大的轰动，因为IBM的PC业务已经多年亏损，是一个很大的包袱。联想的收购行为也付出了极大的代价，以现金和承担债务的方式向IBM支付了17.5亿美元，同时向IBM转让了联想集团19%的股权。联想通过此次并购，成为全球第三大电脑生产商，同时也获得了原IBM的技术和市场。这些可能是联想冒着巨大风险做出并购决策的主要原因。

中国企业目前非常热衷于通过并购的方式实现国际化战略。据德国《商报》引述一家咨询公司的数字，仅2004年德国就有近300家企业被中国企业买下，这其中包括被台湾明基收购的西门子手机业务。同样是在2004年，中国电视制造商TCL收购了法国的汤姆森公司。不过，事实很快证明了这是一起失败的收购案例，TCL因此背负了沉重的债务包袱。

(4) 战略联盟

近几年来，战略联盟成了国际扩张的流行方式。战略联盟让公司共担进入国际市场的风险与资源，促进企业核心竞争力的发展，这有利于发展企业未来的战略竞争力。

许多国际战略集团是由熟悉和了解该国竞争状况、法律、社会惯例和文化特质的东道主国企业联合组成，有助于扩张企业制造和销售具有竞争力的产品。战略联盟中的每个成员都会为联盟带来知识和资源，要将技术支持转移到联盟中，通常要求合作伙伴之间相互信任，协调好各方的预期，有助于联盟取得更好的效果。

并不是所有的联盟都是成功的。许多联盟失败的根源是合作伙伴之间的矛盾和冲突无法调和。国际战略联盟尤其难以管理，许多因素都可能引起合作关系的恶化，合作伙伴之间的信任是非常重要的。

5.3.4 国际化战略的动因

企业国际化战略是我国适应经济全球化潮流的客观需要，对可持续发展和我国企业自身发展有着深远的意义。

(1) 企业国际化战略是我国国民经济发展的需要

我国产品已在国际市场上占有相当高的份额，但仅以贸易方式扩大出口，难免会受到种种限制。近年来，我国一些企业屡遭国外反倾销调查，被实施反倾销制裁，贸易摩擦已经成为影响双边或多边正常经贸关系，甚至产生政治影响的重要因素。进行对外投资，实施国际化战略则可以帮助我国企业顺利绕开贸易壁垒，并享受诸多优惠政策。同时，在海外建立营销网络，可及时了解当地市场信息和发展动向，更好地贴近市场，从而发挥比较优势，增强同类产品竞争力，最终扩大我国企业的产品在国际市场上的占有率。

目前，我国国民经济发展进入了以结构优化、产业升级为特征的新时期。科技进步和经济全球化趋势进一步加快，也引发了传统产业向第三产业转移的新一轮世界产业结构的调整，世界各国都试图在全球分工格局中占有一席之地。我国政府有必要引导和推动国内产业和企业面向国际市场，通过实施“走出去”战略，充分利用国际资源和国际市场，在使国内产业生产能力向国际延伸的同时，加快国内产业结构的调整，促进新兴产业和高技术产业发展，从而为国民经济发展提供原动力。企业国际化战略是我国企业自身发展的需要。

(2) 企业国际化战略是不断增强企业国际竞争力的需要

企业是国民经济的细胞，企业竞争力是国家竞争力的基础。我国企业直接进入国际市场，有利于在更大范围和更大程度上参与国际经济合作与竞争。我们要正确行使我国作为 WTO 成员在不同国家和地区投资合作中的权利，发挥政府和国内企业两方面的积极性，以各种投资合作项目为突破口，大力实施“走出去”战略，不断开拓自身发展空间，提高国际市场的占有率，在参与国际竞争与合作中率先掌握主动权，不断增强我国企业的国际竞争力。

5.3.5 国际化战略的收益和风险

(1) 国际化战略的收益

① 扩大市场规模

通过进入国际市场，企业能够有效扩大潜在市场的规模。如大量外国医药企业对中国进行直接投资，就因为看中其庞大的市场。要改变与消费者文化价值取向或传统习俗相关的品味和爱好并不是一件容易的事。然而，对于只有有限成长机遇并在本国市场进行激烈竞争的企业来说，国际化战略仍不失为一个非常具有吸引力的选择。

国际市场规模的大小也影响到企业是否愿意在这个市场进行研发投资和创建竞争优势，较大的市场通常意味着较高的潜在投资回报和较低的投资风险。目标国的科技设施同样也影响企业的投资决策，大多数企业都倾向于在科技知识和人才较多的国家进行投资，其目的是为在研发中生产高价值的产品或流程提供需要。如德国的跨国企业越来越多地投资于国际化研发，这主要是为了进行原材料开发和学习，而不是出于探寻市场的动机。

② 投资回报

对于想从巨额投资中获得收益的企业来说，大规模的市场容量是至关重要的。于是，许多行业如电子方面的研发密集型行业，都要实施国际化战略。除了需要大规模市场以回收在研发上的大量投资之外，新技术的发展一直呈快速增长趋势，导致产品的生命周期越来越短，因此需要更快回收投资。另外，企业开发新技术的能力不断上升，而国家之间专利法的差异导致竞争对手的模仿速度越来越快，通过剖析新产品的特点、技术，获得该产品的核心技术，进行技术转化，通过改进开发出与企业产品相似的改进产品。由于竞争对手能相对较快地进行产品模仿，于是企业需要更快地收回新产品的开发成本。因此，对于医药业等行业来说，企业通过国际化扩张获得具有强烈吸引力的更大市场，因为这样使企业有更多机会快速回收大额资本投资和大规模研发费用。

然而，尽管还有其他方面的原因，但企业在国际市场中进行投资的主要原因还是能够获得高于平均水平的投资回报。不同国家的企业有不同的期望，并使用不同的准则来决定企业是否在国际市场中进行投资。

③ 规模经济和学习效应

企业可以通过扩大产品市场来获取规模经济，尤其是在制造运营中。在某种程度上，企业可以将不同国家的产品标准化，采用相同或相似的生产设备，整合重要的资源，将更有可能取得最优化的规模效应。同时，通过不同国家企业之间的资源与知识共享，企业也可以在国际化市场中发掘其核心竞争力。资源、知识的共享产生了协同效应，将有助于公司以较低的成本生产出更高质量的产品或服务。

另外，在国际化市场中进行业务的运作，可以为企业提供许多新的学习机会。跨国公司在不同的国际市场中的种种经历，为其提供了无数的学习机会。然而研究发现，要想从国际化研发投资中获益，要求企业本身具有过硬的研发系统来吸收知识。

④ 地域优势

企业把工厂和设备开设到海外市场，其目的可能是为了降低所提供产品或服务的成本。这些工厂可以更容易地获取廉价的劳动力、能源和其他自然资源。其他的地域优势包括机会、获得重要的供应商和客户。

这样的地域优势可能受到生产、运输成本以及拓展客户群需求的影响，还可能包括文化上的效用。如果在进行国际交易的多国间文化比较融合，这比在文化差异较大的情况下隔膜感要少很多。

(2) 国际化战略的风险

① 政治风险

政治风险是与政局的不稳定及其国内外战争有关的风险。政局的不稳定会产生一系列问题，包括：经济风险和政府规章制度的修改带来的不确定性；大量可能存在的冲突，法律权威性受到威胁；可能的私有财产国有化，等等。在一国进行投资的国外企业通常非常关注该国政局是否稳定，以及政府对其投资和资产的影响。

② 经济风险

经济风险和政治风险是相互依存的。如果企业不能有效地保护自己的知识产权，它们进行对外直接投资的可能性就非常小。因此，国家需要创建和维护知识产权及其应用来吸引外国直接投资。另一个经济风险是面对恐怖分子的安全问题。例如，对印度尼西亚的恐怖主义的担忧，使企业不愿在那里投资。即使许多能源与矿业部门的投资者在政治与经济不稳定的情况下仍保持在印度尼西亚投资，国家仍需要新的投资者来保持经济增长。与相对快速增长的中国和印度相比，印度尼西亚在吸引投资方面十分困难，因为前两者的安全风险较小。

正如前面所述，国际多元化的主要经济风险是不同货币汇率的差异和波动。对美国公司来讲,美元对其他货币的汇率决定了它们国际化资产和收入的价值,如美元升值会降低美国跨国公司在另一个国家资产和收入的价值。另外,不同货币的价值有时会极大影响企业在全球市场的竞争力,因为它们会影响到在不同国家制造的产品的价格。由于产品价格不同,美元的升值会损害美国企业向国际市场的出口。因此,政府对国内经济和金融资本的监管和控制不仅影响本地经济活动,还包括外国在本地的投资。

5.3.6 实施国际化战略的条件

实施国际化战略意味着迎接挑战。对企业来说需要增强实力,提高管理水平,建立信誉,遵守国际规则和所在国的法律、法规,与所在国企业平等合作、互惠互利和共同发展。

中国企业“走出去”,有机遇也有风险。在对外投资时,要吸取外商在华投资的经验和教训:一是要做好周密的可行性研究,深入了解拟投资国的投资环境和人文环境,不可草率投资。二是要选择好投资项目和投资伙伴。要尽量选择进口替代型和出口型的项目,以免和当地的产业发生竞争;在选择投资伙伴时也要十分谨慎,最好由中方控股。三是要尽量走“本地化”的道路,尽可能多地使用当地的人才和技术。

在进行国际化扩张之前,要做好内外部环境分析。

(1) 内部环境分析

内部环境分析是决定企业未来发展的起点和基石。内部环境是一个内容丰富的概念,包括企业内部对实现企业目标有意义的各种资源。它包括:① 人力资源,具体表现为企业现有各类员工的数量、质量、年龄和专业技术结构及增减变动等;② 管理能力,指企业内管理思想的科学性、管理组织的高效性及管理手段的现代性;③ 技术资源,指企业现有技术现状及未来的发展潜力、有无开发新技术的必要等;④ 财务资源,指企业的筹资能力、资金转移能力及财务管理的先进性,如有无利用先进的财务管理软件等;⑤ 市场营销能力,指企业目前的市场占有率及销售增长率,分销、促销的渠道和方法、手段等;⑥ 物质资产,包括企业的固定资产和流动资产等;⑦ 企业对信息的敏感性和信息沟通的能力。

企业可通过一定的方法对上述企业资源进行分析和评估,进而评估各业务对外的吸引力,从而决定企业是否采取国际化战略。具体分析方法可选择波士顿矩阵法,通过市场占有率和市场增长率两个指标来衡量企业各业务单元对外的吸引力。

(2) 外部环境分析

外部环境分析是指对国际化经营的环境因素进行分析，以明确国际市场存在的机遇和威胁。它通常可以分为三个层次：一是全球性一般环境分析，指对全球政治、经济、科技、国际分工等状况的分析和把握；二是区域性的环境分析，比如对区域经济集团对外的政策、各成员之间的关系等进行分析；三是对特定国家具体市场环境的特定分析。

如政治环境，主要是指政府的行政性行为、有关法律法规、政治形势及其稳定性，以及这些因素对企业活动的影响。政治因素及作用范围表现在下列几个方面：① 政府制定的各项法律法规。例如，各国政府制定的反托拉斯法、反不正当竞争法、专利法、保护环境法等都为企业制定了行为规范。② 政府制定的政策。在经济发展的不同时期，政府都会出台不同的政策，如我国的西部大开发政策。③ 鼓励发展或约束发展某些产业和行业的政策，以及相应的鼓励和约束的税收及信贷等措施。

5.4 虚拟经营战略

5.4.1 虚拟经营的概念

企业的虚拟经营是指企业在组织上突破有形的界限，不必设置设计、生产、财务、营销等功能的具体组织结构实体，而又能同样完成各种功能任务的一种经营方式。也就是说，企业仅以优势的、有限的、关键的资源，将其他功能虚拟化，通过各种方式，借助外力进行整体弥补，仍能实现其总体各项功能，最大效率地发挥其有限资源。

随着科学技术的高速发展，工业型社会正在逐步向信息型社会过渡，通信网络的发展，逐渐改变着人们的生活方式，网上购物、电子商务已越来越成为普遍现象。科技进步，市场竞争环境变化，顾客需求个性化，使企业越来越感到单靠自身力量难以实现市场需求，企业需整合外部资源来弥补自身不足。因此，虚拟经营也就应运而生。

虚拟经营的最初形式是国外的企业将经营和生产部分加以分析，将一些劳动密集型产业的生产部分虚拟化，转移到劳动力成本较低的国家的企业来做。如耐克和锐步，主企业本身并没有自己的生产工厂实体，靠它们的虚拟企业生产的运动鞋却畅销全球。中国香港地区许多厂商的名牌服装也不是自己生产厂加工的，是由内地一些厂家为其生产的。国内所谓的“三来一补”合作生产方式，也是一种初期的虚拟经营方式。在国内由于经济体制改革的深入和市场经济体制的完善，也产生了一些企业进行虚拟经营的弹性运作，并取得了较好的效果，而且将会有越来越多的企业走向虚拟经营，并产生较大的作用和影响。

虚拟经营已在世界范围得到广泛应用，是企业追求轻薄组织机构、进行弹性运作的经营管理的一种新现象、新潮流。要注意的是，虚拟经营不是每个企业必须运用的经营形式，但它是经营创新的一个重要方面。它的思维方式和运作思路是极为可贵的，是一种新型企业的发展模式，值得给予关注，并适时、适宜去考虑应用的可能，以便更好地解决企业发展、创新的问题。

虚拟经营之所以得以产生并发展起来，实质上是从优势互补到取得综合优势的运作过程。综合优势是最大的难以抗拒的竞争力，是一般企业无法企及的优势。强项联合、优势互补不是简单的企业之间相加组合，它的综合效应是比一个优势加一个优势之和大得多的相加组合，能形成一种综合优势效应。从组织机构上说，虚拟经营可以达到"精兵简政"的目的，完全避免"大而全"和"小而全"的重复式发展；从机制上说，是放开搞活的新举措，是调动、发挥各层级最大积极性、创造性的政策体现；它有利于降低总体运作成本和获得最大化利益。因而，虚拟经营运用自身最强的优势和有限的关键资源，可以最大限度地提高企业对市场敏锐的反应能力，提高企业的竞争力。

虚拟经营的精髓是将有限的资源集中在附加值高的功能上，而将附加值低的功能虚拟化。实施这一运作的关键是具有资源优势，这种优势是虚拟控制权的根本保证。关键性资源的优势一般是指拥有品牌、商标、商誉、专利、专有技术、设计、开发销售网络等的自主知识产权和优势。同时，为保持虚拟化功能的调控，必须注重品质、成本及周期等其他能力的平衡控制。如果失去对关键性资源的控制，虚拟经营就会引发企业危机。只要掌握住关键资源，则不惧怕供货商发难，及时更换制造商也会转危为安。

5.4.2 虚拟经营的基本类型

虚拟经营的形式多样，而且在不断演化。企业家在运用优势互补的原则下，进行经营创新，使企业弹性运作更加丰富多彩。

(1) 虚拟生产

虚拟生产是虚拟经营的基本形式。厂商本身没有一个工厂实体，它集中公司的资源，专攻附加值最高的设计和营销的网络规划，并创造自主品牌，其产品生产则委托人工成本相对较低的企业进行加工生产。这是一种利用非自身企业加工的虚拟生产，国外称为 OEM。虚拟生产是名副其实的“空手道”生意。盛行一时的“三来一补”的合作生产方式就是虚拟生产的具体表现。

虚拟生产应用于产品较为单一且工艺不太复杂的生产更为有效。企业以品牌优势拥有一定的市场和销售网络，能规划市场、开拓市场，而且专攻设计和营销，对市场做出快速反应。运用产品生产的调整、成本很低的条件，创造高收益的经济活动，并形成企业高弹性的市场竞争优势。

(2) 策略联盟

几家企业各自拥有相对优势和不同的关键资源，而它们之间的市场又无尖锐矛盾，且彼此的市场存在一定程度的差异，为了各自的利益，以共同利益为基础进行策略联盟。这种策略联盟可以交换彼此的资源，进行资源整合，改善资源配置能力，能取得轻巧的高弹性组合，并加以低价策略，创造了新的竞争优势，取得共同发展。

(3) 虚拟销售网络

虚拟销售网络是指企业集团总部对下属的销售网络给予自主权、解放产权关系，使其成为拥有独立法人资格的销售公司。这样，可使企业集团总部不必再支出必要的管理成本和给下属发放工资，也不负担市场开拓费用。成立的销售公司可利用关系网在社会上积极募股，无形中为总部聚集了一大笔无息资产，并使原有销售网络迅速扩张。同时，这种方式可吸引大量销售人才，网罗有能力的实干人才，在更大的范围开辟市场。

建立虚拟销售网络的前提是企业集团必须拥有相当市场前景的产品，并且能以自身品牌和技术更新优势保持其稳定性，以保持与虚拟销售网络销售公司的牢固联系。虚拟销售网络的运作，说明未来的公司不再以制造者或经销者来定位，而是一个资源的组织者，它正在世界范围内成为企业管理的一种潮流。

(4) 虚拟共生

一些在企业中仅作为一种支援性的工作，而企业本身又不擅长，由于在成本或保密的考虑下又不愿外包于人，于是几个同行共同组织一个作业中心，共同负担其成本，使其支援性工作业务达到规模经济状况，可以达到节省运作和管理成本的目的。虚拟共生可使一些企业对其共需的业务，比如同行业的专业人员培训、业务训练，或者共同咨询业务等，不必“小而全”地各做各的，可按同需共生虚拟一个共同的机构来完成各家的业务，这种弹性运作显然具有成本优势，不仅能减轻负担，而且更节省精力。

(5) 虚拟行政部门

一个企业集团的总部，可将下属的部门如市场企划部、推广部、储运部等，寻求境外专业化公司承担该类部门业务，而这些部门的负责人则是集团虚拟部门的负责人，为本公司统筹兼顾，参政议政。它的好处是利用外方的业务优势和实力，减少集团企业的负担，降低管理成本，且提高弹性管理水平，取得更为显著的业绩。

(6) 虚拟人事部门

虚拟人事部门即人力资源外包，是指企业根据需要将某一项或几项人力资源管理工作或职能外包出去，交由其他企业或组织进行管理，以降低人力成本，实现效率最大化。这是一种全面的高层次的人事代理服务。人才服务机构与企业签订人事外包协议以规范双方在托管期间的权利和义务，以及需要提供外包的人事服务项目。总体而言，人力资源管理外包将渗透到企业内部的所有人事业务，包括人力资源规划、制度设计与创新、流程整合、员工满意度调查、薪资调查及方案设计、培训工作、劳动仲裁、员工关系、企业文化设计等方面。

这样可以有策略性地利用外界资源，包括两个方面的内容：一是有策略性地利用，即企业必须有选择性地将组织内的部分或全部予以外包，而不是与代加工性质一样的外包；二是外包的工作或项目必须由专业服务机构来完成，这依赖于专业人力资源机构的快速发展及其专业化。

影响人事外包发展的主要因素首先是企业观念。目前国内的人力资源管理，多数企业依然停留在“人治”方面，不规范、不合理的企业管理制度随处可见。很多企业认为人力资源管理本身不需要投入太多，这种随意化的管理不仅损害企业的利益，同时也是对人才的浪费，只有企业管理者转变了观念，真正认识到“人”的重要性，才能够认识到人事外包服务的必要性。

其次是企业的成本控制和人员编制问题。当前很多企业没有规范人事管理的观念，一些企业的人事管理部门都是简单拼凑起来的，更不会在人力资源管理方面大量地投入，这也直接影响了企业是否会接受外包服务。

第三是服务商的规范经营和专业化程度。虽然国内的人才机构发展突飞猛进，但是也带来了负面影响，如从业人员素质参差不齐、专业化程度不高等，加上一些非法经营的中介机构的违规经营，使服务商的诚信度大打折扣。

第四是法律法规的健全、网络化和系统化的流程管理、统计分析等配套的综合因素，对人事外包的实施都有很大的影响。

(7) 信息技术虚拟支持

信息技术虚拟支持即IT外包，简单地说就是公司在内部专职电脑维护工作人员不足或没有的情况下，将公司的全部电脑、网络及外设的维护工作转交给从事专业电脑维修维护的公司来进行全方位的维护。

深入地讲，IT外包还包括技术含量高、附加值高的应用系统和业务流程外包服务，协助企业用较低的投入获得较高的信息化建设和应用水平。选择IT外包服务可以节省人员开支，使公司更专注于自己的核心业务，并且可以获得更为专业、更为全面的稳定服务。

企业要想在激烈的市场中立足，必须更加专注其核心业务，IT环境对任何一家企业来说，并不是其专注的内容。但随着IT技术的迅猛发展，它越来越渗透到企业的核心业务中，从而对企业的可靠性、可用性、快速适应性提出了越来越高的要求，这与企业要求较低的IT运营成本、高效的工作效率、专业的技术支持能力存在着巨大的矛盾。

信息技术外包根据不同的划分方法又可以分为不同类型，现在主要有四种划分方法：按照信息技术外包的程度可以将信息技术外包划分为整体外包和选择性外包；根据客户与外包商建立的外包关系可以将信息技术外包划分为市场关系型外包、中间关系型外包和伙伴关系型外包；根据战略意图可以把信息技术外包划分为信息系统改进、业务提升和商业开发三种类型；按照价值中心的方法可以将信息技术外包划分为成本中心型、服务中心型、投资中心型和利润中心型。

(8) 虚拟财务支持

虚拟财务支持即财务外包，是企业将财务管理过程中的某些事项或流程外包给外部专业机构代为操作和执行的一种财务战略管理模式。财务外包根据其外包形式可分为传统财务外包和现代网络财务外包。

传统财务外包主要是将整个财务管理活动根据企业的需要分解成若干模块，如总账核算、往来账款管理、工资核算、固定资产管理、报表系统、纳税申报等模块，将这些模块中企业不擅长管理或不具有比较优势的部分外包给那些在该方面居于行业领先水准的专业机构处理。如将财务资金管理外包给银行等金融机构管理，将应收账款外包给收账公司管理等。

现代网络财务外包是利用提供财务应用服务的网络公司(如应用服务提供商，ASP)搭建的网络财务应用平台，通过合同或协议的形式，企业将全部或部分财务系统业务外包给服务商，由服务商通过互联网上的专营网站替代企业执行财务操作流程及财务信息的生产职能，而分析、决策的职能仍由本单位高层财务管理人员执行，同时服务商保证财务信息质量并给予必要的咨询和指导的一种财务外包方式[11]。现代网络财务外包是网络技术普及后传统财务外包发展的高级形式，各项外包财务职能通过网络技术平台形成有机的逻辑联系，这种方式还可以实现整体财务职能的外包，而且效率很高。

5.4.3 实施虚拟经营应注意的问题

因为虚拟经营更多的是注重短期利益,是一种有关产品、业务、销售等的定期性联合与合作,必须发展共同的利益并保证合作双方的利益,利益分配是合作的纽带,所以一旦策略目标改变或利益受损,会随即解散虚拟组织,重新组合虚拟企业,这种虚拟经营的特殊性是以高弹性化来适应市场的快速变化而运作的,应加以足够的注意。

(1) 虚拟经营引发企业文化冲突

通常每个企业都有各自的企业文化,它制约和影响着企业员工的行为。在每个企业内部,员工接受其共同的行为准则或行为规范的指导。企业实施虚拟经营后,在引入外部优势资源的同时,不可避免地输入外来文化,由此产生了文化交流。这时,如果企业加强文化管理与整合,增强员工之间的心理磨合,企业间的合作就能顺利进行;如果企业不注重文化整合,相互间缺乏信任,各自为政,摩擦不断,虚拟经营的效果就会大打折扣,甚至导致虚拟经营的失败。

(2) 虚拟经营造成技术和人才流失

企业技术的流失主要是在本企业员工同合作方的员工交往过程中出现的。在本企业以正式或非正式手段从对方获得技术、知识和信息的同时,对方同样也会如此,由此造成本企业的技术流失。同时,虚拟经营也使合作方有机会了解和掌握本企业的各种人才状况,因而在虚拟经营进行中或结束后,对方可能以更加优厚的待遇将本企业的某些人才吸引走,导致本企业生产、经营或技术开发陷入困境。

(3) 虚拟经营隐含企业不合作行为

各企业通常是以其观念、目标、任务以及文化的共同协议为基础参与虚拟经营的。这种共同的协议应得到各企业的认真执行,要求各企业在战略与行动两个层面上都要展开有效的合作。然而,由于参与虚拟经营的企业都是独立的经济实体,都有各自的经济、文化及战略目标,它们优先考虑的问题不同,对执行协议的态度不同,意见难以完全统一。这些不同容易引发企业间的不合作行为,增加虚拟经营失败的风险。

(4) 竞争地位的变化影响各方平等交流

虚拟经营正常进行的一个重要条件,就是参与企业竞争地位各方的相对稳定和平衡。然而,各企业的技术、人才、资金、核心竞争力等因素不是一成不变的,它们会随着虚拟经营的进行不断发生调动和变化,导致一些企业竞争地位上升,而另一些企业竞争地位下降,原有的平衡格局逐渐被打破。那些强大起来的企业往往要求按照实力重新建立一种平衡,而相对衰落的企业则力图维持原有平衡。这种局面必然给企业间的正常交流造成困难，极不利于虚拟经营的顺利开展。

(5) 虚拟经营增加组织管理的难度

参与虚拟经营的众多企业，通过契约形式形成一个松散的网络组织，各个企业仍然保持着相对的独立性，实行行政管理。而在各个企业之间，由于利益的不一致性，不能实行行政管理，必须通过建立另外一套科学的管理系统来维持该组织的正常运转。因此，与单个企业相比，其管理的难度明显增大。如果组织的管理水平没有得到相应提升，虚拟经营也将因管理薄弱而陷入困境。

5.4.4 虚拟经营的风险防范与控制

中小企业虚拟经营的内在优势和面临的风险常常使企业陷入两难境地：企业为了生存和发展的需要进行虚拟经营，而实施虚拟经营又会增加管理的难度，造成企业技术和人才等一定程度的流失。但是，企业不能因为虚拟经营存在风险就轻易放弃这种经营方式，虚拟经营的优越性仍是无可比拟的。关键的问题是，企业要在实施虚拟经营过程中积极采取措施，对潜在的各种风险进行有效防范和控制，以便使企业在达到预期目标的同时尽可能地减少损失。

(1) 对参与虚拟经营有明确认识

企业参与虚拟经营是为了获得某种收益，但也要付出一定成本。其全部得失可以划分为基本得失和额外得失两部分：基本得失是指企业进行虚拟经营预期得到的收益和准备付出的成本；额外得失则是指基本得失以外的附带收益和损失。额外得失具有很大的不确定性。在整个虚拟经营过程中，企业应当主要追求基本收益而不是额外收益，尽可能地避免额外损失。同时，企业还应通过尽力合作获得一些额外收益，包括相互间的协同效应和互补效应，员工之间的思想碰撞、个人领悟等。当然，对于从合作方企业非法获得知识、信息、技术诀窍的行为，必须严格禁止。

(2) 认真筛选适合自己的虚拟伙伴

企业在虚拟经营前，需要详细分析本企业的内外部环境，弄清楚自身的优劣势所在以及外部的资源状况。一般地说，企业往往将其内部的劣势确定为虚拟经营的方向，然后通过借用外力——虚拟伙伴的力量，对劣势加以改善或弥补，以实现企业有价值的虚拟结合。因此，选择适宜的虚拟伙伴至关重要。而正确选择伙伴企业的标准是：伙伴企业要有核心竞争力，其核心竞争力符合本企业的需求，与本企业的核心竞争力具有互补性，并且伙伴企业确实要有进行合作的现实需要和愿望。至于伙伴企业的地理位置远近、资产规模大小等因素，在进行选择时也需认真加以考虑。

(3) 准确选择虚拟经营的领域

企业在进行虚拟经营前，必须根据自身的具体情况，确定哪些环节可以虚拟，哪些环节不可以虚拟，这个问题十分重要。如果企业虚拟经营的是自己的战略环节，那就达不到应有的目的，而且还有可能使企业丧失竞争优势。战略环节是指存在于企业价值链上、构成企业核心竞争力的环节。战略环节既可以是基本环节，也可以是辅助环节。但无论如何，企业都必须把战略环节牢牢控制在企业内部，不能进行虚拟经营，而战略环节之外的其他环节即非战略环节，则可以进行虚拟经营。当然，也并非所有的非战略环节都能够实施虚拟经营，具体虚拟哪一环节，还要视企业的合作对象、战略目标、管理条件、协作成本等情况而定。

(4) 加强技术保护，严防技术流失

参与虚拟经营的企业，往往要与合作方进行一定的技术交流与合作。其间，企业要十分注意加强自身技术保护，严防技术流失。具体措施有：① 切实提高员工技术保护意识；② 完善技术保护制度；③ 禁止相互雇用对方员工。

(5) 重视企业文化建设，创建合作双赢的企业文化

对于实施虚拟经营的企业来说，应十分注意企业自身文化建设。要从企业实际出发，明确企业基本价值取向和行为规范，并在员工中形成共鸣，使员工在任何时候都能保持思想统一、同舟共济、知难而进，具有强大凝聚力和向心力。同时，由于企业文化的兼容性对于虚拟经营的成败有着非常重要的影响，如果参与虚拟经营的各企业存在很大文化差异，互不相融，就会加大管理难度，引发企业文化冲突。因此，在企业文化建设中，还需注意吸取合作方的文化精华，并将其融进企业文化建设的每个细节中，培养合作意识，建立合作双赢的新型企业文化。

(6) 建立民主科学的管理机构，实施柔性管理

参与虚拟经营的众多企业，本着平等互利的原则，共同建立组织管理机构，对虚拟经营过程实施全方位管理。由于虚拟经营环境不断变化，所建立的组织结构应具有弹性和柔和性，以柔为主，刚柔相济，使组织结构达到稳定性与灵活性的高度统一，既能体现大企业规模经济、范围经济的优势，又具有中小企业机制灵活的特点。但这种柔和性组织结构也要注意克服管理中"散"的问题，要通过健全制度，加强管理，形成统一指挥的有机整体。

(7) 建立和完善企业虚拟经营的有效监控机制

参与虚拟经营的众多企业，除了共同签订一个目标明确、界定严格、兼

顾各方利益的协议外，还应建立一个针对虚拟经营运行的有效监控机制，以便使企业能随时了解要素资源的流动是否符合协议要求，各企业发展目标是否与合作目标相一致，整个虚拟经营是否沿着既定路线顺利进行。同时，企业还应根据虚拟经营的不同模式，在研发、设计、生产、销售等方面建立配套评估机制，并进一步制定包括检查、反馈、激励、约束等方面的作用机制，以保证整个虚拟经营稳妥有序地组织实施。

(8) 提高企业的决策能力和协调能力

较高的决策与协调能力是确保虚拟经营高效运作的重要前提。如果企业缺乏对市场信号的快速反应能力和判断决策能力，就很难识别并抓住市场机遇。如果企业缺乏对合作伙伴很强的统摄能力和协调能力，也很难保证所提供产品和服务的高质量以及合作与协调的高水平和高效率。虚拟经营是一种超越产品经营和资本经营的更高层次的经营方式，它对一个企业的综合能力，包括应变能力、创新能力、整合能力以及与合作伙伴的合作能力、协调能力等都提出了更高的要求。不具备这些能力的企业很难实施虚拟经营。中小企业应加大力度增强综合能力，占领竞争制高点，从容应对竞争对手提出的各种挑战。

(9) 不断提升和强化企业核心竞争力

虚拟经营的实质是一组相关的核心竞争力的组合。企业实施虚拟经营，不只是简单地将自身核心竞争力与合作方核心竞争力有机结合起来，更重要的是要在这一过程中，进一步提升和强化自身核心竞争力。虚拟经营是一个动态的过程，各企业的核心竞争力并非一成不变，而是不断变化的，不进则退。如果企业忽视了提升自身核心竞争力，实施虚拟经营就等于是在培养潜在竞争对手，而使自己失去竞争优势，最终受制于人。因此，中小企业必须千方百计地采取措施，提升核心竞争力，强化主导业务，建立持久竞争优势。唯此，企业才能长期立于不败之地。

5.5 创新战略

5.5.1 创新战略的概念

创新战略又称“结构性战略”或“分析性战略”，是企业依据多变的环境，积极主动地在经营战略、工艺、技术、产品、组织等方面不断进行创新，从而在激烈竞争中保持独特优势的战略。该战略包括：

(1) 产品创新

产品创新从社会和技术发展需要出发,以基础研究和应用研究成果为基础,研制出具有新的原理、构思和设计,采用新的材料和元件,具有新的性能特点,具有新的用途或市场需求的新产品,以产品的创新以及产品生命周期的缩短为导向的一种竞争战略。采取这种战略的企业往往强调风险承担和新产品的不断推出,并把缩短产品由设计到投放市场的时间看成是自身的一个重要目标。

(2) 生产技术创新

生产技术创新以产品创新为龙头,积极开发和应用新技术、新工艺、新设备和新材料。产品创新会带动和促进技术、工艺、设备和材料的一系列创新,而生产技术的创新又为更新产品准备了必要的生产技术条件,产品创新和生产技术创新循环往复、互为影响。

(3) 组织与管理创新

组织与管理创新是对组织结构模式和管理方法的创新。

(4) 研究开发创新

研究开发创新通过基础研究、应用研究和开发研究,为技术创新提供保证与前提。主要内容包括经济研究、经营管理研究、市场研究、面向产品的研究、面向生产工艺的研究。

5.5.2 创新战略的分类

根据创新的难度和特点,把创新分为三种类型:领先型创新、跟随型创新和依赖型创新。

(1) 领先型创新

领先型创新是以重大的发明创造成果或全新的经营管理观念为基础的创新。创新的结果通常是建立起一个全新的市场,创造一个全新的需求空间。例如,青霉素的发现和研制成功使全世界开始普遍使用新的抗生素,尼龙的发明则创造了一个全新的合成纤维产业[12]。领先型创新具有与其他类型创新全然不同的特点,它集高利润和高风险于一身,必须运用特殊的战略对策才能使创新成功。

领先型创新有四个显著特征:一是创新背景的综合复杂性,往往需要多种技术的综合才能成功;二是创新过程的长期性,一项新药的研制往往需要几年甚至十几年的时间;三是创新过程中的高淘汰率,只有不到5%的设想能够成为现实;四是创新的市场接受性难以预测,可视电话早已出现,但至今仍没有得到市场的广泛认可。

(2) 跟随型创新

跟随型创新是在别人的创新基础上所进行的创新。实施跟随型创新的企业总是把别人已经研制出来、但没有充分认识其意义的创新项目拿来或买来，在其基础上加以完善、创新，并占领市场。跟随型创新的特点为：

① 跟随型创新的思路与领先者不同。它注重技术，却以市场为导向。创新领导者必须有较强的洞察力。

② 跟随型创新是风险较小的创新。跟随型创新者往往是在别人刚刚完成"发明"时，就进入了角色。这时新市场多半已初见端倪，新的风险投资已被人接受，而且市场需求量也往往比原发明者所能提供的要大，市场分割已经明显，或可以分析出来。这时，可以通过市场分析，了解顾客购买的内容、方式以及接受的价格等。原创新者的许多拿不准的问题都已经明朗了。但问题在于原创新者往往看不清真正的市场潜力和进一步开发的紧迫性，这就给跟随型创新者创造了条件。

③ 跟随型创新适用于一些较为重要、影响面大的产品的加工过程或服务。创新通常以较高的市场占有率为目标。

④ 跟随型创新最适用于高技术领域。而在高技术领域，最初的创新者通常是技术专家，他们往往忽视以市场为中心这一点，而偏重于技术或产品本身，缺乏充分的市场调查和认识，经常不能正确认识创新的实际意义和进一步开发的方向，而跟随型创新者正好利用了最初创新者的这一弱点。

(3) 依赖型创新

依赖型创新是在大市场中占领某个较小生存空间的创新。与领先型创新不同，实施依赖型创新的企业并不谋求产业领导地位，它们默默无闻，不图扬名，但却有别人所不能取代或竞争的地位。

① 依赖型创新成功的必备条件

首先，创新对象必须是某个过程或系统中不可缺少的产品，如果不使用它就要付出极高的代价，使整个系统或过程归于失败。

其次，创新产品的市场必须是有限的，它能使捷足先登者全部占领，而且小得不足以吸引其他人来竞争。如许多小零部件的创新都具有这方面的特点。

② 依赖型创新的优缺点

依赖型创新既有其长处，也有一些致命的弱点，创新者对两方面都必须有清醒的认识。

依赖型创新的优点是可以避免竞争和挑战，默默地获取可观的收益。而且，只要它所赖以生存的系统没有解体，它就永远能使企业赢利，事实上这类创新的有效期通常都很长。

依赖型创新的缺点是：

第一，依赖型创新占据了某市场后，就进入一种“相对静止”的状态，很难再有大的发展。企业无法扩大生产，因为无论该产品多么物美价廉，它只是某个系统或过程的附属物。“相对静止”状态容易使企业家视野狭小，而对新的创新机会麻木不仁。

第二，依赖型创新产品的兴衰完全依赖于它所从事的产品系统。

③ 依赖型创新成功的关键

与领先型创新一样，依赖型创新也需要对创新机会进行系统和全面的分析。在创新成功后，要注意在适当的时间降低价格，不可滥用垄断权，以免用户转而寻找其他供应厂家，或转向效果差些但可以控制住的代用品。除此之外，依赖型创新成功的关键在于下面三个环节：

首先，为了独占市场，依赖型创新必须在一个新产业、新习惯、新市场或新潮流刚露出苗头时就动手，“时机”在此扮演着重要角色。

其次，依赖型创新也需要有一些与众不同的独到之处。阿尔肯实验室生产的酶在20世纪就被人研制出来了，但由于它很容易变质，即使在冷藏条件下也只能保存几个小时。阿尔肯的独到之处在于运用一种防腐剂，能够保证酶的活力免受破坏。

最后，依赖型创新在成功之后，也要不断改进自身的技术或服务，以保持领先地位，使自己永远与众不同。

5.6 案例讨论：海尔、TCL、格兰仕，不同的国际化道路

在中国的企业当中，毫无疑问，海尔、TCL、格兰仕已经成为中国企业国际化的三面旗帜。而三家企业在国际化过程中选择了不同的模式，代表了典型的中国企业国际化方式。

(1) 海尔的国际化道路：“先难后易”

海尔集团创立于1984年，经过20多年持续稳定的发展，已成为在海内外享有较高美誉的大型国际化企业集团。产品从1984年的单一冰箱发展到拥有白色家电、黑色家电、米色家电在内的96个大门类、15100多个规格的产品群，并出口到世界100多个国家和地区。2004年，海尔蝉联中国最有价值品牌第1名，品牌价值高达616亿元。2004年1月31日，世界五大品牌价值评估机构之一的世界品牌实验室编制的《世界最具影响力的100个品牌》报告揭晓，海尔是中国唯一的入选者，排名第95位，实现了中国品牌零的突破，2005年上升至第89位。2006年海尔实现全球营业额

139 亿美元，其中海外营业额 33 亿美元，占全球营业额的 23.7%(超过全球通行的对全球化公司进行评价的标准之一，即海外收入占总收入 20%以上)。2005 年，海尔成为 2008 年北京奥运会唯一白色家电赞助商；2006 年，海尔成为 NBA 战略合作者。通过一系列的国际赞助，海尔品牌在国际上得到进一步提升，其品牌的国际化又迈出了重要一步。

海尔是国内最早开始实施国际化的企业之一，通过采取“先难后易”的策略，实施市场国际化，成就国际化的海尔，创出中国的世界品牌。1990 年，在国内市场取得稳固地位之后，海尔提出了“3 个 1/3”的国际化发展战略，即“国内生产国内销售占 1/3，国内生产海外销售占 1/3，海外生产海外销售占 1/3”。海尔创造了本土化的国际化战略，该战略分为认知阶段、扎根阶段和名牌阶段三个阶段。① 本土化认知阶段。按照“创牌”而不是“创汇”的方针，出口产品开拓海外市场，打“知名度”。② 本土化扎根阶段。按照“先有市场后有工厂”的原则，当销售量达到建厂盈亏平衡点时，开办海外工厂，打“信誉度”。③本土化名牌阶段，实行设计、制造、营销“三位一体”的本土化发展战略，打“美誉度”，通过“三位一体”来实现“三融一创”，即融资、融智、融文化，创出本土化名牌的目标，加快海尔品牌的渗透过程，提高其产品竞争力。2006 年 11 月，巴基斯坦海尔-鲁巴经济区的挂牌成立是海尔国际化深入的又一标志。

(2) TCL 的国际化道路：“先易后难”

TCL 集团股份有限公司是目前国内最大的消费类电子集团之一，旗下拥有 3 家上市公司，分别是 TCL 集团、TCL 多媒体科技、TCL 通讯科技。总部位于中国南部惠州市的 TCL 集团，从 20 世纪 90 年代以来，连续多年保持高速增长，2005 年全球营业收入达 516 亿元人民币，6.3 万多名雇员遍布全球 145 个国家和地区。

在其国际化过程中，TCL 采用的是“先易后难”模式，属“农村包围城市”战略，体现了 TCL 稳扎稳进的务实哲学观点，成就了 TCL 成为中国家电行业中国际化最显著的企业。TCL 的“先易后难”战略，先从与中国文化背景相同或相近的东南亚国家入手，从本土产品占有相对优势的越南、菲律宾等国市场开始，占领市场，树立品牌，培育品牌知名度和品牌形象，积累丰富的国际化经验，储备足够的国际化人才，熟悉国际化规则，积蓄实力，然后再分步骤有计划地向发达国家市场扩张，在有充分准备的条件下开拓发达国家市场，规避企业风险。

TCL 投资 30 万美元在越南建立的 TCL 越南分公司已开始产生积极效益，TCL 彩电在越南的市场占有率已处于市场第 2 位，仅次于 SONY。TCL 在菲律宾的市场也成长很快。2003 年 5 月，TCL 收购了美国 Govedio公司，通过Govedio品牌尝试进入美国市场。在欧洲，TCL于2002年收购德国彩电企业施耐德电器公司，2003年末收购法国汤姆森彩电业务，合资并控股成立全球最大的彩电企业TTE，2004年4月又并购了阿尔卡特手机业务，合资控股成立手机企业T&A。由此，TCL的欧洲市场扩张已初现端倪，直接用欧洲的资源提升其产业水平，提高产品质量与层次，提升企业形象，减少了直接投资建设新厂和出口产品带给企业的经营风险。

(3) 格兰仕的国际化道路：贴牌战略(OEM)

格兰仕由一家从事纺织、印染、服装和羽绒制品的民营企业转产而来，其定位于"百年企业，世界品牌"的世界级企业，在广东顺德、中山拥有国际领先的微波炉、空调及小家电研究和制造中心，在中国拥有13家子公司，在全国各地共设立了60多家销售分公司和营销中心，在中国香港、北美等地都设有分支机构。通过与世界100多个国家和地区的广泛经贸交流，2006年格兰仕集团的总产值约为180亿元，进出口额约为10亿美元。

在国际化过程中，格兰仕采取了一个几乎与海尔、TCL完全相反的战略——贴牌战略(OEM)，即为了占领外国市场不惜将自己的产品贴上外国企业的牌子。格兰仕是比较优势和国际分工理论的虔诚实践者，一开始就把战略目标定位在"对跨国公司而言属于低附加值的长线型成熟性产业，快速做大、做强，成为最强的专业化家电产品供应商和服务商"。截至2006年底，格兰仕微波炉年产销量近1500万台，内外销比例由2005年的1∶1发展至3∶7，全球市场占有率突破40%。2001年以来，随着微波炉产业的稳步升级，以首创不锈钢豪华空调为先锋，格兰仕在第一个空调冷冻年度(2001年)就跻身强势竞争品牌行列；2002年更在全行业遭受重大滑坡的大环境下，年销售100万台，内外销比例为3∶2，出口创汇名列中国空调业前茅；2003年潜心做大、做强"世界柜机工厂"，格兰仕晋升"中国空调出口四强"之一，全年销售逾150万台空调，出口突破80万台；2006年其空调销售规模为250万台，其中出口150万台。格兰仕计划用5年左右的时间将空调年产销规模扩展到1200万台，创建微波炉之后的第二个"世界第一"。

(资料来源：杜尚义."海尔"、"TCL"、"格兰仕"国际化模式比较分析.经济与管理，2008(07)：53-59.编者有删节。)

思考并分析：

(1) 比较三家企业国际化道路的异同之处。

(2) 结合事实点评三家企业国际化道路选择中的成功与失败之处。

(3) 在当今的家电行业条件下，哪一种国际化模式更适用于大型企业，为什么？

战略管理前沿——价值创新理论:高增长的战略逻辑

为什么有的公司能够实现持续的高增长,而有的公司则不能?为了回答这个问题,Insead商学院的W.钱·金和勒妮·莫博涅两位教授用了5年的时间,对世界各地的30多家公司进行了研究。他们发现,业绩较为逊色的公司在战略思维上往往被一种思想所支配,这种思想就是在竞争中保持领先地位。而与此形成鲜明对比的是,高增长的公司对于赶超或打败对手并不感兴趣。相反,它们通过利用被作者称为"价值创新"的一种战略逻辑,让竞争对手变得无关紧要。

传统战略逻辑和价值创新逻辑在战略的基本层面上有所不同。许多公司认为自己所处行业的条件是既定的,并据此制定相应的战略,而价值创新者寻求价值上的重大飞跃。许多组织的战略思维被竞争对手牵着鼻子走,而价值创新者则不把竞争对手当做比较基准。价值创新者不关注客户之间的差别,而是从客户所看重的一些东西中寻找共同点。许多公司根据自己的现有资产和能力去看待商机,它们会问自己:"以我们现在的条件,我们所能做的最好的事情是什么?"与此相反,价值创新者会这样问自己:"如果我们一切重新开始,情况会怎样?"传统的竞争发生在明确的界限之内,但价值创新者常常跨越这些界限。

在许多行业,价值创新者在多年内都不会遇到真正的挑战,但在另一些行业,竞争对手很快就会冒出来。最终,价值创新者的增长和利润必定会受到冲击。价值创新者要避免落入传统战略逻辑的陷阱,即不要卷入以击败对手为目的的一场竞争,而是应该不断地进行价值创新。

在研究的公司中,那些在反复进行价值创新方面最为成功的公司都是充分利用了价值创新赖以产生的3个平台,即产品、服务和交货。一些试图进行价值创新的管理者们往往只注重产品平台,而忽略其他两个平台。久而久之,这种方法不太可能为反复进行价值创新创造很多机会。随着客户和技术发生变化,每一个平台都可能展现新的潜力。正如好农夫在种庄稼时总是采取轮种的方法,优秀的价值创新者也会轮流选取他们的价值平台。

因此,尽管价值创新者最初并未致力于打造竞争优势,但最终往往能赢得最大的竞争优势。

(资料来源:W CHAN KIM RENEE MANBORGNE. Value innovation:The strategic logic of high growth. Hanand Business Review,2005(4).编者有删节。)

本章小结

公司层战略是企业战略中最高层次的战略，它要解决的问题是确定经营范围和公司资源在不同经营单位之间的分配事项，它决定着企业总的发展方向、较长时期内的奋斗目标、资源的配置以及经营业务间的支持和协调。

一般来说，公司战略可以归纳为发展型战略、稳定型战略、紧缩型战略和复合型战略四种基本类型。其中发展型战略是企业在现有的战略基础上向更高一级目标发展的战略，是应用最多的战略。企业在选择发展战略时，必须考虑战略维度与战略方式的选择。在战略维度选择上，企业可以考虑产业维度和空间维度这两个主要维度，分别形成专业化、多元化和国际化等发展战略。

多元化发展战略是指一个企业同时涉足两个或两个以上相关或不相关的产业领域，向市场提供多种基本经济用途的产品，以避免在单一领域经营的风险，使其能长期稳定地获取和追求最大经济效益的战略选择。根据将要进入的业务的价值链与当前业务的价值链之间的联系情况，可将多元化战略分为相关多元化和非相关多元化两种形式。

当企业在原有业务基础上，沿着其产品(业务)生产经营链的纵向扩大其生产经营的深度，或沿水平方向扩大其生产经营的广度，以谋求发展壮大时就是一体化发展战略。根据产业链延伸方向分类，一体化战略主要有纵向一体化、横向一体化和混合一体化三种类型。

企业的国际化战略是公司在国际化经营过程中的发展规划，是跨国公司为了把企业的成长纳入有序轨道，不断增强企业的竞争实力和环境适应性而制定的一系列决策的总称。企业的国际化战略可以分为本国中心战略、多国中心战略和全球中心战略三种。

企业的虚拟经营是指企业在组织上突破有形的界限，不必设置设计、生产、财务、营销等功能的组织实体，而又能照样完成各种功能的一种经营方式。也就是说，企业仅以优势的、有限的、关键的资源，将其他功能虚拟化。

创新战略又称“结构性战略”或“分析性战略”，是企业依据多变的环境，积极主动地在经营战略、工艺、技术、产品、组织等方面不断创新，从而在激烈竞争中保持独特优势的战略。

本章英文词汇

多元化战略　Diversification Strategy

一体化战略　Integration Strategy

国际化战略　Internationalization Strategy

虚拟经营战略　Virtual Operation Strategy

创新战略　Innovation Strategy

本章思考题

5-1　从企业发展的角度看，为什么大多数企业都倾向于采取发展型战略？

5-2　分析我国部分国有企业实施多元化战略失败的原因，如有可能请举例说明。

5-3　在当今国际国内背景下，企业国际化途径的选择有什么新的重点与特色？试举例讨论。

参考文献

[1]　高红岩. 战略管理学. 北京：清华大学出版社，北京交通大学出版社，2007：128.

[2]　林广瑞，李沛强. 企业战略管理. 杭州：浙江大学出版社. 2007：89.

[3]　龚荒. 企业战略管理. 徐州：中国矿业大学出版社. 2006：108.

[4]　高红岩. 战略管理学. 北京：清华大学出版社，北京交通大学出版社，2007：138.

[5]　林广瑞，李沛强. 企业战略管理. 杭州：浙江大学出版社，2007：92.

[6]　高红岩. 战略管理学. 北京：清华大学出版社，北京交通大学出版社，2007：131.

[7]　林广瑞，李沛强. 企业战略管理. 杭州：浙江大学出版社. 2007：83.

[8]　刘英骥. 企业战略管理教程. 北京：经济管理出版社，2005：56.

[9]　林广瑞，李沛强. 企业战略管理. 杭州：浙江大学出版社. 2007：84.

[10]　龚荒. 企业战略管理. 徐州：中国矿业大学出版社. 2006：105.

[11]　百度百科. http://baike.baidu.com.

[12]　百度百科. http://baike.baidu.com.

6 业务层战略选择

企业家谈战略——张瑞敏谈战略创新

海尔已进入全球化品牌战略阶段，这就需要进行发展模式创新、管理模式创新和企业文化创新。

第一，从作坊式管理转变到以信息化经营的发展模式。海尔最初的成功，从内部管理的角度来讲，主要还是因为企业比较小。当时的海尔只有六百多人，现在约有五万人；当时一年生产几千台产品，现在一年要生产几千万台产品。所以海尔当时是从抓质量开始起家，很多媒体都宣传过当时海尔的砸冰箱事件。然而现在如果出现质量问题，就不是只有几十台产品有问题，而是几千台产品有问题，所以再采取这些方法是绝对不可能的。这些曾经有效的方法，甚至是成功的方法，在今天来看，都必须抛弃了，而应采取新的策略。因此，从根本上来讲，就是要以信息化来发展。

第二，管理模式创新。我们提出的是人单合一的战略，使每一个人都有一个市场，有一个市场你就要做出一个订单，个人和市场之间应该是直接联系在一起，个人从市场直接获取订单，工厂根据他的订单进行制造，我们根据订单发货。所以我们把这个战略叫做人单合一，直销直发，正现金流。

第三，关于文化的总结。要从国内单一性的企业文化转化为能融合多元性的企业文化发展模式，这个我觉得是最难的。前些日子关于海尔收购美国企业的问题，炒得很厉害，我觉得并购倒是企业在国际化发展过程当中很重要的一项内容，但是前提是你的企业文化怎么样。如果你有非常强势的企业文化，这就可以；如果你的企业文化非常弱势，这个并购可能成功的几率就很小。日本和韩国的企业在这方面有很多失败的案例，所以我们更多地希望达到一种能融合多种文化的企业文化。

在当今竞争激烈的市场环境中，战略优势愈来愈重要，没有战略优势的企业，将面临被市场竞争淘汰的风险[1]。因此，企业只有创建以优势资源为核心的战略优势，才能超越竞争对手而长盛不衰。

企业战略是一个战略体系，在这个战略体系中，有竞争战略、发展战略、技术开发战略、市场营销战略、信息化战略、人才战略等。竞争战略只是企业战略的一部分。竞争战略是企业总体经营战略的重要组成部分，而战略优势又是竞争战略的核心。竞争战略是在企业总体经营战略的导向下，为创建相对于竞争对手的战略优势而开展活动的规律体系。根据美国哈佛商学院著名的战略管理学家迈克尔·波特的竞争战略理论，企业可选择以下三种互相有内在联系的一般竞争战略，即成本领先战略、差异化战略和集中性战略。要么把成本控制到比竞争者更低的程度；要么在企业产品和服务中形成与众不同的特色，让顾客感觉到你提供了比其他竞争者更多的价值；要么企业致力于服务某一特定的市场细分、产品种类或地理范围[2]。这三种战略在架构上差异很大，成功地实施它们需要不同的资源和技能。由于企业文化混乱、组织安排缺失、激励机制冲突，夹在中间的企业可能因此而遭受更大的损失[3]。一般而言，企业应该根据自身的优势以及所处的市场范围而确定所要实施的战略类型（如图 6-1 所示）。

市场范围 \ 竞争优势所在	低成本	差异化
全面市场	成本领先战略	差异化战略
细分市场	成本聚焦战略	差异化聚焦战略

图 6-1　竞争战略框架

6.1　成本领先战略

成本领先战略（Overall Cost Leadership）是指通过有效途径使企业的全部成本低于竞争对手的成本，以获得同行业平均水平以上的利润[4]。成本领先要求建立起高效、大规模的生产设施，在经验的基础上全力以赴降低成本，对成本与管理费用严格控制，以及最大限度地减少研究开发、服务、推销、广告等方面的成本费用。为了达到这些目标，要求在管理方面对成本给予高度的重视。尽管质量、服务以及其他方面也不容忽视，但贯穿于整个战略的重点是使成本低于竞争对手，从而在市场上占据有利地位。企业成本较低意味着当其他企业在竞争过程中已失去利润时，它依然可以获利。在这种战略的指导下，企业决定成为所在产业中实行低成本生产的厂家。值得注意的是，成本优势是指在同等品质下相对于竞争对手的成本优势，而不是以牺牲品质服务为代价的绝对的低成本。

如果一个企业能够取得并保持全面的成本领先地位，那么它只要能使价格相等或接近于该产业的平均价格水平就可以成为所在产业中获利高于平均水平的超群之辈[5]。当成本领先企业的价格相当于或低于其竞争对手时，它的低成本地位就会转化为高收益。然而，一个在成本上占据领先地位的企业不能忽视使其产品具有别具一格的特性，一旦其产品在客户眼里不被看做是与其他竞争对手的产品不相上下或可被接受时，它就要被迫降低价格，从而使价格大大低于竞争对手以增加销售额，这就可能抵消它有利的成本地位所带来的好处。

尽管一个成本领先的企业是依赖其成本上的领先地位来取得竞争优势的，但是它要成为经济效益高于平均水平的超群者，则必须与其竞争对手相比，在产品独具特色的基础上取得价值相等或价值近似的有利地位。在产品独具特色基础上的价值相等使成本领先的企业得以将其成本优势直接转化为高于竞争对手的利润；在产品独具特色基础上的价值近似意味着为取得令人满意的市场占有率所必需的降价幅度还不至于冲销成本领先企业的成本优势。在这种情况下，成本领先企业可以赚取高于平均水平的收益。

成本领先战略的成功取决于企业日复一日地实际实施该战略的技能[6]。成本既不会自动下降，也不会偶然下降。成本的下降是艰苦工作和持之以恒地重视成本工作的结果。企业降低成本的能力有所不同，甚至当它们具有相似的规模、产量或被相似的政策指导时也是如此。

6.1.1 成本领先战略的类型

根据企业获取成本优势的方法不同，成本领先战略可以概括为如下几种主要类型[6]：

(1) 简化产品型成本领先战略

使产品简单化，即将在产品或服务中添加的花样全部取消，这是取得成本优势的最直接方式。

(2) 产业生产创新及自动化型成本领先战略

产业结构、产业组织的变革以及产业升级、产业转型等生产创新为企业带来新的利润源泉，生产自动化可以提升生产效率。因此，它们可以作为降低成本的重要基础。

(3) 改进设计型成本领先战略

通过改进产品的设计或构成成本获取优势。根据成本动因理论，产品设计是企业最重要的成本动因之一。产品设计阶段，必须认真考虑产品设计方案对成本的影响，要求成本会计人员不能只管事后算账，而要关心产品设计方案，主动对产品设计部门提出要求，要求设计出来的产品既符合技术要求，又符合经济要求。

(4) 材料节约型成本领先战略

通过控制原材料来源，实行经济批量采购与保管，或者在设计和生产过程中注意节约原材料，以此来降低产品成本，获取成本优势。

(5) 人工费用降低型成本领先战略

通过降低劳动力成本，从而使成本低于竞争对手。但在许多情况下，仅仅具有劳动力成本低的优势并不一定会带来总成本低的优势。因为总成本是由众多成本构成的，劳动力成本只是其中的一项；并且构成总成本的不同成本之间是相互联系的，存在着效益背反的现象，即一项成本降低的同时会导致另一项成本的上升。通常，劳动力成本的降低会增加其他生产或销售成本。这样一来，降低劳动力成本是否会使总成本降低就取决于劳动力成本下降幅度与其所引起的其他生产或销售成本上升幅度的大小比较。

6.1.2 成本领先战略的适用条件

(1) 现有竞争企业之间的价格竞争非常激烈

激烈的价格大战使企业的利润水平日益降低，实施成本领先战略可以帮助企业获取一定量的利润，从而赢得生存和发展的机会。

(2) 企业所处产业的产品基本上是标准化或者同质化的

标准化的产品有利于实现规模经济，从而降低生产成本[7]。规模经济可以降低成本主要是指规模越大，每件产品承担的固定成本摊销就越少。如果只有可变成本或可变成本随规模越大而越高，那么规模扩大对成本的降低就不会产生正面影响。

(3) 消费者的转换成本很低

转换成本低意味着消费者转换卖主需付出的成本很少[8]。只要企业提供的产品价格比竞争对手低，并且拥有可以接受的质量，那么消费者就可以很轻易离开竞争对手，为自己的企业带来利润。

(4) 消费者具有较强的降价谈判能力

当消费者具有较强的降价谈判能力时，采用成本领先战略的企业可以从众多竞争对手之中脱颖而出，以较低的成本承受消费者开出的低价格，因此可以较好地满足消费者的需求。

(5) 消费者对价格敏感

对价格敏感的消费者通常会选择价格较低的产品或者服务，此时实施成本领先战略的企业就可以吸引这一部分消费者。

6.1.3 成本领先战略的优势

建立低成本的优势，进而能在竞争中应对来自外界的压力，对于提高企业的竞争地位具有重要的作用。成本领先战略为企业带来的益处可以根据“五力模型”来逐一分析[9]。

(1) 现有竞争者之间的竞争

成本领先地位可以减轻来自对手的竞争压力。由于对手知道自己无法与成本领先企业比拼价格，所以它们可能会选择不打价格战，而是选择其他竞争手段，如差异化，这样企业就可以避开结果最为惨烈的价格战。

成本领先企业在定价策略上具有更大的选择权。第一，将价格定得与竞争对手相同。这样虽然会牺牲销售量和市场份额，但是可以得到更高的毛利，并且隐瞒企业具有成本优势的信息，进而减少模仿者。第二，将价格定得低于竞争对手。这样可以吸引大量对价格敏感的顾客，从对手那里抢得市场份额，同时，依靠低成本和高销量仍可以赢利。但这样降低毛利，会泄露成本可以作为竞争武器的信息，进而引发对手的模仿。

究竟采用哪一种方式取决于企业对市场情况、自身成本优势可模仿型和对手反应能力的判断。

(2) 潜在进入者的威胁

通过不断地降低成本，成本领先企业积累了丰富的高效运作经验(进入壁垒)。成本领先战略有助于通过建立基于成本的进入壁垒而减少潜在进入者。任何新的进入者要赶上成本领先企业的成本水平，必须进行大量的投资并且花费很长时间。新进入者通常采用其他战略进入，如差异化战略或合作战略，而不是试图在成本和价格上进行竞争。

成本领先企业将价格定得过低，导致利薄如纸，会大大降低对潜在进入者的吸引。由于格兰仕的成本地位和定价策略，微波炉行业的进入者远远少于其他家电行业[10]。

(3) 替代品的威胁

相对于竞争对手,成本领先企业在应对替代品威胁方面具有更大的灵活性。为了争取顾客,成本领先者可以有更大的空间降低价格。足够低的价格可能会保持现有产品对于替代品的吸引力。在低价格下,成本领先企业仍能生存并赢利。

(4) 供应商的讨价还价能力

成本领先企业往往大量生产、大量采购,供应商的讨价还价能力就相对较弱,因此常常能够压低供应品的采购价格。即使供应商涨价,成本领先企业也比其他企业具有更大的空间去消耗高的供应成本而仍然赢利。特别是当成本领先企业的成本优势主要来源于内部效率提高的时候。如果成本优势主要依靠从供应商那里低价买得原材料和零部件,那么成本领先企业就容易受到供应商所采取行动的伤害。

(5) 购买者的讨价还价能力

强有力的购买者可能会索要低价或要求更高的质量而对企业形成威胁。但是,在价格被压低后,成本领先企业虽然收入减少但仍能赢利;这些企业还能消化由于质量提高所带来的高成本。然而,购买者如果仅能从少数企业那里购买产品,他们压价提质的要求往往不能如愿。即使少数异常强大的购买者能够做到这一点,他们往往也不会这么做,因为在极低的价格下,其他企业可能纷纷倒闭而只剩下成本领先者,成本领先者的地位会变得更强,对购买者反而不利。

6.1.4 成本领先战略的组织保障

成本领先优势的充分实现需要恰当的组织保障,包括组织结构、管理控制体系及报酬政策三个方面[11]。典型的成本领先企业的主要组织特征见表 6-1。

表 6-1 成本领先企业的组织特征

组织保障	组 织 特 征
组织结构	很少的报告层次; 简单的报告关系; 少量的公司职能部门人员; 专注于狭窄的业务职能
管理控制体系	严格的成本控制体系; 量化的成本目标; 对人工、原材料、存货及其他成本的严密监督
报酬政策	奖励降低成本; 激励员工参与降低成本

(1) 组织结构

组织结构主要涉及部门设置、职能划分、人员设置、指挥报告关系等。

实施成本领先战略的组织结构简单而精练，呈扁平化特征[12]。这样可以减少管理层次，精简管理人员，提高效率，降低管理成本。这种结构有效是因为成本领先战略的企业业务比较单纯，无须采用复杂的组织结构。

(2) 管理控制体系

管理控制体系是对运作过程所采取的一系列管理、控制、协调措施。

成本领先企业强调正式、严格、最优化的成本控制。企业的经营目标以降低成本为中心，并贯彻为企业上下的共同理念和追求。

(3) 报酬政策

报酬政策设计的指导思想是将员工的努力导向企业的根本宗旨，对于成本领先企业而言，就是要鼓励员工降低成本。

6.1.5 实现成本领先的措施

如果企业基本了解了与竞争对手之间存在的成本差异，要想获得成本优势通常有两种主要方法：一种是在企业价值创造的每一个环节上实行有力的成本控制手段；另一种是重新构建新的成本更低的价值链，即可以用新的效力更高的方式来设计、制造、分销其产品。不管采用哪种方法实现成本领先战略，都离不开下面几点措施[13]：

(1) 实现规模经济

根据西方经济学原理，在达到一定规模之前，产量越大，单位平均成本越低。因而，实现成本领先，通常应选择那些同质化程度高、技术成熟、标准化的产品规模化生产。我国一些行业内的企业远未达到盈亏临界点规模，其真正的成本优势也就无法形成。

在我国市场上，乡镇企业在某些行业借助成本优势与国有大中型企业竞争，但那种优势并不是真正意义上的战略性的成本优势。有些企业是靠简陋的厂房、简单的设备和不太可靠的产品等投机获得成本优势；有些是因为大企业自身经营管理不善侥幸获得成本优势。因而，这种基础不牢靠的优势是不稳定、不长久的。我国汽车行业在差异化（如产品差异、品牌差异、营销手段差异等）方面比不过欧美，在成本上则比不过日本、韩国。后者与规模有很大关系。例如，一汽与丰田同为 15 万职工，一汽的年产量是 40 万辆，而丰田的年产量则高达 500 万辆，两家汽车生产企业在规模上的差距决定了成本的差距。

(2) 做好供应商营销

所谓供应商营销,也就是与上游供应商,如原材料、能源、零配件协作厂家,建立起长期稳定的亲密合作关系,以便获得廉价、稳定的上游资源,并能影响和控制供应商,对竞争者建立起资源性壁垒。过去,很多企业"大而全,小而全",强调自我配套;今天,则强调专业化分工,最终产品制造商依据比较经济原则组织外部配合体系,比如跨国公司都已建立起全球采购体系。

我国最终产品制造商和上游供应商的谈判地位在不同时期有所不同。在短缺经济时代,上游供应商往往处于有利地位,其"讨价能力"较高;在今天的过剩经济时代,除了核心产品供应商外,最终产品制造商对一般性上游资源供应商占据有利的谈判地位,不少上游企业长期被打压、挟持[14]。但是,近来的迹象显示,上游供应商正在联合起来实施"反挟持",如彩管企业限产保价举动。面对新形势,最终产品制造商对供应商就更应该讲究营销策略,在获取供应成本优势的同时还应该着眼于互动、互利、平等的长期战略伙伴关系的建立。因而,供应商营销显得日益重要。要获得廉价的上游资源,规模生产带来的规模采购无疑会削弱供应商的讨价还价能力。

要做好供应商营销,企业还需要积极适应"全球化"潮流,在全球范围内比较和挑选供应商也会带来供货经济性,B to B 电子商务的发展为全球采购打下了基础。建立有产权和资本联系的垂直供应渠道只能加强对供应商的实际控制;而建立采购比价系统,增大采购透明度,以及库存及采购的计算机模型化管理则可从内部管理环节降低采购成本[15]。

(3) 塑造企业成本文化

一般来说,追求成本领先的企业应着力塑造一种注重细节、精打细算、讲究节俭、严格管理、以成本为中心的企业文化。不但要抓外部成本,也要抓内部成本;不但要把握好战略性成本,也要控制好作业成本;不但要注重短期成本,更要注重长期成本;不但要讲企业成本,更不能忽视顾客成本。要使"降低成本"成为企业文化的核心,一切行动和措施都应体现这个核心,一切矛盾和冲突的解决都应服从于这个核心。"邯钢模式"或称"邯钢经验"一段时间曾广为推行,很重要的一点是它形成了一种文化,这种文化润物细无声,得到了员工的高度认同。从国际竞争的角度看,我国相当多的企业在相当长一段时间内还只能在成本领域寻求优势,因此,培植企业成本文化尤其重要。

(4) 生产技术创新

"创新"是一条永远不变的市场竞争法则,降低成本最有效的办法是生产技术创新。一场技术革新和革命会大幅度降低成本,生产组织效率的提高也会带来成本的降低。如福特汽车公司通过传送带实现了流水生产方式而大幅度降低了汽车生产成本，进而实现了让汽车进入千家万户的梦想。

(5) 打好“价格战”

一提起价格战，不少人就感到恐慌，似乎价格战是什么不祥之物。其实究其本质，价格战不外是成本领先战略的外在表现而已。发动价格战的一定是具有成本领先优势的企业，在它还未形成“垄断”、占领绝对优势之前，绝不会满足于把自己的“成本领先”优势束之高阁。当把价格定在与竞争对手同样的水平时，成本较低的企业可以获得较高的利润率，但是，那并不代表它可以获得绝对较高的利润量，因为它的市场份额不一定比对手大，还可能不如对手。要真正超过竞争对手，除了在差异化等方面努力外，“价格战”的确是一把开拓市场的利器。

值得强调的一点是，我国企业以往依靠廉价的劳动力、土地资源建立起来的成本优势是不能持久的。从世界范围来看，当初日本企业与欧美企业竞争靠的是劳动力、成本低廉，但这一竞争优势很快为东南亚“四小龙”所取代，“四小龙”在劳动密集型产品上的成本优势继而又被中国内地所取代，因为后者较前者劳动力和土地成本更低[16]。鉴于此，只有建立在规模经济、供应商营销、管理与文化、生产技术创新等基础上的成本领先才是企业可持久的竞争优势。

6.1.6 成本领先战略的风险

成本领先战略作为基本竞争战略之一，可以为企业带来巨大的竞争优势，但是，任何竞争战略都不是没有风险的，成本领先战略的主要风险包括：

(1) 过分强调成本削减而忽视消费者需求

出于效率和成本的考虑，成本领先企业往往只针对量大面广的共同需求，进行大批量、少品种的生产。成本领先企业战略具有重视共性而忽视个性化需求的倾向。

如果共性化的需求是稳定的，在相当长的一段时期内不会出现大的下滑；或者个性化的需求数量非常小，没有形成一种大趋势，以成本领先作为基本战略就没有什么风险。但是如果过分专注于成本降低，固守传统的成功做法，就容易忽视顾客需求的改变和差异化等其他竞争领域，可能产生严重问题。

(2) 投入巨资使转换成本过高

为取得成本领先地位，需要进行大量投资。为产生规模经济，生产设施必须建造得足够大；为提高效率，有必要采用最新的技术，购买最新的设备。但这并不能保证企业一直拥有成本优势。竞争对手可能采用新技术、新设备，使现有企业的技术和设备变得过时。值得注意的是，成本领先企业已投入的巨资使他们转向新技术的转换成本过高，可能不得不陷在目前的技术中。

(3) 可能出现模仿者

如果一个企业依靠成本领先战略取得了成功，其他企业很有可能对此进行模仿。成本领先企业竞争优势的持续性取决于其成本优势的持久性，而成本优势的持久性又取决于获取成本优势的途径和方式的可模仿性。

不同的成本优势来源的模仿难易程度和模仿成本是不同的(见表6-2)。

表6-2 成本优势来源的可模仿性

可模仿性	成本优势来源
易于模仿	规模经济/规模不经济； 产能利用率
较难模仿	学习曲线经济； 技术优势； 自主政策选择
难以模仿	投入价格； 地理位置； 密度经济； 时机因素； 政府政策； 与交易组织有关的成本优势来源

6.2 差异化战略

所谓差异化战略又称别具一格战略(Differentiation Strategy)，是指为使企业产品与竞争对手产品有明显的区别，形成与众不同的特点而采取的一种战略[17]。这种战略的核心是取得某种对顾客有价值的独特性。实现差异化战略可以有许多方式：设计或品牌形象、技术特点、外观特点、客户服务、经销网络及其他方面的独特性[18]。最理想的情况是公司使自己在这几个方面都实现差异化。例如，华菱重卡公司不仅以其密集的经销网络和细致入微的服务著称，而且以其性能可靠的产品享有盛誉，它所具有的这些特性对于大型设备至关重要，因为大型设备使用时发生故障的代价是昂贵的。应当强调：差异化战略并不意味着公司可以忽略成本，但此时成本不是公司的首要战略目标。

波特教授认为，实现产品差异化有时会与争取占领更大的市场份额相矛盾。它往往要求公司对于这一战略的排他性有思想准备，即这一战略与提高市场份额两者不可兼顾。较为普遍的情况是：如果建立差异化的活动总是成本高昂，如广泛的研究、产品设计、高质量的材料或周密的顾客服务等，那么实现产品差异化将意味着以成本地位为代价。然而，即便全产业范围内的顾客都了解公司的独特优点，也并不是所有顾客都愿意或有能力支付公司所要求的较高价格。

6.2.1 差异化战略的类型

顾客通过购买产品或服务获得效用，顾客、产品、价格等都是会存在差异的。在社会经济文化发展过程中，不同的顾客在不同阶段具有不同的需求、偏好和财务状况等条件，不同的顾客对产品和服务的认知及其满意期望值也会各不相同。即使是同一顾客，在不同的时间、地点、环境对产品和服务的要求也可能不一样。差异化顾客的存在，就成为企业差异化战略选择的依据。因此，企业实施差异化战略有以下几种类型[19]：

(1) 产品差异化

影响顾客知觉最直接、最直观的方式是凸显或改变产品的客观特性。主要包括外观、性能、治理、可靠性和耐用性、安装、操作难度、产品复杂性、产品组合以及产品定制等。外观是产品给人的第一印象，最能吸引消费者眼球，特别能引发感性的消费者购买（如时装、家电等）。性能是竞争的另一个重要方面，通常与技术领先联系在一起（如汽车、计算机等）。质量的重要性无须多言，如日本、德国等众多厂家都对品质精益求精。多数消费者都不是某一产品的专家，他们非常在乎购买的产品是否易于安装、调试和使用。例如，宜家的产品、全自动洗衣机、傻瓜相机等，消费者可以很轻易地掌握其安装或者使用。而结构复杂、功能繁多的产品则给人一种高档、先进的感觉，如手机的多重功能。有时，产品本身无过人之处，但产品组合起来却可以产生更大的顾客价值和产品差异，例如将微软的 Windows、IE 和 Office 捆绑在一起出售。

(2) 服务差异化

在顾客的物质文化生活越来越丰富的今天，特别是服务性行业，企业应当注重针对不同的顾客提供针对性、特殊性、个性化、情感性等的各种特色服务[20]。服务与技术支持水平是产品差异化的一个重要来源，特别是当产品处于成熟期，产品改进的余地不大，或者产品在技术上特别复杂时，服务与技术支持的重要性特别突出。

服务水平体现在售前、售中、售后各个阶段。客户咨询，为客户介绍产品、技术、解答疑问等;对高水平客户的培训,协助客户进行二次应用开发,保证产品正常运行。例如,在新车辈出的时代,桑塔纳销量仍很好,是因为其日常维修的服务很周到。

(3) 品牌差异化

企业通过创立特色品牌,可以培养顾客认可和购买该品牌产品的习惯,把企业的品牌根植于顾客的心中。品牌是产品差异化最有力的基础之一。品牌很难建立,但建立起来就能产生持续的顾客影响力。如瑞士的钟表、法国的香水、意大利的时装、日本的家电、德国的光学镜头等。

(4) 员工差异化

从企业内部员工的素质、精神面貌、言行等方面来塑造和实施差异化。差异化战略要求以侧重灵活、学习型的方式对员工进行培训,要求员工经常进行试验和学习。

(5) 组织管理差异化

不同的组织管理方式可以为企业带来实际的差异化。现代管理制度强调企业内部各部门职责分工明确,各司其职,各职能部门之间常常产生冲突,很难协调配合。但许多时候,需要各个职能部门共同协作才能很好地满足顾客的需求。

一个企业与其他企业之间的联系,主要表现为各种形式的合作与联盟,也能使其产品或服务差异化。如麦当劳与迪斯尼的合作。

(6) 渠道差异化

企业可以通过设计分销渠道的覆盖面、专场和绩效来获得竞争优势。戴尔、雅芳分别在电脑、化妆品产业内,率先采用直销模式而获得差异化,这种直销模式区别于以往通过中间商的层级分销,直接面对消费者,从而给消费者提供了最大的实惠,也为企业赢得了更多的利润。企业可根据自己的特点和优势加以选择,在渠道方面使自己区别于竞争对手。

值得注意的是,永远不可能列出所有的差异化方式,差异化的方式是无穷无尽的。产品差异化是个人和组织创造性的体现,差异化的关键是充分发挥企业中个人和集体的创造性。

6.2.2 差异化战略的适用条件

(1) 顾客需求是有差异的

对任何一个企业来说,顾客并非同质,顾客本身在许多方面存在着差异性,如城乡、文化水平、经济收入、性别、年龄、心理因素、价值观念、消费观念、购买行为等方面的差异。正是这些差异性导致了顾客在需求上的差异性。以电视机为例，也许有些顾客喜欢操作简单、价格便宜的电视机，而另一些顾客却喜欢操作复杂、价格贵、画质清晰的电视机。当顾客在喜好上存在差异时，企业就可以通过制定一种适合特定顾客群体需求偏好的产品，从而获得顾客。

(2) 产品或者服务的差异化特征被顾客认为是有价值的

真正决定、影响买方行为的是感知价值，它与真实价值是相分离的[21]。一旦购买者不能通过价值信号正确地评价他们对产品的感受，真实价值和被感知的价值就会出现差异。如果真实价值一旦不被购买者感知、认同，而全部(至少大部分)转化为购买者的感知价值，那么，企业为差异化产品或服务所做的努力就要宣告失败，其差异化战略自然也难以成功。

(3) 采用类似差异化途径的竞争对手很少

没有或者只有很少的竞争对手采取类似的差异化途径能够保证企业的产品或者服务是"差异化"的。如果有很多竞争对手采用相似的差异化手段，那么这种"差异化"是不能很好地被消费者感知的，因此，也就无法为企业带来更多的价值。

6.2.3 差异化战略的优势

如果差异化战略成功地实施了，那么它就成为在一个产业中赢得高水平收益的积极战略。这是因为它建立起对付五种竞争力量的防御阵地，尽管其防御形式与成本领先有所不同。产品差异化带来较高的收益，可以用来对付供应方压力，也可以缓解购买方压力。当客户缺乏选择余地时，其价格敏感性也就不高了。采取差异化战略从而赢得顾客忠诚的公司，在面对替代品威胁时，其所处地位也比其他竞争对手更为有利[22]。

(1) 现有竞争者之间的竞争

产品差异能减少竞争威胁。由于产品的独特价值，能够提高顾客的品牌忠诚度，减少对价格的敏感性，顾客甚至愿意付出更高的价格购买该产品，从而减少价格竞争的必要性。

(2) 潜在进入者的威胁

对潜在进入者而言，主要的进入壁垒是顾客忠诚和克服差异化产品独特性的要求。在这种情况下，要想进入一个行业，通常需要大量的资源投入，并且要有建立顾客忠诚度的耐心。

(3) 替代品的威胁

具有品牌忠诚度的企业通常可以有效地抵御替代品的威胁。相反，缺少品牌忠诚度的企业更容易遭遇如下情形：顾客转向与其现有产品功能相同但具有某些差异化特征的产品(特别是当该替代品价格更低时)，或者转向具有更多功能、更有吸引力的其他产品上。

(4) 供应商的讨价还价能力

因为执行差异化战略的企业对其产品的定价通常较高，所以差异化战略产生的高边际收益增强了企业对付供应商讨价还价的能力。而且，因为买方对提价相对不敏感，执行差异化战略的企业还可以通过提高其特有产品的价格而把供应商的额外成本转嫁给最终消费者。

(5) 购买者的讨价还价能力

产品差异能减少购买者威胁。由于产品的独特性，降低了顾客从别处购买的可能性，使企业拥有在该市场细分中的垄断或准垄断地位，从而增加了差异化企业对于顾客的讨价还价能力。

6.2.4 差异化战略的组织保障

差异化优势的充分实现需要恰当的组织保障，包括组织结构、管理控制体系及报酬政策三个方面。典型的差异化企业的主要组织特征见表 6-3。

表 6-3 差异化企业的组织特征

组织保障	组 织 特 征
组织结构	强调跨职能部门的联系； 愿意进行组织结构创新以利用新机会； 保持不同产品的独立运作
管理控制体系	管理控制的柔性； 对创造性人才的宽容； 从创新失败中学习的能力
报酬政策	鼓励承担风险而不惩罚失败； 奖励创造性人才； 主观/定性的绩效评价； 地理位置； 密度经济； 时机因素； 政府政策； 与交易组织有关的成本优势来源

(1) 组织结构

实施差异化战略的企业强调跨职能部门之间的联系，这样可以使各个职能部门都能积累第一手的跨职能知识以及经验。此外，职能间的合作活动有利于各职能间相异观点的交流，培养企业内部富有创新性的工作氛围。特别是核心技术的研发以及市场营销等职能部门之间要具有很强的协调性。同时,不同产品的独立运作有利于产品专业化和差异化的形成。

(2) 管理控制体系

差异化企业重视控制的柔性,鼓励员工进行创新,培养员工从创新失败中学习的能力[23]。例如,世界 500 强企业 3M 中国公司允许员工用 15%的时间做个人认为对公司有益的创新工作,鼓励员工去探索,极大激发了企业员工创新的热情,因此 3M 凭借强大的研发创新能力成为世界一流的公司。

(3) 报酬政策

对于差异化企业而言,就是要鼓励员工增加产品的差异化水平,鼓励承担风险而不惩罚失败,因此多采用主观、定性的绩效评价体系。

6.2.5 实现差异化的措施

企业实施差异化战略要以顾客需求为着眼点,通过满足顾客需求获取利益,同时,企业要了解竞争对手的产品和服务是如何满足顾客需要的,然后制定与企业自身资源相匹配的差异化战略[24]。也就是说,在制定差异化战略的时候,必须综合考虑顾客的需求、竞争对手的产品或服务水平以及企业自身的能力三个要素,做到三者协调统一。实现差异化的措施有很多,主要包括以下几方面:

(1) 明确目标顾客,满足客户需求

企业只有明确目标顾客需求并深入发掘顾客的潜在需求,才能在其行业内建立起与众不同的优势,在实施差异化战略的过程中占据主动地位。

(2) 分析竞争对手,及时进行调整

一般来说,企业的竞争对手是同行业范围内生产同类产品或者服务的其他企业,这类竞争者常被企业视为明确的竞争对手而积极采取应对措施。同时,那些提供替代品的企业也应该被看做是企业的竞争对手。

企业在实施差异化的过程中,必须首先明确竞争对手是谁,竞争对手的产品或服务在市场上所处的位置,以及采取的营销策略,然后结合本企业的情况制定并调整相应的战略。

(3) 立足企业自身,建立持久性差异化

企业是否实施差异化战略,其差异化战略的诉求点在哪些方面,这都取决于企业的具体情况。企业自身的差异化主要来源有:

① 技术创新与市场相结合

创新是企业保持差异化的关键和源泉,是提高产品价值的主要手段[25]。从企业的市场竞争力来看,企业发展面临激烈的市场竞争,企业的竞争实际上就是产品的竞争，产品的竞争实质是技术的较量。随着竞争的加剧和全球经济一体化的进程，知识更新的速度越来越快，技术的发展也越来越迅猛，企业产品的开发周期和生命周期越来越短。随着时间的推移，企业的核心技术会演化为一般技术，企业只有不断进行技术创新才能增强市场竞争力，以适应不断变化的竞争环境。

② 创新企业文化

企业向顾客展示的不仅仅是它的产品和服务，更多的是向顾客展示传播企业的文化。例如，在中国许多城市开设的肯德基、麦当劳快餐，迎合了许多青少年的心理，不仅方便快捷，饮食环境清新洁净，而且在人们享受其饮食服务的同时，也向人们传递着美国的文化。由此可见，企业文化的渗透力的作用强大。

③ 提升企业的服务理念

正确的服务理念是企业实施差异化的主要因素。第一，以服务为竞争手段有利于提高企业的形象，提升其品牌的竞争力，如 IBM 公司凭借其“IBM 就是服务”的最佳服务精神不断巩固其计算机行业第一的宝座。第二，深入人心的服务理念能最大限度统一企业内部相关人员的思想，增强组织的凝聚力。第三，将服务作为保持差异化的手段可以最大限度地避免价格战等直接交锋的弊端。第四，以服务为竞争手段，可以培育企业新的利润增长点。在国外的企业中，通过提供服务来增加利润已是普遍现象，如 IBM 公司年收入的 33%以上是由提供服务获得的，包括计算机出租、维修和软件收入。利用服务作为竞争手段，不仅给广大消费者带来利益，而且也促进了整个行业的健康发展，有利于提高企业的社会责任感。作为接触客户的前沿，售后服务是信息收集和实时传递的重要渠道，对于企业发掘客户需求并做出及时的战略和产品调整具有决定性意义。售后服务做得好，不仅可以提高企业的信誉，而且可以提高商品的附加值。例如，包退、包换、包赔的承诺能降低买方精力成本，而送货上门、免费安装能降低买方体力成本。

④ 用品牌提升企业形象

当今世界品牌竞争表现得非常充分，发达国家的产品占领市场就是靠品牌的竞争力一步一步渗透的。品牌不仅是一个产品的标志，而且是产品的质量、性能、满足消费者效用的可靠程度的综合体现。同时，一个品牌还凝结着企业的现代化管理水平、市场信誉、企业精神等诸多文化内涵[26]。

⑤ 先进的营销理念

提高买方价值是差异化的基础，创新是保持差异化的关键和源泉，正确的服务理念和先进的营销理念是差异化的主要因素，只有不断创新才能做到与时俱进，才能在激烈的市场竞争中不断发展壮大。

6.2.6 差异化战略的风险

企业实施差异化战略，有两类主要风险：一是企业没有能够形成适当的差异化；二是在竞争对手的模仿和进攻下，行业条件发生变化时，企业不能保持差异化。主要表现在以下方面[27]：

(1) 企业过度差异化

企业过度差异化超出了顾客的需求，从而使得产品相对于竞争对手的价格过高，或者自恃产品有特色，将产品价格定得过高，超出了顾客的承受能力或心理价位。如果采用成本领先战略的竞争对手压低产品价格，使其与实行差异化战略的厂家的产品价格差距拉得很大，那么在这种情况下，用户为了节省费用，只得放弃取得差异的厂家所拥有的产品特征、服务或形象，转而选择物美价廉的产品。

(2) 顾客不断地学习降低了对企业差异化特征的感知

创造差异就是使满足顾客需求的方式既不同于竞争者，又使得顾客真正感知和体验到企业的价值。例如，如果顾客对一般的纸巾有愉快的使用经历，他们可能会觉得心相印产品的差异化特性不值得额外的付出。为了防范这种风险，企业必须持续而有意义地在顾客愿意接受的价格上为他们提供差异化的产品。

(3) 品牌差异化产品的高附加值会引来众多的模仿者

大量的模仿缩小了顾客感觉得到的差异。特别是当产品发展到成熟期时，拥有技术实力的厂家很容易通过逼真的模仿减少产品之间的差异。可持续的差异化竞争优势取决于复制成本，而复制成本又取决于差异化的基础。不同差异化基础的复制成本如表 6-4 所示。

表 6-4 差异化的复制成本

低成本复制	产品特性
可能复制昂贵	产品组合； 产品定制； 与其他企业的联系
通常复制昂贵	企业内部职能部门间的联系； 服务与支持； 分销渠道； 时机； 地理位置； 声誉

① 一般来说，不是建立在历史相关、因果关系不明、社会复杂的企业资源或能力之上的产品差异基础往往易于复制；反之，则复制成本高昂。

② 改变产品外观特征和内在性能是最常见、最见效的产品差异化方式之一。但该方法最大的问题就是非常易于复制，因为对手可以进行逆向工程。以下方法可以加大对手的模仿难度和成本：申请专利保护；建立产品的品牌识别和声誉；建立持续不断地推出新产品的能力等。

③ 如果众多竞争对手拥有开发产品组合的资源和能力，那么该企业的产品组合可能是易于复制的。但是，如果只有少数企业这样做，并且只有它们真正了解哪些顾客需要这样的组合，则该产品组合可能较难复制。例如，惠普公司因具有将个人计算机、打印机与电子仪器结合的能力而独具特色。

④ 产品定制是一种传统的生产方式，其本身是易于复制的。真正难以模仿的产品定制能力是企业与其顾客之间已建立的密切关系。

⑤ 与其他企业的联系，往往表现为某种形式的合作。由于这是外在的、容易被其他企业观察到的，在有些情况下可能易于复制。但是，如果只有少数企业具有合作所必需的互补性资源和能力，以及只有少数企业具有管理好这种基于社会复杂关系的能力，那么这种类型的联系的模仿可能是昂贵的。

⑥ 广告、宣传、现场展示、赠品等营销活动是各个企业普遍采用的，常常会引来众多对手效仿。但是，确实有少数企业具备特别的营销能力，它们能系统地策划效果显著的营销活动，这种能力有时是难以复制的。

⑦ 在独特的历史条件下建立起了能消除内部冲突的管理方式和企业文化，各部门能够合作将差异化产品推向市场，则该企业的这种能力将是非常难以模仿的。

⑧ 高水平的服务与支持是难以复制的。高水平的服务与支持是以企业与顾客之间的社会复杂关系为基础的，但并不是所有的企业都具备处理好与顾客关系的能力。

⑨ 分销渠道也是复制昂贵的产品差异的基础。包括企业与分销商之间的关系、保持与分销商之间的信任与合作等。

⑩ 时机稍纵即逝，历史不会再现。一个企业在历史条件下形成的独特地位是不可复制的，地理位置也是如此。

⑪ 声誉是最难复制的产品差异基础。声誉是一种非常复杂的社会、心理、文化现象，需要经过多年的经营才能建立。

6.3 聚焦战略

6.3.1 聚焦战略的概念

聚焦战略(Focus Strategy)又称专一化战略，是指企业在详细分析外部环境和内部条件的基础上，选定一个特定目标市场提供产品和服务，把自己的生产和经营活动集中在该市场上进行，以建立企业的竞争优势及市场地位。通过实施聚焦战略，企业能够划分并控制一定的产品势力范围，在此范围内其他竞争者不易与其竞争，因此市场占有率比较稳定。通过目标细分市场的战略优化，企业围绕一个特定的目标进行密集性的生产经营活动，可以更好地了解市场和顾客，能够比竞争对手提供更为有效的产品和服务，以获得目标市场的竞争优势。企业在选定的目标市场上，还可以通过产品差异化战略确立自己的优势，也可以采用成本领先战略在专用产品或复杂产品上建立自己的成本优势。

聚焦战略最突出的特征是企业专门服务于总体市场的一部分[28]。要实施聚焦战略，企业最重要的是通过市场调研找到自己的目标市场。一种产品的整体市场之所以可以细分，是由于消费者或用户的需求存在差异性。引起消费者需求差异的变量很多，在实际中，企业一般是组合运用有关变量来细分市场的，而不是单一采用某一变量。概括起来，细分消费者市场的变量主要有四类，即地理变量、人口变量、心理变量和行为变量。以这些变量为依据来细分市场就产生出地理细分、人口细分、心理细分和行为细分四种市场细分的基本形式[29]。比如，娃哈哈在市场细分中，就是按人口变量中的年龄进行细分，从大众化的保健品市场中细分出了一个儿童保健品市场。细分之后，企业决策者接下来的工作就是通过市场定位找到本企业的市场切入点。一个理想的市场定位应该是：① 足够大，该市场要大到能够满足一个企业生存所需的规模和购买力；② 足够深，该市场要深到足以使得企业在较长时期内的发展无空间之忧；③ 足够相称，企业的能力和资源与为该市场提供优质服务所需要的条件相称[30]。

成本领先战略与差异化战略面向全行业，在整个行业的范围内进行活动。而聚焦战略则是围绕一个特定的目标进行密集型的生产经营活动，要求能够比竞争对手提供更为有效的服务。

企业一旦选择了目标市场，便可以通过产品差异化或成本领先的方法形成聚焦战略。这就是说，采用聚焦战略的企业，基本上就是特殊的差异化或特殊的成本领先企业。由于这类企业的规模较小，采用聚焦战略的企业往往不能同时采用差异化和成本领先的措施。如果采用聚焦战略的企业要想实现成本领先,则可以在专用品或复杂产品上建立自己的成本优势,这类产品难以进行标准化生产,也就不容易形成生产上的规模经济效益,因此也难以具有经验曲线的优势。如果采用聚焦战略的企业要实现差异化,则可以运用所有差异化的方法去达到预期的目的。与差异化战略不同的是,采用聚焦战略的企业是在特定的目标市场中与实行差异化战略的企业进行竞争,而不在其他细分市场上与其竞争对手竞争。在这方面,采用聚焦战略的企业由于其市场面狭小,可以更好地了解市场和顾客,提供更好的产品与服务。

6.3.2 聚焦战略的类型

当企业想利用其核心竞争力满足某一特定行业细分市场的需求而不考虑其他需求时,它可以采用聚焦战略。具体来说,聚焦战略包括[31]:

(1) 产品线聚焦战略

像飞机和汽车制造行业的产品开发和工艺装备成本很高,通常以产品线的某一部分作为经营重点。例如,日本汽车厂家把产品线重点集中在生产性能好、省油、外观优美并且价格低廉的产品上。

(2) 顾客聚焦战略

顾客聚焦战略是将经营重心放在具有相似需求的某一特定的顾客群体上,因此,采用顾客聚焦战略的企业可以专注于为他们提供能更好满足其需求的产品或者服务。例如,手表业中的劳力士、时装业中的皮尔·卡丹、体育用品中的阿迪达斯和耐克,这些企业的产品都以高质高价为基础,瞄准高收入、高消费的顾客群。

(3) 地区聚焦战略

不同地区,源于气候、地理环境或者人文风俗等方面的差异,消费者的需求必然会千差万别。地区聚焦战略就是指企业专注于对某一地区市场的仔细研究并且致力于生产满足特定地区需要的产品。

6.3.3 聚焦战略的适用条件

企业要尽可能地选择那些竞争对手最薄弱的环节且最不易受替代产品冲击的目标市场,要实施聚焦战略,除了要考虑成本领先战略以及差异化战略所要考虑的一般适用条件,还需要考虑以下特殊条件[32]:

(1) 没有其他竞争对手试图采用聚焦战略

如果选择聚焦战略,企业要先确定没有其他竞争对手试图采取聚焦战略。因为聚焦战略针对的是窄市场范围,如果还有其他竞争对手试图进入,那么必将引起激烈的竞争,无形中增加了实施风险。

(2) 目标市场具有吸引力

企业要进入的细分市场在市场容量、成长速度、获利能力、竞争强度方面有相对吸引力,可以为企业提供生存所必需的利润基础,以及良好的发展前景。

(3) 本企业资源实力有限

限于本企业的资源实力,不打算也不能追求更大的目标市场,只希望在某一细分市场上精耕细作,这样的企业适合选择聚焦战略。

6.3.4 聚焦战略的优势

公司业务的聚焦能够以更高的效率、更好的效果为某一狭窄的战略对象服务,从而超过在行业宽度范围内竞争的对手们。波特教授认为这样做的结果是:公司或者通过满足特殊对象的需要而实现差异化,或者在为这一对象服务时实现低成本,或者两者兼得。这样的公司可以使其赢利的潜力超过产业的普遍水平。一般来说,选择聚焦战略的企业所具有的专业化能力能够有效防御目标市场上五种力量的竞争。

(1) 现有竞争者之间的竞争

实施聚焦战略的厂商把竞争的范围缩小了,比定位于多细分市场的竞争厂商更能了解顾客,从而提高了相对市场份额和竞争能力,使本企业在行业中获得高于一般水平的收益。

(2) 潜在进入者的威胁

如果企业拥有了服务于目标市场的独特能力,就会形成一种有效的进入障碍,进入该目标市场就变得更加困难。因此,提高目标市场上的专业化水平可以阻止潜在的新进入者,抵御来自潜在进入者的威胁。

(3) 替代品的威胁

同样,如果企业拥有了服务于该目标市场的独特能力,替代品生产商要想进入这一细分市场也面临着专业化服务能力的障碍,因此可以抵御来自替代品的威胁。

(4) 供应商的讨价还价能力

采用聚焦战略的厂商由于其产品在专业市场上具有特有属性,增强了对供应商的谈判优势,从而削弱了供应商的讨价还价能力。

(5) 购买者的讨价还价能力

对于购买者来说,由于他们不愿意转向那些不能满足自己期望和要求的厂商,从而在某种程度上削弱了讨价还价的能力。

应该指出,企业实施聚焦战略,尽管能在其目标细分市场上保持一定的竞争优势,获得较高的市场份额。但由于其目标市场相对狭小,该企业的市场份额总体水平是较低的。聚焦战略在获得市场份额方面存在着某些局限性。因此,企业选择聚焦战略时,应在产品获利能力和销售量之间进行权衡和取舍,有时还要在产品差异化与成本状况之间进行权衡。

6.3.5 聚焦战略的策略选择

在具体的策略选择当中,企业在通过市场细分,确定目标市场为某一特定的市场区域、顾客群、生产范围后,应选择适合于这些特定目标市场的竞争方式,使企业始终处于市场竞争中的优势地位,这是占领和巩固目标市场的关键。按照市场营销学的分类,竞争方式主要有三种基本类型,即产品、服务和价格。

(1) 单一产品聚焦

单一产品聚焦就是在目标市场内,以产品性能和质量为主要竞争方式,把重点放在研究、开发和生产设计精美、质量上乘、独具特色等特性的产品方面,使企业的产品特色与竞争对手的同类产品相比具有绝对的优势[33]。

产品聚焦需要确定品牌主打主推的单一品种或品类,也就是要进行合理的产品线规划,明确企业的主推品种、主打品类,把有限的营销资源全部集中在该单一品种或品类上,实现单品突破,通过单品的营销运作来塑造品牌。例如,牛奶行业的伊利通过“四个圈”雪糕单品种突破,当年成功超越了行业领导品牌和路雪;日化行业的好迪凭借着啫喱水的单品类运作,如今也成为家喻户晓的品牌;白酒行业的衡水老白干凭借淡雅系列的突破,成功实现了区域为王。

产品聚焦,在明确了主打的品种或品类后,还需要明确提炼该单一品种或品类的产品利益点,进行集中聚焦诉求和传播。产品优点太多就没有优点了,要提炼出消费者最关心而竞争对手不具备或未关注的单一优点进行聚焦诉求,最经典的案例当属王老吉凉茶,一句“怕上火,喝王老吉!”的广告语红遍大江南北。

(2) 服务聚焦

服务聚焦是指在目标市场内,以产品的售前、售中和售后服务为主要竞争方式，按照市场需求和产品特点决定服务的种类和范围，充分发挥产品的整体功效，建立顾客心目中良好的企业形象，从而赢得市场竞争的胜利[34]。以成本聚焦战略著称的美国西南航空公司，根据本行业的服务特点，视飞机为公共汽车，不设头等舱，全部皮坐椅，登机不对号入座，以此满足乘客急于登机的心理，缩减等候乘客的误点率。这样一来，西南航空的登机和下机时间只有20分钟，登机等候时间比其他各大航空公司要短半个小时左右，而等候领取托运行李的时间也要快10分钟左右。飞机的运行也是围绕顾客需求采取低成本运作方式，公司主要经营短途航班，其飞行计划是全行业最简单的，班机从一个城市飞到另一个城市，不像其他大型航空公司那样将飞机集中飞到某个航空中心然后再从该中心起飞[35]。所有这一切使西南航空每天都能让更多的飞机投入运营，吸引更多的乘客，从而大大降低运营成本。我国的海尔公司从开拓家电市场之初就确立了建立与产品相应的服务策略，售前、售后服务都优于竞争对手，进而从产品和服务两个方面把对手甩在后面。

(3) 价格聚焦

在目标市场中以价格为主要竞争手段，这样的竞争方式被称为“价值竞争”。这种策略可以灵活运用，适合于不同市场情况和产品特点的价格策略，有效地降低产品成本，避免资源的浪费。实质上，这是成本聚焦的结果。日本爱华电子公司总经理卯木直曾经说过：“如果你生产的产品同你竞争对手的产品一模一样，而价格却只有它的一半，那么你就在那个市场上占有绝对主导地位。”低价策略的运用，使爱华公司从20世纪60年代一个濒临倒闭的公司，变成如今年收入超过40亿美元的生产家用电子产品的大公司。前述的西南航空公司不但是以服务著称，而且以向顾客提供最便宜的机票而闻名，比如从纳什维尔到新奥尔良的单程机票价格仅为56美元，而其他航空公司的同等航线票价却要100美元，甚至更高。正是由于这种薄利多销的经营战略，使西南航空成为美国经营状况最好的航空公司。

6.3.6 聚焦战略的风险

任何公司在发展过程中，选择任何战略都要考虑战略与风险的匹配，往往越是宏伟的战略伴随的风险越大。聚焦战略也不例外，除了要考虑成本领先战略以及差异化战略所要考虑的一般风险之外，实施聚焦战略的企业还需要考虑以下特殊风险[36]：

(1) 与宽范围竞争者之间的成本差距

当大范围提供服务的竞争对手与实施聚焦战略的企业之间的成本差距变大时,会使针对一个狭窄的目标市场的产品或服务丧失成本优势或者差异优势。

(2) 细分市场的需求不再独特

由于技术进步、替代品出现、价值观改变、消费者偏好变化等战略目标发生变化,使细分市场与整体市场之间对所希望的产品和服务差距缩小。

(3) 竞争对手更加"聚焦"

竞争对手在战略目标市场中又找到了细分市场,使原聚焦公司显得不再集中,从而丧失其竞争优势。因此,实施聚焦战略的企业需要不断对所服务的目标市场进行研究,并且采取有效措施防止竞争对手的进攻。

(4) 其他市场竞争者的侵占

企业可能面临这样一种情况,那就是原先重点关注的市场被其他市场的竞争者侵占,从而导致利润受损。例如,天津夏利汽车公司本来专注低端的市场,但高端的厂商为了扩大市场,将产品重心下移,使该企业的产品或服务市场被侵蚀。

(5) 细分市场需求的变化

企业重点关注的市场需求可能发生重大变化,甚至萎缩,使原有市场分流或消失,此时采取聚焦战略的企业也会面临较大风险。

6.4 低成本差异化战略

基于迈克尔·波特教授的三种基本竞争战略,迈克尔·希特教授提出了一种新的竞争战略,即"低成本差异化战略"(见图 6-2)。

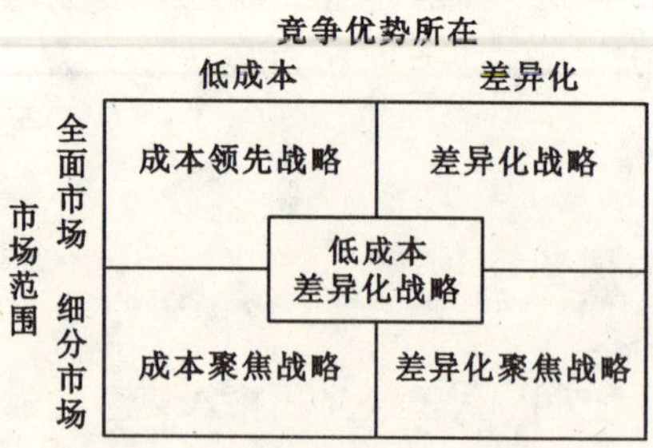

图 6-2 低成本差异化战略

许多顾客在购买一个产品或一项服务的时候有很高的期望,希望购买低价、差异化的产品。企业经营的目的在于为顾客创造价值。只有为顾客创造更多价值，才能获取和维持竞争优势。采用这一战略的目标是高效地生产差异化的产品。有效率的生产是保持低成本的来源，而差异化是独特价值的来源。成功使用低成本差异化战略的企业通常可以对新技术以及所处外部环境的变化做出及时调整。同时，实施低成本差异化战略的企业一般都具有柔性生产的能力。

西班牙 ZARA 品牌正是采用了低成本差异化战略。“高速度、小批量、多款式”构成 ZARA 与众不同的生产模式。ZARA 最成功的地方在于：大幅缩减了设计到销售所需的前导时间。ZARA 的前导时间只有 15 天，它保证了第一时间为顾客带来最为时尚的新款服装，而其他企业则需 8～9 个月[37]。ZARA 不仅为消费者提供高度差异化的时尚服饰，同时也以较低的价格满足这些消费者对时尚的需求。ZARA 产品的实际价格是基于市场的，在确定其现行市价之后，公司会设定一个比竞争对手的相似产品最低价格还低的价格。正是凭借“低价的时尚”这一特征，ZARA 风靡世界，成为成长最快的服装品牌之一。

6.4.1 低成本差异化战略的技术和管理保证

大量新技术在生产领域的运用，使得企业可以在低成本的前提下实现差异化。如计算机辅助设计(CAD)、计算机辅助制造(CAM)、计算机辅助工艺计划(CAPP)、柔性制造系统(FMS)、敏捷制造(AM)、计算机集成制造系统(CIMS)等实现了企业开发、设计、制造的高度集成化，极大地增强了企业生产的柔性、敏捷性和适应性，更好地适应了消费者的不同需求，降低了新产品的设计和生产成本，减少了库存成本。鉴于篇幅限制，笔者以柔性制造系统为例来说明这些新技术是如何帮助企业在保持低成本的同时实现差异化的。

柔性制造系统(FMS)是由统一的信息控制系统、物料储运系统和一组数字控制加工设备组成，能适应加工对象变换的自动化机械制造系统[38]。

“柔性”可以表述为两个方面：一方面是系统适应外部环境变化的能力，可用系统满足新产品要求的程度来衡量；另一方面是系统适应内部变化的能力，可用在有干扰(如机器出现故障)情况下，这时用系统的生产率与无干扰情况下的生产率期望值之比来衡量柔性。“柔性”是相对于“刚性”而言的，传统的“刚性”自动化生产线主要实现单一品种的大批量生产。其优点是生产率很高，因为设备是固定的，所以设备利用率也很高，单件产品的成本低；缺点是价格相当昂贵，且只能加工一个或几个相类似的零件。如果想要获得其他品种的产品，则必须对其结构进行大调整，重新配置系统内各要素，其工作量和经费投入与构造一个新的生产线往往不相上下。刚性的大批量制造自动化生产线只适合生产少数几个品种的产品，难以应付多品种、中小批量的生产。

随着社会进步和生活水平的提高，市场更加需要具有特色、符合顾客个人要求样式和功能千差万别的产品。激烈的市场竞争迫使传统的大规模生产方式发生改变，要求对传统的零部件生产工艺加以改进。传统的制造系统不能满足市场对多品种、小批量产品的需求，这就使系统的柔性对系统的生存越来越重要。随着批量生产时代正逐渐被适应市场动态变化的生产所替换，一个制造自动化系统的生存能力和竞争能力的强弱在很大程度上取决于它是否能在很短的开发周期内，生产出较低成本、较高质量的不同品种产品的能力。

由于柔性制造系统降低了有效生产某一产品的批量规模，企业服务某一狭窄的竞争性领域独特需求的能力就相应提高了。在所有的产业中，公司有形资产（如机器设备等）和无形资产（如工人的技能等）的有效组合有助于复杂竞争战略的实施，特别是低成本差异化战略的实施。

在管理领域，全面质量管理（TQM）、制造资源计划（MRP）、企业资源计划（ERP）、供应链管理（SCM）、客户关系管理（CRM）、电子商务的应用降低了企业的运营成本、管理成本和交易成本，同时提升了企业向顾客提供产品和服务的能力。

全面质量管理（Total Quality Management，TQM）起源于 20 世纪 50 年代，在 20 世纪 60 年代初由美国著名质量专家菲根堡姆提出。它是在传统的质量管理基础上，随着科学技术的发展和经营管理上的需要发展起来的现代化质量管理[39]。

全面质量管理是以企业各部门和全体职工为主体，以数理统计方法为基本手段，充分发挥专业技术和科学管理的作用，最经济地保证和提高产品质量的一种质量管理方法。它的目标是通过顾客满意和该组织全体成员和社会受益达到长远成功。全面质量管理并没有一套统一的工作模式，因各国、各企业情况不同，贯彻全面质量管理的方法和效果也各不相同。

企业若能在提高创新性产品开发能力的同时削减成本，将有助于增加企业战略的灵活性，这对于实施低成本差异化战略的企业会有很大的帮助。超越顾客对质量的期望是一个差异化的特征，消除缺乏效率的工作流程以削减成本，有助于企业能以较低的价格为顾客提供同样质量的产品。因此，有效的全面质量管理系统有助于企业获得同时发现降低成本和提升差异度机会的能力。但是，所有的竞争者都可以采用全面质量管理系统。因此，全面质量管理可以帮助企业保持竞争优势，但是很少单独为企业带来竞争优势。

6.4.2 低成本差异化战略的风险

与依靠一种基本竞争战略相比，采用低成本差异化战略的企业可以获得更好的竞争定位以快速适应环境，采用新技术和有效地发挥核心专长。大量的研究表明，采用这种战略可以获得高于平均水平的收益率。虽然采用低成本差异化战略的盈利潜力是巨大的，但是所面临的风险也是巨大的，因为采用这种战略的企业必须在整个行业中不断寻求实现差异化和低成本的方法。当企业所提供的产品无论在低成本还是差异化方面都无法为顾客创造足够的价值时，企业就会被困在中间，处于一种不利的竞争地位。

个案研究——美的集团的低成本差异化战略

1968 年美的集团集资 5000 元创办企业，2007 年其整体实现销售收入达 750 亿元，同比增长 30%。在市场竞争日益激烈的环境下，美的保持如此强劲的竞争力的主要秘诀就是美的集团现在实施的低成本差异化战略。

从美的的成长历程看，其低成本差异化战略主要从狠抓全面质量管理、MRP 的成功实施、低成本的实现、与供应商和经销商的战略联盟、核心技术的掌握、销售价格的差异化六个方面来实现。美的差异化的节能产品如图 6-3 所示。

(1) 狠抓全面质量管理

美的集团于 1992 年通过 ISO 9000 产品质量认证体系。此后的五六年间，美的集团完善了生产过程的全面质量管理，同时在销售方面推出售后服务差异化，提出了“让消费者 100%满意”的口号，在消费者心目中树立起质量超群的国产品牌形象。一方面，美的集团先后通过了德国莱茵公司(TUV)和美国保险商实验室公司(UL)的质量认证，达到了国际发达国家的技术要求，扫除了与此相关的贸易壁垒，使产品设计能够满足出口国家的要求，在竞争中把握先机。另一方面，美的集团在早期就是一家极为重视顾客需求的企业，在计划经济向市场调节转轨的年代即完成了市场导向的定位，这种市场或顾客导向的经营路线在美的集团的产品改进和新产品开发方面表现得尤为显著。

图 6-3　美的差异化的节能产品

(2) MRP 的成功实施

MRP 也就是制造资源计划。MRPⅡ实施前，美的集团一直采用手工制订生产计划的方式，即生产科生产计划、车间生产计划和产品销售计划的生产作业三级计划，这些计划已经明显不能应对迅速变化的市场，而且易造成产品积压或供不应求。美的集团仅风扇厂年产量就将近 1100 万台，如此大的产量，所需部件多达上万种之多，同时生产和经营机构也是庞大的。美的集团实施了 MRPⅡ工程后，确立了现代企业管理理念，保证了生产销售的快速反应能力，完善了物耗的控制，建立了科学的生产作业流程。MRPⅡ的供给管理、生产管理、成本管理与质量管理的协调配合工作，不仅保障了产品的质量，控制了成本，而且大大缩短了产品的开发周期和制造周期，令企业生产流程的管理具备高度的灵活性和可靠性。

(3) 低成本的实现

美的集团内部最广为流传的一句话是：“美的唯一不变的就是变”。近几年，美的集团在以下两个方面提高的速度是非常明显的：一方面，降低成本的速度十分快。成本的迅速下降使美的集团有可能实施成本领先战略，从容应对家电市场严酷的价格竞争。由于美的集团实施了 MRPⅡ工程，浪费现象大量减少，生产效率大幅度提高，原材料、产成品的积压减少（甚至提出零库存的口号），使其制造成本大幅降低。另一方面，由于美的集团的规模不断扩大及产销量节节攀升，产品的平均固定成本随着产量的增加而逐步下降。由于美的集团的产量不断扩大，导致其原材料对外的采购量也大增，从而使其供应商生产量也大增，形成规模效益，反过来美的集团就有机会把材料采购成本降下来。事实上，美的集团利用其规模效益，每年都会向其大部分供应商压低其原材料的采购单价。

(4) 与供应商和经销商的战略联盟——打造价值工程

美的集团在处理与供应商和经销商的关系时，大部分采用战略联盟的方式，签订长期合作协议。每年美的集团都会举办一次优秀经销商表彰大会，并每年拿出几百万元奖励给优秀的经销商。对于OEM生产厂，美的集团在抓质量的同时，也对它们的生产技术和管理进行指导。对于大件原材料(如钢材)，美的集团利用其规模优势，低价采购供给其OEM厂，也使其成本能够降低下来。

(5) 核心技术的掌握——差异化战略的更高境界

中国家电业的一个重要特点是组装厂与主要零部件厂的分立，垂直一体化的程度低。总装厂的扩张通常采用横向多元化的方式，进入其他家电、通信等行业继续依赖外部对主要零部件的供应，极少进入核心零部件的制造。其原因主要在于这些零部件具有资金密集和技术密集的特点，进入门槛较高。对于美的集团等中国家电企业来说，由于其产品的核心技术和附加价值均在上游，差异化的源头亦在于此，与其忙于产品和地域的横向多元化以寻求新的增长点，不如通过向上游进军的方式掌握核心技术的创新源头，从而实现增长。美的集团先后与意大利梅诺尼公司合资建立威灵电机公司，与日本东芝公司合资成立美芝压缩机公司，这两家公司都成为美的集团控股的子公司。美的集团大胆地引进国外技术和人才，使空调器的关键零部件掌控在自己手中，从而打破了国内空调生产厂家必须从国外进口压缩机的局面。

(6) 价格的差异化

由于美的集团拥有上述差异化，使其在成本和技术方面领先，美的集团才得以顺利实施价格的差异化。美的、格力、海尔、春兰等国内空调的一线品牌，它们同时具有产品质量优、售后服务好等优点，在上述一线品牌中，美的的质量差异化无法体现出来，因此美的集团实施了价格的差异化。在许多一线品牌实施高质量、高价格的时候，美的集团却悄悄地把空调价格主动降了下来，而且从不刻意炒作降价之风，以免其他一线品牌跟着降价，破坏其价格差异化的实施。

(资料来源：黄德忠. 美的的竞争战略：既成本领先又差异化战略. 南开大学学报(社会科学版)，2004:415). 编者有删节。)

6.5 案例讨论:如家酒店的“为”与“不为”

传统的酒店行业,三星追四星、四星追五星,而且三星之间、四星之间、五星之间都在为追赶竞争对手而制定竞争策略。与之相反,如家的价值曲线则是通过对传统星级酒店要素的剔除、减少、增加、创造,把自己与星级酒店和社会旅馆区别开来,推出了中国的经济型酒店模式。

从 2000 年开始,中国国内旅游总人次超过了全国总人口的 60%,已经基本上达到了大众旅游的标准。与大众旅游相伴生的是相应旅游设施的改进和旅游行业结构的调整。以往,高星级饭店是商务客人的主要选择;现在,随着私有经济的发展以及一些公司对差旅经费的限制,人们在进行商务活动的同时更加注重性价比的选择。如家经济型快捷酒店(见图 6-4)正是在这种商机下诞生的。

图 6-4 如家酒店店面

(1) 经济型酒店的“天时”

传统的高星级酒店的共同特征是千篇一律的豪华的大厅、餐厅、灰白色的房间内饰。因此,在这种情况下,很多新建的酒店就倾向于勾勒出与其定位相似的战略轮廓。事实上,就如家而言,高星级酒店和传统的社会旅馆倾向于勾勒出与自身相同的价值曲线;与之相反,如家的价值曲线则是通过剔除、减少、增加、创造这四个动作,把自己与星级酒店和社会旅馆区别开来,推出了中国的经济型酒店模式。

如家主要强调几个元素:给客人提供一个温馨、舒适的睡眠环境,在睡个好觉的同时,能够好好洗个澡。如家主要是在客房的干净程度、房间的布局、床以及淋浴上突出重点,低于传统的三四星级酒店的价格。它不在餐厅、桑拿、KTV、大厅等项目上做过多投资;相反,如家的传统竞争对手们都在这些产业竞争元素上大力投入,因而在价格上也就越发难以与如家竞争。这些公司投资过于分散,被竞争对手的行动牵着鼻子走,结果导致了高成本结构。

(2) 有所为

如家和传统星级酒店的最大区别就在于,传统酒店讲究提供更多的服务,而如家则把自己的定位明确锁定在一点上——住宿。在如家看来,出差公干的商务人士业务繁忙,传统星级酒店提供的许多空间和服务他们都无暇享受,对他们而言最重要的东西只有两个:床和卫生间。所以床品和卫生间就是如家有所为的重点所在。卫生上达到甚至超越传统酒店的卫生条件,保持叫早服务,同时在房间的颜色上增添变化,增加温馨感。另外,提升客户在旅店中的服务质量,让如家的客户能享受到高的住宿质量——良好家具带来的舒适性及市中心区位所带来的方便性,同时得到清洁和安全周到的服务。

如家在与传统的星级酒店的竞争与区分的过程中,采取连锁运营,布局在经济发达城市,选址在交通便利、生活设施齐全的地段,不像星级酒店那样附设大量休闲娱乐场所和服务设施,而是充分利用酒店附近已经成熟的社区服务网络,硬件环境也不追求奢华和排场,但是安全、卫生、住得舒适。最突出的是,平均房价在200元以内,这样的酒店自然具有吸引力(见图6-5)。

图6-5 如家酒店舒适的内部环境

(3) 有所不为

如家倡导的"有所不为"就是超出"住宿"需求以外的不为。剔除传统星级酒店过多的豪华装饰、享受性服务以及娱乐设施;不设门童,改为自助;没有豪华、气派的大堂;舍弃投资巨大、利用率低的康乐中心,没有桑拿、KTV、酒吧等娱乐设施。消除星级酒店很多旅客不需要或用得较少的功能服务,如购物区、会议场所等。原来中国星级酒店的评价指标很多都是针对涉外旅游,一方面要考虑代表中国的形象,另一方面是为各种会议提供各种功能。而如今越来越多的商务旅行人士和经济富裕出外旅游的人,他们需要充足的睡眠、方便的地理位置,同时不希望花费太多的金钱在住宿上。如家针对这些人群，直接把没有太多附加价值的功能服务取消掉，为顾客节约了很多额外费用。

实际上，传统的酒店都采取的是自建物业的形式，酒店从买地到投入运营的时间周期是非常长的，一般需要2～3年。而如家采取了租赁的形式。在选定店址时，开发部把论证的项目直接汇报给CEO，CEO到现场考察之后，将项目方案输入可以进行投资分析的测算模板，直接上报给投资委员会。一两天之后，就可以立项签约。项目签约之后，一般只有三四个月的土地免租期，如果在这段时间内工程没有完成，就意味着还没开业就要支付租金。因此，为了争取时间，如家不是按照设计、预算、施工的线性顺序，而是平行进行。通常，在工程部做土木的同时，市场推广、质量检查、组织培训各方面的工作也就同步展开，整个项目团队分工明确，并且有严格的时间约束：每个人在约定的时间内必须完成自己负责的工作，不能影响下一个阶段的工期。而这种通过租赁和系统建设的方式，使如家酒店的建设周期大大缩短。同时，如家的选址尽量靠近一些商务区和周边配套比较完善的地方，周围具有良好的购物、餐饮和娱乐场所。如家在做到有所不为的同时，客人需要的便利服务和条件并没减少。

(4) 有所多为

为了增添房间的温馨感，如家采用碎花的床单、枕套，打破星级酒店和旅社都用白色床品的传统；淋浴隔间用的是推拉门而不是简陋的塑料布；毛巾则有两种不同颜色，便于顾客区分。

在如家酒店客房的书桌上，常常为客户摆放几本书，开展“书适如家”的活动，提供的书籍包括文学、历史、旅游等方面，客人可以随意阅读；同时，提供一盏家用普通台灯及免费上网等服务，在细节上极尽可能营造出家的温馨。

如家快捷的品牌服务受到中外客人的好评。国际主流财经杂志《福布斯》曾就如家提供给客人的读书活动——“书适如家”做了深度报道，称赞如家提供给客人的读书体验活动增加了品牌服务的内涵，同时给客人提供了“家”的氛围。

在不断给客人提供细致、温馨服务的同时，如家积极为数十万会员提供额外的增值服务，同时与具有互补性产品的大品牌进行“异业联盟”，方便商务人士的商旅生活。例如，如家和世界知名汽车租赁公司推出的“租车”服务，受到了广大宾客的欢迎。

(5) 有所少为

在保证服务质量的前提下，在非关键的方面也尽可能少为。该花钱的地方绝不吝啬，该砍下的成本也绝不手软。这些措施都为如家降低了整体服务价格，提高了服务水平和效率。

在人员管理方面，如家每百间房的用人为30～35人，远远低于传统高星级酒店的每百间房100～200人的配置，人力成本仅为同业的1/6～1/3。扁平的组织结构使得效率提高。店长、值班经理、员工三层构成了如家酒店的组织机构，放弃了传统酒店店长、部门经理、主管、领班、员工五个层级的结构。传统酒店的总经理需要诸如营销部、客房部的支持，而在如家，店长肩负营销、人员管理、客户管理、前后台支持等综合任务。如家与一般酒店相比少了两个管理层次，没有部门经理，也没有领班，组织结构扁平化的结果就是店长大小杂事都得做。

如家使用分体式空调，冬天使用暖气，餐厅占地面积仅为50～100 m^2，把更多的空间变成客房，餐厅不对外服务，甚至如果附近有餐馆，自己就不设餐厅。对于住宿时间长的顾客并不天天更换牙刷。如家用这种不太注重餐饮和其他服务质量的方式降低了整体的服务价格，提高住宿服务的水平和效率。如家降低成本的方法还有很多，如一般大堂不是很大，装修也并不豪华，但要求一定是整洁的。完善的如家订房中心系统也有效降低了劳动成本，提高了服务效率。

如家成立这几年来，得到了飞速的发展，成为中国经济型酒店的龙头，在中国酒店业激烈的竞争中赢得一片天地，找到了全新的蓝海。

如家的成功绝非偶然，而是找出竞争对手忽略的地方，提供客户尚未满足的需求。

（资料来源：如家营销的为与不为. 全球品牌网. http://www.globrand.com/2010/350787.shtml. 编者有删节。）

思考并分析：

（1）概括如家酒店与传统酒店发展战略的区别。

（2）分析如家酒店成功的主要原因。

战略管理前沿——蓝海战略

> 蓝海战略（Blue Ocean Strategy）是由W. 钱·金（W. Chan Kim）和莫博涅（Mauborgne）提出的。蓝海战略其实就是企业超越传统产业竞争、开创全新市场的企业战略。“红海”是竞争极端激烈的市场；“蓝海”也不是一个没有竞争的领域，而是一个通过差异化手段得到的崭新的市场领域，在这里，企业凭借其创新能力获得更快的增长和更高的利润。

> 蓝海战略要求企业突破传统的血腥竞争所形成的“红海”，拓展新的非竞争性的市场空间，与已有的通常呈收缩趋势的竞争市场需求不同，蓝海战略考虑的是如何创造需求，突破竞争。目标是在当前的已知市场空间的“红海”竞争之外，构筑系统性、可操作的蓝海战略，并加以执行。只有这样，企业才能以明智和负责的方式拓展蓝海领域，同时实现机会的最大化和风险的最小化。任何一家企业，无论其规模大小，无论其是否是新进入该行业的企业，都不应该也不能过度冒险。
>
> W.钱·金基于对跨度达 100 多年、涉及 30 多个产业的 150 个战略行动的研究，指出价值创新是蓝海战略的基石。价值创新挑战了基于竞争的传统教条，即价值和成本的权衡取舍关系，让企业将创新与效用、价格与成本整合一体，不是比照现有产业最佳实践去赶超对手，而是改变产业框架重新设定游戏规则；不是瞄准现有市场“高端”或“低端”顾客，而是面向潜在需求的买方大众；不是一味细分市场满足顾客偏好，而是合并细分市场整合需求。
>
> 一个典型的蓝海战略例子是太阳马戏团，在传统马戏团受制于“动物保护”、“马戏明星供方砍价”和“家庭娱乐竞争买方砍价”而萎缩的马戏业中，从传统马戏的儿童观众转向成年人和商界人士，以马戏的形式来表达戏剧的情节，吸引人们以高于传统马戏数倍的门票来享受这项前所未见的娱乐。
>
> 蓝海战略要求企业突破传统的血腥竞争所形成的“红海”，拓展新的非竞争性的市场空间。与已有的通常呈收缩趋势的竞争市场需求不同，蓝海战略考虑的是如何创造需求，突破竞争。

（资料来源：W.钱·金，勒妮·莫博涅. 蓝海战略. 上海：商务印书馆，2005. 编者有删节。）

本章小结

业务层战略主要解决的问题是在选定的每一个业务领域里如何进行竞争，以获得超过竞争对手的竞争优势，因此也称为竞争战略。在本章中，着重介绍了三种传统战略管理理论领域中最基本的战略：成本领先战略、差异化战略以及聚焦战略，分别从适用条件、该战略的益处以及需要的组织保障、可能存在的风险等多方面对这些战略进行了详细介绍。同时，结合该理论领域的最新研究成果，对低成本差异化战略进行了介绍。

本章英文词汇

业务层战略　Business Strategy
低成本战略　Low Cost Strategy
差异化战略　Differentiation Strategy

聚焦战略 Focus Strategy

低成本差异化战略 Low Cost Oriented Differentiation Strategy

柔性制造系统 Flexible Manufacturing System

全面质量管理 Total Quality Management

本章思考题

6-1 企业业务层战略有哪几种？其内涵是什么？有什么异同？

6-2 每一种业务层战略各自的适用条件是什么？

6-3 每一种业务层战略是如何防御五种力量的竞争的？

6-4 运用每一种业务层战略时会有什么样的风险？

6-5 请结合本章知识，介绍一个你熟悉的企业是如何在市场上竞争的。

参考文献

[1] AMT集团.竞争战略.AMT集团内部期刊,2009,9.

[2] 迈克尔·波特.竞争战略.北京:华夏出版社,2005.

[3] 百度文库.基本竞争战略——波特三大一般性战略.

[4] 杨智.浅谈企业成本领先战略.哈尔滨职业技术学院学报，2009,4:118-120.

[5] MBA智库."成本领先战略"词条.http://wiki.mbalib.com/wiki/.

[6] 张清华.浅谈成本领先战略.现代经济，2008,5(7):48-49.

[7] 张海如.规模经济:理论辨析和现实思考.经济问题,2001,1:8-11.

[8] CNKI概念知识元库."转换成本"词条.http://define.cnki.net/WebForms/.

[9] 孙伟.低成本战略的整合之道.北京改革与管理,2005,10:74-75.

[10] 格兰仕.格兰仕的营销战略.格兰仕官方网站.http://www.galan2.com.cn/.

[11] 李春莉,汪林生.论成本领先战略与别具一格战略的关系.北京轻工业学院学报,2003,3(18):41-45.

[12] 孟卫东.战略管理——创建持续竞争优势.北京:科学出版社，2004.

[13] 张朝.如何实施成本领先战略.政策与管理，2002,4:9-11.

[14] 李农勤.市场营销学.北京:清华大学出版社，2006.

[15] 喻建红,张国康.成本是竞争的利器.企业经济,2005,5:66-67.

[16] 赵光忠.领导决策力18法则.北京:中华工商联合出版社,2006.1.

[17] 石洪景.企业实施差异化战略研究.消费导刊,2009,6:126-127.

[18] 郝卫东.我国第四方物流企业差异化竞争战略与对策.山西科技,2008,4:81-83.

[19] 张良.企业差异化战略的对策.产业与科技论坛,2009,6(8):116-117.

[20] MBA智库."个性化营销"词条.http://wiki.mbalib.com/wiki/.

[21] 胡宗良,等. 集团公司战略:分析、制定、实施与评价. 北京:清华大学出版社,2006.

[22] 宁建新. 差异化战略:企业成功的捷径. 市场经济导报,2000,4:38-39.

[23] 任浩,刘石兰. 基于战略的组织结构设计. 科学学与科学技术管理,2005,8:123-126.

[24] 官晴雯. 浅谈企业差异化战略. 商场现代化,2004,9:48-49.

[25] 王庆龄. 企业实施差异化竞争战略探析. 企业研究,2008,8.

[26] 黄云杰. 浅析卷烟产品的差异化战略. 中国烟草,2007,1.

[27] 王宏. 企业实施差异化战略研究. 生产力研究,2007,1:123-125.

[28] 郭建英. 案例:摩托车特定行业竞争优势的三大战略分析. http://finance.sina.com.cn/leadership/case/20050913/16251965011.shtml.

[29] 周颖. 市场营销学. 北京:北京师范大学出版社. 2008.

[30] 郑自忠. 集中战略的制胜之道. 企业改革与管理,2007,3:79-80.

[31] MBA 智库."集中型战略"词条. http://wiki.mbalib.com/wiki/.

[32] 魏从贤. 企业目标集中战略研究. 江汉石油职工大学学报,2008,3(21):75-77.

[33] 黄子豪. 战略成功学创始人黄子豪谈聚焦战略. 价值中国网:http://www.chinavalue.net/Article/Archive/2009/1/7/153611.html.

[34] 吴盛亮,等. 集中化战略选择探析. 集团经济研究,2008,8:96-96.

[35] 于彪. 构建低成本航空公司,促进民航业协调发展. 空运商务,2009,2:6-7.

[36] 刘凤军. 集中战略的博弈分析. 价值工程,2005,3:96-97.

[37] 余孝炉. 需求驱动的快速供应链——解析 ZARA 成功之道. 营销市场,2009,7:86-88.

[38] 吴立. 柔性制造技术的现状及发展趋势. 伺服控制,2009,8.

[39] 熊卫国,何为红. 精益生产模式与全面质量管理. 江西煤炭科技,2009,1:101-103.

竞争战略选择 7

企业家谈战略——马云谈竞争战略

曾有人问马云，阿里巴巴最大的对手是谁，马云不假思索地表示：是 eBay，阿里巴巴干的事情其实与 eBay 有相似之处。

eBay 对于阿里巴巴来说是一个强大的对手，eBay 通过打败或是收购当地对手的方式，占据了德国、法国和澳大利亚的在线拍卖市场，它在韩国和新加坡市场位于主导地位。前不久，eBay 进入了马来西亚、菲律宾和印度市场，估计将来还要进军越南、泰国和印度尼西亚市场。

eBay 是大海里的鲨鱼，淘宝则是长江里的鳄鱼，鳄鱼在大海里与鲨鱼搏斗，结果可想而知，我们要把鲨鱼引到长江里来。

我们与竞争对手最大的区别就是我们知道他们要做什么，而他们不知道我们想做什么。

我国企业在 21 世纪面临的竞争愈加激烈，如何设定和选择正确的竞争战略成为许多企业遇到的问题和巨大挑战。在现代社会中，“竞争”这个词已经深入人心，很多人认为企业的存在就是为了竞争，任何企业制定战略就是为了竞争。但是张瑞敏不这样认为，许多其他企业家也不这样认为。他们选择竞争与合作并存，这就是竞合战略。当然除了竞合战略外，竞争战略还有其他很多类型，如并购战略、虚拟经营战略及战略联盟等。企业从这些战略中找出适合自己的方式来生存发展，避免扩大自己的缺点或忽略自己的优点，在 21 世纪的惊涛骇浪中不再迷失自我，进而确定方向完成既定目标。

7.1 并购战略

并购也称购并，字义上可分为合并与收购，是指企业战略、企业财务及管理方面有关购买公司、售卖公司或与不同公司结合的事宜。这一战略可以在不必再创造新的企业实体的前提下，帮助成长中的公司在某一特定行业迅速发展。企业并购战略(Strategy of Merger and Acquisition)是指企业以发展为目标，采用合并与收购行为的一种企业行动计划。并购战略的目标直接影响文化整合模式的选择，并购战略类型对文化整合模式有较大的影响力。在横向并购战略中，并购方往往会将自己部分或全部的文化注入被并购企业，以寻求经营协同效应；而在纵向一体化并购战略和多元化并购战略下，兼并方对被兼并方的干涉大为减少。因此，在横向并购时，并购方常常会选择替代式或融合式文化整合模式；而在纵向并购和多元化并购时，选择促进式或隔离式文化整合模式的可能性较大。

7.1.1 并购战略的类型

企业并购有多种类型，从不同的角度有不同的分类方法，下面分别从并购双方所处的行业、并购的方式、并购的动机、并购的支付方式进行分类[1]。

(1) 按并购双方所处的行业划分

从并购双方所处的企业性质和状况来看，企业并购可以分为横向并购、纵向并购和混合并购。

① 横向并购

横向并购是指处于同行业、生产同类产品或生产工艺相似的企业间的并购。这种并购实质上是资本在同一产业和部门内集中，迅速扩大生产规模，提高市场份额，增强企业的竞争能力和盈利能力的一种方式。

② 纵向并购

纵向并购是指生产和经营过程相互衔接、紧密联系的企业之间的并购。其实质是通过处于生产同一产品的不同阶段的企业之间的并购，从而实现纵向一体化。纵向并购除了可以扩大生产规模、节约共同费用之外，还可以促进生产过程的各个环节的密切配合，加速生产流程，缩短生产周期，节约运输、仓储费用和能源。

③ 混合并购

混合并购是指处于不同产业部门、不同市场，且这些产业部门之间没有特别的生产技术联系的企业之间的并购。它包括三种形态：

a. 产品扩张性并购，即生产相关产品的企业间的并购；

b. 市场扩张性并购，即一个企业为了扩大竞争地盘而对其他地区生产同类产品的企业进行的并购；

c. 纯粹的并购，即生产和经营彼此毫无关系的产品或服务的企业之间的并购。

混合并购可以降低一个企业长期从事一个行业所带来的经营风险。另外，通过这种方式可以使企业的技术、原材料等各种资源得到充分利用。

(2) 按并购的方式划分

按并购的方式划分，企业并购可以分为直接收购和间接收购。

① 直接收购

直接收购是指收购公司直接向目标公司提出并购要求，双方经过磋商，达成协议，从而完成收购活动。如果收购公司对目标公司的部分所有权提出要求，目标公司可能会允许收购公司取得目标公司新发行的股票；如果收购公司对目标公司的全部产权提出要求，双方通过协商，确定所有权的转移方式。在直接收购的条件下，双方可以密切配合，因此成本相对较低，成功的可能性较大。

② 间接收购

间接收购是指收购公司通过直接在证券市场上收购目标公司的股票达到控制目标公司的目的。间接收购方式很容易引起股价剧烈上涨；同时，可能会引起目标公司的激烈反应，导致收购成本的提高，增加收购的难度。

(3) 按并购的动机划分

按收购公司的动机划分，可以分为善意并购和恶意并购。

① 善意并购

收购公司提出收购条件以后，如果目标公司接受收购条件，这种并购称为善意并购。在善意并购情况下，收购条件、价格、方式等可以由双方高层管理者协商进行，并经董事会批准。由于双方都有合并的愿望，因此，这种方式的成功率较高。

② 恶意并购

若收购公司提出收购要求和条件后，目标公司不同意，收购公司只有在证券市场上进行强行收购，这种方式称为恶意收购。在恶意收购情况下，目标公司通常会采取各种措施对收购进行抵制，证券市场也会迅速做出反应，股价迅速提高。因此，对于恶意收购，除非收购公司有雄厚的实力，否则较难成功。

(4) 按并购的支付方式划分

按支付方式的不同，企业并购可以分为现金收购、股票收购、综合证券收购。

① 现金收购

现金收购是收购公司向目标公司的股东支付一定数量的现金而获得目标公司的所有权或部分所有权。现金收购存在资本所得税的问题，这可能会增加收购公司的成本，因此在采用这一方式的时候，必须考虑这项收购是否可以免税。另外，现金收购会对收购公司的周转资金、资产结构、负债等产生影响，因此应该综合进行权衡。

② 股票收购

股票收购是收购公司通过增发股票的方式获得目标公司的所有权。采用这种方式时，公司不需要对外支付现金，因此不至于对公司的财务状况产生影响，但是增发股票会影响公司的股权结构，原有股东的控制权会受到冲击。

③ 综合证券收购

综合证券收购是指在收购过程中，收购公司支付的不仅仅有现金、股票，而且还有认股权证、可转换债券等多种方式的混合收购。这种兼并方式具有现金收购和股票收购的特点，收购公司既可以避免支付过多的现金，保持良好的财务状况，又可以防止控制权的转移。

7.1.2 并购战略的优势

(1) 并购战略的动机

在激烈的市场竞争中，企业只有不断发展才能维持生存，通常情况下企业既可以通过内部投资获得发展，也可以通过并购获得发展，两者相比，并购方式的效率更高，其主要表现在以下几个方面：

① 并购可以节省时间

企业的经营与发展是处在一个不断变化的动态环境之中的，在企业发展的同时，竞争对手也在谋求发展，因此，在发展过程中必须把握好时机，尽可能抢在竞争对手之前获取有利的地位。如果企业采取内部投资的方式，将会受到项目的建设周期、资源的获取以及配置等方面的限制，制约企业的发展速度。而通过并购的方式，企业可以在极短的时间内将企业规模做大，提高竞争能力，将竞争对手击败。尤其是在进入新行业的情况下，领先一步的企业就可以取得原材料、渠道、声誉等方面的优势，在行业内迅速建立领先优势。优势一旦建立，别的竞争者就难以取代。在这种情况下，如果通过内部投资逐渐发展，显然不可能满足竞争和发展的需要[2]。因此，并购可以使企业把握时机、赢得先机、获取竞争优势。

② 并购可以降低进入壁垒和企业发展的风险

企业进入新的行业会遇到各种各样的壁垒，包括资金、技术、渠道、顾客、经验等，这些壁垒不仅增加了企业进入这一行业的难度，而且提高了进入的成本，增加了进入的风险。如果企业采用并购的方式，先控制该行业原有的一个企业，则可以绕开这一系列的壁垒，实现在这一行业中的发展，这样可以使企业以较低的成本和风险迅速进入这一行业。

尤其是某些行业受到规模的限制，而企业进入这一行业必须达到一定的规模，这必将导致生产能力过剩，引起其他企业的剧烈反抗，产品价格可能会迅速降低。如果需求不能相应地得到提高，该企业的进入将会破坏这一行业的盈利能力。而通过并购的方式进入这一行业，不会导致生产能力的大幅度扩张，从而保护这一行业，使企业进入后有利可图。

③ 并购可以促进企业跨国发展

目前，竞争全球化的格局已基本形成，跨国发展已经成为经营的一个新趋势，企业进入国外新市场时，面临着比进入国内新市场更多的困难。它主要包括：企业的经营管理方式、经营环境的差别及政府法规的限制等。采用并购当地已有企业的方式进入，不但可以加快进入速度，而且可以利用原有企业的运作系统、经营条件、管理资源等，使企业在今后阶段快速发展。另外，被并购的企业与进入国的经济紧密融为一体，不会对该国经济产生太大的冲击，因此，政府的限制相对较少，这有助于跨国发展。

(2) 发挥协同效应

并购后两个企业的协同效应主要体现在生产协同、经营协同、财务协同、人才与技术协同。

① 生产协同

企业并购后的生产协同主要通过工厂规模经济取得。并购后，企业可以对原有企业之间的资产即规模进行调整，使其实现最佳生产规模，降低生产成本；原有企业间相同的产品由专门的生产部门进行生产，从而提高生产和设备的专业化，提高生产效率；原有企业间相互衔接的生产过程或工序，并购后加强了生产的协作，使生产得以流畅进行，还可以降低中间环节的运输、储存成本。

② 经营协同

经营协同可以通过企业的规模经济来实现。企业并购后，管理机构和人员可以精简,使管理费用由更多的产品进行分担,从而节省管理费用;原企业的营销网络、营销活动可以进行合并,节约营销费用;研究与开发费用可以由更多的产品进行分担,从而可以迅速采用新技术推出新产品。并购后,企业规模的扩大增强了企业抵御风险的能力。

③ 财务协同

并购后的企业可以对资金统一调度,增强企业资金的利用效果。由于规模和实力的扩大,企业筹资能力可以大大增强,满足企业发展过程中对资金的需求。另外,并购后的企业由于财务统一处理,可以弥补产生的亏损,从而取得合理避税的效果。

④ 人才与技术协同

并购后,原有企业的人才、技术可以共享,充分发挥人才与技术的作用,增强企业的竞争力。尤其是一些专有技术,企业通过其他方法很难获得,通过并购获取了对该企业的控制,从而获得该项专利或技术,促进企业的发展。

(3) 加强对市场的控制能力

在横向并购中,通过并购可以获取竞争对手的市场份额,迅速扩大市场占有率,增强企业在市场上的竞争能力。另外,由于减少了竞争对手,尤其是在市场竞争者不多的情况下,可以增强讨价还价的能力,企业可以以更低的价格获取原材料,以更高的价格向市场出售产品,从而扩大企业的盈利水平。

(4) 获取价值被低估的公司

在证券市场中,从理论上讲公司的股票市价总额应等同于公司的实际价值,但是由于环境、信息不对称和企业未来发展的不确定性等方面的影响,上市公司的价值经常被低估。如果企业认为自己可以比原来的经营者做得更好,那么该企业可以收购这家公司,通过对其经营获取更多的收益,该企业也可以将目标公司收购后进行重新出售,从而在短期内获得巨额收益。

(5) 合理避税

各国公司法中一般都有规定,一个企业的亏损可以用今后若干年度的利润进行抵补,抵补后再缴纳所得税。因此,如果一个企业历史上存在着未抵补完的正额亏损,而收购企业每年创造大量的利润,则收购企业可以低价获取这一公司的控制权,利用其亏损进行合理避税。

7.1.3 并购应注意的问题

并购对企业发展具有重大的意义,但是从实际情况来看,许多并购案

都是失败的。为保证企业并购的成功,应该注意以下几个问题:

(1) 在企业战略的指导下选择目标公司

在并购一个企业之前,必须明确本企业的发展战略,在此基础上对目标企业所从事的业务及资源状况进行调查。如果对其收购后,被收购企业能够很好地与本企业的战略相配合,从而通过对目标企业的收购增强本企业的实力,提高整个系统的运作效率,最终增强竞争优势,这样才可以考虑对目标企业进行收购。反之,如果目标企业与本企业的发展战略不能够很好地吻合,那么即使目标企业收购价格十分便宜,也应该慎重行事。因为对其收购后,不但不会通过企业间的协作、资源的共享获得竞争优势,反而会分散购买方的力量,降低其竞争能力,最终导致并购失败。

(2) 并购前应对目标企业进行详细的审查

许多失败的并购是由于事先没有很好地对目标企业进行详细审查。在并购过程中,由于信息不对称,买方很难像卖方一样对目标企业有着充分的了解,但是许多收购方在事前都想当然地以为自己已经很了解目标企业了,能够通过对目标企业的良好运营发挥出很大的价值。许多企业在收购程序结束后,才发现事实并非想象中的那样,目标企业中可能存在着没有注意到的重大问题,以前所设想的机会可能根本就不存在,或者双方的企业文化、管理制度、管理风格等方面很难融合,因此很难将目标公司融入整个企业的运作体系当中,从而导致并购的失败。

(3) 合理估计自身实力

在并购过程中,由于收购方通常要向外支付大量的现金,并购方的实力对于并购能否成功有着很大的影响。这必须以企业的实力和良好的现金流为支撑,否则企业就要大规模举债,造成本身财务状况的恶化。企业很容易因为沉重的利息负担或者到期不能归还本金而导致破产,这种情况在并购中经常出现。

(4) 并购后对目标企业进行迅速有效的整合

目标公司被收购以后,尤其是在恶意收购的情况下,很容易导致经营混乱的局面。这时许多管理人员可能纷纷离去,客户流失,生产混乱,因此需要对目标公司进行迅速有效的整合,通过向目标公司派驻高级管理人员稳定目标公司的经营,然后对各个方面进行整合。其中,对企业文化整合尤其应该受到重视,因为许多研究发现:很多并购的失败都是由于双方企业文化不能很好地融合。通过对目标公司的整合,使其经营重新步入正轨,并与整个企业运作系统的各个部分有效配合。

7.1.4 并购战略的原则

正是由于战略并购拥有其他战略无法企及的优点，大量的企业采用了并购战略。但是任何战略的实施都有其限制和原则，著名管理学家杜拉克对于企业并购决策提出了以下五项基本原则：

(1) 并购企业必须能为被并购企业作贡献

并购企业只有彻底考虑自己能为被并购的企业作出什么贡献，而不是被并购企业能为并购企业作出什么贡献时，并购才可能成功。并购企业对被并购企业的贡献可以是多种多样的，包括技术、管理和销售能力，而不仅仅是资金。

(2) 并购需要进行文化的整合

企业要想通过并购来成功地开展多种经营，就需要有一个团结的核心、共同的语言，从而将它们合成一个整体。也就是说，并购企业与被并购企业之间在文化上要能够整合，要有共同的文化基础，至少要有一定的联系。

(3) 并购必须情投意合

并购企业必须尊重被并购企业的员工、产品、市场和消费者。除非并购双方协商，否则不可以随意减少并购前各个公司的市场范围；对于并购后的企业，如果某些职位员工需要减少，要对员工进行相应的补偿。

(4) 并购企业应改善被并购企业的管理

并购企业必须能够为被并购企业提供高层管理人员，帮助被并购企业改善管理。被并购企业的管理层可注入并购方的管理人员，注意管理层之间的合作是并购初期的主要内容之一。

(5) 并购应关注管理人员

在并购的第一年内，要让双方的管理人员大部分都得到晋升，使得双方的管理人员都相信并购给公司带来了机会。

7.2 竞合战略

竞合战略(Strategy of Competitiveness and Cooperation)是指通过与其他企业合作来获得企业竞争优势或战略价值的战略。竞合战略在竞争中求合作，合作中有竞争。竞争与合作是不可分割的整体，通过合作中的竞争、竞争中的合作，实现共存共荣，一起发展，这是企业竞争所追求的最高境界。竞合的着眼点在于把产业蛋糕做大，在做大蛋糕的基础上大家都有可能比以前得到的更多,从而使企业能在一个风险相对较小、相对稳定、渐进变化的环境中获得较为稳定的利润。竞合的实质是实现企业优势要素的互补,增强竞争双方的实力,并且将其作为竞争战略之一加以实施,从而促成双方建立和巩固各自的市场竞争地位。

竞合战略最早出现在 1996 年博弈理论与实务专家布兰登博格(Adam M. Brandenburger)和奈勒波夫(Barry J. Nalebuff)出版的《竞合战略》中[3],并立即在实业界和理论界掀起一股热销和讨论的浪潮。竞合战略是博弈理论的一种应用,是关于创造价值与争取价值的理论。创造价值的本质是合作的过程,争取价值的本质是竞争的过程。竞合战略的主要观念是增加互补者,运用互补者的战略可以使产品和服务变得更有价值。

7.2.1 竞合战略的构建思路

竞合战略的实施也使传统的竞争者观念发生了巨大变化,他们不再把对抗看做是公司之间你死我活的拼抢,而是看做竞争性市场和供应链之间的冲突和竞争。竞合战略不仅弥补了竞争战略只重视竞争的缺陷,更为重要的是,竞合战略将是一种全新的战略管理理念和行为模式,将推动企业战略理论的发展,同时将对企业的战略管理实践具有革命性的指导意义。

竞争观念的转变,导致企业的资源构成发生改变。传统的资源划分方法认为,企业资源主要是指企业内部资源,通常分为以下三类:① 主要资源,也就是企业的产品和服务;② 支持性资源,即企业主要资源生产过程中的支持物和使用物,包括原料、设备、资金、技术等;③ 无形资源,主要是战略计划和管理控制。而在竞合的观念下,市场(顾客)等企业外部资源成为企业资源的重要构成部分,成为竞争的重点[4]。同时,资源的提供者也由企业内部向企业外部转化,即企业资源的可能来源是企业的关联集团(企业的所有相关成员,包括企业内部组织构成,诸如企业股东、管理人员、员工、股票持有人等,以及企业外部相关成员,诸如政府、合作者、竞争者以及社会等)。

7.2.2 竞合战略的类型

企业的资源构成决定了竞合战略的构建方式,企业的资源提供者决定了竞合战略的结盟对象。企业竞合战略的构建思路是选择合适的资源提供者在稀缺资源方面进行合作。由于企业竞合战略的构建,主要考虑企业外部相关成员,因此,合作者、竞争者等成为主要的分析因素。

(1) 企业与合作者的竞合

① 与合作者竞合的背景

企业与合作者的竞合主要是指企业与产品生产的产业链上的相关成员(包括企业的原料供应商、产品分销商、第三方物流服务者等各方)的合作。早在20世纪80年代,随着物流一体化由企业内部的物流活动的整合转向跨越企业边界的不同企业间的协作,供应链管理的思想就已经有所体现。进入21世纪以来,在经济全球化的背景下,随着企业信息化的建设进程加速,与合作者的竞合从内容到实现手段等方面都被注入了全新的内涵。

早期的供应链管理思想认为,面对日趋激烈的市场竞争,仅仅靠一个企业和一种产品的力量已不足以占据优势,企业必须与其原料供应商、产品分销商、第三方物流服务者等结成持久、紧密的联盟,共同建设高效率、低成本的供应链,才可以在市场竞争中立于不败之地。供应链管理的节点企业之间是一种战略合作伙伴关系,要求对供应链所有节点企业的活动进行紧密的协作控制,形成一个动态联盟。在信息技术支持下,通过紧密的功能协调追求多个企业的全局性能优化,客观上也就实现了组织内有更大的效率或价值的增值,进而实现联盟利益最大化这个目标。

在新的经济格局和竞争环境下,供应链这一核心问题得到了提升和强化。一方面,在同一个供应链联盟中,企业之间的竞争战略、生产组织和资源配置方式等都发生了质的变化。它强调要塑造自己的核心竞争力,与其他企业建立战略合作伙伴关系,而每一个企业都集中精力去巩固和发展自己的核心竞争力和核心业务,利用自己的资源优势,做好本企业能创造特殊价值的、长期控制的、比竞争对手更擅长的关键业务。另一方面,整个供应链联盟围绕联盟利益最大化这个目标,客观分析市场及顾客的个性需求,通过联盟内技术程序的重新设计和业务流程的重组,优化产品结构,相关企业通力合作,进而提高供求信息资源的共享程度以及市场供求的调控能力,从而理性、超前、积极、主动地调整行业供应链的组合,及时、快速、有针对性地为顾客提供个性化的产品和服务,从而实现产业链降低交易成本、维系顾客关系、减小市场风险,建立供应链综合竞争力,达到双赢或多赢的目的。

② 与合作者竞合的类型

围绕竞合战略这一主旨,企业可以与产业链的所有成员进行合作。作为制造企业,既可以与供应商、经销商结盟,也可以与物流配送商合作;合作不仅可以运用在产品制造方面,也可以运用在市场营销方面,或者在广告宣传、娱乐传媒方面;从目的上看,合作可以是为了优势互补、资源共享、弥补缺陷、分担风险，也可以是为了联手角逐市场，等等。竞合战略的产业链合作主要包括以下几个方面：

a. 企业与设备供应商的合作

企业与设备供应商的合作是企业进行新业务开发和推广的关键环节。与设备供应商的合作包括技术培训、在设备开发方面的交流以及争取设备供应商的买方信贷等。与终端厂商的合作包括技术联盟、研发联盟和资本合作等。这方面成功的案例之一就是瑞典利乐公司与伊利、光明、三元、蒙牛、娃哈哈、汇源等国内几大乳业及果汁饮料行业巨头的合作。

利乐公司认为，在中国市场制胜的关键就是在中国市场采用先进的关键客户管理系统营销模式：以客户管理为中心，利乐公司的技术设备专家、包装设计人员、市场服务人员，甚至财务经理都会与客户保持紧密联系，一同深入生产和市场一线，在设备引进、产品开发、技术培训、市场信息、营销体系构建、新品上市的全过程中积极投入，帮助本地客户发展壮大。正是由于这种理念，使利乐公司较快融入中国本土企业，与它们共同成长，实现双赢。

b. 企业与销售商的合作

在市场成为企业主要资源的今天，与经销商的合做几乎可以被看做是企业成败与否的关键，企业只有与各种类型的分销渠道合作才能进入市场、占领市场。通过与销售商的合作，不仅可以稳固市场份额，培育顾客忠诚度，而且可以获得第一手的市场需求信息，为新产品的开发研制捕获灵感。

从我国几个大型乳品企业——伊利乳业、蒙牛乳业、光明乳业的营销模式看，销售渠道的建立及维护是企业发展的关键因素。作为生活消费品，这些乳品企业正是因为紧紧把握住销售环节的管理，才创造了各自的业绩与辉煌。在这方面，蒙牛乳业堪称业界典范，蒙牛乳业在 1999 年初创之时，从没有生产工厂和产品开始，先做营销、品牌，创造了当年销售额 7000 万元的奇迹。

c. 企业与原料提供者的合作

与原料提供者的合作可以使企业实现低成本，及时、快速、有针对性地为顾客提供个性化的产品和服务，进而理性、超前、积极、主动地调整行业供应链的组合。因此企业与原料提供者的合作同样重要。

国内大部分加工型企业与原料提供者基本上是一种通过合同建立起来的买卖关系，由于合同各方属于不同的利益主体，其合作关系常常处于不稳定的状态，不能充分发挥生产、加工、销售一体化的优势。从长远发展的角度来看，加工企业必须建立起与原材料提供商之间战略联盟前提下的合理的价格体系。通过这一价格体系,在市场交换中实现各利益主体之间的合理的利润分配与风险承担,结成利益共同体。

(2) 企业与同行竞争者的竞合

① 与竞争者竞合的背景

与同行竞争者之间的竞合,似乎一直是个难以理解的问题,但实际上这是竞合战略的精髓,是近年来对竞合模式的一种新突破。与以前的互补性联盟不同,未来会有更多与竞争对手的联盟出现。随着我国市场经济体制的不断成熟与完善,企业市场化的进程逐步加快,企业之间的竞争越来越白热化。按照竞争模式的演变,行业集中度不断提高的过程,也就是行业内整合的过程,最终结果是越来越多的弱势企业被抛入破产的行列。因此,通过与同行竞争者之间的合作竞争可以达到短时间内迅速扩大企业规模、提高企业本身竞争力的目的。简而言之,与同行业竞争者之间的竞合可以达到以下目的:创造规模经济,增强企业实力;迅速获得新技术;进入战略市场,扩大市场份额;降低风险;打破贸易壁垒,进入国外市场;获得低成本生产能力,或能充分利用剩余生产能力,达到降低综合成本目的;扩大企业规模,提高企业竞争优势,最终达到提高企业核心竞争力的目的。因此,与同行业竞争者之间的竞合是企业竞合战略的主流和趋势。

② 与竞争者竞合的合作类型

在这种模式下,行业内的竞争者针对某种稀缺资源,通过并购、重组、联合、战略联盟、协议合作等方法,建立行业内竞争者之间的合作。合作可以是单个环节的,也可以是多个环节的,目前主要的合作方式包括以下几种:

a. 研究开发环节的合作

研发合作是国外企业快速研究开发新技术、新产品采用得比较多的形式。例如,美国的 18 家电脑厂商及半导体制造商共同实施一项名为 MCC 的计划,它们联合起来研究包括新结构、软件和人工智能的第五代电脑,而研究成果将由各主办单位专利使用三年。这些联盟有利于集结各种资源和各方优势,节省研究成本,缩短研究周期。

对于我国的企业,其中大多企业存在产品的技术含量相对较低、产品的附加值低于国外同类产品等问题,因此对于该方面的合作似乎更为紧迫。从国内的市场竞争状况来看,今后的竞争将主要是与国外企业的竞争为主。因此,国内企业尤其是大型龙头企业应摒弃前嫌,以战略的眼光思考问题,在研究开发环节强强联合,发挥各自的技术优势,走合作创新的路子,不断推出高品质的新产品,大幅提高产品的技术含量,进而增加产品在国际市场的竞争力。

b. 生产制造环节的合作

生产制造环节的合作对于合作双方在产品生产的不同环节有着各自技术优势的企业有着重大的意义。对于国内企业,若能将不同企业的优势技术合理组合,则产品的竞争力必将得到大幅提高。一个典型案例是欧洲空中客车公司生产的A300和A310宽体客机,由德国的企业负责生产机身,英国企业负责生产机翼,西班牙企业负责生产尾翼,最后在法国总装。这种把欧洲各国飞机制造的优势结合在一起的联盟,取得了很大的成功。

c. 销售环节的合作

对于销售市场和销售渠道,历来是企业竞争的焦点,尤其在当今经济全球化的市场背景下,市场和客户成为企业的主要资源,因此企业的大量资金都投入到市场开发环节中,竞争越激烈,这种耗费就越巨大。可以想象,如果同行业激烈竞争的双方能够在该环节结盟合作,把用于内战的投入合理配置,转向新市场的开发,则新开发的市场要比以前大得多。这点可以参照国际市场的一些模式,比如韩国三星电子公司和日本NEC公司合作生产半导体销往欧洲市场,其目的是利用双方的品牌优势扩展市场份额。

销售战略联盟在商业领域的另一种表现形式是特许经营。特许者将自己拥有的知识产权,如商标、产品、专利和经营技术等,以特许经营合同的形式授予被特许者使用,被特许者可以利用特许者的品牌价值和品牌优势扩大产品销量,同时有利于特许者销售网点快速、低成本增长,这是当前国际流行的一种商业理念,也是合作竞争中的强弱合作的重要模式。对于国内大量的中小型企业,在走自我发展道路的同时,应以战略眼光看待知识资源,借助知名企业的品牌优势发展壮大自己,以达到快速扩大企业的规模及提高竞争力的目的。

d. 合资企业战略联盟

这种形式大多发生在发达国家与发展中国家的企业之间。发达国家的投资者的目的大多是为了进入发展中国家的市场,而发展中国家的企业则是为了利用发达国家企业的技术、资金、品牌和管理等资源优势,来提高自身的市场竞争力。

这方面的合作在我国有许多成功的案例,如蒙牛乳业与摩根士丹利的合作、中金公司分拆出来的鼎晖投资和英国联邦投资与商联保险合资的英联投资的合作、上海光明乳业与亚洲达能的合作;另外,近年来我国汽车产业与国外企业的合作等都属于这方面的合作。

与竞争对手的合作,除了企业增强竞合观念外,政府也应该适时制定指导性原则和方法,并建立行之有效的争端解决机制。在新的竞争环境下，企业在开拓市场中实行合作竞争、联合竞争、协作竞争是必然趋势，这对于跨国公司尤甚。管理学界有一句话很为企业界认可，即“未来的竞争是价值链对价值链的竞争，是产业集群对产业集群的竞争，是联盟对联盟的竞争”。在竞合战略的构筑方面，国内企业应向国外企业学习，市场分析家认为，多年的竞争者之间，甚至被称为饮料行业竞争对手的可口可乐公司与百事可乐公司，也可能有双赢的一面。百事可乐公司总裁对这种市场竞争曾经说过：“战争不一定得你死我活，因为一个多世纪的相互竞争，维持了大众的好奇心，也促使两家企业不断推出新招，改进服务方式，使得喝可乐的人越来越多，而且基本上是在这两个品牌之间选择[5]。”同样性质的案例在国内也屡见不鲜，宝钢作为目前中国最大、最现代化的以钢铁为主业的大型企业集团，在发展过程中一直遵循市场竞合理念，以中国钢铁产业的强盛为己任，以成为世界一流企业为目标，积极与钢铁同行及上、下游用户保持良好的竞合关系，比如与武钢、首钢的战略伙伴关系，与上游铁矿石、煤炭企业，下游汽车、家电企业等的合资合作，初步形成了宝钢的战略价值网。国内企业要想在市场上争取主动，就必须转变思维方式，再造企业发展价值链，在互利合作、协作竞争的基础上，构建有地区特色、行业特色的企业竞合战略。

7.2.3 竞合战略的条件及作用

越来越多的企业在竞争中寻找合作，在合作中竞争。竞合战略在各行业中得以广泛应用。尽管如此，实施竞合战略有其本身的条件。

(1) 交易成本较低

由于竞争与合作均是有代价的，如果市场交易成本过高，同时企业内部的协调成本比较低，那么经济活动应该在企业内部进行；如果市场的交易成本足够低，那么经济活动就应该通过市场进行。

(2) 行业市场广阔

竞合企业进入的行业市场要足够大，并且要具有诱人的增长空间，只有这样才有做大的可能。如果身处在市场容量较小的行业中，那么竞合就不可能完全体现出其优势。

(3) 产品差异性大

产品差异性越大，越有可能进行合作。如果是同质的产品，那么竞合双方企业获取的益处将大大降低。行业中产品差异性大同样说明了行业间知识传播及技术转化速度快。

(4) 产业技术变化快

产业技术变化速度越快，说明该产业越具有不确定性，处于高不确定性产业中的同业合作的可能加大。

(5) 商业知识和经营知识隐性程度高

当行业中商业知识及经营知识的隐蔽度越高时，企业间合作的可能性越大。

当前随着企业多元化的深化，企业作为一个整体是个庞然大物，整体实力强大，可是具体到各个局部，并不是企业的每个产品或每项服务均可以做到如万向节这样占到市场的主导地位，其中大部分是处于相关行业的中上游水平，但因集团的战略眼光，进入的都是一些新兴的朝阳产业，发展空间巨大。这时要发展，就应向业内龙头看齐，更要“与狼共舞”，要采取纵向联合或横向联合这样的竞合之道充分获得行业快速发展期的收益。

什么样的伙伴可以作为合作伙伴呢？首先是合作伙伴之间的战略配合或协同优势。这意味着两个公司的核心能力具有必不可少的互补性，双方的合作是 1＋1＞2 的合作，会带来产品价值的提升。如果合作双方力量相差悬殊，有可能会导致优势一方对另一方的利益进行侵占，最终致使合作破裂。其次是一定要具有自身特色的竞争能力，合作双方的能力很难相互复制，只有通过合作方可互为对方带来收益。再次是在合作的过程中保持自身的独立性，并有相近的企业文化的伙伴。合作是美好的，但竞争更美好，因为没有真正的竞争，就不会有真正的合作。

无论多么强大的企业，也是处于一条供应链当中的一部分。这是一条从起点到终点贯穿于供应商和用户全部过程的利益的链条，在这条长长的产业供应链中，不同层面的企业均有些基本的使整个企业保持长期稳定的竞争优势去获得稳定超额利润的核心竞争力。但在市场竞争的环境下，这些核心竞争力从力量、本质、范围等方面来说往往是相对的竞争优势，没有哪一个企业可以做到“一统天下”，因此若需达到效益的最优化，就需要合作[6]。

通过竞合这种合作博弈可以使整个供应链减少了因对抗性而产生的资源浪费，企业间可以产生联合的最大垄断利润，使社会财富增加。同时，竞合企业之间可以形成稳定的供应链，稳定的质量及价格，减少库存、检验、交易成本的发生。而在合作伙伴内部，分工与协作有利于各企业间的优势互补，可以形成更为有效的专业化分工，发挥规模效益，以使产品整体成本降低。相反，如果只有竞争而没有合作，那么整个供应链也就会因此而运转不畅或断裂，企业就会陷入到争夺市场、瓜分利益的“红海”中去。

7.2.4 竞合战略中的组织间成本管理

通过改变产品设计或在产品的功能、价格和质量之间选择一个有效的均衡点来获得降低成本的优势，这就是组织间的成本管理[7]。在日益重视供应链和价值链的今天，企业的战略也应该突破单个企业的界限，从而实现供应链上下游企业的整合，追求企业联合经济效益最大化，我们将这种追求企业之间联合经济效益最大化的企业战略称为竞合战略。组织间成本管理就是伴随着竞合战略的出现而产生和发展的。在实施竞合战略过程中，组织间通过相互间的共同努力来减少信息不对称和契约不完备所引发的成本，以达到降低成本的目的。因而竞合战略的出现和推广必然使得企业更加关注和推行组织间的成本管理[7]。在竞合战略下，企业成本管理技术也应该突破组织界限，通过合作达到企业与企业之间的联合成本削减。企业在实践中可以采用以下三种组织间成本管理模式：

(1) 对产品的功能、价格和质量做出权衡，选择价格与质量的最优契合点

这种方式是尽量以较低的成本来达到产品所必需的功能和质量要求。这种技术的核心和关键就是进行价值工程分析，即供应商和卖方之间进行协商，双方对产品必需的性能和质量、双方能够接受的价格进行商讨，做出权衡，力图以较低的成本来达到合理的功能和质量要求。

在这种方式下，组织间的成本管理通常发生在产品设计阶段，可以分几个阶段进行：第一个阶段，公司首先确认其目标成本和产品的基本功能，然后逐一分解成本并将其与目标成本进行对比，当分解后的成本可以接受时，便将信息传递给客户以得到支持。第二个阶段，在得到客户支持或同意后，公司开始设计产品并且重新测算产品的成本。如果测算的产品成本超过目标成本，即需要进行价值工程分析，寻找可以改变产品设计的方式，如改变产品的规格和外观等，以达到目标成本。第三个阶段，工程师进行下一轮的成本估计，如果设计可以被接受，就进行产品分析以确认其是否达到质量要求。

(2) 企业和供应商共同进行组织间的成本调查，并重新设计供应链

企业和供应商共同派出设计团队对供应链上的各个环节展开调查，寻找可以降低成本管理的可能途径，对供应链进行重新设计以削减成本。这种方法是指无论公司处于供应链中的哪一个环节，当其产品成本达不到目标成本的要求时，且第一种技术(即上述的性能—价格—质量之间权衡)不能有效地解决成本削减的目的时，就可以使用组织间成本调查，根据调查结果决定对供应链上的各个环节进行重新设计，如改变厂区布局或作业位

置等，使得从原材料到最终产成品之间的所有工序均属有效工序，剔除那些无效并且对成本产生不利影响的工序。这种技术可以将成本削减扩大到整个供应链的各个环节，充分利用供应链上所有制造技能的优势，避免了重新设计产品及其设计工艺等；也可以通过改变供应链中作业的位置，使得作业能够通畅地衔接。同第一种方法相比，这种方法显然会导致更多设计工程师之间的互动，以及供应链设计的改变，偶尔还需要改变终端产品规格。但是同第一种方法一样，最终产品的基本设计仍然相对固定，没有发生较大改变。

(3) 通过增加供应商改变设计的权限，从而实现成本削减

公司可以让供应商拥有一定的产品设计权限，通过供应商参与产品设计或改变产品设计来达到降低成本的目的。这种方式的优点是：首先，它增加了供应商的技术人员针对客户的要求，提出相应的解决方案的时间；其次，通过供应商的参与来集中资源，以实现资源的最佳利用。在实践中，企业可以采取两种方式改变供应商设计的权限：一种是供应商和买方的技术团队独立运作；另外一种是供应商和买方的技术团队一起工作，共同设计最终产品。这两种方式的选择取决于供应商和买方之间的紧密结合能够带来的收益大小。如果这种结合带来的价值很高，则公司会选择让自己的设计团队和供应商的设计团队一起来设计产品；否则，公司会让自己和供应商的团队各自独立运作。独立运作的主要好处是供应商可以将自己的产品研发项目同买方分开，而共同设计的好处是让双方的设计团队在研发设计的早期就共同合作，以便设计出最终的产品，并找到可以达到目标成本所要求的产品的功能和质量，共同设计达到的功效有时会大大高于各自独立工作时所达到的功效。

在实践中，企业可以运用上述三种组织间成本管理方式来达到削减成本的目的。但是三种方式导致的成本降低水平可能是不同的，因而公司在采用组织间成本管理时，可以针对成本削减的目标，在三种技术之间进行选择，以达到成本削减的目的。应该说，组织间成本管理技术如同责任成本、标准成本一样，其使用会受到环境和组织等因素的影响。组织间成本管理技术也只有与其所处的环境相匹配时，才有可能达到其所希望的经济后果，改善企业的业绩。这就要求企业在考虑是否可以采用，或者是采用何种组织间成本管理技术时，一定要对组织间成本管理的影响因素有一定的了解[8]。在实践中，因为组织间成本管理跨越组织界限，因而买方和供应商之间的设计依赖程度、资源共享程度、供应商参与程度、双方承诺程度、激励机制以及保护机制等因素都会影响到组织间成本管理技术的采纳，也会影响到组织间成本管理技术的使用程度。因此，企业在决定选用

组织间成本管理技术时，应该结合自己和供应商所处的内外部环境，做出合理的选择。

个案研究——解读格兰仕竞合模式

(1) 格兰仕的价格战与竞争战略

格兰仕是中国企业乃至全球企业中，运用波特竞争战略理论最标准和最成功的实践者之一。格兰仕完全执行了波特三大竞争战略的第一种——总成本领先战略，仅用五年时间就打败所有竞争对手，成为世界第一。很显然，格兰仕降价打价格战并不是战略，而是实现总成本领先战略下的战术行动或策略。格兰仕并不是为打价格战而降价，而是为了持续确保实现总成本领先战略而降价，即降价→扩大规模→降低成本→再降价→再扩大规模→垄断。当格兰仕微波炉生产规模在 80 万台时，就以 60 万台的成本作为定价基础，在市场上大幅度降价，导致产能在 60 万台以下的企业亏损。格兰仕靠这种价格策略赢得了市场，迅速扩大了规模，每上一个台阶，就不断降低成本和降低售价，由此而转化为价格竞争优势，获得更大的市场份额。格兰仕学习波特竞争战略理论和借鉴许多成功企业经验的成功实践，创造了自己的战略竞合模式。

(2) 格兰仕的竞合模式

格兰仕未止步于总成本领先战略的成功，未满足于打败国内市场所有竞争对手，开始全面实施国际化战略。然而，格兰仕决策者很清楚自己面对的是实力强大的跨国公司和风险莫测的国际市场，自己尚无与其对垒降价竞争的实力。于是，格兰仕决策者采取一种超常规创新策略：与当时全球微波炉制造业三强——欧美日三大跨国公司进行战略合作，利用国际资源实现自身低成本扩张。由此创造了一种国际化经营竞争模式，可称为“格兰仕竞合模式”。

所谓“格兰仕竞合模式”就是指格兰仕依托以低成本人力资源优势为主的动态比较优势先与欧美日三大跨国公司结成策略联盟，不花钱将三大跨国公司的微波炉制造工厂全部搬到格兰仕工业区，按照优势互补、互惠互利的原则，合作生产微波炉关键配件。此合作方式又吸引来全球 200 多家微波炉制造或经营企业与格兰仕建立这种策略联盟。格兰仕不仅无偿获得了先进设备和技术，而且还将竞争对手都变为战略合作者。

“格兰仕竞合模式”的具体产生过程：20 世纪 90 年代中期，韩国以 LG 为主的家电企业凭借其成本优势异军突起，在微波炉国际市场上大幅降价，夺取市场份额，把市场价打压到欧美日企业的成本价一线，使欧美日企业几乎无利可赚，陷入困境。格兰仕洞察并准确分析国际微波炉市场竞争战略态势，果断出招——“合纵”欧美日，即与欧美日三大跨国公司战略合作结成策略联盟。

据报道，格兰仕先找了著名的日本S公司商谈合作，被其拒绝，转而与欧洲的法国T公司商谈合作，一举成功。格兰仕人的合作谈判充满着创造性智慧。格兰仕充分利用了自己的低成本优势，与法国T公司在微波炉生产成本这个平台上展开谈判。谈判是从具体的微波炉零部件合作生产及其价格谈起。以微波炉的主要部件变压器为例，格兰仕此前一直是从法国T公司和日本S公司进口，进口价分别为30美元和23美元。格兰仕是这样说服法国T公司的：“你们的工厂生产线一天开工不足6小时，周工作日只有四五天，一周不到30小时。而我们格兰仕的生产线24小时三班倒，一天的工时就差不多等于你们一周，生产效率大不一样。而且，我们的用工成本比你们不止低20倍。所以，我们的生产成本比你们低得多。如果双方合作，彼此优势互补、互惠互利，结成策略联盟，你们把生产线设备搬到格兰仕工厂来，让我们来生产，给你供货只要8美元，不到你们现有成本价的1/3。”这个办法和方式太诱人，仅一个变压器就可使成本降低2/3，达10多美元，加上其他零部件，微波炉整体生产成本就可以降低一大块。法国T公司权衡利弊，遂签约合作。这样，格兰仕不花钱就把法国T公司先进的微波炉生产线设备全部搬到了格兰仕工厂。格兰仕又以此方法与美国H公司谈判成功，照此方式结成策略联盟。

当欧美两大跨国公司的微波炉在国际市场获得价格优势，销售看好时，日本S公司也开始与格兰仕谈判合作结盟。格兰仕给予日本S公司的条件更优惠，变压器合作供货价是6美元。欧美日三大跨国公司与格兰仕结成策略联盟，将其微波炉制造生产线设备都搬到格兰仕工业区，从零部件合作生产逐渐过渡到整机贴牌生产。策略联盟使双方优势互补、互惠互利、各得其所，在国际市场实现了双赢。于是，这种双赢合作方式吸引了200多家跨国公司与格兰仕结成策略联盟。格兰仕大规模整合全球的微波炉关键核心元器件和零部件的生产、制造、研发环节，生产和市场规模不断扩大，专业化、集约化程度和生产力不断提高，生产成本也大幅度下降，如变压器实际成本只有4美元，仅以合作供货价供货都有较高利润。

格兰仕合作方式是中国企业在当代商场中独创的一种市场竞争模式，从竞合理论角度看，这就是一种竞合模式，可以称为“格兰仕竞合模式”。这证明了，格兰仕并非只靠“价格战”，还精彩地运用了“格兰仕竞合模式”，才创造了“全球微波炉制造第一”的业绩。

（资料来源：龚绍东. 解读格兰仕竞争战略和竞合模式. 企业活力，2005，10:4-5，编者有删节。）

7.3 战略联盟

战略联盟(Strategic Alliances)是现代企业竞争的产物,是指一个企业为了实现自己的战略目标,与其他企业在利益共享的基础上形成的一种优势互补、分工协作的松散式网络化联盟。它可以表现为正式的合资企业,即两家或两家以上的企业共同出资并享有企业的股东权益;或者表现为短期的契约性协议,即两家公司同意就某项课题,例如开发某种新产品等问题进行的合作。战略联盟是各企业在追求长期竞争优势过程中为达到阶段性企业目标而与其他企业的结盟,通过相互交换互补性资源形成合力优势,共同对付强大的竞争者。有的观点认为战略联盟适用于巨型跨国公司,但这绝不仅限于跨国公司,作为一种企业经营战略,它同样适用于小规模经营的企业。

当然,由于产品的特点、行业的性质、竞争的程度、企业的目标和自身优势等因素的差异,企业间采取的战略联盟形式自然也呈现出多样性。如联合技术开发、合作生产与后勤供应、分销协议、合资经营等。

普辛克(V. Pucik)教授认为,公司建立战略联盟主要应强调如何利用技术变化带来好处,以及如何对世界市场上不断加深的竞争作出反应。他将战略联盟分为五种:因技术变动而建立的联盟,如交叉许可证等;合作生产和 OEM 协议;联合销售或联合分销;共同开发产品项目;构建合资企业。

7.3.1 战略联盟产生的背景

企业战略联盟的出现绝不是偶然的,它是时代发展的产物。究其原因,战略联盟产生的大背景主要有以下几个:

(1) 世界经济一体化

全球经济一体化为跨国公司的经营提供了很好的机会,因为只有全球的市场才能满足它们的巨大胃口。但是更为激烈的国际竞争也给跨国公司的经营带来了困难,迫使它们不得不寻找新的更为有效的竞争武器。尽管各跨国公司在调整过程中的具体目标各不相同或各有侧重,但多数都采取了战略联盟作为实现战略调整的手段和方法。

(2) 科学技术飞速发展

近五十年来科学技术的发展速度超过了有史以来的任何时期,而科技革命所带来的影响也是前所未有的,科研成果不断地将产品推向高科技化和复杂化，一种新产品的问世往往涉及越来越多的技术领域，经过越来越多的生产和经营环节。因此，无论从技术上还是从成本上讲，单个公司依靠自身的有限能力是无法面对当今科技发展的要求的。战略联盟可以把各种研究机构和企业连成一体，为着共同的战略目标组成灵活的网络，其结果大于各简单成员相加之和。

(3) 实现总体战略目标

战略联盟以一种全新的思维和观念，为企业的扩张、全球战略目标的实现提供了一条新的途径，传统的与所有权密切相关的股权安排正在被新兴的以合作为基础的战略联盟所代替。采用战略联盟形式进行合作，既可以保存原有资源，又能在共享外部资源的基础上，相互交换经营所需的其他资源，从而能实现其全球战略目标。

(4) 分担风险并获规模和范围经济

激烈变动的外部环境对企业的研发提出三点基本要求：缩短开发时间，降低研究开发成本，分散研究开发风险。通过建立战略联盟，扩大信息传递的密度与速度，可以避免单个企业在研发中的盲目性以及因孤军作战引起的重复劳动和资源浪费，从而降低风险。

(5) 防止竞争损失

为避免丧失企业的未来竞争优势，避免在诸如竞争、成本、特许及贸易等方面引起纠纷，企业间通过建立战略联盟、加强合作，可以理顺市场、共同维护竞争秩序。

(6) 提高企业的竞争力

在产品技术日益分散化的今天，已经没有任何企业可以长期拥有生产某种产品的全部最新技术，单纯一个企业已经很难掌握竞争的主动权。战略联盟的出现使传统的竞争对手发生了根本的变化，企业为了自身的生存，需要与竞争对手进行合作，即为竞争而合作，靠合作来竞争。企业建立战略联盟可使其处于有利的竞争地位，或有利于实施某种竞争战略，最终的目的是提高企业竞争实力。

7.3.2 战略联盟的特点和形式

(1) 战略联盟的特点

战略联盟以无可比拟的优势在世界范围内被广泛使用，同时由于战略联盟的这些特性也决定了它具备网络组织的特点，成为企业组织发展的一种趋势。

① 边界模糊

战略联盟并不像传统的企业具有明确的层级和边界，而是一种你中有我、我中有你的局面。

② 关系松散

战略联盟主要是契约式联结起来的，因此合作各方之间的关系十分松散，兼具了市场机制与行政管理的特点，合作各方主要通过协商的方式解决各种问题。

③ 机动灵活

战略联盟组建过程也十分简单，无须大量附加投资。而且合作者之间关系十分松散，战略联盟存在时间不长，解散十分方便，所以战略联盟在适应变化的环境时可迅速解散。

④ 运作高效

合作各方将核心资源加入到联盟中来，联盟的各方面都是一流的。在这种条件下，联盟可以高效运作，完成一些企业很难完成的任务。

(2) 战略联盟的形式

战略联盟双方或多方进行合作的方式是多种多样的，主要的战略联盟形式有合资、研发协议、定牌生产、特许经营及相互持股等，企业可以根据不同情况选择适合的形式。

① 合资

合资企业由两家或两家以上的企业共同出资、共担风险、共享收益而形成企业。合资企业是目前发展中国家尤其是亚非等地普遍采用的形式。合作各方将各自的优势资源投入到合资企业中，从而使其发挥单独一家企业所不能发挥的效益。

② 研发协议

为了某种新产品或新技术，合作各方签订一个联发协议，汇集各方的优势，大大提高了成功的可能性，加快了开发速度，各方共担开发费用，降低了各方的开发费用与风险。

③ 贴牌生产

如果一方有知名品牌，但生产力不足，另一方则有剩余生产能力，则后者可以为前者贴牌生产。对于拥有剩余生产能力的一方，可充分利用闲置生产能力谋取一定利益；对于拥有品牌的一方，还可以降低投资或并购所产生的风险。

④ 特许经营

通过特许的方式组成战略联盟，其中一方具有重要无形资产，可以与其他各方签署特许协议，允许其使用自身品牌、专利或专用技术，从而形成一种战略联盟。拥有方不仅可获取收益，并可利用规模优势加强无形资产的维护，因而也利于受许可方扩大销售、谋取收益。

⑤ 相互持股

相互持股是指合作各方为加强相互联系而持有对方一定数量的股份。这种战略联盟中各方的关系相对更加紧密，而双方的人员、资产无须合并。当然，组建战略联盟一定要慎重选择合作伙伴，并建立合理的组织关系，合作各方应加强沟通。

7.3.3 战略联盟的优势

战略联盟成功的四大关键在于：订立联盟策略，选择合适对象，建立联盟结构与管理制度，订立终止联盟计划。任何企业都有各自的长处和短处，不同的阶段、时间、地点，都应有自己的发展重点，通过寻找合作伙伴来弥补自身的不足，化劣势为优势。战略联盟的战略优势主要有以下几点：

(1) 创造规模经济

小企业因为远未达到规模经济，与大企业相比，其生产成本就会高些。这些未达到规模经济的小企业通过构建联盟，扩大规模，就能产生协同效应，即“1+1>2”效应，提高企业的效率、降低成本、增加赢利，以追求企业的长远发展。

(2) 实现优势互补，形成综合优势

企业各有所长，如果构建联盟，可以把分散的优势组合起来形成综合优势，也就可以在各方面、各部分之间取长补短，实现互补效应。

(3) 有效占领新市场

企业进入新的产业要克服产业壁垒，企业进入新市场也同样要越过市场壁垒。通过企业间的联盟合作进入新市场，就可以有效地克服这种壁垒，有利于处理专业化和多样化的生产关系。企业通过纵向联合的合作竞争，有利于组织专业化的协作和稳定供给。如丰田公司只负责主要部件的生产和整车的组装，减少了许多交易的中间环节，节约了交易费用，提高了经济效益。而通过兼并实行联盟战略，从事多样化经营，则有利于企业寻求成长机会，避免经营风险。

7.3.4 战略联盟存在的问题

战略联盟与任何的企业战略一样，也有其不可避免的局限性。大多数公司经理认为，战略联盟面临的最大问题是联盟的控制权问题。据调查，美国经理比欧洲和亚洲的同行更担心失去对联盟的控制权。他们更倾向于避免达成双方各占50%的合资企业项目，因为他们担心不能保持住控制权。然而，美国管理咨询专家林奇(R. P. Lynch)的观点则是：只要管理机制设计得当，控制权问题可以得到合理解决。通用汽车公司和上汽集团各投资50%组成的上海通用公司必将会遇到此类控制权问题，这将有待于中美双方加强信任，设计良好的管理机制共同运作这笔总投资额达15亿美元的大项目。

战略联盟与并购一样，寻找合适的伙伴是联盟构建过程中所遇到的最大难题。如果双方不匹配乃至不相容，容易产生消极的后果。若这一步走得比较顺利，寻找到了合适的伙伴，随着联盟进程的发展，双方的配合将越来越有成效，还可进一步发展为兼并收购。

除了控制权问题和挑选合适的联盟伙伴外，以下几个方面也是构建联盟时需要全面考虑的：

(1) 竞争

大多数的联盟协议规定，参与联盟的企业不得与联盟涉及的领域发生直接的竞争，但是在签署这个协议时务必谨慎从事，因为双方企业的战略地位在将来可能会发生巨大变化，与联盟发生冲突是双方所不愿看见的。联盟双方所拥有的技术应当进行适当保护，否则，就有可能被其中一方用于私自目的，甚至于被用来与主要竞争对手成立另一个联盟。即使拥有先进的技术，有些企业也不愿意立即应用到关系不牢固的联盟中，因此必须在双方建立起高度信任关系后再投入新技术，这样做可避免对方的侵害。

(2) 无法克服的风险

组建联盟可以分担风险但不可逾越风险。无论协议制定的过程是多么小心谨慎，技术上的失败仍是技术开发联盟失败的主要原因之一。美国麦肯锡咨询公司发现联盟在合作技术开发过程中的失败率是50%，原因就在于技术开发的风险很高。在许多技术联盟中，联盟本身并没有失败，而是技术开发遇到了突破上的困难，因而联盟没能达到最终目的。

(3) 战略转换

有的联盟是为了克服双方固有的弱点、取长补短而建立的。然而随着时间的推移和战略环境的变换，当其中一家企业的弱点不再存在时，它的战略也应该随之发生转换，这样联盟存在的基础就发生了变化，其他企业将不得不改变与它的合作战略。

(4) 经营运作的有效性

联盟和其他企业的一个共同特点是，一旦总体战略制定正确，成功与否将依赖于经理们经营运作得好坏，选择了不善经营的经理很可能导致联盟的失败。另外，在联盟中，合作一方若过于相信对方处理问题的能力，尤其是当这些问题被认为是在对方熟练操作的领域内，其结果常常是遭遇失利。正因为有的经理忽视了联盟与单一企业在管理上的共性和个性，没有对联盟给予足够的重视和支持，联盟往往因缺乏有力的支持而机能失调。

7.4 案例讨论：华为的竞合战略

这是一个以竞合为主调的年代，华为的国际化探索与运营商的密切合作顺市而变，无不体现了这样的思路：注重“竞合”战略是全球化经济浪潮下企业的理性选择。合则通，竞合已成为强者公认的生存法则。

竞合，尤其是合作，是本土企业国际化战略的最优选择。一方面，通过展开不同层次的合作，有利于开拓海外主流市场；另一方面，合作有利于资源的充分利用和博弈的合理化。实践表明，通过合作，华为提升了竞争力，延伸了产品线，国际化道路更宽广。且不说华为3COM公司的发展速度，华为与西门子等国外巨头的合作也开展得顺风顺水，频频创造该公司最高销售纪录。其中国际销售的强劲增长对华为的销售增长作出了主要的贡献。

1. 华为的一系列远交近攻充分诠释了竞合的深度含义

利益共享只是竞合的单一层面内容，而非全部，华为对此颇有领悟。比如，华为通过让利吸引西门子与华为3COM公司合作，在利益分配上与西门子公司和3COM公司两家通信巨头达成平衡，其专注开拓主流市场的长远谋划则具有相当远见。

关于合作战略的多层次演绎则构筑了华为强大的生命力。比如，技术层面的深入合作，华为与摩托罗拉公司、英特尔公司、SUN公司、微软公司等跨国企业建立联合实验室，开发应用性先进技术；与松下和3COM公司建立了3G开放式实验室；在无线通信领域，华为与摩托罗拉的基站系统和交换系统正好形成互补，并由此建立捆绑销售的合作模式；与西门子公司的直接合资模式，西门子既与华为在中国成立了针对中国市场的TD-SCDMA合资公司，同时也在欧洲帮助华为销售其数据通信产品。

在海外，华为以合资建厂方式通过当地化生产嵌入当地市场。从1998年开始，华为先后在俄罗斯、巴西、埃及等国建立合资厂。在俄罗斯市场，与当地合作伙伴将产品成功销往周边的十多个独联体国家。华为还在沙特、伊朗、印度等国，通过当地合作伙伴成功实现了当地生产。

借风扬帆，通过与一些国际著名公司的合作，华为走出了一条联合道路，有效弥补了海外市场的渠道营销劣势，达到国际市场的成功扩张。最具代表性的案例是华为与3COM公司的商业合作。合作以来，华为利用

3COM在国际市场的品牌和地位，以3COM公司的品牌销售合资公司生产的数据通信产品，打通了美国数据通信市场。同时，华为与3COM公司的合作有效抵制了共同对手思科的强大压力，两者的结合是共赢的典型范例。

此外，华为与运营商的良好合作是其一大优势。在3G终端以及对运营商业务理解方面，华为有着独特优势，与运营商的良好合作势必为华为国际化铺平道路。在业务方面，华为和全球运营商展开了广泛合作，与法国NEUF公司、香港和记公司等运营商合作推出的Triple-Play业务，与深圳电信合作推出的"宝宝在线"业务，日前与荷兰移动运营商Telfort公司达成了3G WCDMA项目的合作等。与运营商的合作共赢，为华为的国际化道路添翼。

2. 合作并不是回避竞争，而是更有效地打造核心竞争力

有意思的是，在其他产品市场里，华为和与其合作的企业依然兵刃相见，但这并不妨碍两者之间的继续合作。除了思科已经明确将华为列为其全球最具威胁的竞争对手之外，其他大部分的国际一流企业也均把华为列为第一阵营的竞争对手。竞合俨然成为当今商业形态的一种博弈方式，"没有永恒的敌人，只有永恒的利益"更是披露了竞合的本质内容。

一个成熟的企业必然有着广阔的视野和长远的策略谋划，尤其是在面对思科、西门子、摩托罗拉、诺基亚等世界知名企业的强势竞争局面时，以什么样的策略和方式来应对挑战、驶入国际市场的大门，确实是一个值得深思熟虑的问题。华为或许给我们提供了这样或那样的参考，师夷长技以制夷的后发制人的战略眼光更是闪烁着思想的光芒。

合作与竞争既是矛盾的，也是统一的。可以预见，基于对"竞合"这一商业智慧的深度解读，在国际化道路上华为将越走越顺。

（资料来源：李剑. 华为远交近攻竞合战略演绎国际化道路. 通信信息报，2005-01-19. 编者有删节。）

思考并分析：

(1) 华为的竞合战略是多层次的，其在竞合伙伴的选择上有何独到之处？

(2) 华为的竞合战略的战略意义与销售意义哪个更大？

(3) 华为的竞合战略是否促进其核心竞争力的提升和国际化进程？

战略管理前沿——多点竞争战略

(1) 多点竞争战略简介

美国宾夕法尼亚大学沃顿商学院的陈明哲教授长期从事动态竞争条件下竞争对手之间进攻和反击的策略研究,其中多点竞争战略的理论和技术就是他的一项研究成果。

所谓多点竞争中的“点”就是一个“市场”,其含义包括:

- 区域市场或者国家市场,例如湖南市场或者日本市场;
- 细分市场,例如高档市场、中档市场和低档市场;
- 一个产品线或者一个经营单位,例如冰箱或者专门生产冰箱的子公司;
- 以上各个部分的不同的组合,例如华南地区—冰箱市场。

从这个意义上说,如果一个企业具有多个区域、多个细分市场、多种产品线或者多个行业性的二级子公司,那么相对而言,这个企业就具有多点竞争的优势;反之,则只有多点竞争的劣势。

从简单多点竞争的模型可以看到,假定TCL和康佳至少有两个区域市场或者两个产品是相同的,并且存在着竞争的关系,那么这两个企业之间实际上存在着互相制约的关系。正是因为TCL和康佳之间存在着潜在的“跨市场/产品”报复的可能性,所以采用多点市场竞争可以避免你死我活的竞争结果。如果这两个企业在同一个行业竞争,其中TCL在市场一的份额大,而康佳在市场二的份额大,双方就处在暂时的均衡状态。如果TCL采用降低价格的方法在市场二上攻击康佳,那么康佳为了保护本地市场或者主要市场就有两个选择:

一是可以以同样的策略在市场二上进行反击,那么在市场二的价格竞争中,企业能够得到的最好结果也就是保住了份额,但是失去了大量的利润和自己的价格定位。

二是在市场一针对TCL降低价格的进攻,进行针锋相对的反击,夺取TCL在市场一的市场份额。这样TCL也不敢在市场一做正面回击,否则它也会失去大量利润和自己的价格定位。

假如两个企业的竞争力是一样的话,没有一个企业能够在这个回合中获得优势,最后双方只好决定放弃这个回合的价格竞争,重新回到均衡的状态。正是因为两个企业在受到攻击的时候,都没有正面回击,所以两个企业才可能在价格竞争结束后重新回到原来的价格水平。

(2) 多点竞争战略的作用

在简单多点竞争模型的基础上,可以进行一些变化来说明多点竞争战略至少有两大作用。

① 区域市场的竞争反击

Maxwell House公司在美国咖啡市场上是一个市场占有率很高的老企业；而P&G公司是这个行业的新的进入者，它所生产的Folger牌咖啡主要在南方市场上销售。为了扩大市场占有率，P&G公司决定采用大量送赠品的方法进攻美国北部的克利夫兰。Maxwell House公司考虑P&G公司是一个非常认真和强大的竞争对手，所以立即采用同样的方法攻击其美国南部的堪萨斯市场。但是P&G公司并没有就此停手，而是立即在北方的匹斯堡开始第二个回合的进攻。Maxwell House公司没有其他的选择，只能对等地选择南方的另一个城市——达拉斯进行回击。经过第二个回合以后，双方才结束了这场战斗，与此同时，P&G公司以违反反垄断法的理由起诉Maxwell House公司，但是没有成功。

② 保护本行业或者主要市场而做出回击

吉列公司是主要生产一次性剃须刀的企业，而BIC公司是专门生产一次性钢笔的企业。吉列公司为了增加产品，决定进入一次性钢笔的行业，从而成为BIC公司的竞争对手。BIC公司如果不反击，就会让这个强大的竞争对手长驱直入；如果采用降低价格，正面阻止吉列公司进入的办法是可以的，但是这样就会降低整个行业的毛利率，吃亏最大的是自己。BIC公司最后所采用的办法就是采用多点进攻的战略，开发或者采用一次性剃须刀去回击吉列公司，把同样的问题放在了吉列公司面前。最后吉列公司为了自己和行业的利益，决定放弃进入一次性钢笔市场；而BIC公司因此也决定放弃进入一次性剃须刀市场。

(3) 多点竞争战略的应用

在一个多元化经营的集团企业中，市场就是行业性子公司和区域市场的结合(如某个省的空调市场)。从某种意义上说，这个市场就是商业领域中所说的战场。如果能够把多点竞争的理论和方法在各个具体的战场中进行使用，就能从中总结出一些可以广泛应用的策略。

① 正面进攻策略

假如企业A具有多点进攻的优势，而企业B具有多点反击的劣势。那么企业A可以集中各个市场或者行业性子公司的资源，对企业B采用正面进攻的策略。在这种情况下，企业B因为多点进攻劣势而不得不退出市场。

② 纠缠进攻

如果企业A发现企业B准备进攻另外一个目标市场，而这个目标市场对企业A很重要，那么企业A可以采用纠缠进攻的策略。按照这个策略，企业A抢先进攻企业B的主战场，导致企业B不得不暂时放弃进入新的目标市场，在自己的主要战场抵御企业A的进攻。这样企业A的纠缠进攻策略就成功了。

③ 诱骗战术

企业A和企业B目前正在围绕着某一个主战场竞争。考虑竞争企业B准备进攻目标市场A,而这个目标市场对于企业A来说是更加重要或者是未来希望独占的市场,企业A必须想办法阻止企业B的行动。企业A采用诱骗战术,先假装从主战场撤退,从而诱使企业B改变战略方向,放弃进入目标市场A,而把资源先用于进一步扩大在主战场的市场份额。

④ 正面进攻和诱骗撤退结合

企业A了解到企业B准备进攻目标市场A,为了在目标市场A发起进攻,并且获得绝对的先动优势,企业A就先从目前与企业B竞争的主战场佯装撤退,从而使企业B改变原来的战略意图,将大量的资源投入主战场的市场占有率的扩大方面。一旦企业B这样做了,企业A就开始长驱直入,进攻目标市场A。

⑤ 正面进攻和诱骗进攻结合

企业A了解到企业B准备进攻目标市场A,为了在目标市场A发起进攻,并且获得绝对的先动优势,企业A就先从目前与企业B竞争的主战场佯装进攻,从而使企业B害怕丢失主战场而改变原来的战略意图,将大量的资源投入主战场的保卫方面。一旦企业B这样做了,企业A就开始长驱直入,进攻目标市场A。

(资料来源:MBA智库百科“多点竞争战略”词条. htttp://wiki.mbalib.com/.编者有删节。)

本章小结

本章主要介绍了企业不同竞争战略的选择。在现代企业的竞争战略中,并购、竞合及战略联盟是常见的形式,不同的企业适合不一样的竞争战略。

并购是指企业战略、企业财务及管理方面有关购买公司、售卖公司或与不同公司结合的事宜。企业并购战略是指企业以发展为目标,采用合并与收购行为的一种企业行动计划。并购战略应该在公司战略指导下选择目标公司,并对该公司进行详细的核查,同时评估自身的实力,进行有效的整合。并购战略是我国企业发展的重要战略之一。

竞合战略是指通过与其他企业合作来获得竞争优势或战略价值的战略。竞合战略正日益起到关键的作用,在合作中竞争,在竞争中合作。竞合策略的主要理念是增加互补,运用竞合战略可使产品和服务变得更有价值。

战略联盟是指一个企业为了实现自己的战略目标,与其他企业在利益共享的基础上形成的一种优势互补、分工协作的松散式网络化联盟。这样的联盟有利于资源互补,突出各企业的优势。战略联盟主要分为五种:因技术变动而建立的联盟,如交叉许可证等;合作生产和OEM协议;联合销售或联合分销;共同开发产品项目;构建合资企业。

本章英文词汇

并购战略　Strategy of Merger and Acquisition

竞合战略　Co-Competition Strategy

战略联盟　Strategic Alliance

竞争战略选择　Choices of Competition Strategy

本章思考题

7-1　当今我国企业并购国外企业需要注意哪些问题?如何制定风险控制策略?

7-2　虚拟经营有哪些类型?分别适用于哪些企业?

7-3　请阐述竞合战略与战略联盟的不同点和相同点。

7-4　企业该如何把并购战略同竞合战略结合起来?

参考文献

[1]　MBA智库百科.“企业并购战略”词条. http://wiki.mbalib.com/wiki/Enterprise_Merger_Strategy.

[2]　百度百科.“企业并购战略”词条. http://baike.baidu.com/view/1261010.htm.

[3]　ADAM M BRANDENBURGER, BARRY J NALEBUFF. Co-Opetition: A revolution mindset that combines competition and cooperation. NY: Broadway Business, 1997.

[4]　赵志运.基于资源整合的企业竞合战略构建模式研究.企业经济,2007,1:65-67.

[5]　谢企华.树立竞合理念　推动战略并购.中国科技产业,2004,7:41-44.

[6]　李绍伟,顾天辉.供应链竞合:理性的战略抉择.中国招标,2006,8:21-23.

[7]　中国IT实验室收集整理.竞争战略中的组织间成本管理. http://pm.chinaitlab.com/cost/759890.html.

[8]　乔丙武.试析我国企业战略联盟的作用及发展思路.内蒙古社会科学(汉文版),2002,3:78-80.

战略选择工具 8

企业家谈战略——张朝阳谈战略选择

> 过去大家不太相信互联网，中国市场要求公司负责稳定化，互联网企业都经历了极大的转型，当时企业要上市、国际化，所以请了很多国际的职业经理人。后来，企业经过几年的摸索，总结成功与失败的教训，发现在保持国际化的同时，互联网企业本地化也非常重要。如果在过去几年企业经营比较好的时候，企业能够保持资本市场和国际沟通方面的严谨和系统，同时能够真正本地化，真正地打破供需平衡，则能使搜狐变成一个稳定的企业，并在激烈的竞争中取得成功。

战略的本质在于选择，对于拥有多项业务的企业，它们需要选择最佳的业务组合。企业在选择最佳的业务组合时，可以利用各种工具。波士顿矩阵是最早的战略选择工具，也是其他工具的基础。其他的战略选择工具包括 GE 矩阵、SPACE 矩阵、IE 矩阵、QSPM 矩阵、战略钟矩阵和 ADL 矩阵。

8.1 波士顿矩阵

8.1.1 波士顿矩阵介绍

波士顿矩阵又称为市场增长率—相对市场份额矩阵，或者称为 BCG 矩阵，是由波士顿咨询集团在 20 世纪 70 年代初开发的。BCG 矩阵关注多元化企业的业务组合问题，将多个业务的战略放在一个平面上分析[1]。

如图 8-1 所示的波士顿矩阵中，纵坐标是市场增长率，表示该业务的销售量或销售额的年增长率，反映了该行业的吸引力，用数字 0～20％表示，并认为市场增长率超过10%就是高速增长。横坐标是相对市场份额，表示该业务相对于最大竞争对手的市场份额，反映了企业在行业中的竞争地位。用数字0.1(该企业销售量是最大竞争对手销售量的10%)～10(该企业销售量是最大竞争对手销售量的10倍)表示，并以相对市场份额1.0为分界线。需要注意的是，这些数字范围可在运用中根据实际情况的不同进行修改。

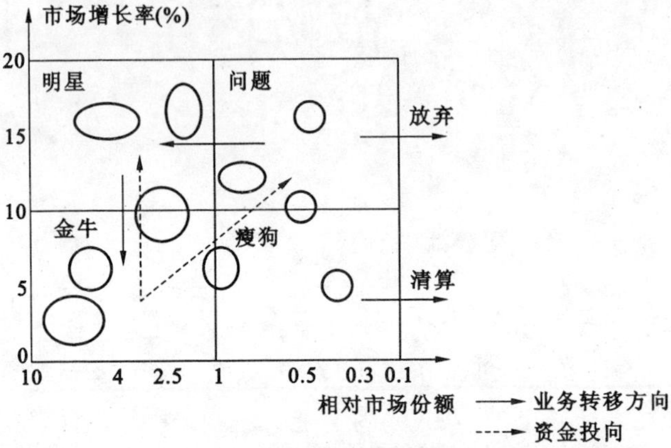

图 8-1　波士顿矩阵

图中的圆圈代表企业的业务单位，它们的位置表示这个业务的市场成长率和相对市场份额的高低，它们的面积的大小表示各业务的销售额多少。

根据市场增长率和相对市场份额，波士顿矩阵将企业业务划分为以下四种类型：

(1) 问题型业务

问题型业务是一些投机性产品，带有较大的风险。这些产品可能利润率很高，但占有的市场份额很小，往往是一个企业的新业务。为发展问题业务，企业必须兴建工厂，增加设备和人员，以便跟上迅速发展的市场，并超过竞争对手，这意味着大量的资金投入。企业必须慎重考虑是否继续发展该业务。企业要挑选符合企业发展长远目标、企业具有的资源优势、能够增强企业核心竞争力的业务，采用增长战略，扩大该业务的市场份额。不符合这些条件的问题型业务则采用收缩战略，退出该市场。

(2) 明星型业务

明星型业务处于快速增长的市场中，并且市场份额具有支配地位，但是不一定产生正现金流量。明星型业务是由问题型业务继续投资发展起来的，可以视为高速成长市场中的领导者，它将成为企业未来的金牛型业务。但这并不意味着明星型业务一定可以给企业带来源源不断的现金流,因为市场还在高速成长,企业必须继续投资,以保持与市场同步增长,并击退竞争对手。企业如果没有明星型业务,就失去了希望;但群星闪烁也可能会闪花企业高层管理者的眼睛,导致做出错误的决策。这时必须具备识别行星和恒星的能力,将企业有限的资源投入到能够发展成为金牛的恒星上。同样的,明星型业务要发展成为金牛型业务适合于采用增长战略。

(3) 金牛型业务

金牛型业务能够产生大量的现金,但未来的增长前景是有限的。它是成熟市场中的领导者,是企业现金的来源。由于市场已经成熟,企业不必大量投资来扩展市场规模,同时作为市场中的领导者,该业务享有规模经济和高边际利润的优势,因而给企业带来大量现金流。企业往往用金牛型业务来支持其他三种需要大量现金的业务。金牛型业务适合采用稳定战略,目的是保持战略事业单位的市场份额。

(4) 瘦狗型业务

瘦狗型业务既不能产生大量的现金,也不需要投入大量现金,这些产品没有希望改进其绩效。一般情况下,瘦狗型业务常常是微利甚至是亏损的。其存在的原因更多的是由于感情上的因素,虽然一直微利经营,但不忍放弃。其实,瘦狗型业务通常要占用很多资源,如资金、管理部门的时间等,但多数时候是得不偿失的。瘦狗型业务适合采用收缩战略,目的在于出售或清算业务,以便把资源转移到更有用的领域。

8.1.2 波士顿矩阵的应用方法

(1) 评估各项业务的市场增长率。

(2) 评价各项业务的相对市场份额。相对市场份额是指与最大竞争对手的市场份额之比。

(3) 表明各项业务在波士顿矩阵图上的位置。以业务在二维坐标上的坐标点为圆心画一个圆圈,用圆圈的大小来表示企业每项业务的销售额。

(4) 确定纵坐标“市场增长率”的标准线,从而将“市场增长率”划分为高、低两个区域,比较科学的方法有两种:

① 把该行业市场的平均增长率作为分界点。

② 把多种产品的市场增长率加权平均值作为分界点。

需要说明的是,高市场增长定义为销售额在扣除通货膨胀因素后至少达到 10%的年增长率。

(5) 确定横坐标“相对市场份额”的标准线,从而将“相对市场份额”划分为高、低两个区域。

布鲁斯认为，这个分界值应当取为2。他认为："任何两个竞争者之间，2∶1的市场份额似乎是一个均衡点。在这个均衡点上，无论哪个竞争者要增加或减少市场份额，都显得不切实际，而且得不偿失。这是一个通过观察得出的经验性结论。"但是，与上面的市场增长率的标准线确定一样，由于评分等级过于宽泛，可能会造成两项或多项不同的业务位于一个象限中或位于矩阵的中间区域，难以确定使用何种战略。因此，在划分标准线的时候要尽量获取更多资料，审慎分析，在实际运用中根据情况修改数字范围。

一种比较简单的方法是：高市场份额意味着该项业务是所在行业的领导者的市场份额。需要说明的是，当本企业是市场领导者时，最大的竞争对手就是行业内排名第二的企业。

8.1.3 波士顿矩阵的应用法则

(1) 成功的月牙环

各种业务的分布呈现月牙环形，这是成功企业的象征。因为这说明盈利大的产品不止一个，而且这些产品的销售收入都比较大，还有不少明星产品，问题产品和瘦狗产品的销售量都很少。若产品结构散乱分布，说明其事业内的产品结构未规划好，企业业绩必然较差，这时就应区别不同产品，采用不同策略。

(2) 黑球失败法则

如果在第三象限内一个产品都没有，或者即使有，其销售收入也几乎为零，那么可用一个大黑球表示。该种状况显示企业没有任何盈利大的产品，说明应当对现有产品结构进行撤退、缩小的战略调整，考虑向其他事业渗透，开发新的事业。

(3) 西北方向大吉

一个企业的产品在四个象限中的分布越是集中于西北方向，则显示该企业的产品结构中明星产品越多，越有发展潜力；相反，产品的分布越是集中在东南角，说明瘦狗类产品数量大，说明该企业产品结构衰退，经营不成功。

(4) 踊跃移动速度法则

从每个产品的发展过程及趋势看，产品的销售增长率越高，为维持其持续增长的所需资金量也相对越高；而市场占有率越大，创造利润的能力也越大，持续时间也相对长一些。按正常趋势，问题产品经明星产品最后进入金牛产品阶段，反应了该产品从纯资金耗费到为企业提供效益的发展过程，但是这一趋势移动速度的快慢也影响到其所能提供的收益的大小。

如果一个产品从问题产品（包括从瘦狗产品）变成金牛产品的移动速度太快，说明其在高投资与高利润率的明星区域时间很短，因此对企业提供利润的可能性及持续时间都不会太长，总的贡献也不会大；相反，如果产品发展速度太慢，在某一象限内停留时间过长，则该产品也会很快被淘汰。

在本方法的应用中，企业经营者的任务是通过四象限法的分析掌握产品结构的现状及预测未来市场的变化，进而有效、合理地分配企业经营资源。在产品结构调整中，企业的经营者不是在产品到了“瘦狗”阶段才考虑如何撤退，而应在“金牛”阶段时就考虑如何使产品造成的损失最小而收益最大。

8.1.4 波士顿矩阵的评价

波士顿矩阵法的应用产生了许多收益，提高了管理人员的分析和战略决策能力，帮助他们以前瞻性的眼光看问题，更深刻地理解公司各项业务活动之间的联系，加强了业务单位和企业管理人员之间的沟通，及时调整公司的业务投资组合，收获或放弃萎缩业务，加强在更有发展前景的业务中的投资。

在了解波士顿矩阵的优点时，也应该看到波士顿矩阵的局限性，其局限性主要存在于下面几个方面：

首先，波士顿矩阵假设企业的业务发展只依靠内部融资，而没有考虑外部融资、举债等筹措资金的方式。

其次，波士顿矩阵假设这些业务是独立的，但是企业的许多业务是紧密联系的，各业务之间存在协同效应。比如，若金牛类业务和瘦狗类业务是互补的业务组合，如果放弃瘦狗类业务，那么金牛类业务也会受到影响。所以波士顿矩阵难以同时顾及两项业务的平衡。

然后，当考虑产品或业务究竟应属于四象限中哪一个时，需要一个从定性到定量的分析过程。在定量工作中，标准的选择和量化、数据的分析及准确性等，都会影响业务定位的准确性。

最后，即使用波士顿矩阵完成了分析工作，在决策时也可能遇到一些麻烦，比如决策时机的选择和把握。对许多行业而言，由于竞争环境中的各种因素的变化明显加快，这使得很多产品和业务的发展，即使是好的产品，并不一定沿着“问题—明星—金牛—瘦狗”的路线发展。又比如，产品的生命周期在许多情况下变短，这给企业进行并购或出售某一业务时带来困难。

波士顿矩阵的精髓在于把战略规划和资本预算紧密结合起来，把一个复杂的企业行为用两个重要的衡量指标来分为四种类型，用四个相对简单的分析来应对复杂的战略问题。该矩阵帮助企业确定投资哪些产品，从哪些产品获取利润，需要剔除哪些产品，从而使业务组合达到最佳经营成效。

波士顿矩阵可以用来分析公司各业务之间的现金流是否匹配。如图 8-1所示，图形的面积表示该业务的现金流规模。如果企业的金牛业务很多，而明星业务很少，说明目前公司没有充分利用富余的现金流，没有充分发挥未来的业务增长潜力，企业应该寻找更多的明星业务。反之，则说明企业的现金流不足以支撑现有的明星业务的成长，需要在战略上作相应的调整。

个案研究——联想多元化反思

2007 年 9 月 1 日上午，联想控股总裁、联想集团董事柳传志在用友软件举办的企业经营与管理创新年度峰会中，分析了联想当初多元化战略失败的教训与经验，认为失败的主要原因是在制定该战略前，未充分考虑领军人物杨元庆的资源与精力能否兼顾。

淡出联想集团具体业务多年的柳传志，很少像今天这样“长篇大论”谈及联想集团的事情。应用友软件董事长王文京的邀请，柳传志在该峰会中做了主题为《联想管理创新与国际化》的演讲，其中重点探讨了联想集团近些年的一些正、反面案例。

柳传志表示，其中的一个反面案例让他印象深刻。2000 年联想品牌与分销业务分拆为联想集团与神州数码，杨元庆接手联想集团时其营业额是 200 亿港币。当时内部面临一个急需考虑的问题：持续发展怎么做？

“在我的支持下，杨元庆领导管理层制定了在 IT 相关领域开展多元化业务的战略，主要增加了网络服务、系统集成软件两大部分业务。”柳传志坦言，该战略在今天看来并不算成功。

2003 年底，杨元庆团队花了一个月时间做了经验总结，发现问题出在制定多元化战略时考虑不周到，比如到底需要什么资源才能成功，领军人本身的资源是否能顾及。柳传志认为，当时大家正是忽略了后面那个因素。

柳传志说：“当时我们在业务拓展上有足够的资金支持，业务骨干力量基本还是够，现在看明白了，当时主要缺的是第一把手杨元庆精力方面的资源。”

据柳传志介绍，杨元庆对 PC 业务感觉极好。当年他负责 PC 事业部，带着团队一路走来，有什么问题都可以“一竿子插到底”，彻底解决。但在公司开始走多元化战略后，杨元庆要面对的是一个完整公司而不是事业部，其个人时间非常紧张。加上当时开展的多元化业务，有些业务与其擅长的制造业相差太远，比如FM365。这些相关业务的决策让杨元庆非常费神，还未必能保证决策的正确性。

多元化战略的失误不仅分散了杨元庆的精力，而且让联想主营的PC业务遭遇国际对手的挑战，其当年市场份额由28%缩减到24%。在2003年底的“复盘会”上，杨元庆团队调整战略，决定把业务往专一方向收缩，走国际化道路。

有了多元化战略失败的经验教训，联想在并购IBM PC业务之前充分考虑各方面因素，尽管一路艰难，但是最后成功走了过来。时隔将近三年，柳传志对当年的IBM PC并购战略持高度肯定态度，称：“非常感谢IBM拥有的Think Pad这个在全世界叫得响的品牌。”

张贯京点评柳传志的联想多元化战略之失败：

“(1) 一个企业必须专注自己的核心业务，否则会丧失自己的核心竞争力，华为都做到1000亿了，不还是专注做自己的通信设备吗？INTEL和CISCO不还是做芯片或者路由器吗？所以，联想还是应该做自己擅长的PC。而且，即便是全力以赴做PC，联想要做稳当世界老大，也不是很容易的事情！

(2) 一个企业要多元化，也不是不可以。关键是怎么做？选什么行业？本人认为应该选择与主业相关的上下游产业比较好，或者纵向，或者横向，必须和公司原来的主业相关联。这样选择一个和公司主业的资源平台、运营平台能够共享的产业去多元化，成功的概率就高！投入的成本也低，而且交学费和走的弯路也少！其实，联想自己的成功经验，也说明了这个问题：郭为的神州数码不是做得很好吗？毕竟SI和PC都是IT的主要产业嘛，十分关联，自然比其他方面的多元化容易成功！

(3) 多元化有成功案例可以参考！GE的多元化，华润的多元化，可以研究甚至学习！它们要么不做，要么在行业内做世界或者国内前三！这些需要时间、资源、精力、心血和决心的大投入才能做成功！

(4) 本人最反对的是企业集团‘小而全’的多元化！有些老板不准备在事业上下真工夫，而是希望使用一些‘巧劲’，希望自己比世界上所有人都聪明，每一个项目都感兴趣，都会投入一些资源，希望做一个比所有VC都厉害的VC，用很小的代价做成一个企业集团。这种想法固然很好，但是，世界上360行，行行赚钱，我们不能行行都做！而且只能做本公司擅长的行业或者项目！还要看公司的资源保障！还有各行有各行的规矩，我们进入之前，这个行业就已经有几十年甚至上百年了，因此，它的潜规则和惯例，我们必须尊重，然后再说我们怎么做成最好！

(5) 没有小的行业，只有小的企业！温州人把纽扣做成几十亿的大企业！我们必须按照毛泽东思想，集中优势兵力，打歼灭战！这个就是资源投入上面的'压强原则'！企业小是这样，企业大也是这样！联想也是如此！因此，'大而全'的多元化也未必能够成功！”

(资料来源:2007 年企业经营与管理创新年度峰会. 编者有删节。)

8.2 GE 矩阵

8.2.1 GE 矩阵介绍

GE 矩阵是美国通用电气针对于波士顿矩阵存在的问题，于 20 世纪 70 年代开发的业务组合分析方法[2]。

如图 8-2 所示，和波士顿矩阵一样，GE 矩阵也采用了横纵坐标的比较。与波士顿矩阵不同的是，GE 矩阵用市场吸引力代替了市场增长率，包含了更多的因素；用业务竞争力代替了市场份额，对每一个业务单元的竞争地位进行评估分析，竞争实力也包含了更多的考量因素。而且，GE 矩阵的横坐标和纵坐标增加了中间等级，将所有的业务划分在九个格子中，使得 GE 矩阵结构分析更准确。

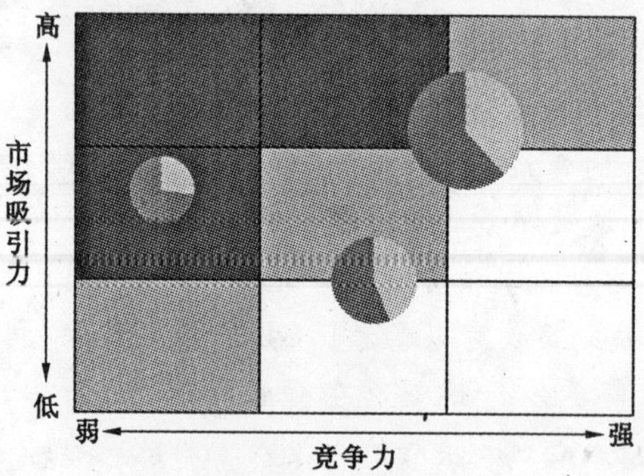

图 8-2 GE 矩阵

GE 矩阵可以用来根据事业单位在市场上的实力和所在市场的吸引力对这些事业单位进行评估；也可以表述一个企业的事业单位组合，判断其强项和弱点。

8.2.2 GE矩阵的应用方法

(1) 选择要评价业务竞争力和市场吸引力所需的因素

在GE矩阵中,评价业务竞争力的因素称为内部因素,评价市场吸引力的因素称为外部因素。表8-1列出了一些经常考虑的因素,企业在实际运用中,还要根据实际情况作一些修改。确定这些因素的方法可以采取头脑风暴法或名义群体法,关键是不能遗漏重要因素,也不能将微不足道的因素纳入分析中。

表8-1 GE矩阵中典型的内外部因素

影响业务竞争力的典型内部因素	影响市场吸引力的典型外部因素
业务单位自身资产	市场规模
品牌/市场的相对力量	市场成长率
市场份额	市场收益率
市场份额的成长性	定价趋势
顾客忠诚度	竞争强度
相对成本结构	行业投资风险
相对利润率	进入障碍
分销渠道结构及产品生产能力	产品/服务差异化机会
技术研发与其他创新活动记录	产品/服务需求变动性
产品/服务质量	市场分割
融资能力	市场分销渠道结构
管理能力	技术发展

(2) 估测内部因素和外部因素的影响

首先,对每一外部因素,根据其吸引力大小对其评分。若一个因素对所有竞争者的影响差不多,则对其影响做总体评估;若一个因素对不同竞争者影响不同,则比较其对自己业务的影响和对重要竞争对手业务的影响。采用五级评分标准,即1代表毫无吸引力,2代表没有吸引力,3代表中性影响,4代表有吸引力,5代表极有吸引力。

同样,使用5级标准对内部因素进行类似的评定,即1代表极度竞争劣势,2代表竞争劣势,3代表同竞争对手持平,4代表竞争优势,5代表极度竞争优势。此处,应选择一个总体上最强的竞争对手作为比较的对象。

其次,对外部因素和内部因素的重要性进行估测,得出衡量竞争力和市场吸引力的标准。

这里有定性和定量两种方法可以选择:

① 定性方法:审阅并讨论内外部因素,以在(2)中打的分数为基础,按

强中弱三个等级来评定该业务单位的竞争力和市场吸引力。

② 定量方法：将内外部因素分列，分别对其进行加权，使所有因素的加权系数总和为1，然后用(2)中的得分数乘以权重系数，再分别相加，就得到所评估的业务单位在实力和吸引力方面的得分。得分介于1和5之间，1代表产业吸引力低或业务实力弱，而5代表产业吸引力高或业务实力强。

(3) 将业务单位标于GE矩阵上

矩阵坐标纵轴为产业吸引力，横轴为业务竞争力。每条轴上用两条线将数轴划为三部分，这样坐标就成为网格图。两坐标轴刻度可以为高中低或1至5。基于企业的战略利益考虑，对其他业务单位或竞争对手也可做同样的分析。另外，在图上标出一组业务组合中位于不同市场或产业的业务单位时，用圆来表示各企业单位，圆的面积大小代表相应单位的销售额，而阴影扇形的面积代表其市场份额。这样GE矩阵就可以提供更多的信息。

(4) 对矩阵进行解释

通过分析业务单位在矩阵上的位置，企业就可以选择相应的战略措施。归结为简单的一句很经典的话："高位优先发展，中位谨慎发展，低位捞它一把。"

如果用图8-2进行分析，则：

① 黑色区域：采取增长与发展战略，应优先分配资源。

② 灰色区域：采取维持或有选择发展战略，保护规模，调整发展方向。

③ 白色区域：采取停止、转移、撤退的战略。

针对每个格子，应该采取的更加具体的战略措施如图8-3所示。

市场吸引力	弱	竞争力	强
高	尽量扩大投资，谋求主导地位	市场细分，以追求主导地位	专门化，采取并购策略
	选择细分市场大力投入	选择细分市场专门化	专门化，谋求小块市场份额
低	维持地位	减少投资	集中于竞争对手盈利业务，或放弃

图8-3 GE矩阵每个格子中业务应该采取的战略措施

8.3 SPACE 矩阵

8.3.1 SPACE 矩阵介绍

SPACE 矩阵(Strategic Position and Action Evaluation Matrix),即战略地位与行动评价矩阵,主要用于分析企业外部环境及企业应该采用的战略组合[3]。

如图 8-4 所示,SPACE 矩阵采用两个内部维度——财务优势(FS)和竞争优势(CA),以及两个外部维度——环境稳定性(ES)和产业优势(IS)。其中财务优势(FS)和环境稳定性(ES)构成纵坐标,竞争优势(CA)和产业优势(IS)构成横坐标,将企业的战略地位分为进取、保守、防御和竞争四个象限。

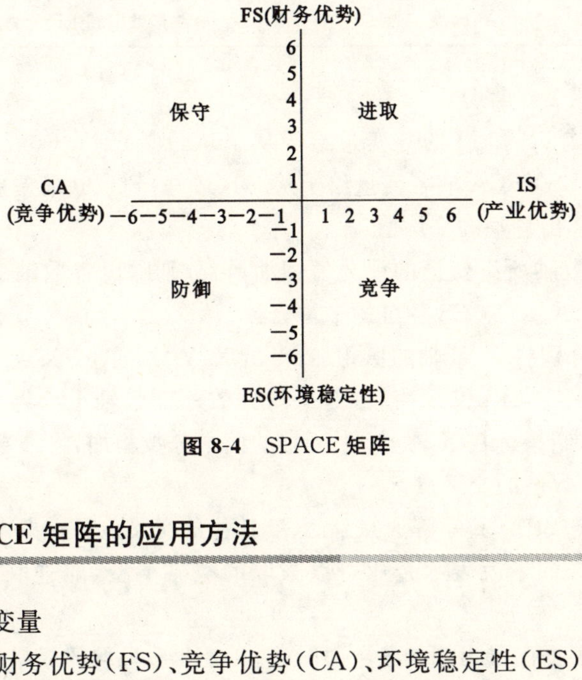

图 8-4 SPACE 矩阵

8.3.2 SPACE 矩阵的应用方法

(1) 选择变量

选择构成财务优势(FS)、竞争优势(CA)、环境稳定性(ES)和产业优势(IS)的一组变量。

SPACE 矩阵要按照被研究企业的情况而制定,并要依据尽可能多的事实信息。根据企业类型的不同,SPACE 矩阵的轴线可以代表多种不同的变量,如投资收益、财务杠杆比率、偿债能力、流动现金、流动资金等。表 8-2 列举了一些 SPACE 矩阵的数轴可以代表的变量。

表 8-2 SPACE 矩阵数轴可代表的变量

内部战略处理	外部战略处理
财务优势(FS) ——投资收益 ——财务杠杆比率 ——偿债能力 ——流动资金 ——退出市场的方便性 ——业务风险	环境稳定性(ES) ——技术变化 ——通货膨胀 ——需求变化性 ——竞争产品的价格范围 ——市场进入壁垒 ——竞争压力 ——价格需求弹性
竞争优势(CA) ——市场份额 ——产品质量 ——产品生命周期 ——客户忠诚度 ——竞争能力利用率 ——专有技术知识 ——对供应商和经销商的控制	产业优势(IS) ——增长潜力 ——盈利能力 ——财务稳定性 ——专有技术知识 ——资源利用 ——资本密集性 ——进入市场的便利性 ——生产效率和生产能力利用率

(2) 给变量评分

对构成 FS 和 IS 的各变量给予从＋1(最差)到＋6(最好)的评分值。而对构成 ES 和 CA 的各变量给予从－1(最好)到－6(最差)的评分值。

(3) 算出各轴的平均值

将各数轴所有变量的评分值相加，再分别除以各数轴变量总数，从而得出 FS、CA、IS 和 ES 各自的平均分数。

(4) 分别将 X、Y 轴的值相加，得出 X、Y 数值的交叉点

将 FS、CA、IS 和 ES 各自的平均分数标在数轴上。将 X 轴的两个分数相加，将结果标在 X 轴上，将 Y 轴的两个分数相加，将结果标在 Y 轴上，标出 X、Y 数值的交叉点。

(5) 自 SPACE 矩阵原点到 X、Y 数值的交叉点画一条向量

这一条向量就表示企业可以采取的战略类型，即进取、竞争、防御或保守。

(6) 根据向量出现在各象限时，选择企业应采取的战略

① 进取象限：说明该企业正处于一种绝佳的地位，即可以利用自己的内部优势和外部机会选择自己的战略模式，如市场渗透、市场开发、产品开发、后向一体化、前向一体化、横向一体化、混合式多元化经营等。

② 保守象限：意味着企业应该固守基本竞争优势而不要过分冒险，保守型战略包括市场渗透、市场开发、产品开发和集中多元化经营等。

③ 防御象限：意味着企业应该集中精力克服内部弱点并回避外部威胁，防御型战略包括紧缩、剥离、结业清算和集中多元化经营等。

④ 竞争象限：表明企业应该采取竞争性战略，包括后向一体化战略、前向一体化战略、市场渗透战略、市场开发战略、产品开发战略及组建合资企业等。

8.4 IE 矩阵

IE 矩阵(Internal-External Matrix)，即内部—外部矩阵，是由通用电气公司的业务检查矩阵发展而来的。IE 矩阵与 BCG 矩阵属于同一类型的分析工具，它们对公司的业务进行标识，从而检查企业的业务组合状态[4]。

IE 矩阵以 IFE 的评分为横坐标，以 EFE 的评分为纵坐标，按高、中、低等级进行划分，将企业业务的战略地位划分为九个象限，再把这九个象限分成具有战略意义的三个区域，然后根据不同类型产品的特点采取不同的发展战略，如图 8-5 所示。

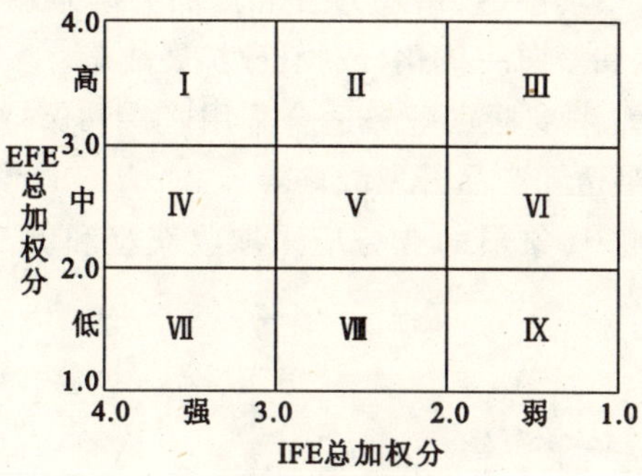

图 8-5 IE 矩阵

(1) IE 矩阵用外部因素评价矩阵(EFEM)和内部因素评价矩阵(IFEM)具体表示竞争地位和行业吸引力

X 轴的竞争地位用 IFE 的总加权分数表示，Y 轴的行业吸引力用 EFE 总加权分数表示。在一个大企业集团内的分厂都应该建立自己的 IFE 和 EFE 矩阵。由各分厂得出的 IFE 和 EFE 的总加权分数是建立大企业集团 IE 矩阵的基础。

(2) 横坐标(IFE)是对企业内部各因素综合分析得出的加权值

它反映了企业内部的综合实力和竞争能力。IFE 加权值越高，说明企业的综合实力和竞争能力越强，即企业在内部状况方面处于强势。IFE 加权值越低，说明企业的综合实力和竞争能力越低，即企业在内部状况方面处于弱势。IFE加权评分分为3个等级:1.0～2.0代表企业内部的劣势地位,2.0～3.0代表企业内部的中等地位,而3.0～4.0代表企业内部的优势地位。

(3) 纵坐标(EFE)是对企业外部环境所包含的机会与威胁的评价值及企业对外部环境所作出反应的程度

EFE加权值高,说明企业能利用外部有利的市场机会和减少外部竞争威胁的不良影响,即企业在外部环境方面处于优势。EFE加权值低,说明企业面临着严峻的竞争威胁,而且企业不能有效地利用有利的市场机会和消除竞争威胁的不利影响,即企业在外部环境方面处于劣势。EFE加权评分分为3个等级:1.0～2.0代表企业面临着较严重的外部威胁,2.0～3.0代表企业面临中等的外部威胁,3.0～4.0代表企业能较好地把外部威胁的不利影响减少到最低程度。

(4) 把IE矩阵分成具有不同战略意义的三个区间,并对不同区间的不同业务或产品采取不同的战略:

① 落入Ⅰ、Ⅱ、Ⅳ象限的业务应被视为增长型和扩张型业务。所以应采取加强型战略(市场渗透、市场开发和产品开发)或一体化战略(前向一体化、后向一体化和横向一体化)或投资/扩展战略。

② 落入Ⅲ、Ⅴ、Ⅶ象限的业务适合采用坚持和保持型战略,或选择/盈利战略。如市场渗透和产品开发战略等。

③ 落入Ⅵ、Ⅷ、Ⅸ象限的业务应采取收获型和剥离型战略或收获/放弃战略。

8.5 QSPM矩阵

8.5.1 QSPM矩阵介绍

采用前面介绍的业务匹配工具,可以得到一个战略方案的可行集,如何在这个可行集中进行取舍,就需要进一步的分析。QSPM矩阵(Quantitative Strategic Planning Matrix),即定量战略计划矩阵,是战略决策阶段的重要分析工具。其主要功能是对备选方案的战略吸引力做出评价,从而确定战略方案优劣的优先序[3]。

QSPM矩阵的格式如表8-3所示。QSPM矩阵顶部一行包括了从SWOT矩阵、SPACE矩阵、波士顿矩阵、IE矩阵和大战略矩阵中得出的可行备选战略。这些匹配工具通常会产生类似的可行战略。需注意的是,并不是说匹配技术所建议的每种战略都要在QSPM矩阵中予以评价,战略分析者必须运用良好的直觉以及对行业的丰富经验剔除一些明显不可行的战略选择，只将最具吸引力的战略列入 QSPM 矩阵。QSPM 矩阵的左边一列为关键的外部和内部因素，包括了从 EFE 矩阵和 IFE 矩阵直接得到的信息。在紧靠关键因素的一列中，将标出各因素在 EFE 矩阵和 IFE 矩阵中所得到的权数。

表 8-3 QSPM 矩阵

关键因素	备选战略				
	权重	战略 A	战略 B	战略 C	战略 D
外部因素					
因素 1					
因素 2					
因素 3					
…					
内部因素					
因素 1					
因素 2					
…					
总计					

在 QSPM 矩阵中一个重要的概念是战略的最优程度。它是根据各战略对外部和内部因素的利用和改进程度而确定的。QSPM 矩阵中包括的备选战略的数量和战略组合的数量均不限，分析的结果并不是非此即彼的战略取舍，而是一张按重要性和最优程度排序的战略清单。

8.5.2 QSPM 矩阵的应用方法

(1) 在 QSPM 矩阵的左栏列出企业的关键外部机会与威胁、内部优势与弱点

这些可以直接从 EFE 和 IFE 矩阵中得到。QSPM 至少应包括 10 个外部关键因素和 10 个内部关键因素。

(2) 给每个外部及内部关键因素赋予权重，权重应与 EFE 矩阵和 IFE 矩阵中的相同。

(3) 确认企业可考虑实施的备选战略，若可能将各战略分为互不相容

的若干组。

(4) 确定吸引力分数 AS

用数值表示各组中各个战略的相对吸引力。依次考察各外部或内部关键因素,提出"这一因素是否影响战略的选择?"

① 回答"是",将这一因素对各战略进行比较。1 代表没有吸引力;2 代表有一些吸引力;3 代表有相当吸引力;4 代表很有吸引力。

② 回答"否",不给该组战略以吸引力分数。

(5) 计算吸引力总分 TAS

TAS 等于权重乘以吸引力分数。吸引力总分越高,战略的吸引力就越大。

(6) 计算吸引力总分和 STAS

STAS 由吸引力总分加总而得。它表明了在各组供选择的战略中最具吸引力的战略。备选战略组中各战略吸引力总分和之差表明了各战略相对于其他战略的可取性。

8.5.3 对 QSPM 矩阵的评价

QSPM 矩阵的优点之一是可以相继地或同时地考察一组战略。例如,可以首先评价企业一级的战略,之后是分企业一级的战略,然后是功能部门一级的战略。在 QSPM 矩阵中可以同时评价的战略或战略组数量不受限制。

QSPM 战略的另一个优点是要求战略家在决策过程中将有关的外部和内部因素结合起来考虑。通过建立 QSPM 矩阵可避免关键因素不适当地被忽视或偏重。QSPM 矩阵使人们注意到影响战略决策的各种重要关系。虽然在建立 QSPM 矩阵过程中需要进行一些主观性决策,但这些次要的决策可能使最终战略决策质量更佳。QSPM 矩阵经过适当修改便可用于大型和小型的、营利和非营利性的组织,实际上可以被应用于任何类型的组织。QSPM 矩阵尤其可以提高跨国企业的战略决策水平,因为它可以同时考察很多关键性因素和战略。它也已经被成功地应用于一些小型企业的战略决策中。

QSPM 矩阵并非没有局限性。一方面,它总是要求直觉性判断和经验性假设,权重和最优程度分数的确定都要依靠主观判断。尽管这些判断所依据的是客观信息,但不同的战略分析专家也可能应用相同的方法得出不同的结论。这种差别是由于他们的经验和微妙的直觉的不同所造成的。另一方面,其结果的科学性取决于它所基于的信息和匹配分析的质量。

8.6 战略钟模型

战略钟模型是由克利夫·鲍曼提出的,"战略钟"是分析企业竞争战略选择的一种工具,这种模型为企业的管理人员提供了思考竞争战略和取得竞争优势的方法[5]。

战略钟模型假设不同企业的产品或服务的适用性基本类似。那么,顾客购买时选择其中一家而不是其他企业可能有以下原因:

① 这家企业的产品和服务的价格比其他企业低;

② 顾客认为这家企业的产品和服务具有更高的附加值。

战略钟模型将产品/服务价格和产品/服务附加值综合在一起考虑,企业实际上沿着以下8种途径中的一种来完成企业经营行为。其中的一些路线可能是成功的路线,而另外一些路线则可能导致企业的失败。战略钟模型如图8-6所示。

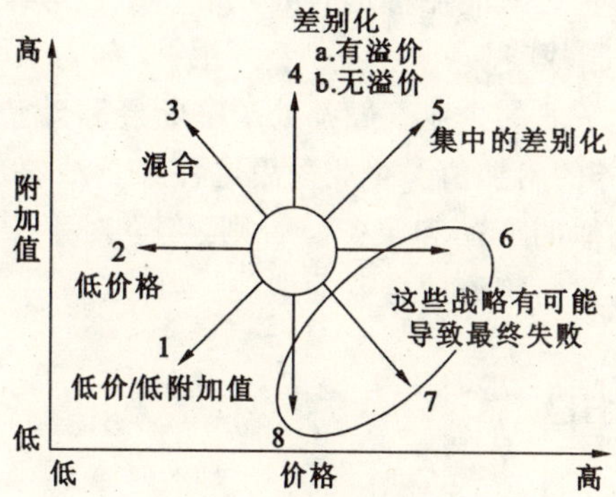

图8-6 战略钟模型

(1) 低价/低附加值战略

采用途径1的企业关注的是对价格非常敏感的细分市场的情况。企业采用这种战略是在降低产品或服务的附加值的同时降低产品或服务的价格。

(2) 低价战略

采用途径2的企业是建立企业竞争优势的典型途径,即在降低产品或服务的价格的同时,包装产品或提高服务的质量。但是这种竞争策略容易被竞争对手模仿,也降低价格。在这种情况下,如果一个企业不能将价格降低到竞争对手的价格以下,或者顾客由于低价格难以对产品或服务的质量水平做出准确的判断,那么采用低价策略可能是得不偿失的。要想通过这一途径获得成功,企业必须取得成本领先地位。因此,这个途径实质上是成本领先战略。

(3) 混合战略

采用途径 3 的企业在为顾客提供可感知的附加值的同时保持低价格。而这种高品质、低价格的策略能否成功，既取决于企业理解和满足客户需求的能力，又取决于是否有保持低价格策略的成本基础，并且难以被模仿。

(4) 差别化战略

采用途径 4 的企业以相同或略高于竞争对手的价格向顾客提供可感受的附加值，其目的是通过提供更好的产品和服务来获得更多的市场份额，或者通过稍高的价格提高收入。企业可以通过采取有形差异化战略，如产品在外观、质量、功能等方面的独特性，也可以采取无形差异化战略，如服务质量、客户服务、品牌文化等来获得竞争优势。

(5) 集中的差别化战略

采用途径 5 的企业可以采用高品质、高价格策略在行业中竞争，即以特别高的价格为用户提供更高的产品和服务的附加值。但是采用这样的竞争策略意味着企业只能在特定的细分市场中参与经营和竞争。

(6) 高价撇脂战略

采用途径 6、7、8 的企业一般都处于垄断经营地位，完全不考虑产品的成本和产品/服务的附加值。企业采用这种经营战略的前提是市场中没有竞争对手提供类似的产品和服务。否则，竞争对手很容易夺得市场份额，并很快削弱采用这一策略的企业的地位。

8.7 ADL 矩阵

8.7.1 ADL 矩阵介绍

利特尔矩阵，简称 ADL 矩阵，即生命周期组合矩阵，是一项投资组合管理方法。咨询管理企业 Arthur D. Little(ADL)在 20 世纪 70 年代提出 ADL 矩阵。它把组织自身在市场上的优势与劣势同该市场的生命周期阶段相结合。ADL 矩阵的一个维度是产业的生命周期阶段，从年轻和快速增长的业务市场到成熟和衰退的业务市场；另一个维度是企业的竞争地位，从占主导地位并能控制行业的企业到较弱、勉强能生存的企业[6]。

(1) 识别行业所处的生命周期

产业的生命周期分为萌芽阶段、增长阶段、成熟阶段和衰退阶段四个阶段。各阶段由外部因素所决定，包括市场的增长率、增长的可能性、产品线的宽度、竞争者的数量、竞争者市场占有率的分布、顾客的忠诚度、进入障碍和技术。这些要素的均衡决定了企业产业的生命周期阶段。

不同生命周期阶段的产业具有不同的特点。产业处于萌芽期时，产业具有市场增长率较高，竞争者市场占有率分布分散而且变动较快，市场中几乎没有顾客的忠诚度，进入障碍低等特征。产业处于增长阶段时，具有高速增长，用户、市场占有率的技术渐趋明朗和稳定，进入障碍提升等特征。产业处于成熟阶段具有增长率降低，但仍以较稳定的速度增长，技术、市场稳定，产品线宽度增加，进入障碍高等特征。产业处于衰退阶段具有产品需求降低、停止增长，甚至出现负增长，竞争者数目和产品品种减少等特征。

(2) 确定企业的竞争地位

企业的竞争地位从强到弱可分为以下五类：

① 统治地位：处于统治地位的企业能够控制竞争者的行为，其战略的制定不受竞争者的影响。

② 强势地位：处于强势地位的企业能够遵循自己所选择的战略而不必过多关注竞争对手的行为。

③ 有利地位：处于有利地位的企业虽不处于主导地位，但这些企业都是居于良好的竞争地位并拥有各自的竞争优势。

④ 维持地位：处于维持地位的企业具有较好的业绩，能与主要的竞争对手相抗衡，有能够维持其地位的机会。

⑤ 软弱地位：处于软弱地位的企业竞争地位弱，优势少，很难长久地与竞争对手相抗衡。

根据企业所处的行业生命周期及相应的企业竞争地位的不同，形成的矩阵如表 8-4 所示。

表 8-4 利特尔矩阵

行业生命周期 企业的竞争地位	萌芽	增长	成熟	衰退
统治	迅速增长、开创	迅速增长、获成本领先地位、更新	防御、获成本领先地位、更新、迅速增长	防御、集中一点、更新、随行业增长而发展
强势	开创、迅速增长、差异化	迅速增长、赶超并获成本领先地位、差异化	获成本领先地位、更新、集中一点、差异化、随行业增长而发展	寻求新市场、固守旧市场、随行业增长而发展、收获
有利	开创、差异化、集中一点	差异化、集中一点、赶超、随行业增长而发展	收获、寻求新市场、固守旧市场、转变方针、集中一点、差异化、随行业增长而发展	紧缩转变方针

续表 8-4

企业的竞争地位 \ 行业生命周期	萌芽	增长	成熟	衰退
维持	开创、随行业增长而发展、集中一点	收获、赶超、固守阵地、寻找避风地、转变方针、集中一点、随行业增长而发展	收获、寻找避风地、转变方针、紧缩	放弃紧缩
软弱	寻找避风地、迎头赶上、随行业增长而发展	转变战略、紧缩	撤退、放弃	撤退

8.7.2 ADL 矩阵的应用

根据 ADL 矩阵，当企业和市场条件不同时，相同的战略可以有不同的形式。如一个占统治地位的企业可以主动引导消费，刺激需求量增加，从而达到市场发展的战略目标；而在一个成熟的市场上，实力弱小的企业没有能力使市场需求扩大，只能瞄准一个新的市场区段进行开发或及时转向另一个有利的发展方向，从而达到发展的目的。

利用这种方法分析企业战略的适宜性，关键一点是首先确定企业当前在矩阵中处于什么位置。确定在横轴的位置，可以从市场增长率、产业发展潜力、产品线宽度、竞争对手数量、市场份额在各竞争对手之间的分布、客户忠诚程度、产业进入障碍和技术水平方面考虑。确定在纵轴的位置，可以从分析各类实力的特点获得。竞争力较强的企业一般具有市场领先地位，可以按照自己制定的战略目标发展，其他竞争对手对它的威胁不大。有利地位是指行业中没有一个特别突出的企业占据主导地位，多个领先者地位均等。在尚可维持的状态下，处于有利地位的企业可以通过差异化战略或集中一点战略固守阵地。而较弱的企业由于缺乏实力，很难长期独立地生存下去。一般来讲，在市场增长的情况下，实力较强的企业可以遵循正常发展的道路，即可以通过各种不同的途径来实现发展的目的；具有统治地位的企业在行业的整个生命周期过程中，都可以保持很强的竞争实力，关键要看这个企业能否适时调整战略方向；而实力弱小的企业如果不能找到一个避风地，即开发出一块自己的市场空间，将难以生存下去。

8.8 案例讨论:海尔与GE多元化的对比

按照海尔CEO张瑞敏自己的总结,海尔的战略分为三个阶段:第一阶段是1984—1991年期间的名牌发展战略,只做冰箱一种产品,通过7年时间做冰箱,逐渐建立起品牌的声誉与信用。第二阶段是1991—1998年期间的多元化产品战略,按照"东方亮了再亮西方"的原则,从冰箱到空调、冷柜、洗衣机、彩色电视机,每一到两年做好一种产品,七年来重要家电产品线已接近完整。第三阶段是1998年至今的国际化战略发展阶段,即海尔到海外去发展。

但是如果我们认真分析一下海尔的产品结构,就会发现用"国际化"来概括目前海尔的战略至少是不全面的。因为在计算机、手机、生物制药、家庭整体厨房之类的投入,海尔明显地从多元化产品领域,进入了多元化产业经营的格局。一句话,海尔目前显然在以多元化战略来谋求企业增长。

这是一个真正充满陷阱的增长之路,因为在多元化期间的业务模式,从未来看只有三种出路:第一,谋求业务转型的多元化,这要求海尔接下来要出售或关闭其家电部门,在新业务上选取一点成为行业老大,就像当年的诺基亚一样;第二,像GE一样,通过卓越的战略控制,在各个点上成为行业老大,成不了行业老大的就撤退;第三,海尔对各种业务进行分析,从一些新业务中撤退,重新集中力量回到它的核心业务,或者最多兼顾一两种新业务。

海尔在走GE之路,但海尔真正懂得多元化背后的业务战略安排与控制体系吗?世界上绝大多数公司的多元化道路都是以失败告终,海尔凭什么幸免?也许海尔说,GE不就成功了吗?不错,GE是成功了,但GE成功的背后是韦尔奇和GE精心构造的业务管理制度系统,以及卓越的文化安排。众所周知,GE是以所谓的行业第一或第二原则选择决定进入或退出,如何实现第一或第二?GE的做法有三点:

第一,GE于20世纪70年代制定业务筛选模型,用于确定业务的长期行业吸引力与业务的优势/竞争力的关系，通过考察增长率、利润水平和竞争强度决定业务战略。通过这一模型，GE将自己定义为只做高科技、服务与核心业务。

第二，GE精心构造了以一年为一个循环，以一季度为一个小单元的"业务运营系统"。这一系统有两大功能：一方面，它构造了一个严密而有效的实施系统，保证将总部制定的任何战略举措都可以转化为实际行动；另一方面，它是一个开放的制度化平台，来自GE和各个业务集团的高层领导、执行经理和员工，都会在这样一个制度化平台上针对业务实施情况对比差距，交流和分享成功的经验和措施。

第三，GE在20世纪80年代提出了四大战略，即全球化、六西格玛、服务、电子商务。到2001年，GE的全球化战略已经在GE业务运营系统中执行了15圈，取得的成果是GE利润从全球化运营不到10%上升到40%以上。六西格玛战略是第五圈，创造的利润近20亿美元；服务战略是第六圈，使GE 70%的收入来自于服务；而电子商务是第三圈，GE通过电子商务的交易额是70亿美元，为运营成本节约了50%。

因此，GE模式是非常清晰的，这种模式的关键点在于平衡核心业务与增长业务和种子业务，使利润率相对较低但相对稳定的传统行业和利润丰厚但不确定性较大的服务行业相辅相成，实现稳定快速增长。比如，"长线产业"的航空引擎部门和动力部门的利润率低但相对稳定，而"朝阳产业"的金融部门利润率高但是风险大。GE的战略非常清楚，就是稳住"长线产业"，大力发展金融服务业和利润率高的新兴产业。由此可以看出，六西格玛和电子商务事实上是一种提升业务能力的战略——管理战略和信息化战略。

我们不知道海尔是否正在做这方面的努力，我们的注意力放在另一个更为基本的问题上，那就是海尔的多元化需要核心竞争能力与业务管理系统的支撑。

海尔的成功是中国式的成功，它成功地将一场家电业的功能之争转化为"服务"之争，通过"免费服务"模式获得先入优势，形成良好的品牌形象，进而获得"高价"回报，从而使对手即便模仿了"服务"模式，但也因成本太高而无法持久。所以可以将海尔的核心竞争能力总结为通过服务来支撑品牌的经验、技能与知识的组合能力。由此，尽管所有的人都知道海尔是靠服务，知道海尔通过服务来支撑品牌，但没有人能在服务上超过海尔。从海尔的核心竞争能力我们很容易懂得这一点：其实不是不能，而是实行的成本太高，经验、技能与知识都是与时间成正比的。

如果海尔就此打住，家电业的霸主地位非其莫属。在服务支撑品牌这一核心竞争能力的支撑下,海尔几乎可以做到向各种家电产品线的扩张。事实也的确如此,海尔兼并杭州西湖电视机厂后,短短的两年就跻身电视机生产前三名,海尔的内在能力受到了业内外人士的交口称赞。但现在的问题是,海尔将这一扩张线延伸到了手机、计算机、金融、生物制药等。海尔对此也毫不隐讳,在海尔的网站上,海尔将自己的远景目标清楚地定义为:"以现有白色家电的核心能力为基础,实施国际化和多元化战略,以努力提高人类生活水平为目标,一方面拓展国际市场发展空间,一方面向信息技术、住宅设施等领域进行多元化扩展,创海尔国际名牌,把海尔集团发展成为一个具有较强核心能力的大型的跨国公司"。以现有白色家电的核心能力,也就是"服务支撑品牌的那些能力",能够支撑海尔的持续增长吗?答案是,这要看这一核心竞争能力是否与海尔进入产业的扩张要求相一致。很显然,从计算机业里戴尔在全球的成功,从诺基亚在手机业的成功模式来看,海尔在服务支撑品牌上积累经验、技能与知识,恐怕都难以在计算机、手机上有什么大的作为,也看不出这一能力与海尔的国际化战略有什么大的联系,"真诚到永远"恐怕对老外并不一定有多大的作用。当海尔在第一层面的增长衰落之时,也许海尔增长的极限就到来了。

事实上,任何超逻辑的"伟大创造"都会受到逻辑本身的质疑,除非你有足够的理由说明你创造了另一种逻辑,像韦尔奇那样的逻辑。我始终认为GE的成功是"天才性的必然"——GE有一个良好的制度体系作为行动的基础,有一个伟大的CEO韦尔奇创造性地塑造了GE独特的文化。结果是GE的核心竞争能力几乎可以定义为GE的制度设计能力与强有力的战略实施能力,这是一种包容而强大的能力,也正是这种能力,才会使像六西格玛那样艰难的管理体系能够在GE短时间就获得发扬光大,其光芒甚至超过了发明六西格玛的摩托罗拉。没有这种精心设计的制度构造,没有GE创造性的文化理念,GE的多元化道路恐怕难以走通。

一句话,"多元化"成功经验,至少从GE看来是需要一套强有力的制度系统与创造性的文化理念,或者说,多元化本质上是对人类能力有限性的一个挑战。专业化是普遍,是一般,多元化是特殊。特殊的道路只有那些具有优异制度结构与特殊才能的企业才能做到,一般的规律是诺基亚道路——卖掉一切不想做的,专注于想做的,并且通过出卖过时的核心产业而获得足够的财政支持。

(资料来源:姜汝祥. 多元化背后的陷阱与支撑力量. 搜狐IT频道,2003. 11. http://it. sohu. com/2003/11/30/72/arricle216287201. shtml. 编者有删节。)

思考并分析：

(1) 海尔的多元化战略为什么会失败？

(2) GE的多元化战略有何高明之处？

战略管理前沿——产品-市场演变矩阵

产品-市场演变矩阵是由美国的查尔斯·霍弗教授首先提出。他扩展了波士顿矩阵和通用矩阵两种战略选择方法，将业务增长率和行业吸引力因素转换成产品-市场发展阶段，从而得出15个方格的矩阵。矩阵模型如图8-7所示。

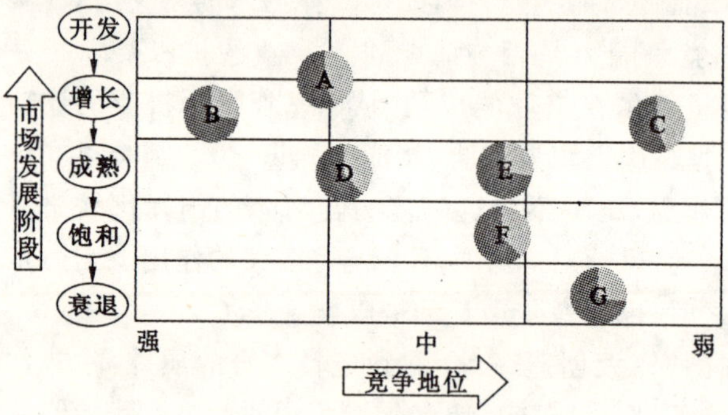

图8-7 产品-市场演变矩阵

产品-市场演变矩阵是从所经营产品的市场发展阶段(生命周期状态)和企业竞争地位来分析企业各项经营业务的战略位置。该方法用纵横坐标分别表示产品-市场发育阶段和企业竞争地位。横轴表示企业的市场竞争地位，分为强、中、弱3个级别；纵轴表示产品-市场的5个发展阶段，分别是开发、增长、成熟、饱和、衰退。这样产品-市场演变矩阵共包含15个方格。

圆圈表示行业规模或产品/细分市场。圆圈内扇形部分表示企业各项经营业务的市场占有率。

(1) 业务单位A

单位A看起来是一颗潜在的明星，它的相对较大的市场份额，加上处于产品-市场发展的开发阶段以及所具有的获得一个较强的竞争地位的潜力，使它成为接受公司资源支持的一个很有希望的候选者。

(2) 业务单位B

单位B在某种程度上看有点像单位A，然而对B单位投资的多少将取决于为什么B单位相对于其强大的竞争地位竟然具有如此低的市场份额这一个问题的答案。为此，单位B应当实施能够改变它的这一较低的市场份额的战略，以便为争取更多的投资提供依据。

(3) 业务单位C

单位C在一个增长相对较小的行业中，占有一个较小的市场份额并拥有一个较弱的竞争地位，必须实行一种能够克服其低市场份额和弱竞争地位的战略，以争取未来投资。单位C很可能是一个有待脱身的对象，以便将其资源运用于单位A或单位B。

(4) 业务单位D

单位D处于一个扩展的阶段，占有一个相对大的市场份额，并处于一个相对弱的竞争地位。对单位D应当进行必要的投资以保持其相对强的竞争地位。从长期看，单位D应当可以成为一头“金牛”。

(5) 业务单位E和业务单位F

单位E和单位F是“金牛”，应当用来创造利润。

(6) 业务单位G

单位G看起来像波士顿矩阵中的一条“瘦狗”，在短期内，它应当被监控着用于创造利润(如果可能的话)。然而，长期而言，它更有可能被施以脱身战略或者清算战略。

希尔和琼斯两位学者运用霍弗的方法，直接将企业应采用的战略写入各个区域。具体模式如图8-8所示。

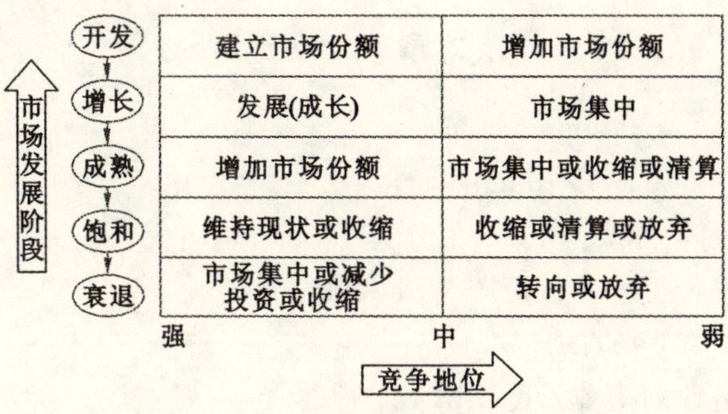

图8-8 产品-市场演变矩阵对应的战略

这种方法的特点就是将竞争地位这个因素只划分为强、弱两挡，而且使用了产品生命周期的概念。从图8-8中可以看出，竞争地位弱的单位比竞争地位强的单位应当提早考虑紧缩或撤退的问题。当它们在行业中尚处于成长阶段时，就应当注意寻找较小的细分市场以求生存；而在行业进入扩张阶段后，就要考虑放弃或清算了。

（资料来源：MBA智库．编者有删节。）

本章小结

本章介绍了多种帮助选择业务组合和战略措施的工具:波士顿矩阵根据市场增长率和相对市场占有率把业务分为明星、问题、金牛和瘦狗四种类型,并可相应采取不同的应对措施。波士顿矩阵是最早也是最基本的业务组合工具,是其他各种工具的基础。GE 矩阵根据市场吸引力和业务竞争力把业务划分在九个格子中,并给出相应的战略措施,使得 GE 矩阵分析更加准确、全面。SPACE 矩阵采用两个内部维度,即财务优势和竞争优势,两个外部维度,即环境稳定性和产业优势,将企业的战略地位分为进取、保守、防御和竞争四个象限。IE 矩阵根据内部因素评价矩阵的评分和外部因素评价矩阵的评分,将企业业务的战略地位区分为九个象限,再把这九个象限分成具有战略意义的三个区域,然后根据不同类型产品的特点采取不同的发展战略。战略钟模型将产品/服务价格和产品/服务附加值综合在一起考虑,企业实际上沿着 8 种途径中的 1 种来完成企业经营行为。ADL 矩阵是根据业务的生命周期和竞争地位,提供对应的战略措施。这些工具会提出很多的备选战略,QSPM 矩阵对备选方案的战略吸引力做出评价,从而确定战略方案优劣的优先序。

本章英文词汇

战略选择　Strategic Choice
波士顿矩阵　BCG Matrix
麦肯锡矩阵　GE Matrix
战略地位与行动评价矩阵　SPACE Matrix
内部—外部矩阵　IE Matrix
定量战略计划矩阵　QSPM Matrix
战略钟模型　Strategic Clock Model
利特尔矩阵　ADL Matrix

本章思考题

8-1　波士顿矩阵的使用方法和作用是什么?

8-2　GE 矩阵的使用方法是什么?与波士顿矩阵有什么不同?

8-3　QSPM 矩阵的操作方法是什么?

参考文献

[1] 阳士昆.世界500强12种经典管理工具.北京:中国时代经济出版社,2005.

[2] 谭忠富.企业战略管理.北京:经济管理出版社,2008.

[3] 吴照云.战略管理.北京:中国社会科学出版社,2008.

[4] 邓富民.战略管理.北京:经济管理出版社,2009.

[5] 揭筱纹.战略管理.北京:清华大学出版社, 2009.

[6] 马瑞民,肖立中.战略管理工具与案例. 北京:机械工业出版社,2009.

9 战略实施

企业家谈战略——杰克·韦尔奇谈战略实施

每个人都关心战略，你也无法忽视它。不过，我所认识的绝大多数经理人都像我一样看待它——简单地说，那就是一个行动纲领，需要根据市场波动的情况经常进行审视和修订。那只是一个重复的操作过程，并不像你原来相信的那样高深难懂或者生死攸关。

在我自己的职业生涯中，无论在什么样的企业，也无论是在经济繁荣的高峰还是低谷，从墨西哥到日本，这套方法都运转得相当成功。简洁或许就是成功的原因之一。

这些步骤是：

首先，对你的生意制定一个大方向上的规划——找到聪明、实用、快速的能够获得持续竞争优势的办法。

其次，把合适的人放到合适的位置上，以落实这个大的规划。在实施计划的时候，你需要弄清楚，什么类型的人适合从事大众化的产业，什么类型的人适合从事高附加价值产业。我并不喜欢戴有色眼镜看人，但必须承认，如果你的战略和员工的技能能够匹配，那可是件大好事。

第三，不断探索能实现你的规划的最佳实践经验。无论是在你自己的企业内，还是在企业外，都要学会去追寻它们，并且还要不断提高。如果你的企业是个学习型的组织，人们渴望每天都能把一切做得更好，那你的战略就能充分发挥威力。员工们会从各个地方学到最好的技能，不断提高企业的效率水平。相反，即使你拥有世界上最好的规划，但如果没有这样的学习型企业文化，你也不能获得持久的竞争优势。

因此，战略不过是制定基本的规划，确立大致的方向，把合适的人放到合适的位置上，然后以不屈不挠的态度改进和执行而已。我认为问题并不比这更复杂。

战略就是要获得并形成相对于竞争对手的竞争优势，在前文的章节中详细地介绍了企业战略的选择，但再优秀的战略如果没有有效的实施也只能成为空谈。选择了适合于企业的战略后，就必须有力地执行，这样才能切实地形成企业的竞争优势。但是对于大部分的企业来说，战略并不是制定好后就能简单地实行的，企业的各个方面可能都需要作出相应的调整，与企业的总体战略保持协调一致，从而才能有效地保证战略实施的顺利进行。

本章将逐一从企业的产品研发、市场营销、人力资源、组织结构、管理信息与企业文化方面讨论它们与企业战略之间的关系，以及如何使这些方面与战略保持协调一致，并提出衡量各方面战略准备度的方法和建议。

9.1 战略与产品研发

9.1.1 产品研发

新产品的概念一经形成，关于究竟如何去研究、开发出这样的新产品，往往存在众多方法。例如，要研发出新一代的手机，既可以在现有型号手机的基础上，对其尺寸、结构、外形、性能等方面进行改进，也可以完全抛弃现有产品，进行重新开发，还可以拿别人的产品来仿造；再例如，要新建一栋建筑，既可以用钢筋、水泥等建筑材料在现场浇筑建设，也可以购买现成的预构件，再到现场进行组装。虽然新产品研发项目采用的不同战略最终都能够使项目的结果殊途同归，但会引起研发项目在投入成本、开发周期、产品的质量性能、客户满意度等方面大相径庭。因此，企业的产品研发战略应该与企业的总体战略协调一致，才能使产品的研发过程顺利进行，并使企业的总体战略顺利实施。

Raymond Miles 和 Charles Snow(1978)从企业在整个新产品领域中的地位和作用以及企业的市场领域两个维度出发将企业的战略分为四种类型，即开拓型(Prospectors)、分析型(Analyzers)、防守型(Defenders)以及反应型(Reactors)。

(1) 开拓型企业

开拓型企业是行业创新者，不论对于新产品、市场还是技术方面，其战略目标通常是成为第一。即便是存在危险，即使有些开发活动可能不会赢利，这类企业还是会首先采用新技术。但它们会对各种机会产生的信号做出快速的反应，其战略具有较强的竞争性。在汽车行业里，本田汽车公司被认为是开拓型企业。

(2) 分析型企业

这类企业的新产品很少以“第一”的身份进入市场。但是这类企业会异常关注其主要竞争者的动作,并常常是一个快速的跟随者,非常迅速地为市场带来新产品。其竞争战略就是认真观察主要竞争对手的行动,然后作出快速反应。分析型企业常常能够向市场推出比开拓型企业的产品更加优秀、更节约成本或具有更好性能的产品。福特公司就属于这样的汽车企业。

(3) 防守型企业

防守型企业试图在一个相对稳定的产品或者市场领域中定位,保持在一个安全的位置或者细分市场中。这类企业的竞争战略就是通过提供更高质量的产品、更出色的服务或者更低的价格来保护自己的领域。

(4) 反应型企业

反应型企业的竞争战略通常较为被动,在维护建立起来的产品或者市场活动方面不像其他竞争者那样积极进取,在产品和市场方面与对手的竞争通常处于被动的局面,而且只有在面临巨大的环境压力时才做出反应。

9.1.2 保持产品研发与战略协调一致

(1) 开拓型企业的产品研发战略

对于开拓型战略的企业来说,企业的创新性是最强的,研发出的产品所面临的市场和技术的不确定性也最高,因此其在新产品开发和投放方面的熟练程度是最为重要的关键成功因素,而在项目组织与团队方面的关键成功因素中,团队沟通最重要。开拓型企业总是不断在新的市场机遇中探索,并对环境的变化做出快速反应,因此对于开拓型企业来说,企业的关键成功因素是:既要注重企业高层的支持,同时还要致力于树立、培养和保护企业的创新文化以促进创新项目的成功。

(2) 分析型企业的产品研发战略

可以推断,分析型企业在新产品开发过程方面投放的熟练程度是最为关键的成功因素,其次是整个过程的熟练程度,而在项目组织与团队方面的关键成功因素中,团队沟通尤其是与外界的沟通最为重要。分析型企业则通常在新产品领域和市场领域两个维度中采取平衡策略,在一个维度创新性较强时,另一个维度相对稳定,这类企业在实施产品研发项目的时候,应在获得高层支持的同时重点考虑新产品在这两个领域中的战略定位。

例如，上海通用汽车在开发赛欧时，采用的是在现有产品欧宝的基础上改进开发的策略，直接运用欧宝的底盘、平台和发动机，结果比从头开始的全新开发缩短了50%的开发时间，节省了43%的开发成本，产品性能也更好地满足了国内市场的需求。

(3) 防守型企业的产品研发战略

选择防守型战略的企业在新产品领域和市场领域两个维度中都相对稳定，而且涉及的领域面较窄，因此可以推断这类企业在新产品开发过程方面，重点是加强熟练程度，尽可能地减小项目在研发阶段的风险。要提升开发的熟练程度，在项目组织与团队方面的关键成功因素中，项目经理的角色显得更为重要。这类企业在实施产品研发项目的时候，应重点考虑新产品在市场领域中的战略定位。

(4) 反应型企业的产品研发战略

反应型企业由于在市场中处于被动的地位，而且涉及的领域面最窄，因此可以推断这类企业在新产品开发过程方面，应该重点加强的是开发的熟练程度，尽可能地减小项目的开发风险。在项目组织与团队、企业高层及新产品战略方面应该和防守型企业相类似。

9.1.3 衡量产品研发准备度

在选择了产品研发策略后，要对其进行充分的论证，以验证这种方法是否切实可行并且符合企业的总体战略。战略论证最简单且最有效的方法就是进行SWOT分析，SWOT代表优势(Strength)、劣势(Weakness)、机会(Opportunity)和威胁(Threat)。

在进行SWOT分析时，可以要求开发团队在一起进行头脑风暴，通过讨论并提供令人信服的答案和依据，来论证被选战略的可行性。表9-1是对开发新产品的产品研发策略进行SWOT分析的举例。

如果分析的结果发现，开发新产品的策略与企业的竞争战略不相符，或者无法体现企业的优势，那么采用这一产品研发战略将可能会使企业陷入尴尬境地，或者财务预算不够使得开发无法继续，或者由于新产品开发的技术不过关而被其他企业的新产品所替代，使得之前的研发工作成为徒劳，因此应尽可能地选择与企业的实力及总体战略相当的产品研发策略。

表 9-1 应用 SWOT 矩阵分析产品研发

SWOT 分析			
优势分析		劣势分析	
采用该研发策略的优势	对企业战略的影响	采用该研发策略的劣势	对企业战略的影响
具有相应的技术力量 熟悉行业合作伙伴 具备合作开发的经验 开发人员有工作意愿 资源充分 领导支持	选择最佳合作伙伴 整合各种资源 借鉴并利用过去的经验	开发成本难以控制 不能独享知识产权 开发人员的创造性受限	成本预算 专利申请 奖励机制
机会分析		威胁分析	
该产品研发策略带来的机会	对企业战略的影响	该产品研发策略带来的威胁	对企业战略的影响
学习合作伙伴的经验 培养开发人员 缩短开发时间 保证产品质量 提升品牌形象 扩大产品的销售渠道	抢占市场 进军国际市场 展开地区与国际渗透 借机广告宣传	合作失败 技术泄密 协调、管理难度大	保密措施

9.2 战略与市场营销

9.2.1 市场营销

市场营销实际上指的是职能营销，与企业的营销部门相对应。职能营销强调的是分析、计划、执行和控制四大过程，其核心可以概括为 STP(市场细分、目标市场选择、产品定位)、4PS(产品策略、定位策略、渠道策略、促销策略)、CRM(顾客关系管理)。在一般情况下，企业的营销部门只要抓住以上四大过程和三大核心就可以执行好自己的基本职能。

传统的观念认为，市场营销策略只是企业战略的一部分，大多数的营销战略都是根据企业的总体战略来制定的。诚然，不能用市场营销战略替代企业战略的谋划，但是随着市场营销战略的不断完善和取得成效，市场营销战略为企业的总体战略成功奠定了不可替代的基础。在世界 500 强企业中，在企业战略上取胜的 IBM、海尔、宝洁、沃尔玛等无一不是在市场营销战略上取得巨大成功的[1][2]。当然这也就要求企业的其他职能战略也必须以市场营销战略为导向，并与之配备。如果营销策划人员误把营销策划孤立对待，则会出现“只见树木，不见森林”的情况。这也是我国很多营销策划人员和企业陷入的一个营销误区。走出此误区，企业需要从战略的角度认识市场营销活动，不能只考虑企业的眼前利益，应立足于企业的长远利益，做出对企业营销过程中的各项活动具有普遍、全面指导意义的管理决策，应充分体现战略的前瞻性和高度的全局性。

（1）企业战略把握市场营销的方向

战略营销首先关心的是市场营销的方向性问题，但随着市场竞争的加剧，企业面临的环境更加复杂、动荡不安。为此，只有把握宏观环境的变化规律，分析行业环境的发展趋势，掌握顾客的需求变化，才能把握企业的经营方向。企业所采取的一系列重大决策都必须根据营销环境的动态变化和企业自身的条件进行周密的策划，制订有效的战略计划，使企业的目标和资源与企业的外部环境之间保持一种切实可行的战略适应。

（2）企业战略使市场营销具有更高目标

竞争是战略的本质，也是当前商业市场的现实。迈克尔·波特在《竞争战略》中的开篇宗义是："竞争是企业成败的核心"。企业的战略要在分析竞争对手资源状况、发展前景的基础上，通过博弈分析和深思熟虑后做出选择。企业的所有营销活动的全过程都必须以竞争作为基准，战略营销使企业的营销活动有了最高的目标，即争夺市场、争夺顾客，阻止竞争者抢占企业的市场份额，从而确保企业在绝对市场竞争环境中迅速扩张和成长。企业要生存和发展必须要确立自己的营销战略，并在自己的战略中体现强烈的竞争意识。

（3）企业战略与市场营销需要有效协同

战略营销是一个体系，是一个系统。它要求市场营销所涉及的内外部资源必须要具有高度的协同性，才能达到资源利用最优，从而获得竞争优势。通过战略营销，企业把营销战略推广至整个企业，并以其生存和发展为最高目标，以竞争为基准，协同一致地应对市场环境的变化，以实现在理想的情况下，企业所有资源与变化的环境相匹配。但企业不能因为太执着于实现企业的愿景和战略而忽略了市场和顾客的客观性。比如，柯达多年来一直把X光底片卖给医院实验室的技术人员，很久以后才注意到其购买决策已逐渐转移到专业行政人员的手中。战略营销强调按照企业生存竞争的具体要求确立基本理念和企业的总体方针、政策，把整个企业的营销置于一个大系统中，这个系统包括了企业本身、营销渠道、市场竞争者、公众以及客观环境等。

9.2.2 保持市场营销与战略协调一致

营销战略是关系到一个企业兴衰成败、长治久安的根本性决策，是企业经营的提纲和总领，是实现持续发展的前提与保证。当企业提出新战略或对原有的战略进行了调整时，往往需要改变市场营销策略来与其相适应。思路决定出路，先做对的事，然后把事情做对。确定营销战略就是做对的事，否则不管过程如何努力，都会是事倍功半的结果。

要保持市场营销与战略的协调一致，可以从以下几方面考虑：

(1) 明确企业的战略目标

企业在自身发展中，要明确企业业务、使命和目标，这是关系到企业能够发展和怎样发展的关键所在，是企业可持续发展的根本保证。只有明确地规定企业的业务范围、使命，才能树立明确而现实的企业目标。企业经营的业务范围和使命是确定优先顺序、战略、计划、工作安排的基础。企业战略营销制定和选择的核心问题就是解决企业应该经营什么和应该是什么的问题，即企业应生产的产品、面对的市场、采用的技术、实现的目标是什么[2][6]。许多企业正是由于有了明确的企业业务、使命，解决了企业是什么和应该是什么的问题，才实现了不断发展的战略营销目标。

(2) 整合企业的资源

企业战略营销的制定，一方面要充分地考虑外部环境对企业发展的影响，另一方面还要研究企业内部资源如何利用的问题。企业的资源有广义和狭义之分。狭义的资源主要指企业的人力、物力、财力和管理；广义的企业资源除包括上述内容之外，还包括技术、市场、组织、信息等方面的内容。企业战略营销的目的就是将这些企业内部有限资源有效地整合，以充分发挥资源的系统整合效应。一般来说，单项资源无法产生持续的竞争优势，只有当企业的各种资源根据战略营销目标的要求有效地整合成为一个整体时，才能成为战略相关资源。企业只有通过一系列资源的组合和配置，才能形成持续竞争的优势。战略营销对企业资源配置的导向作用，在战略营销实施中表现得也较为突出。当营销战略发生重大变化时，必然要对企业资源进行开发和重新配置。

(3) 确定企业的业务范围

企业要实现持续发展，必须准确地选择所要生存的经营领域，只有正确地选择适合企业生存和发展的空间，有利于企业优势的发展，才能实现企业的持续发展。正确地选择业务范围，也就是回答了“我们的主业是什么”的问题。许多企业之所以在竞争中失败，是因为进入了一个不应涉足的领域，使自己的优势不能得到发挥，以自身的劣势与竞争对手的优势相抗衡，从而导致失败。企业战略营销制定的基本前提是业务范围的确定，是从企业的整体目标出发，结合企业自身的特点，分析环境对企业的要求，从而选择一个企业应发展的领域。对于大多数企业来说，应该根据其所处的行业、生产的产品和市场来确定业务范围。企业确定业务范围的方式有很多,但根本的前提是要符合企业的发展战略。

(4) 定位企业的竞争优势

企业能否准确地定位自身的优势,并使这些优势保持下去,直接关系到企业能否持续地发展。巨人集团就是由于放弃自己的主导产业的优势,而追求不具有明显优势的产品开发和新市场,从而导致最终的失败。迈克尔·波特在对企业竞争优势的问题分析时指出:"竞争优势是竞争性市场中企业绩效的核心,然而经过几十年蓬勃的扩张和繁荣,很多企业在追求疯狂的增长和多元化经营的过程中,将竞争优势抛于脑后。即使在一个非常有吸引力的产业中,如果企业选择了处于劣势的竞争地位,它也不能获取令人满意的利润。"竞争优势的定位是企业区别于竞争对手,选择企业战略营销目标的重要问题。竞争优势的定位实际上就是回答"我们的企业应该是什么"[3][5]。战略营销很重要的内容是要明确企业竞争优势和怎样发挥企业已有的较明显的竞争优势。

个案研究——IBM保持品牌战略和公司战略的一致性

20世纪90年代初,IBM的声誉从公认的行业领导者下降成为"古老、傲慢、冷漠且无可救药、尾随新一批高科技公司之后的企业"。郭士纳先生接手IBM后,首先组织了对于IBM业务战略方向的研究,发现顾客对于它们将不同供应商的各种产品组装起来的现状越来越不耐烦,趋向于倚重整体解决方案提供商,并且发现信息技术产业将变成以服务为主导的产业。

据此,IBM提出了明确的业务演化方向:改变"以主机为中心"的业务战略,不盲从他人"以PC为中心"的业务节拍,而是要义无反顾地成为当时还处于雏形阶段的网络化计算机时代的引领者。为此,IBM决定保留其强大的硬件制造能力,并且还要强化它对于顾客的服务,使未来的IBM成为能够为顾客在未来网络时代业务变化中不断创造新的竞争优势的IT整体解决方案提供商。

根据这种完全不同于传统业务,也不同于竞争对手对于未来业务设想的战略思想,IBM全面调整了它的品牌战略与政策。郭士纳对IBM未来的品牌意义作了新的描述:IBM是信息时代的基石,是改造我们生活的拉力。同时,IBM为自己的个性因素加入了反映人性化需求的"温和、积极、适度幽默"的成分,随之而来的"四海一家的解决之道"的广告,则全面体现了它的品牌定义。

9.2.3 衡量市场营销准备度

市场营销准备度衡量的是为支持公司战略的实施，营销组合中的各个因素的准备程度，考量这些因素与企业战略是否相符，以及当公司战略变化时，这些因素是否与新战略一致，分别从产品策略、价格策略、渠道策略和促销策略进行考量，使其形成一个最佳的营销组合策略并作为战略主题为目标战略服务。建立相应的衡量指标是用来检测和跟踪营销组合战略目标进展的工具，对满足战略目标提供反馈。对每一个战略主题目标，都需要一个衡量指标。为了使营销组合战略得到有效实施，可逐步把企业营销组合战略转化为财务、客户、内部业务流程、学习与成长四个方面的衡量指标①。

9.3 战略与人力资源

9.3.1 人力资源

企业战略确定了企业的发展目标以及实现战略目标所要采取的企业结构、人力、财务及营销等方案。对人力资源进行的战略性思考，确定了对于人力资源的具体要求，如员工特性、评价标准、薪酬特色以及培训重点等。

(1) 人力资源管理促进企业战略实施

人力资源是指一个公司整体劳动力的知识和技能。从人力资源的角度，员工被看做一种需要投资的资本资源。如在百事可乐公司中，员工被视为公司取得长期成功的关键，为了留住公司的人才，百事公司以组织项目和开展职业发展培训的方式对人力资源进行投资。百事公司进行的人力资源投资是有生产效率的，由此可知，美国工业的发展很大程度上可以归功于其人力资源的有效性。这一事实表明，随着竞争动态的加速，人也许是公有的可持续竞争优势。在所有的组织形式中，不论大公司还是小公司，不论是新组建的公司还是早已成立的公司，人力资源越来越重要的这一未来趋势使公司人力资源管理变得尤为重要。作为一种辅助业务，人力资源管理实践促进了人们成功地选择实施的企业战略。

杰克·韦尔奇在其所著的《赢》中说："你不能戴有色眼镜来看人，出色

---

① 陈富国. IBM品牌之道：品牌战略要随业务战略而变. 中国经营报，2005-04-19. 编者有删节。

的人往往都是多面手，但尽管如此，我还是建议根据各个人的能力和个性来用人——有的人在大众化产业做得更出色，而有的人则更适合做高度个性化的产品和服务。”

(2) 关注战略实施中的关键岗位

所有工作对于组织来说都是重要的，否则组织就不会招聘员工来完成它们。尽管从事许多工作的员工都具备基本的能力，可以满足要求，但是并不是相异的工作就可以创造差异化。组织需要卡车司机、计算机操作者、保管员、招待员和呼叫中心员工，并且清楚所有这些员工的贡献将提高组织业绩。但是经理们必须挖掘组织中每个员工的潜力，必须认识到有些员工拥有的能力能对提高一些关键内部流程产生较大的影响，这些员工的工作比其他人的工作更能影响战略，所以，必须确定和关注对战略产生极大影响的关键工作及相应岗位上的员工[4][5]。

9.3.2 保持人力资源与战略协调一致

如果组织希望利用员工能力获得价值，那么人力资本就必须与战略协调一致。保持人力资源与战略的一致性可从以下几方面着手：

(1) 确定战略所需的人力资源框架

公司确定战略所需的人力资源框架，可首先通过制作工作图解或能力图解的方法来描述某一职位所要求的知识、技能和价值。然后确定为实现公司战略所要求的人力资本与当前员工素质的差距。

(2) 实现满足人才的差异性需求

在确定企业战略所需的人才与当前企业所拥有的人才的差距之后，就要作出计划来减少这一差距，使企业的人力资源能够有效地支持企业战略的实施。在作这一计划时，要特别注意对相关人员素质要求的转变和提高，并且在战略实施过程中的不同阶段对人员的要求也会不同，因此，为平衡企业现在以及不久的将来对人员的差异性需求，一方面需要加强内部人才的培养，另一方面则需要从招聘开始就把好关口，吸纳适应企业发展的人才进入内部培养体系。因而，企业在实现人力资源与战略保持协调一致时，需要对招聘、培训和职业计划都予以关注。但这并不意味着人力资源的开发计划要去满足所有员工的需要，因为这样很容易造成企业对那些有意义的工作投资不足。而如果组织把人力资源计划集中于几个对战略至关重要的关键工作上，只关注战略工作中少数人(通常低于10%)的人力资本投资和开发计划，则更能对组织的快速行动和有效花费作出贡献[4]。

（3）综合设计人力资源

在招聘过程中，企业战略的影响不应当仅仅作为唯一的变化因素来考虑。根据企业战略调整招聘要求和标准时，需要人力资源考察多项企业内外部因素及整合多方资源综合设计后，才能通过招聘为企业吸纳更合适的人才。

此外，除了考虑在职人员的各项素质水平，还可以结合当前应聘者的总体水平对各项素质的要求进行微调，以免标准设置得过高或过低。一些本土化的成熟测试表和系统都有国内的常模，其中一些有应聘者常模。应聘者常模是指现阶段国内应聘者在某测评系统中的得分情况，在使用该测评系统进行招聘时，将应聘者的得分和应聘者常模进行比较之后就具有了判断意义[4]。

9.3.3 衡量人力资源准备度

组织将评估战略工作组群中的员工能力。评估者可以采用不同的方法评估个人业绩和潜力。一个极端的方法是，每个员工进行与工作要求相关的自我评估，随后与指导者或职业经理进行讨论。另一个极端的方法是，评估者可以就与员工业绩相关的不同主题从自身、上级、下属、同级、客户那里获得360°的评估及反馈，随后，这些评估和反馈可以作为职业发展对话的基础，使员工能够清晰理解自己的目标，为员工的当前能力和业绩提供了有意义的反馈，也为员工的未来发展指明了方向。

9.4 战略与组织结构

9.4.1 组织结构

（1）组织结构是有效战略实施过程中的重要成分

组织结构就是企业正式的报告关系机制、程序机制、监督和治理机制及授权和决策过程。形成一个能有效支持公司战略的组织结构是困难的，尤其是由于全球经济的快速发展和动态环境带来的因果关系的不确定性（或不能预期的变化）。当组织结构要素（如配置机制、程序机制等）能够与其他要素相结合时，这种结构就能推动企业战略的有效实施。因此，组织结构是有效战略实施过程中的重要成分[2][4]。

组织结构反映了经理人在公司战略下做什么、怎么做。因此，组织结构影响经理人的工作及其结果。为了支持战略的实施，企业结构应关注任务完成的过程。有时，公司需要为员工建立富有创造性的流程助其完成工作。

(2) 战略和组织结构间存在交互作用的关系

这种关系突出了战略规划和战略执行之间的相互联系。一般来说，从交互作用的关系中可以看出，结构总是跟随公司战略的选择。但在有些情况下，结构却能影响当前的战略行动和对未来战略的选择。

战略与组织结构关系的实质就是企业战略的改变引起组织改变完成工作方式的需要。在"结构影响战略"这个方向上，企业必须验证由结构所要求完成的工作如何与战略的实施保持一致。但是有研究表明，战略对组织结构的影响远比组织结构对战略的影响来得重要。

(3) 组织结构必须和企业战略匹配

不管战略与组织结构之间的交互作用有多大，企业战略和结构的选择必须确保每种战略匹配的结构既能给当前竞争优势的发挥提供保障，又具备获得未来优势的灵活性。这就意味着当企业改变战略时，企业应同时考虑支持新战略所需的组织结构问题。战略和组织结构的有效匹配能为企业带来竞争优势。

9.4.2 保持组织结构与战略协调一致

(1) 业务层战略和职能型结构的匹配

业务层战略是指公司使用的通过对某一特定产品市场的核心竞争力的利用，以获得某种竞争优势的一整套相互协调的使命和行动。而职能型结构是由一名 CEO 及有限的公司员工组成，在重点的职能领域，如生产、财务、营销、研发、工程和人力资源等领域，配备职能层次的经理。职能型结构允许职能分工，因此方便了各个职能内部的知识共享。职能型结构有利于多元化水平较低的业务层战略和一些公司层战略(如单一或主导业务)。

企业运用不同形式的职能型组织结构支持业务层成本领先战略、差异化战略。

企业实施成本领先战略是希望能把大量的标准化的产品卖给行业或细分的客户。成本领先的职能型结构的基本特征是简单的报告关系机制、较少的决策层和权力结构、集中化的公司员工，以及强调生产过程优化而不是新产品研发。在此结构下，决策权在集中化的员工手中，以降低每个组织职能的成本，并且在不断鼓励降低成本的同时，集中化的员工也确保某一职能成本的进一步降低不会反过来影响到其他职能的生产水平[5]。

企业实施差异化战略生产的产品，使客户感觉企业是在以不同的方式为客户创造价值。实施这种战略的企业希望把非标准化产品卖给有独特需求的客户。差异化的职能型结构的基本特征是相对复杂且灵活的报告关系，经常性使用交叉职能的产品开发团队与制造和研发程序相比，更加关注产品研发和营销职能。这种组织结构使员工在开发那些很容易失去差异化的新产品时，可以频繁地互动，交流想法，以发现如何对现有产品进行进一步的差异化[5]。

(2) 公司层战略和事业部型结构的匹配

事业部型结构由各运营部门组成，每个部门代表一项独立的业务或利润中心。事业部型结构主要有三大优势：公司经理能精确地监控每一个业务单位的业绩，简化控制问题；部门间的比较更方便，有利于改进资源配置过程；激发业绩较差的部门经理去寻求提高本部门业绩的方法。

公司层战略是指通过选取和管理一组不同的业务来赢得在不同产品市场上的竞争优势的行为。公司层战略有不同程度的产品和市场多元化。对不同的多元化水平的需求，每种战略可采用独特的事业部型组织结构，其中有合作形式、战略业务单元形式和竞争形式。合作形式是一种水平整合，是使公司各事业部之间互相合作的结构，因此采用此结构的企业一般选用围绕产品和市场的企业战略。战略业务单元形式是由三个层次组成的，即公司总部、战略业务单元及部门群。这种战略业务单元结构多用于大公司，并可就企业的规模和市场分布来调整结构的复杂程度[5][6]。竞争形式则强调公司部门间完全的独立性，因此采用此结构的部门间不再发展整合策略，也不共享企业优势。在这三种主要形式的事业部型结构中，集权化程度最高和具有最高组织成本的组织形式是合作形式；集权化程度最低且具有最少组织成本的是竞争形式。

(3) 国际化战略和全球结构的匹配

在全球化经济越来越重要的今天，国际化战略对保持长期的竞争优势越来越重要。国际化战略和全球结构的恰当匹配能推动企业在全球业务的有效合作和控制。国际化战略包括多国化战略和全球化战略。

多国化战略是指在每个国家市场的各部门实施各自的战略和运营决策，以使产品能适应当地市场。实施多国化战略的企业为了与全球竞争势力隔离，通常会在国家间差异最大的行业细分市场上确立市场地位或进行适度竞争。地理区域结构适用于实施多国化战略，此结构强调当地国家的利益，并有利于区域公司致力于适应当地文化差异[5][7]。

全球化战略是指向各个国家市场提供标准化产品，并由公司总部规定相应的竞争战略，公司的成功取决于其全球范围内规模经济和范围经济的发展。产品分区性结构适用于实施全球化战略，此结构赋予公司总部以决策权来协调和整合各个分离的业务部门的决策和行动。这种形式是高速发展的公司为寻求有效管理其多样化的产品线而选择的组织结构[5][8]。

对于既寻求多国化战略又注重全球化战略的跨国公司来说，可选择混合战略。用于实施混合战略的组织结构必须具备集权和分权、整合和非整合、规范化和非规范化的灵活机动。混合战略具有强调地理和产品结构的特点和机制，既强调地理区域，又强调产品分区。

9.4.3 衡量组织结构准备度

组织结构准备度衡量的是组织的不同组成部分如何协调其行动以实现整合和合力。战略图和平衡计分卡为战略执行提供了一种机制，它们可以描述每个层面的战略，实现不同层面之间的沟通，以及衡量各单位间为了完成公司目标需要的合作程度。

9.5 战略与管理信息

9.5.1 管理信息

(1) 描述公司的管理信息

图 9-1 所示的三层框架为描述公司的管理信息提供了一个有效的分类，且较为全面。管理信息资源包括两个部分，即技术基础设施和信息资本应用程序。技术基础设施包括能有效地传递和利用信息资本应用程序

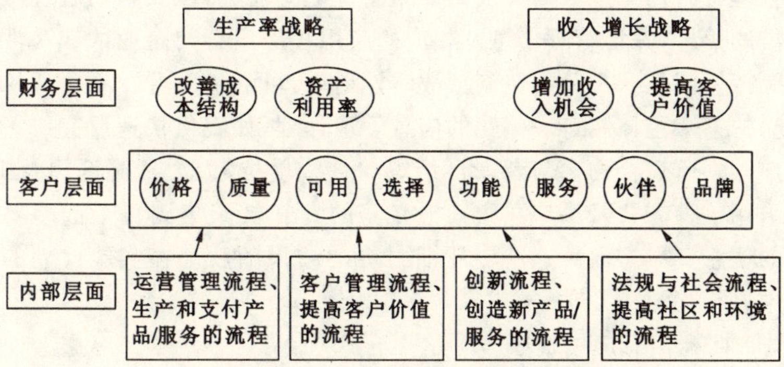

图 9-1 管理信息资源框架

的技术(如中央服务器和通信网络)和管理专长(如标准、灾难计划和安全)。信息的应用程序就是由信息、知识和技术组成的程序,建立在技术基础设施之上,支持组织在创新、客户管理、运营管理以及法规与社会方面的关键内部流程[4][5]。

(2) 战略的实施需要有效集成管理信息

各企业不仅要管理好自己内部事务、提高运作效率、降低成本,而且要维护好与供应商、合作者、客户等的关系,实现整体效益的提高和企业整体资源的集成应用。这其中所涉及的管理信息往往都非常庞大,因此就须依据企业的战略目标,将企业内部的信息资源进行规整、优化配置、重新组合,实现管理信息的强大协同效用,从而发挥信息资源的最大功能,快捷高效地为实现企业战略目标服务。

(3) 管理信息只有在战略背景下才会有价值

公司的管理信息是新经济时代创造价值的原材料,包括信息系统、数据库、图书馆和网络在内的信息,使组织可以享用丰富的信息和知识。像人力资源一样,信息资源只有在战略背景下才会有价值。追求总成本最低战略的公司将从关注质量、流程改造和员工生产率的信息系统中获得最高回报。客户解决方案战略得益于揭示客户偏好和行为知识的信息系统,也得益于增强客户联系和保持率的信息系统。而奉行产品领先战略的公司要求信息资本借助三维模型、虚拟原型和 CAD/CAM 等工具,来加强产品设计和开发流程。

9.5.2 保持管理信息与战略协调一致

(1) 确定战略所需的管理信息

管理者必须知道如何为战略计划制订优先任务,以及如何管理支持战略所需的信息,保证管理信息及相应的应用程序组合与企业的战略性内部流程保持协调一致。公司在制订战略计划后,可通过召开一系列研讨会来为战略的某个主体制订一体化的信息管理计划,如提供快速反应或了解细分客户等。研讨会的参与者来自组织的直线单位、人力资源部门及 IT 部门。采用这种方法,IT 专家和其他专家的专长被聚集到每个战略要素所要求的信息资本方面。这些专题研讨会的结果随后会在实施计划的各个部门中进行交流。

(2) 匹配信息应用程序

为了更好地实现这种集成,就必须要有相适应的应用程序来对庞大的信息进行筛选整合及相应的技术基础设施予以支持。信息的应用程序大致可分为三类：① 交易处理型应用程序，如 ERP 系统，使企业基本的重复交易自动化；② 分析型应用程序，提升对信息与知识的分析、解释与共享；③ 变革型应用程序，转变企业盛行的业务模式，它自身可能既是交易型的又是分析型的，前者如李维—斯特劳斯为个别客户定制牛仔服使用的交互式系统，后者如家庭购物网络衡量商品销售的"每秒利润"所使用的实时系统。

(3) 匹配技术基础设施

只有得到众多应用程序共享的技术基础设施支持，以上这些应用程序才能发生作用。玛丽安娜·布罗德本特(Marianne Broadbent)对这一主题的研究处于领先地位。基于对全球 100 多家企业的研究，他确定了公司必须积极管理的 10 类基础设施[6]。

实物基础包括应用程序基础设施(电子邮件、互联网能力、移动计算等共享应用程序)、通信管理(宽带网、内部网)、数据管理(集中的数据仓库)、安全和风险(安全政策、灾难计划和防火墙)、渠道管理(网址、呼叫中心)、设备管理(大型主机、服务器和局域网)。

管理基础设施包括 IT 管理(IS 计划、服务协议、供应商谈判)、体系架构和标准(针对数据、通信、技术等)、IT 教育(培训、管理教育)、IT 研发(行将浮现的技术)。

9.5.3 衡量管理信息准备度

开发管理信息应用软件、组织和整理管理信息的目标是使人们突破部门、组织、地域的束缚，真正实现以企业的战略目标为中心开展协作，因此，它的结构必须与组织结构、业务流程及管理模式的发展相适应。

管理信息准备度衡量的是为支持公司战略的管理信息准备程度。管理信息的应用程序和 IT 基础设施的战略准备度是衡量管理信息准备度最有意义的指标。

在衡量信息资本准备度时，可以采用一种谱系式的衡量方法，最容易和最常用的方法就是确定每个应用程序地位的简单数字指标。如一个 6 级的方案，1 级和 2 级是正常的和可操作的；3 级和 4 级用以描述已经确定并投资的新应用程序，开发活动正在进行中，能力还不存在，但是开发计划正积极地缩小差距；5 级和 6 级是问题领域，战略需要应用程序来支持，但是没有采取行动来创造和传递的能力。这样一来，对于组织管理信息的战略准备度就可以一目了然，并十分清楚需要对哪些领域特别关注，以确保尽最大努力创造战略准备度。

另外一种衡量管理信息准备度的方法是:可以通过调查使用者来评估使用者对每个应用程序的满意度,对于不满意的应用程序可以进行优化或者替换。此外,还可以通过进行财务分析来确定每个应用程序的操作和维护成本。

因此,在衡量管理信息准备度时,不仅要考虑利用成本和可靠性,而且要衡量管理信息与战略的协调一致性,即衡量管理信息是如何对组织战略目标产生影响,如何为创造竞争优势作出贡献。

9.6 战略与企业文化

9.6.1 企业文化

企业文化反映了团队或组织职能特征的主导态度和行为。它既可能是一个障碍,也可能是一个促成因子。

(1) 企业文化促进战略实施

这里的促进指的是企业文化导向与战略目标相吻合,企业员工的价值观、行为准则与企业的战略目标相和谐,对企业的快速发展起到促进作用。企业文化促进战略的实施,主要体现在企业文化对战略实施的导向、凝聚和激励作用。企业文化对战略实施的导向作用指那些共同接受的价值观念引导着企业员工,特别是企业的战略管理者选择符合企业长期利益的决策,并在决策的组织实施过程中自觉地表现出符合企业利益的行为。企业文化内化为具体的日常生产经营的细节,引导其行为朝着有利于战略实施的方向发展,有助于战略实施过程中的有效控制,保证战略的顺利实施。企业文化对战略实施的凝聚作用是指企业文化使得企业与员工、员工与员工之间产生相互吸引力和向心力。增强凝聚力要从加强企业内部情感入手,达到价值观的高度认同,最终实现目标的彼此内化。企业具有强吸引力和向心力的文化,员工就会有共同的价值观和信仰,从而会把个人的理念融入组织的整体理念中,使企业与员工以及员工与员工之间达到有机的和谐统一。企业文化对战略实施的激励作用主要指员工在日常生产经营活动中自觉地根据企业文化所倡导的价值观念和行为准则要求调整自己的行为。企业文化本身注重员工的利益和员工内心的需要。在使员工的个人理念与组织整体理念融合的过程中,保证员工与组织目标的共同实现,这本身就大大激励了员工为实现组织目标而努力。

(2) 企业文化制约战略实施

这里的制约是指企业文化与企业战略相抵触,成为企业战略实施或战略转变的羁绊。尤其是当企业施行新的战略时，企业文化往往会成为新战略实施的制约因素。这种制约作用主要体现为不相容性和冲突性。企业文化与战略的不相容性主要是指企业自身的文化与经过兼并收购、合资经营、纵向一体化和横向一体化战略后的企业文化表现出明显的不相容，这种不相容在一定程度成为新战略实施的障碍。企业文化与战略的冲突性主要体现在随着经济一体化的到来，企业国际化经营已成为必然。战略的选择与企业文化之间的关系，更多地表现在国与国之间的传统文化、风俗习惯、员工认同及价值等方面的不同，导致企业文化难以融合甚至发生冲突，这种冲突甚至可能导致企业战略遭遇失败。

(3) 不同战略阶段，不同企业文化

在企业发展的不同战略阶段，就需要不同的企业文化，就会诞生不同的企业文化。在企业创业的时候，一切都是为了生存，所以这个时候企业的战略就是"生存就是战略"，在这个阶段，企业文化是粗糙的。在企业的"低成本领先"阶段的成长过程中，企业的战略发展目标如果是做大，企业的战略就是"做市场份额的数一数二"。这时的企业文化，可能就是一种"销售文化"，一种"市场领先文化"，要强求企业"自主创新"是不大可能的。但在一个企业的"低成本领先"阶段结束以后，企业的战略发展目标如果是做大，企业的战略就是"要有高利润的产品"，是现在流行的所谓"蓝海"战略，那么企业的管理就围绕着如何尽快把企业的研究开发能力领先于同行业竞争对手。此时的企业文化，可能就是一种"工程师文化"，一种"不拘一格降人才"的创新文化。

9.6.2 保持企业文化与战略协调一致

企业文化在企业战略管理过程中有着极其重要的作用。每一种战略与企业文化的匹配程序是不同的，首先要了解各种战略的企业文化特征，然后再考虑如何使企业文化与战略保持协调一致。

(1) 企业文化与增长型战略

增长型战略是一种使企业在现有的战略基础上向更高一级目标发展的战略。该战略的核心内容是发展自身，引导企业不断开拓新市场，开发新产品，采用新的生产方式和管理方式，以便扩大企业的产销规模，增强企业的竞争实力。这类企业的文化具有创新性、竞争性。如果企业的文化氛围是以稳定为主旋律，那么增长型战略的实施就要克服相应的"文化阻力"，这无疑增加了战略成本。当然，增长型战略可以通过扩大自身的价值和通过不断变革来创造更高的生产经营效率与效益，使企业不断获得新的机会。在这种情况下,企业大多会体现出创造性,使企业乐于追求各种不同的风险及变化,即所谓的创造型文化。当一个企业的文化与增长型战略不相符时,企业需要考虑变革现有文化,以适应战略实施[7]。

首先,要让员工了解目前的战略,让员工相信变革的方向是正确的。同时,要向企业的合作者解释其理念,让各个利益相关者确信实施新战略后能给他们带来更多的收益。

其次,建立学习型组织对于实施增长型战略的企业是至关重要的。增长型企业需要员工不断创新,无论是开拓市场还是开发新产品,都需要创新精神。培养创新精神的关键是学习型组织的构建。

因此,对于实施增长型战略的企业来说,让员工了解这一战略意图、建立学习型组织、保持创新精神至关重要。

(2) 企业文化与稳定型战略

稳定型战略是指企业遵循与过去相同的战略目标,保持一贯的成长速度,同时不改变基本的产品与经营范围,对产品、市场等主要采取以守为攻、以安全经营为宗旨[8]。这些企业一般处在市场需要及行业结构稳定或者较少动荡的外部环境中,因而企业所面临的竞争挑战和发展机会都相对较少。同时,企业经营风险也相对较少。因此,稳定型企业的文化会体现出稳中求胜、惧怕风险、回避风险和缺乏进取心的特质。

如果企业建立了一种稳定的文化,就要让员工了解这种文化,以有利于稳定型战略的实施。使员工了解企业文化后,能从市场、产品、营销等方面培育相应的文化,从而推动战略实施。

(3) 企业文化与紧缩型战略

紧缩型战略是指企业从目前的战略经营领域、基础水平收缩和撤退,且偏离起点程度较大的一种经营战略[8]。实施紧缩型战略的企业文化称为衰退型文化。这种文化如果不能随着企业环境的变化积极地创新,就可能成为企业发展的最大障碍,甚至导致企业走下坡路直至被淘汰。实施紧缩型战略的企业要从以下两点入手来协调:

首先,领导团队身体力行。一般来说,实施紧缩型战略会引起企业内部人员的不满,从而引起员工情绪低落,因为在某些管理者看来,紧缩型战略意味着工作不力和失败。

其次,要形成沟通机制。一旦企业确定要实施紧缩型战略,就要在企业内形成沟通机制,让员工的不满早日得到解决。

9.6.3 衡量企业文化准备度

企业文化准备度的衡量很大程度上依靠员工调查。查尔斯·奥赖利(Charles O'Reilly)和他的同事已经开发了衡量工具——组织文化组图(Organizational Culture Profile,OCP),包括一组描述可能存在的组织价值的声明。公司要求员工列出他们能体察自身重要性和相关性的54个价值声明。54个价值声明可以帮助公司在考虑可靠性和有效性的接受程度上,把组织文化分为8个独立部分,即创新和冒险、关注细节、结果导向、积极进取和竞争能力、支持力、增长和报酬、协作和团队工作、决定性[4][5]。

OCP声明基于社会标准,也就是说,基于员工对具体态度和行为的期望。一个单位或组织回答问题的共识说明了该单位或组织的文化。因此,组织可以衡量其文化是否和战略相一致,若缺乏一致性,则说明公司缺乏共同的文化[4][5]。

另外,组织的不同部门可能需要不同的文化。例如,研发部门与制造部门应该有不同的文化;新兴部门的文化与成熟部门的文化也应有所不同。此外,组织也希望取决于职能和业务战略的准则有些不同。但是,管理者可能会期望在诸如正直、尊敬和与同事相处等价值问题上达成组织共识,因为这些价值观是公司文化的基石。

9.7 案例讨论:金宝汤公司的战略转型及科南特的战略领导力

长期以来,金宝汤公司的表现一直不尽如人意。而55岁的道格·科南特(Doug Conant)用了不到6年的时间,将金宝汤公司由一个危机四伏甚至濒临破产的老企业,成功地转变成一个食品行业最优秀的企业。2001年1月初,当道格·科南特进入金宝汤公司担任CEO时,面临的一个巨大挑战——如何让公司迅速重整旗鼓。尽管金宝汤公司拥有众多知名品牌,公司各类产品颇具吸引力,财务状况良好,但这是因为公司管理层通过其他投资才优化了现金流。因为公司高度关注每股收益,所以优先考虑的往往只是产品质量、客户的购买力和对基础项目的投资,比如流程、工作场所和人员。这样做,实际是以公司的长期成长来换取眼前利益。

为了改变这种局面,金宝汤公司设计了五点计划来推动业务转型:

(1) 重振在美国的汤料业务;

(2) 强化并扩大产品线,实现销售和收入的持续增长;

(3) 培养新的收入增长点;

(4) 在继续提高生产力的同时,启动质量改进计划;

(5) 提高组织的卓越度和活力度。

这一业务转型计划也催生了IT战略的转变。对IT职能进行重新审视,实际上也就是对公司进行全面审视——公司有什么样的问题,都会在IT职能中体现出来。本案例重点以金宝汤公司IT战略的转型为例。

金宝汤公司在IT职能中一个突出的问题是,长期以来它给人一种部门之间各自为政的印象,组织机构过于独立。同样,各个IT团队也非常独立。在技术方面,公司没有全球性跨业务战略,没有共享的流程,没有技术管理,甚至几乎没有共享的应用程序。整个公司的系统就像是由各个独立的计算平台和网络协议拼凑起来的大杂烩,缺乏企业应用集成(Enterprise Application Integration,EAI)。各种各样的技术凌乱地分布在整个公司。

因此,在计划开始启动时,面对的是一群缺乏管理的全球IT团队和一个成本高昂、组织僵化的IT架构。最糟糕的是,IT计划与业务优先性不统一。IT被认为是一种战术性的开支,公司对IT的投入能少则少。

金宝汤公司的IT转型从自身评估开始。

首先分析组织结构、竞争力、技术环境和各种应用软件,并把现有能力和所期望达到的能力进行了对照和权衡。

在明确了问题所在之后,制订计划开始IT运营转型。列出支持转型的六大"支柱",即客户和业务统一、运营原则、运营模式、全球流程、技术基础、安全控制。这六大支柱对金宝汤公司的IT转型计划非常重要。

(1) 客户和业务统一:目标是对公司上下所有的IT项目实行统一的投资决策流程。道格·科南特让业务部门提出它们的需求,包括需要哪些业务能力以及何时需要这些能力,然后IT部门决定如何满足它们的需求。

(2) 运营原则:把IT部门组织起来支持业务目标和架构。然后,建立安全可靠的全球框架,尽可能地共享解决方案,实现协同工作能力,把不确定因素控制在最低水平。另外,还构建了战略性第三方服务关系,把非核心业务外包出去,提高每个员工的工作效率。

(3) 运营模式:这个模式用以集中化管理战略、架构、共享基础设施和与主要供应商关系。同时,公司在关系管理、商业流程分析和解决方案的交付方面实行了本地化,即决定了哪些事务需要集中化管理或共享;哪些业务需要在业务或地区范围内进行本地化管理,以及什么时候外包、外包什么业务等。

(4) 全球流程:这个计划的目的是建立制定战略与年度运营计划、年度与季度目标的标准化方法。对项目进行优先性排序,并建立提名、投资决策流程;同时,成立项目管理部门,确定要采用的标准和衡量指标。

(5) 技术基础:采用精确的技术构架及生命周期管理流程,建立了一个构架审核委员会,并对一些计算和网络运营业务进行了更彻底的外包。

(6) 安全控制:将集中化管理与地区管理结合起来,并建立了平台标准;对基于网络和基于主机的入侵实施监测;制订和实施安全事件反应计划。

外包是金宝汤公司整体战略中的重要部分。公司将整个 IT 基础架构外包给了国际商业机器全球服务公司(IBM Global Services),并签订了为期十年的合同。随后就这份合同与 IBM 公司重新展开谈判,扩大了合作范围,数据中心和大部分网络服务将由 IBM 公司来负责。尽管金宝汤公司有现场技术支持人员,例如对台式机的支持,但出于多方面考虑,公司将基础架构外包了出去。在一些主要的软件打包部署上,还采用了第三方集成商。但是公司保留了对 IT 的所有管理权,包括战略、架构和技术决策。

道格·科南特为金宝汤公司带来有效的战略领导力,但是他总是坚持金宝汤公司的成功更应该归功于产品创新与对人力资源的整合和利用。此外,科南特还不断地检查和评估公司产品的协调性。他认为,Godiva 这一单元已经不再适合金宝汤公司“侧重于简单的餐饮,包括配汤、点心、蔬菜汁”这一公司产品战略。于是,金宝汤公司在 2007 年第 3 季度出售了 Godiva。

科南特采取的一些行动和他采取这些行动的方式都与变革领导力的特征吻合。我们可以思考一下他的一些做法:他从不吝啬将公司的成就归功于公司的员工,同时,他对自己给公司带来的翻天覆地的变化却非常低调。在任期内,他亲手写了 16000 多封感谢信给他的员工,以表彰他们为公司作出的贡献。通过这种做法,他真正使员工知道了在金宝汤公司应该怎样做事情,做什么事情是正确的。他还会毫不犹豫地承认错误,因为他知道他不可能知道所有问题的正确答案和解决问题的最好方法。科南特成为 CEO 的第一件事情就是制定一个鼓舞人心的公司目标和愿景。他深信劳动力多元化会给公司带来成功。他表示:“我们公司的目标就是培养一个多元化的员工体系,这样能够为我们的工作提供一个更广阔的视野,同时也可以让我们更好地理解、预测,并对市场变化作出正确的反应”。科南特对外宣称金宝汤将在新泽西州的卡姆登市扩建公司总部的部分原因是:他认为一个公司应该首先在所在城市做一个好市民。

科南特的战略领导工作一直遵循一些原则。采用个人接触的方式与员工互动,与员工一起工作并和员工一起制定他们的业绩预期,为每个员工创造成功的机会,这些都是科南特作为一个战略领导者遵循的成功法则。

（资料来源：① 迈克尔·A.希特，战略管理. 8版. 北京：中国人民大学出版社，2009. ② 朵琳·莱特. 金宝汤公司CTO的制胜之道. 信息周刊，2005(8). 编者有删节。）

思考并分析：

(1) 在战略实施过程中，金宝汤公司CEO道格·科南特作为一名战略领导者具有哪些特有的品格？

(2) 结合本案例和本章内容，请举例说明在战略实施过程中，金宝汤公司如何有效地使企业战略和企业发展中的各个相关方面保持协调一致？

战略管理前沿——战略地图

战略管理从根本上说是为了实现可持续发展，因而理应成为企业管理的核心。然而在众多的战略管理理论里，却没有一个统一的关于战略的定义，对战略的描述各有侧重，也就缺少能用的战略执行语言。在实践中，企业对战略的描述同样也取决于管理层的偏好或随机性的影响，这样带来的结果就是战略不能在企业内部很好地沟通，将战略转化为行动往往因此落空。而战略地图的重要意义正在于提供了一种能用的战略描述语言，使集团属下的不同业务的竞争战略可以使用一种相同的框架或者类似的结构来描述和比较。

战略地图是由平衡计分卡的两位创始人罗伯特·卡普兰和大卫·诺顿共同开发的，是平衡计分卡的发展和升华。经典的平衡计分卡包括四个层面，即财务、客户、内部流程、学习和成长。但这只是一个基本框架，在指导战略实施时仍显不足。因此，与平衡计分卡相比，战略地图增加了细节层，用以说明战略的时间动态性；也增加了“颗粒”层，用以改善战略的清晰性和重点。

战略地图以战略大师迈克尔·波特的战略理论为基础，考虑了近年来战略领域的理论和实践发展，在传递客户价值主张的客户层面将战略分为四大类，即总成本最低战略、产品领先战略、全面客户解决方案战略和系统锁定战略。当战略地图中的各种要素及其因果关系被清晰地描述出来后，战略地图还只是静态的。罗伯特·卡普兰教授和戴维·诺顿博士用六个步骤从动态的角度绘制战略地图：

第一步，确定股东价值差距（财务层面）。比如说股东期望五年之后销售收入能够达到5亿元，但是现在只达到1亿元，距离股东的预期价值还差4亿元，这个预期差就是企业的总体目标。

第二步，调整客户价值主张（客户层面）。要弥补股东价值差距，要实现4亿元销售额的增长，就要对现有的客户进行分析，调整客户价值主张。客户价值主张主要有四种：第一种是总成本最低，第二种是价值主张强调产品创新和领导地位，第三种是价值主张强调提供全面客户解决方案，第四种是系统锁定。

第三步，确定价值提升时间表。针对五年实现4亿元股东价值差距的目标，要确定时间表，将提升的时间表确定下来。

第四步，确定战略主题（内部流程层面）。要找关键的流程，确定企业短期、中期、长期做什么。有四个关键内部流程，即运营管理流程、客户管理流程、创新流程、社会流程。

第五步，提升战略准备度（学习和成长层面）。分析企业现有无形资产的战略准备度，是否具备支撑关键流程的能力，如果不具备，找出办法来予以提升。企业无形资产分为三类，即人力资本、信息资本、组织资本。

第六步，形成行动方案。根据前面确定的战略地图以及相对应的不同目标、指标和目标值，再来制订一系列的行动方案，配备资源，形成预算。

罗伯特·卡普兰和戴维·诺顿指出，无形资产无法直接创造有形成果，创造企业未来价值的无形资产必须与企业战略协调一致，才能发挥作用。否则，企业在无形资产上的投资将造成极大的浪费。在战略地图中，更为清晰地描述了无形资产化为有形成果的路径：为使股东和客户满意，实现财务和客户层面的目标，企业必须擅长核心内部流程，而核心内部流程的基础就是学习和成长层面的无形资产。如果无形资产与战略的协调一致程度越高，那么无形资产转化为有形成果的速度就越快，效益就越好。

（资料来源：罗伯特·卡普兰. 战略地图：化无形资产为有形成果. 广州：广东经济出版社，2005. 编者有删节。）

本章小结

在战略制定阶段，各部门或管理人员可以各抒己见，说明各自部门的状况并提出需求，但一旦经过讨论后确定了整体战略，各部门和所有的管理人员就必须达成一致，向着统一的企业整体战略目标努力。

为了使战略得到彻底的落实，当战略确定之后，应首先适应相应的环境。本章分别从产品研发、市场营销、人力资源、组织结构、管理信息和企业文化六方面依次进行说明。

在选择产品研发战略前，首先要清楚企业是属于开拓型、分析型、防守型或者是反应型，从而才能选择相适应的产品研发战略，保证产品研发与企业战略的协调一致。

企业战略为市场营销战略把握方向并提高了市场营销的战略目标，首先要明确企业战略，从而才能整合企业资源并加以有效利用，确定业务范围，定位竞争优势，保证市场营销与企业战略的协调一致。

人力资源是保证战略实施的重要因素，首先要根据战略确定所需要的人才架构，对比当前人才结构，从而综合设计人力资源方案，保证人力资源与企业战略的协调一致。

组织结构与企业战略存在交互关系，是战略有效实施过程中的重要成分。应保证业务型层战略和职能型结构的匹配，公司层战略和事业部型结构的匹配，国际化战略和全球结构的匹配。保证组织结构与企业战略的协调一致。

战略的实施需要有效集成管理信息，管理信息也只有在战略背景下才有意义。要使管理信息与企业战略相一致，则应首先确定企业战略所需要的管理信息，然后匹配信息应用程序和技术基础设施，保证管理信息与企业战略的协调一致。

企业文化可以促进战略实施，也可以制约战略实施，企业应区别对待增长型战略、稳定型战略和紧缩型战略，引导企业员工在不同的战略阶段作出调整，使企业文化与企业战略相适应，保证企业文化与企业战略的协调一致。

本章英文词汇

战略实施　Strategy Implement

战略协调一致　Strategic Alignment

战略准备度　Strategic Readiness

战略地图　Strategy Maps

本章思考题

9-1　产品研发是如何受企业战略影响，又是如何影响企业战略的实施？

9-2　在全球化战略下，企业应如何组织市场营销？

9-3　当企业制定新战略时，应如何调整人力资源？

9-4　如何衡量企业的管理信息准备度？

9-5　对于实施创新型战略的企业来说，其企业文化应具备哪些特点？

参考文献

[1]　杨建.论市场营销战略与企业战略之间的关系.广西轻工业，2007，5.

[2]　吴水龙，卢泰宏.跨国公司在中国的战略调整及中国企业的应对策略.当代经济管理，2008，2(30)：23-26.

[3]　迈克尔·波特.竞争优势.陈小悦，译.北京：华夏出版社，2005.

[4] 罗伯特·卡普兰，大卫·诺顿. 战略地图——化无形资产为有形成果. 刘俊勇，孙薇，译. 广州：广东经济出版社，2005.

[5] MICHAEL A HITT，R DUANE IRELAND，ROBERT E HOSKISSON. 战略管理：概念与案例（第 8 版）. 吕巍，译. 北京：中国人民大学出版社，2009：297-306.

[6] MARIANNE BROADBENT. The implications of information technology infrastructure for business process redesign. MIS Quarterly，1999(23).

[7] 杨刚. 浅析企业增长型战略的决策模型. 技术与市场，2007(8)：77-78.

[8] MBA 智库百科. http://wiki.mbalib.com/wiki.

10 战略评估与控制

企业家谈战略——王石谈战略评估与控制的重要性

为了可持续发展，中国企业家应该学会自我控制，正确评估现在，戒浮躁，踏踏实实做事——“让灵魂跟上脚步”。企业在快速发展过程中，尤其是机会非常好的情况下，确实面临着很多选择。这个时候企业一定要注意对自身发展战略的评估，运作一个企业，一定要通过评估使自己清楚地认识到当质量和速度发生冲突时应该怎么选择，当质量和成本发生冲突时应该怎么考虑，当质量和利润发生冲突时应该怎么取舍。对于万科来讲，当质量和速度发生冲突时，万科会选择质量第一，会把速度放慢一些；当质量和成本发生冲突时，万科也会选择质量第一，宁肯牺牲成本；当质量和利润发生冲突的时候，万科宁可利润少点也要保证质量。

企业的战略应随着企业内部和外部环境的变化而及时地进行评估和控制，这些变化中既有战略方针的变化，也有战略措施的变化。企业能否正确评估内外部环境的变化，从而根据当前形势对企业既定战略进行调整和控制成为企业能否渡过危机的关键因素。从企业战略的角度上讲，战略制定、战略选择、战略实施与战略评估和控制共同构成战略管理的全过程。企业所在的内外部环境的变动性，决定了要保证战略管理过程的顺利实现，必须通过战略评估体系对制定并实施的战略效果进行评价，以便采取相应完善的措施和控制手段。由此可见，战略评估和控制决定着战略管理的成败。战略评估是在计划实施之前最后的一次补救机会，通过战略评估，可以让企业高层管理者再一次深入思考战略的有效性、可行性。而战略控制则是在战略评估的基础上，对既定战略与实际中的偏差进行修正，从而保证实际的成果符合预先制定的目标要求。

10.1 战略评估概述

10.1.1 战略评估的概念

战略评估(Strategic Assessment)一词的外延十分丰富,不同的人从不同的角度对其可能有不同的理解。但从战略评估总是贯穿于战略管理的全过程的角度出发,大体上可把战略评估概括为战略分析评估、战略选择评估和战略绩效评估三个环节。例如,为大多数人所熟悉的平衡计分卡就是实行战略绩效评估的一种有效手段,被认为是一种新的战略评估和管理系统。

战略评估作为整个企业战略执行体系中的重要一环,其作用不仅体现在战略实施的最后阶段,实质上,战略评估对战略实施的每一个阶段都会产生影响,如图10-1所示。通过战略评估,企业的管理者能够及时地发现既定战略和现实之间的差异以及执行过程中的偏离,从而能够进行及时的调整。

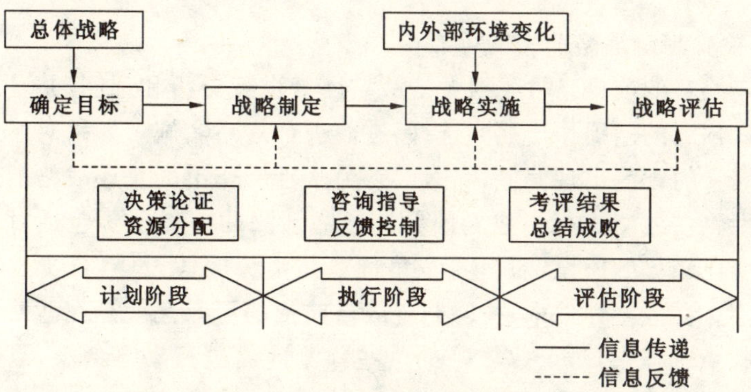

图 10-1 企业战略执行流程图

从图10-1中可以看出,战略评估与一般的管理控制评价不同的是:战略评估不仅需要评估公司经营计划的执行情况,还需要时刻保持对企业内部环境和外部环境的变化进行监控,从而确认企业的战略基础是否发生了变化,以保证企业战略执行的有效性,从而保证企业能够随着环境的变化及时修正自身战略方向,进而提高企业抵御风险的能力。

10.1.2 战略评估的三项基本活动

按照战略评估的职能，企业战略评估存在三项基本活动，即考察企业战略的内在因素，战略绩效的度量与偏差分析，采取纠正措施。这三项基本活动分别承担了对战略实施条件的审视、对战略实施效果的评价和对战略基于反馈的调整的任务。三项基本活动在时间顺序上前后连接，相互联系，构成战略管理的评价和控制功能。

(1) 考察企业战略的内在因素

战略的选择是企业战略管理者对内外部因素综合分析的结果，其基础是对企业内外部环境的认定。如果这些基础发生了变化，那么企业的既定战略方案在战略执行的时候将会遇到问题。考察企业战略的内在因素就是要在方案制订之后，对企业的内外部环境进行监测，以识别变化的内外部环境是否影响到战略选择的有效性。如果战略选择的基础发生了动摇，能够尽快反映到企业的战略管理层，从而使企业能够尽快对变化的内外部形势作出相应的战略调整。考察企业战略的内在基础需要进行以下三项工作：

① 检验制定战略前提的可靠性

制定战略的前提条件是对关键战略因素进行分析和预测，并基于关键战略因素预测的前提作出战略选择，进而进行战略实施。如果对于企业关键战略因素的预测出现偏差，那么以它为基础所作出的企业战略的适应性和可靠性将在战略执行中遇到问题。这些预测的前提主要包括对外部环境及其变化趋势的假设，对自身竞争优势与劣势的假设，对自身发展方向的假设等。在战略评估中，检验制定战略前提的可靠性就是在战略制定和执行的整个过程中，对企业战略的这些预测前提进行动态考察，以判断这些假设是否符合现实。

② 识别关键战略因素的变化

关键战略因素包括企业内部因素和外部因素两个方面。企业内部因素主要包括员工素质、资源配置、动态定位、营运方式、品牌声誉和创新能力等方面；企业外部因素主要包括竞争者行动、需求变化、技术变化、宏观经济状况变化和政策变化等方面。这些因素的变化都可能影响到企业战略选择的有效性和战略实施的效果。

③ 将关键因素的变化与战略实施紧密联系

在识别环境关键战略因素变化的基础上，系统收集、分析、研究这些变量之间的相互作用关系，将预测到关键因素变化与战略实施紧密联系。将这些关键因素的变化所产生的威胁或者机会形成的监察报告，提交下一程序进行评审。

(2) 战略绩效的度量与偏差分析

企业战略绩效度量与偏差分析是将战略规划中的目标与实际结果进行比较，找出实施战略规划过程中已经取得的成绩，分析实际成果与评价标准的差距及产生原因。这是发现战略实施过程是否存在问题和存在什么问题，以及为什么存在这些问题的重要步骤。

发现偏差之后，企业要做的是分析偏差的性质。分析工作可以从两个方面进行考虑：一是外部因素导致的偏差。当由外部因素导致的战略绩效与预期不符的时候，企业的战略领导者还需要进一步分析这种偏差对于企业既定战略的影响有多大。如果外部环境变化给企业战略绩效带来的偏差无关大局或者纠正这种偏差需要很大的成本，那么最佳的选择是适度微调；如果外部因素发生变化，那么尽早地发现这个偏差并及时地对企业战略进行调整将最大限度地减少企业的损失。二是内部因素导致的偏差。当由内部因素导致战略绩效与预期不符的时候，企业的战略管理者需要在运营控制上对企业内部进行核查，找出问题所在，在员工绩效、资源配置等方面做优化调整，使得既定战略能够高效地得到执行。

(3) 采取纠正措施

战略评估的最后一个步骤是采取纠正措施或实施权变计划。针对偏差产生的主要原因，管理者在战略控制中可以采取的处理措施有以下三种：

① 对于工作失误造成的问题，处理的办法主要是通过加强管理和监督，确保工作与目标接近或吻合。

② 如果是内部环境或者外部环境出现了重大的变化，致使制定战略的前提和假设出现了偏差，相应处理方式为根据目前的环境情况对既定战略进行调整。

③ 如果目标或战略不符合实际情况，那么相应的处理措施就是制订新的计划。

10.1.3 战略评估的准则

战略评估是个性化极强的管理工作。在评价过程中，需要根据具体的情况进行分析与判断。在战略评估的案例中，几乎找不到一种完全可靠的方法，使得根据战略评估所得到的战略一定是最好的战略或者保证战略一定能够成功地执行。但战略评估也并非没有准则可以遵循，理查德·鲁梅特(Richard Rumelt)提出的战略评价的四个标准,即一致性(Consistency)、协调性(Consonance)、优越性(Advantage)和可行性(Feasibility),被广泛认为是指导战略评估工作的准则。在这四个标准中,协调性和优越性是针对外部环境进行评价,主要用于检查企业战略的基础是否正确;而一致性和可行性则用于内部评价,主要用于检查战略实施过程中的问题。

(1) 一致性

战略方案中不应出现不一致的目标和政策。鲁梅特提出了帮助确定组织内部问题是否由战略间的不一致所引起的三条准则:

① 尽管更换了人员,管理问题仍持续不断,并且这一问题是因事而发生而不是因人而发生的,那么便可能存在战略的不一致。

② 如果一个组织部门的成功意味着或被理解为另一个部门的失败,那么战略间可能存在不一致。

③ 如果政策问题不断地被上交到最高领导层来解决,那么可能存在战略的不一致。

(2) 协调性

协调指在评价时既要考察单个趋势,又要考察组合趋势。在战略制定中,将企业内部因素与外部因素相匹配的困难之一在于:绝大多数变化趋势都是与其他多种趋势相互作用的结果,对此必须综合考察。例如,幼儿园数量的迅速增长便是多种因素共同作用的结果,这些因素包括平均受教育水平的提高,通货膨胀的加剧以及妇女就业的增多。尽管紧急趋势和人口状况看上去多年保持不变,但各种因素和变化趋势的相互作用却一直在发生。

(3) 优越性

经营战略必须能够在特定的业务领域适合企业创造和保持竞争优势。竞争优势通常来自三个方面的优越性,即资源、技能、位置。对资源的合理配置可以提高整体效能,这一道理为军事理论家、棋手和外交家所熟知。位置也可以在企业战略中发挥关键作用。好的位置是可以防御的,即竞争对手想要攻占这一位置需要付出巨大的代价。只要基础性的关键内外部因素保持不变,位置优势便趋向于自我延续。因此,地位牢固的公司很难被击垮,尽管它们的技能可能只是平均水准。虽然不是所有的位置优势都与企业规模相关,但大企业的确可以将其规模转化为竞争优势,而小企业则不得不寻求能够带来其他方面优势的产品或市场位置。良好位置的主要特征是:使企业从某种经营策略中获得优势,而不处于该位置的企业则不能类似地受益于同样的策略。因此,在评价某种战略时,企业应当考察与之相联系的位置优势特征。

(4) 可行性

一个好的战略必须做到既不过度耗费可利用资源,也不造成无法解决的派生问题。对战略的最终的和主要的检验标准是其可行性,即依靠自身的物力、人力及财力资源能否实施这一战略。企业的财力资源是最容易定量考察的,通常也是确定采用何种战略的第一制约因素。人员及组织能力对于战略选择在实践中更重要,但在定量性方面却差一些。因此,在评价战略时,很重要的一点是要考察企业在以往是否已经展示了实行既定战略所需要的能力、技术及人才。

10.2 战略偏差与战略控制

10.2.1 战略偏差产生的原因

企业战略管理中的一个基本矛盾是既定的战略同变化着的环境之间的矛盾[1]。企业战略的实施结果并不一定与预定的战略目标相一致,产生这种偏差的原因很多,主要有三个方面的原因:

(1) 环境变化

制定企业战略的内外部环境发生了新的变化。如果在外部环境中出现了新的机会或意想不到的情况,企业内部资源条件发生了意想不到的变化,会导致原定企业战略与新的环境条件不相配合。

(2) 战略本身的缺陷

企业战略本身有重大的缺陷,或者比较笼统,导致在实施过程中难以贯彻,企业需要修正、补充和完善。

(3) 主观影响

在战略实施的过程中,受企业内部某些主客观因素变化的影响,偏离了战略计划的预期目标。如某些企业领导采取了错误的措施,致使战略实施结果与战略计划目标产生偏差等。

对以上企业活动与预定的战略目标偏离的情况,如果不及时采取措施加以纠正,企业的战略目标就无法顺利实现,要使企业战略能够不断顺应变化着的内外部环境,除了使战略决策具有应变性外,还必须加强对战略实施的控制。

10.2.2 战略控制及其特征

(1) 战略控制的概念

战略控制主要是指在企业经营战略的实施过程中，检查企业为达到目标所进行的各项活动的进展情况，评价实施企业战略后的企业绩效，把它与既定的战略目标及绩效标准相比较，发现战略差距，分析产生偏差的原因，纠正偏差，使企业战略的实施更好地与企业当前所处的内外部环境、企业目标协调一致，使企业战略得以实现[1]。

战略实施的控制与战略实施的评价既有区别又有联系，要进行战略实施的控制就必须进行战略实施的评价，只有通过评价才能实现控制。评价本身是手段而不是目的，发现问题、实现控制才是目的。战略控制着重于战略实施的过程，战略评价着重于对战略实施过程结果的评价。

(2) 战略控制的内容

对企业经营战略的实施进行控制的主要内容有：

① 设定绩效标准

根据企业战略目标，结合企业内部人力、物力、财力及信息等具体条件，确定企业绩效标准，作为战略控制的参照系。

② 绩效监控与偏差评估

通过一定的测量方式、手段、方法，监测企业的实际绩效，并将企业的实际绩效与标准绩效对比，进行偏差分析与评估。

③ 纠正偏差

设计并采取纠正偏差的措施，以顺应变化着的条件，保证企业战略的圆满实施。

④ 监控外部环境的关键因素

外部环境的关键因素是企业战略赖以存在的基础，外部环境关键因素的变化意味着战略前提条件的变动，必须给予充分的注意。

⑤ 激励

激励是战略控制的执行主体，调动其自控制与自评价的积极性，以保证企业战略实施的切实有效[2]。

(3) 战略控制的特征

战略控制的基本特征与战略控制过程的基本特征不同，它是对战略控制的一些基本的要求。

① 适宜性

判断企业战略是否适宜，首先要求这个战略具有实现公司既定的财务和其他目标的良好前景[1]。因此，适宜的战略应处于公司希望经营的领域，必须具有与公司道德哲学相协调的文化。如果可能，必须建立在公司优势的基础上，或者以某种人们可能确认的方式弥补公司现有的缺陷。

② 可行性

可行性是指公司一旦选定了战略，就必须认真考虑企业能否成功地实施。公司是否有足够的财力、人力或者其他资源、技能、技术、诀窍和组织优势，换言之，企业是否具备有效实施战略的核心能力。如果在可行性上存在疑问，就需要将战略研究的范围扩大，并将能够提供所缺乏的资源或能力的其他公司或者金融机构合并等方式包括在内，通过联合发展达到可行的目的。特别是管理层必须确定实施战略要采取的初始实际步骤。

③ 可接受性

可接受性强调的问题是：与公司利害攸关的人员，是否非常满意推荐的战略，并且给予支持。一般来说，公司越大，对公司有利害关系的人员就越多。要保证得到所有利害相关者的支持是不可能的，但是所推荐的战略必须经过最主要的利害相关者的同意，而在战略被采纳之前，必须充分考虑其他利害相关者的反对意见。

④ 复杂性

企业的整体是由局部构成的。从理论上讲，整体利益和局部利益是一致的，但在具体问题上，整体利益和局部利益可能存在着一定程度的不一致性。企业战略控制就是要对这些不一致性的冲突进行调节，如果把战略控制仅仅看做是一种单纯的技术、管理业务工作，就不可能取得预期的控制效果。

⑤ 多样性和不确定性

战略具有不确定性。公司的战略只是一个方向，其目的是某一点，但过程可能是完全没有规律、效率和不合理的，因此这时的战略就具有多样性。同时，虽然经营战略是明确的、稳定的且是具有权威的，但在实施过程中由于环境变化，战略必须适时地调整和修正，因而也必须因时因地地提出具体控制措施，这就是说战略控制具有多样性和不确定性。

⑥ 弹性和伸缩性

战略控制中如果过度控制，频繁干预，容易引起消极反应。因而针对各种矛盾和问题，战略控制有时需要认真处理、严格控制，有时则需要适度地、弹性地控制。只要能保持与战略目标的一致性，就可以有较大的回旋余地而具有伸缩性。因此，战略控制中只要能保持正确的战略方向，尽可能地减少实施过程中的问题，尽可能多地授权下属在其职权范围内解决问题，小范围、低层次的问题不要在大范围、高层次上解决，反而能够取得有效的控制。

10.2.3 战略控制与战略管理

企业的战略控制对于战略管理的意义主要表现在以下几个方面：

(1) 确保战略的有效实施

企业经营战略实施的控制是企业战略管理的重要环节，能保证企业战略的顺利执行。战略决策仅能决定哪些事情该做，哪些事情不该做，而战略实施控制的好坏将直接影响企业战略决策实施的效果好坏与效率高低，因此，企业战略实施的控制虽然处于战略决策的执行地位，但对战略管理是十分重要、必不可少的。

(2) 决定战略决策的抗风险程度

企业经营战略实施的控制能力与效率的高低是战略决策的一个重要制约因素，决定了企业战略行为能力的大小。若企业战略实施的控制能力强，控制效率高，则企业高层管理者可以做出较为大胆的、风险较大的战略决策；相反，则只能做出较为稳妥的战略决策。

(3) 提供反馈信息

企业经营战略实施的控制与评价可为战略决策提供重要的反馈，帮助战略决策者明确决策中哪些内容是符合实际的、正确的，哪些是不符合实际的、不正确的。这对于提高战略决策的适应性和水平具有重要作用。

个案研究——远东控股集团的战略控制与组织再造

远东控股集团有限公司(简称远东控股集团)位于江苏省宜兴市，创建于1990年，是以电缆、医药、房地产、投资为核心业务的大型民营股份制企业集团。经历了四次体制创新后，远东控股集团从1992年的一家民营企业转变为2001年的股份制企业，四次体制创新使远东控股集团飞速发展。但随着远东控股集团从单一的电缆制造公司发展为以电缆、医药、房地产、投资为主业的多元化控股集团，集团发现原有单一业务下的管理流程和组织结构不能适应新的战略发展，内部迫切需要进行组织再造以顺应多元化发展。

(1) 诊断管理问题，明确流程优化原则

对企业管理现状进行诊断是组织再造和流程优化的基础，只有摸清企业管理中存在的具体问题，流程体系的设计才能更具有针对性。

根据管理机构设置，远东控股集团将集团层面的管理职能具体划分为七个方面，即战略管理、财务管理、人力资源管理、企划管理、信息管理、监察审计、行政后勤。将管理中可能出现的问题具体分为六大类：① 流程审批环节长，分工过细，决策集中；② 流程执行不力，缺乏监控；③ 流程控制点设置不合理，职责分配不当；④ 流程未形成闭环，缺乏信息反馈；⑤ 流程执行者素质偏低，责任心不够，效率不高；⑥ 关键核心流程缺失或不健全，过程控制不规范。针对管理流程中存在的具体问题，远东控股集团确定新的工作方法，并明确流程优化的六大原则：一是竞争性，即流程优化要改善增值性活动，剔除非增值性活动，降低运营成本，提高效率；二是匹配性，即流程优化要与企业整体战略发展规划相匹配，为实现企业总战略目标服务；三是清晰性，即流程之间的管理内容与职责边界界定清晰、无交叉，流程之间保持一定的关联性，配合协调；四是适应性，即流程能够随着环境的变化而适时调整；五是控制性，即流程优化要使流程能够有效执行，便于控制；六是一致性，即流程优化使得流程实施效果与管理目标一致。根据以上方法和原则构建各管理职能流程体系框架，包括12个部门共35大方面的管理流程。

(2) 开展流程评估，优化流程体系

① 确定流程评估的步骤和人员安排。远东控股集团根据需要，确定流程评估包括召开核心流程评估大会、传授评估方法等四步。为了使流程评估工作得以顺利开展，对参与流程评估的工作人员数量、质量和结构做了详细安排，确保评估人员覆盖不同工作领域、管理层级、学历和工龄。

② 优化流程体系。远东控股集团首先确定管理流程体系优化的具体步骤。其次，根据确定的步骤，各参与人员对核心管理流程进行打分，并将打分结果进行统计分析，得到需要优化的核心流程。然后，进一步采取优先排序法，识别两大类需要优化的核心流程：一类是重要且紧迫的流程，包括战略规划管理流程、财务管理流程、人力资源管理流程；另一类是重要但不紧迫的流程，包括公文审批流程、其他一般管理流程。在此基础上，与23个部门先后进行三轮详细沟通，根据沟通结果确定管理流程优化的具体环节和优化重点。

(3) 组织再造成果

① 通过组织再造形成的集团组织架构，具有以下明显变化：一是增设了监事会；二是明确集团高管的具体分工；三是实施总部调控制，针对后勤事务、监察审计、行政及财务增设四大总部，负责调控下属部门的工作；四是明确集团与子公司之间的关系。

② 确立管控模式和集团、子公司定位。原来的管控模式以运营管控为主，已不能适应集团化发展的需要。远东控股集团极力避免过于集权和过于分权的两个极端，尽可能保持相对平稳的中间状态，因此基于集团和各子公司的战略规划和管理现状，确定以战略管理型为主的集团管控模式，明确母子公司的定位。

（资料来源：远东控股集团有限公司．一家大型民企的组织再造．企业管理，2009(9)．编者有删节。）

10.3 战略控制的类别

10.3.1 按时间分类

(1) 事前控制

在战略实施之前，要设计好正确有效的战略计划，该计划要得到企业高层领导人的批准后才能执行，其中有关重大的经营活动必须通过企业领导人的批准同意才能开始实施，所批准的内容往往也就成为考核经营活动绩效的控制标准，这种控制多用于重大问题的控制，如任命重要的人员、重大合同的签订、购置重大设备等。

由于事前控制是在战略行动成果尚未实现之前，通过预测发现战略行动的结果可能会偏离既定的标准。因此，管理者必须对预测因素进行分析与研究。一般有三种类型的预测因素：① 投入因素，即战略实施投入因素的种类、数量和质量，将影响产出的结果。② 早期成果因素，即依据早期的成果可预见未来的结果。③ 外部环境和内部条件的变化，是战略实施的控制因素。

(2) 事后控制

事后控制发生在企业的经营活动之后，是将战略活动的结果与控制标准相比较。这种控制方式工作的重点是要明确战略控制的程序和标准，把日常的控制工作交由职能部门人员去做，即在战略计划实施之后，将实施结果与原计划标准相比较，由企业职能部门及各事业部定期地将战略实施结果向高层领导汇报，由领导者决定是否有必要采取纠正措施。

事后控制方法的具体操作主要有联系行为和目标导向等形式。

① 联系行为

联系行为即对员工的战略行为的评价与控制直接同他们的工作行为联系挂钩。员工比较容易接受这种方法，并能明确战略行动的努力方向，使个人的行动导向和企业经营战略导向接轨；通过行动评价的反馈信息修正战略实施行动，使之更加符合战略的要求；通过行动评价，实行合理的分配，从而强化员工的战略意识。

② 目标导向

让员工参与战略行动目标的制定和工作业绩的评价，既可以看到个人行为对实现战略目标的作用和意义，又可以从工作业绩的评价中看到成绩与不足，从中得到肯定和鼓励，为战略推进增添动力。

(3) 随时控制

随时控制即过程控制，企业高层领导者要控制企业战略实施中关键性的过程或全过程，随时采取控制措施，纠正实施中产生的偏差，引导企业沿着战略的方向进行经营。主要是对关键性的战略措施进行随时控制。

应当指出，以上三种控制方式所起的作用不同，因此在企业经营中它们是被随时采用的。

10.3.2 按主体的状态分类

(1) 避免型控制

避免型控制即采用适当的手段使不适当的行为没有产生的机会，从而达到不需要控制的目的。如通过自动化使工作的稳定性得以保持，按照企业的目标正确地工作；通过与外部组织共担风险减少控制；或者转移或放弃某项活动，以此来消除有关的控制活动。

(2) 开关型控制

开关型控制又称为事中控制或行与不行的控制。其原理是：在战略实施的过程中，按照既定的标准检查战略行动，确定行与不行，类似于开关的开与关。开关控制方法的具体操作方式有以下几种：

① 直接领导。管理者对战略活动进行直接领导和指挥，发现差错及时纠正，使其行为符合既定标准。

② 自我调节。执行者通过非正式的、平等的沟通，按照既定的标准自行调节自己的行为，以便和协作者配合默契。

③ 共同愿景。组织成员对目标、战略宗旨认识一致，在战略行动中表现出一定的方向性、使命感，从而殊途同归、和谐一致、实现目标。

开关控制法一般适用于实施过程标准化的战略实施控制，或某些过程标准化的战略项目的实施控制。

10.3.3 按切入点分类

(1) 财务控制

财务控制覆盖面广，是用途极广的非常重要的控制方式，包括预算控制和比率控制。

(2) 生产控制

生产控制即对企业产品品种、数量、质量、成本、交货日期及服务等方面的控制，可以分为产前控制、过程控制及产后控制等。

(3) 销售规模控制

销售规模太小会影响经济效益，销售规模太大会占用较多的资金，也影响经济效益，为此要对销售规模进行控制。

(4) 质量控制

质量控制包括对企业工作质量和产品质量的控制。工作质量不仅包括生产工作的质量，还包括领导工作、设计工作、信息工作等一系列非生产工作的质量。因此，质量控制的范围包括生产过程和非生产过程的其他一切控制过程。质量控制是动态的，着眼于事前和未来的质量控制，其难点在于全员质量意识的形成。

(5) 成本控制

通过成本控制使各项费用降低到最低水平，达到提高经济效益的目的。成本控制不仅包括对生产、销售、设计、储备等有形费用的控制，而且还包括对会议、领导、时间等无形费用的控制。在成本控制中要建立各种费用的开支范围、开支标准并严格执行，要事先进行成本预算等工作。成本控制的难点在于企业中大多数部门和单位是非独立核算的，因此缺乏成本控制意识。

10.4 战略控制系统

战略经理之所以选择组织战略和组织结构，是希望使组织有效地运用其资源，实现其商业模式，创造价值和利润。他们随后建立的战略控制系统是用来监控、评价战略和结构实际上是否按原先的意图发挥作用，应当如何加以改进，如果不能发挥作用又该如何改变的工具。

10.4.1 战略控制系统的组成

在战略实施的控制系统中有三个基本的控制系统，即战略控制系统、业务控制系统和作业控制系统。

(1) 战略控制系统

战略控制系统即以企业高层领导为主体的控制系统。它关注的是与外部环境有关的因素和企业内部的绩效。这部分战略控制职能是由战略控制团队的战略规划分组负责，主要是对公司业务战略的目标和标准的完成情况与战略环境进行监督和审计。

(2) 业务控制系统

业务控制系统是指对企业的主要下属单位及主要战略职能的控制，包括战略经营单位和职能部门两个层次。它关注的是企业下属单位在实现构成企业战略的各部分策略及中期计划目标的工作绩效，检查是否达到了企业战略为它们规定的目标。这部分战略控制是由战略控制团队的其他分组分别监控相关的战略职能实施情况，并提出改进措施，主要是对各职能战略的目标和标准的完成情况与战略环境进行监督和审计。

(3) 作业控制系统

作业控制系统是指对具体负责作业的工作人员日常管理活动的控制。它关注的是员工履行规定的职责和完成作业性目标的绩效。作业控制由各级层主在日常工作中进行，战略控制团队只是负责检查和监督。

10.4.2 战略控制系统的特点

战略控制系统的特点主要是指战略控制系统与业务控制系统的特点，它们有以下三个共同点[3]：

(1) 与长远目标相联系

有效的战略实施的控制与评价必须将控制目标和各特定系统的绩效标准相联系，与资源的分配导向相联系，与外部环境的关键因素相联系。这样做将有利于明确战略计划和人们的行为目标之间的联系。

(2) 控制要与激励相结合

一般来说，当人们的行为取得符合战略需要的绩效时会得到激励，但在平时人们的行为期望目标不是十分清楚，而有效的战略实施的控制提供了控制的标准，使人们的期望目标明朗化、具体化，为人们提供了期望和战略目标之间的清晰联系，这时的控制评价就具有激励性的特点，这对有效的实施战略十分有用。

(3) 应包含“早期预警系统”

通过该系统告知管理者在战略实施过程中存在的潜在问题或偏差，使管理者能够及早警觉，提早纠正偏差。

10.5 企业战略控制的组织方案

根据企业战略控制理论，结合企业的实际情况，战略控制可以采取以下的组织方案。

10.5.1 成立战略控制团队

为了保证公司战略的有效实施，除了战略委员会负责公司战略方向的重大决策外，公司需要建立战略控制团队，负责公司战略具体的推进、实施与监控，以保证公司战略目标的有效实现。

(1) 战略控制团队的组建原则

① 确认首要领导的原则

确认首要领导的原则即根据环境的变化和企业要实施的战略要求，选择合适的首要领导，再结合首要领导的素质与能力，让其发挥企业战略实施的核心作用。一般企业的战略控制团队由企业首席行政官负责，如总经理或首席执行官。

② 由首要领导组阁的原则

由首要领导组阁的原则即由已经确定的首要领导来确定战略控制团队的其他成员。这其中再配以适当的监督机制，以保证战略控制团队的万无一失。

③ 能力相配的原则

能力相配的原则是指战略控制团队内部成员的能力应该相互补充，相互匹配。根据战略管理对领导能力的要求和企业内外部环境的变化，选择具有首要领导不具备的能力的人进入团队，以弥补首要领导的不足。一般的做法是选择企业关键业务的负责人作为战略控制团队的成员。

④ 协作原则

协作原则即在组建控制团队的人选时应该考察其成员的合作性，选择具有合作性的人员进入，以建立团队内部和谐的人际关系，增添必要的润滑剂。

⑤ 优化组合原则

优化组合原则即在组建团队时，可能会有众多的人员搭配方案，这时应该选择最佳或满意的方案来实现组建目标。这样便于实现能力匹配的要求，有利于战略的制定以及战略的有效执行。

(2) 组建战略控制团队的途径选择

根据已经确定的战略控制团队的组建原则，就可以着手进行具体的组建。由于各个企业的实际情况不同，由此产生了不同的组建途径。

① 调整现存的战略控制团队成员

它是指依靠现存的团队来负责新的战略领导职能，对其只做局部的调整和必要的培训，以适应新的要求。这样做的优点在于：

a. 现有的团队成员熟悉内部情况，便于开展工作；

b. 团队成员相互了解，便于合作；

c. 可以保持企业领导的连贯性，也可以树立典范，增强企业的凝聚力。

② 选聘新人来组建新的战略控制团队

这是在企业内部不具备合适的人选时才做出的选择。在一定的条件下，它反而会更好、更快地贯彻新的战略。采用这种途径的好处在于：

a. 挑选对新战略有信心的外部人员，能够避免现任领导成员面临的障碍，可以使他们更加顺利地进入新的角色和履行新的使命。

b. 新的工作会使新的人选产生新鲜感，容易激发人的活力，使之创造性地完成使命。

c. 新的人选受企业人际关系和旧秩序的影响较小，可以更加超脱地推行新战略。

考虑新人选容易受到原来领导成员或企业其他员工的排斥。因此，采用此途径应该在详细、审慎、妥善的分析与安排之后，配合一定的时机才能够使用。

(3) 战略控制团队的职能

由于公司的战略实施涉及公司的各个方面，战略控制团队的成员也要包括公司的各方面人员。一般来讲，公司的战略实施主要从五个方面进行，即总发展战略、财务分战略、人力资源分战略、管理体系分战略、营销分战略，因此除了战略委员会之外，公司的战略控制团队也需要从以上几个方面设置。战略控制团队的基本职责如下：

① 负责制订公司的战略实施计划，并指导相应的业务部门和管理部门将公司的战略实施计划分解成公司各方面工作的年度工作计划。

② 负责定期审计公司的战略及其实施执行情况，并对战略实施过程中出现的问题进行分析和整理，同时对公司战略的推进、修改、调整提出建议，报公司战略委员会讨论，讨论通过后予以实施。

③ 负责监控公司战略实施过程中的特殊情况，并及时将问题提交战略控制团队组织研究，并将研究结果报战略委员会批准确认。

10.5.2 建立战略控制系统和评价标准

(1) 战略控制系统

在建立战略控制团队后，企业还要建立一套战略控制系统和控制网络，由战略控制团队的各个部分分别负责对公司战略的相关方面的实施进行监控与推进。

在确定战略控制系统后，企业要建立具体的战略控制网络，以保证战略控制工作能够切实可行地开展。通过战略控制系统对战略控制团队内部进行具体的分工后，战略控制团队各方面的工作开展应当遵循一定的战略控制过程。战略控制过程一般由三个方面的活动所组成：

① 确定定性和定量的目标，并与产业内优秀的企业相比较，根据目标制定出评价标准。

② 通过执行过程中信息反馈回来的实际效果来进行控制。

③ 经过比较后反映出来的偏差，以及针对偏差采取的纠正行为[4]。

(2) 评价标准

企业战略控制与评价标准是进行战略控制的首要条件。评价标准采用定量和定性相结合的方式。无论是定量还是定性指标，既要与企业的发展过程做纵向比较，还要与行业内竞争对手、产业内业绩优异者等进行横向比较。

10.5.3 战略实施计划转化

在成立了战略控制团队以及确定了具体的战略控制方式方法之后，战略控制团队在公司的战略实施控制上需要采取具体的工作措施，其中的重要工作之一就是将公司发展战略细化成公司战略实施计划和公司年度工作计划。

一般由战略控制团队将公司的发展战略细化成公司战略实施计划，然后由战略控制团队指导各具体的业务部门和管理部门依据公司的战略实施计划制订各自的年度工作计划和月度工作计划。这样就把公司的发展战略具体细化到公司的各项日常工作当中，使公司发展战略成为可以具体实施的工作。

战略实施计划的时间段划分可以以一年作为一个周期，也可以以半年或者两年作为一个周期。而工作计划一般是以年度作为周期，并且在年度计划下再细化为季度工作计划和月度工作计划。

公司的战略实施计划一般包括以下几个方面：总体战略实施计划，即在各个时间段公司战略应当达到什么样的目标；市场开发战略实施计划；企业管理改进战略实施计划；企业财务战略实施计划；企业人力资源战略实施计划。

企业文化建设战略和组织结构调整实施计划包含在管理改进实施计划当中。而以上各个方面的战略实施计划由公司战略控制团队的相关人员负责制订。在确定了公司的战略实施计划之后，要将战略实施计划分解成各个业务部门的年度工作计划，乃至季度和月度工作计划，使公司的战略成为可以具体执行的工作。

10.5.4 设定战略绩效指标和绩效标准

在制订公司战略实施计划时，战略控制团队要提炼出战略绩效指标，并确定这些指标的绩效标准，报战略委员会审定后作为战略控制团队的考核指标和标准。同时，战略控制团队也要要求各业务单位在制订年度工作计划时提炼出绩效指标和标准，作为工作目标和考核的标准。

根据企业平衡计分法，制定战略绩效指标主要从五个方面进行：

① 业务战略指标：包括公司在各战略方向上业务的开展情况、在各战略区域内的业务开展情况等指标；

② 财务指标：包括公司各项业务的项目数量、收入金额、毛利率、成本控制、款项回收等指标；

③ 管理指标：包括管理标准的制定、管理体系的完善、管理制度的创新、新管理方法的应用等指标；

④ 市场与客户指标：包括客户的满意度、新客户的开发、老客户的流失、项目投标成功率等指标；

⑤ 人力资源指标：包括人才的招聘、培养、规划、培训、激励、考核等指标。

设定了以上方面的战略绩效指标和标准之后，就可以根据绩效指标的完成情况来检验公司战略的阶段性目标的完成情况，并结合其他方面的因素来对公司战略的实施进行评估和审计。

10.5.5 设定考核方法与激励模式

为了激励公司各级员工积极努力地实施公司的战略计划，需要建立战略实施考核方法和激励方法。由战略委员会制定战略实施考核办法和激励方式，以便对战略控制团队进行激励，但为了保证在作业层面对公司战略的控制，需要将公司日常管理的绩效考核和激励体系与公司的战略实施计划相结合，以保证公司战略的有效实现。

而这种有效的结合主要是在战略实施计划细化为公司工作计划的过程中实现的。通过将公司的战略目标转化为日常工作目标，并在日常工作中考核和激励，就达到了对战略实施的保障。

10.5.6 定期战略评估

战略控制团队组以年度战略评估及推进会的形式作为自己的常规性工作方式。战略控制团队每年召开公司战略评估与推进会，检查公司战略的实施情况，研究外部环境及公司内部环境的变化情况，评估公司战略及其实施计划的适应性，并根据以上分析对公司的战略及其实施计划、激励方式和相关内容进行调整，以推进公司战略的实施。

(1) 战略评估方式

战略评估方式以年度工作会议的形式进行，由战略控制团队及有关行业的专家对企业的战略及其环境进行评审与评估。

(2) 进行战略环境扫描

因为企业组织是开放性体制，强调组织和环境的相互关系，外界环境是企业组织的重要信息源，所以战略控制必须对环境进行扫描。所谓扫描是指企业组织在决策中获取所需信息的过程，意味着广泛收集信息的活动。这个过程的范围包含由集中程度较低的观察活动到高度的计划研究活动。一切企业组织为获取外界环境正在发生的现象和变化的信息，都需要对环境进行扫描。每当决定企业战略和长期计划时，最高经营层都力求预测和理解企业环境的变化。

环境中的种种情况随着时间的变化而变化。既有复杂和急剧变化的生机勃勃的状态，也有几乎不变的静止的状态，这些状态影响着企业体制的运作，且企业体制本身一般不能直接控制。企业体制能从外部环境的各种状态中得到各种有利因素。企业体制虽然不能直接控制外部环境的各种状态，但是能够影响、适应或者开拓环境。对于企业来说，外部的信息是基本的财富，为创造财富要开发扫描系统。

一般地说，战略控制中的环境扫描有两种基本方法。

① 通查。即"注意某一感兴趣的事"，其功能是对收集的信息提供某种程度的一般认识。

② 精查。即收集能解决问题的特定信息。

扫描者通过集中调查研究特定的领域，有计划地慎重选取适用的信息。按照集中程度的高低，又可以将通查和精查分别细分为观察和监视、调查和研究。观察是为了取得一般信息，或者对特定问题加深理解，或者为了选取关于某一件事要注意的信息而利用这些扫描方式。监视是注意有明确意义的信息或信息源领域。调查意味着为了某一特定目的收集特定的信息，在较狭窄的范围内进行有计划的调查活动。研究是为了特定的目的而收集特定的信息，是正式成为体系的活动。

(3) 审计战略实施计划

审计战略实施计划是指审查公司各项战略绩效指标的完成情况，并结合环境情况对战略实施计划的完成情况进行客观的分析与研究。它主要是将各项绩效指标、标准和实际值进行对比研究，并分析其原因。

(4) 战略误差原因评价

评价工作成绩是将实际的成果与预定的目标或标准进行比较。通过比较就会出现三种情况：第一种是超过目标和标准，即出现正偏差，在没有做特定要求的情况下，出现正偏差是一种好的结果；第二种是正好相等，没有偏差，也是好的结果；第三种是实际成果低于目标，出现负偏差，这是不好的结果，应该及时采取措施纠偏。

战略发生偏差(负偏差)的主要原因可以归纳为以下方面：① 目标没有实现；② 为实现企业目标而选择的战略是错误的；③ 用以实施战略的组织机构的错误；④ 主管人员或作业人员不称职或玩忽职守；⑤ 缺乏激励；⑥ 组织内部缺乏信息沟通；⑦ 环境压力。战略控制的管理人员应该根据以上原因，结合控制过程中的实际情况，采取相应的措施。

10.5.7 战略计划调整

战略控制团队根据对战略实施情况的评估调整企业的战略，包括对公司发展战略内容的调整和对公司战略实施计划的调整两个方面，在把调整方案报公司战略委员会审批确认后，战略控制团队要指导各业务部门和管理部门把调整的结果细化到公司的年度工作计划乃至季度和月度工作计划当中，开始公司新的战略实施年度计划。当公司新的战略年度计划结束时，战略控制团队要按照以上的程序再次对公司的战略进行评估与调整，以实现战略控制团队对公司战略控制的管理职能。

10.6 案例讨论：丰田在中国的战略调整

面对来自新市场的变化和不确定性，如何才能既入乡随俗又能充分发挥自己的优势？

与其他外资汽车巨头相比，丰田在中国可谓姗姗来迟。直到 2002 年，丰田才全线进入中国。一年之后，一汽丰田汽车销售公司成立。然而，这个后来者的发展势头咄咄逼人。短短几年，一汽丰田销量已经突破 50 万辆。今年，随着 COROLLA(卡罗拉)、COROLLA EX(花冠 EX)两车型的上市，8月以来，一汽丰田每月的订单销量已经达到了2.5万辆。

“丰田预计在11月份以后，每个月的订单量将在3.4万辆左右。现在丰田在乘用车市场排名是第七名，到年末有可能会上升到第五名。到明年，可能会紧跟上海通用和一汽大众及上海大众。”一汽丰田汽车销售公司总经理毛利悟信心十足地说。

在销量快速提升的同时，一汽丰田在中国的生产布局也已成形，车型系列日渐丰富。

几年来，一汽丰田一直在做的一件事情就是：不断地把“丰田之路”(TOYOTA WAY)中国化。和丰田一样，任何企业成长起来以后，进入新市场都是必然的。但在新市场上，如何才能既以我为主，又入乡随俗？虽然丰田有自己独特的管理模式，但中国的市场环境跟日本不同，日本特有的管理模式在中国市场中哪些是应坚持的，哪些则应该有所改变？改变的依据是什么？

丰田有一个很有名的制度就是订单管理制度：根据客人的需求来取得订单，根据这个订单的量来调节生产，也叫做JIT(JUST IN TIME)。一汽丰田也采用订单式销售制度，采用A卡和C卡管理：A卡数量就是用户到店登记的数量，C卡数量则是交订金的用户数量。C卡是要进入订单程序的，厂家按C卡数据生产，并且在商品运到前三天提前通知经销商打款。在日本，丰田是不允许经销商有库存的，但在竞争激烈的中国市场，经销商有这种特殊的要求。因此，一汽丰田允许中国的经销商在有些车型上有极少量的库存。这是对丰田零库存理念的一点变通，但符合中国市场的特点。

另外，中国消费者往往不愿意在订车以后等待一段时间，丰田就根据需求扩大生产能力，比如进行双班制生产等，以尽量减少客户的等待时间。

丰田的另一个制度就是对经销商的支援和辅助政策。这个制度在中国和在日本没有大的变化。但是因为中国现在整个经济发展速度非常快，而日本则处于饱和阶段，所以如何以一个更快的速度来应对中国市场的变化，是这个制度在中国和日本最不同的一点。

丰田一向关注消费者文化背景、消费习惯的研究，并相信从根本上决定商品销售的并不是广告，而首先是商品，还有生产和供需关系以及价格，因此丰田都会根据市场变化来调整生产。丰田的整体理念是“用户第一、经销商第二、厂家第三”，并把这个理念逐步深入到每一个员工的心里。

“用户第一”用什么来衡量？那就是用户满意度。而影响用户满意度的第一因素就在于经销商下属员工对公司的满意度。当然，这里的员工满意度除了与公司管理、绩效考核、用人机制有关之外，公司效益的好坏更是一个关键。一个拿不到理想薪金的员工，一个对公司前景没有信心的员工，其满意度无从谈起。反之，则是良性循环的开始。丰田认为："整洁的店面、愉快的销售人员，能卖出更多的商品！"

一汽丰田从来不把经销商当成是只有依赖厂家才能生存的商人，而认为销售商是一汽丰田极其重要的部分，是整个营销体系中最不可缺少的、最重要的市场前沿部队。公司要成功，经销商必须是成功的，必须要保证他们有稳定的利润并能很好发展。

经销商与丰田厂商实际上是一种互相监督、互相融合的关系，丰田希望经销商给客户提供好的商品和服务，反过来经销商对丰田也有要求。在丰田评价经销商的同时，经销商也在评价丰田。

同时，一汽丰田对经销商提供多元化的支援，有资金方面的、经营方面的，也有促销培训和商品的供给，还有广告宣传等全方位的支持。丰田对经销商的支持是既细致又全面，同时要求也非常严格。比如，丰田公司有一个很详细的每一个店每个月资金收益率的表格，里面详细记录了每个店每个月的毛利率是多少，成本费用是多少等。除此之外，丰田还对每个经销店的资金管理情况有所了解，看资金是否合理，对资金的流动情况也会进行把握。举个例子，一汽丰田如果发现哪个经销店单台车的利润率很低，就会在销售方面给予这个经销店更多的指导，告诉它们应该怎样进行销售；如果发现某个经销店职员工资与平均水平比偏低或过于偏高，公司也会给予经销店一些建议等。

一汽丰田内部设立有经销店支援部和经销店业务部。这两个部门是围绕经销店的需求、运作设立的职能部门，分别处理网络建设、网络培训和大客户订单、二手车业务开发等经销商网络价值链的问题。同时，一汽丰田要求这两个部门更频繁地到店面去了解情况。丰田还建立了更先进的数据库管理体系，可以更快地知道店面的销售情况和现金流，以便能够更好地确定对谁进行支持。

一汽丰田与经销商并不是管理和被管理的关系，而是互利型的伙伴关系。在丰田每年的全国经销商大会上，丰田所有高层领导，包括经管会的负责人，都会站在门口两侧，欢迎经销商入场。每次经销商大会丰田都不设主席台，所有高层领导都坐在台下，为的是体现丰田的诚意和对经销商的尊重。

（资料来源：张辰. 一汽丰田——入乡就要随俗. 中外管理，2007，11. 编者有删节。）

思考并分析：

(1) 丰田公司是如何对“用户第一、经销商第二”的理念实施战略控制的？

(2) 丰田为适应中国市场进行了哪些改变？为什么？

战略管理前沿——最新控制思想与模式：互动控制系统

随着企业的发展壮大，公司高层管理人员与普通员工的个人接触越来越少，在企业内部必须建立新型的正规系统以交流信息，通过这种交流扩张生产线，创造新产品、新工艺乃至市场的创意。然而，诊断型控制系统过多地强调检测预定计划的执行情况，从而使系统的工作失去了创造力。事实上，高级管理者需要的是更加类似于国家气象局所使用的监测感知系统。与气象跟踪系统相仿，互动式控制系统是经理们用来定期亲自参与下属决策过程的正规信息系统，其原理一目了然。通过互动式控制系统，高级经理们参与下属的决策过程，将企业的注意力和学习方向转移到重要的决策问题上。

互动式控制系统具有四个不同于诊断型控制系统的特征。第一，它们关注的是高层经理们认为存在战略意义的不断变化的信息。第二，这些信息的重要性足以引起企业各层业务经理们的不断关注。第三，互动式控制系统所生成的数据最好由上级、下级面对面地讨论分析。第四，互动式控制系统是关于潜在数据、假设和措施计划持续讨论的一种催化剂。

高层管理人员对于某一特定控制系统作出互动使用的决定，换言之，在面对面的会议中投入时间和精力来检查新型信息——向企业全体传递了一个明确的信息，告诉他们什么是最重要的。通过围绕互动式的对话和讨论，新的决策往往能够因此诞生。以《今日美国》为例，高级经理们使用了一个类似互动控制系统的程序，他们从每周五收到的一套报告中检查其中所包含的信息。其中三份每周报告介绍了上一周的工作情况以及以后几周所面临的问题，周末报告的数据包括年度数据以及当天的特定账目的信息，这些数据能够提供关于变化中的行业环境和对主要客户广告策略的精辟分析。经理们能够因此既掌握全局又了解具体弱点、机遇和问题的细节。《今日美国》的高级经理们每周都会和主要的员工召开面对面的会议，分析和讨论报告的数据。主要的讨论议题包括相对预期计划的广告量，未来计划的广告量以及根据客户类型划分的新的业务来源。除了寻找未被预料的不足之外，经理们同样关注意料之外的成功。经过这样的会议之后，关于失败的变革方案和意外成功机遇的投资计划都得到了具体的安排。变革方案可能包括对汽车代理提供一种新型的市场调查服务，退出分页彩色广告业务，对于特殊客户和产品提供全版的插页广告，以及通过发行销售人员在各个地区销售广告版面等。

当然，根据决策未知数的不同，其他行业的经理们会选择各自的互动式控制系统。比如，强生公司互动地使用利润管理系统，将注意力集中于不同市场革命性产品的开发和维护。经理们定期重新评估竞争战术以及当前新款产品的预计效果。而经理们经常提出的问题是：自从上次预测以来出现了什么变化？为什么？应该如何应对？其结果是新的创意和行动方案的出台。

（资料来源：黄丹，余颖. 战略管理：研究注记案. 北京：清华大学出版社，2005：432-434. 编者有删节。）

本章小结

按照战略评估的职能，企业战略评估存在三项基本活动：(1)考察企业战略的内在因素；(2)战略绩效的度量与偏差分析；(3)采取纠正措施。这三项基本活动分别承担了对战略实施条件的审视、对战略实施效果的评价和对战略基于反馈的调整的任务。三项基本活动在时间顺序上前后连接，相互联系，形成战略管理的评价和控制功能。

理查德·鲁梅特提出了战略评价的四个标准（一致性、协调性、优越性和可行性）被广泛认为是指导战略评估工作的准则。在这四个标准中，协调性和优越性是针对外部环境进行评价的，主要用于检查企业战略的基础是否正确；而一致性和可行性则用于内部评价，主要是检查战略实施过程中的问题。

战略控制主要是指在企业战略的实施过程中，检查企业为达到目标所进行的各项活动的进展情况，评价实施企业战略后的企业绩效，把它与既定的战略目标及绩效标准相比较，发现战略差距，分析产生偏差的原因，纠正偏差，使企业战略的实施更好地与企业当前所处的内外环境、企业目标协调一致，使企业目标得以实现。

战略控制按时间可分为事前控制、事后控制和随时控制；按主体的状态可分为避免型控制和开关型控制；按切入点可分为财务控制、生产控制、销售规模控制、质量控制和成本控制。

本章英文词汇

战略评估　Strategic Assessment
战略偏差　Strategic Deviation
战略控制　Strategic Control

战略控制系统　Strategic Control System

本章思考题

10-1　战略评估的四个原则是什么？

10-2　战略控制可以分成哪些类别？

10-3　战略控制的意义是什么？

10-4　战略控制系统与业务控制系统的区别是什么？

参考文献

[1]　丁宁.企业战略管理.北京:北方交通大学出版社,2005:298-338.

[2]　吴维库.企业竞争力提升战略.北京:清华大学出版社,2002:240.

[3]　刘冀生.企业战略管理.北京:清华大学出版社,2003:365.

[4]　张大成.现代商业企业经营管理.北京:清华大学出版社,2004:69.

战略实施与控制工具 11

企业家谈战略——王石谈平衡计分卡

在万科的价值观里，“客户是我们永远的伙伴”被列在第一条，是对万科平衡计分卡客户维度的总结性阐释。客户的满意来自于产品，更来自于服务。万客会会员俱乐部成为联系万科与客户之间情感的纽带，被誉为万科第五专业的客户关系中心承载着防止客户满意度受损、修复已经受损的客户关系、创造性提升客户满意度和客户价值的职责。万客会会员规模和参与度、客户需求被满足的程度，都成为平衡计分卡客户维度的支持性指标。

以客户为中心不仅仅存在于观念上，更要体现在具体的行动中。王石在一次采访中，面对关于万科“以客户为中心”的问题时讲了一个例子：万科有一个项目在郊区，由于附近道路的车辆不断地增加，小区住户所反映的汽车噪音意见越来越突出。道路是政府修的，车辆是社会的，按理说是和万科没有关系的，要投诉的话也是找政府。但是万科没有这样，而是自己投资在临近小区的路段，修了一道能够起到隔离和降低噪音的墙，果然，客户投诉明显地下降了。这是不是以客户为中心？肯定是“以客户为中心”，但却不是万科追求的“以客户为中心”。最理想的解决噪音的方法是什么呢？隔音墙肯定是要修的，但是能不能将这堵墙修成一件艺术品，在解决噪音的同时，还能够让人们有一种美的享受，包括小区居民和乘车经过这里的人们。能不能采用新的科技，在临近小区的路段铺上能够吸收噪音的沥青。再就是，能不能在降噪音墙的背后做一个土坡，铺上花草，种上大树，尽管植物的吸收噪音能力不强，但是能够很好地对客户的心理起到暗示作用。如果这三条都做到了，那才是“以客户为中心。”

战略实施是一个自上而下的动态管理过程。所谓“自上而下”主要是指战略目标在公司高层达成一致后，再向中下层传达，并在各项工作中得以分解、落实。所谓“动态”主要是指战略实施的过程中，常常需要在“分析—决策—执行—反馈—再分析—再决策—再执行—再反馈”的不断循环中达成战略目标。

战略目标能否顺利达成取决于多方面的原因，战略实施过程控制得好坏无疑是最为重要的。从这个层面而言，战略实施环节对企业的重要性超越了战略制定本身，而科学评价战略实施环节的绩效更是重中之重。

通过本章的学习，了解与掌握战略实施与控制工具，明确各个工具的含义、用途及意义。在达到战略目标的过程中，选择相适应的工具对战略分析、控制、实施，以便顺利完成目标。

11.1 战略准备度

11.1.1 战略准备度的提出背景及概念

卡普兰教授2004年在《哈佛商业评论》上发表的“评估无形资产的战略准备度”一文中，介绍了一种叫做战略准备度的新方法。这种方法用来系统地评估无形资产与企业战略协调一致的程度。在文章中，卡普兰教授并不是按传统意义来定义无形资产，而是指出有三类资产是对实施任何战略不可或缺的无形资产。这三类资产是：人力资本，指公司员工所拥有的技能、才智和知识；信息资本，指公司的数据库、信息系统、网络和技术基础设施；组织资本，指公司文化、领导力、员工与战略目标协调一致的程度，以及员工分享知识的能力[1]。

11.1.2 战略准备度的作用

(1) 全面地评价公司整体战略

传统的战略评价体系过于强调财务评价指标，而战略准备度是与公司整体战略相结合，将原有单一的财务评价指标进行扩展，全面地评价公司整体战略。战略准备度能够应用于不同的战略形势，能够为企业的战略管理活动创建一个很好的基础建构。战略准备度提供了一个可以帮助企业高层管理者建立成功战略的工具，形象地表现了驱动企业绩效的关键目标以及它们之间的重要关系，并且将企业战略作为假设进行检验，有助于企业高级管理层了解企业战略的实施情况，并根据战略实施的契合度对企业战略进行调整。

(2) 反映在企业经营战略的一系列因果关系中

战略准备度的各衡量指标是相互关联的，并反映在该公司或企业的经营战略的一系列因果关系中。战略准备度并不仅仅是一个评估战略、评估资产的工具，也是一个系统的方法，不仅可以评估公司目前可以评估的内容，还可以评估希望评估的内容。并由此帮助企业找到价值创造的驱动因素，战略准备度可以在企业向成功的、以战略为导向的组织转变的过程中发挥重要的作用。

(3) 使战略目标和实施紧密结合

战略准备度定量地测算了战略执行与战略目标的契合程度，使企业战略目标和整体战略实施紧密结合起来，并为企业下一步调整战略指明了方向。

当然，战略准备度体系对企业和市场的要求很高。该系统注重市场的变化，对企业的外部环境反馈信息的要求很高。而我国企业外部市场信息的获得途径却非常有限，企业很难收集到市场变动和行业竞争状况的有关资料。在这种情况下，如果企业内部没有完善的管理信息系统，就很难及时地获取市场上的有关信息，并迅速地传递给销售部门、研究开发部门和财务部门。因此，可以在一些管理信息系统相对完善的高技术企业试推行战略准备度评价体系，帮助这些管理基础较为雄厚的企业或集团有效地实现战略管理[2]。

11.1.3 战略准备度与传统战略评价体系

(1) 研究对象的范围

传统战略评价体系是内向型的财务信息系统，而战略准备度体系是外向型的综合信息系统。传统战略评价体系建立在传统的企业管理体制基础上，注重本企业内部的决策、计划及控制执行，只对本企业的成本管理、决策负责。在市场竞争不是很激烈的情况下，企业只需在其内部加强成本管理，提高劳动生产率便可生存；但是在科技迅速发展的时代，竞争日趋激烈，仅从本企业考虑，忽视外部环境所带来的影响，已不能满足企业在竞争环境下的信息需求，所提供的信息与企业的战略决策缺乏相关性。战略准备度体系是站在战略的高度，关注企业外部环境的变化，面对竞争对手，分析企业自身所处地位，以企业取得竞争优势作为主要目标。它由内向型向外向型发展，以适应战略管理的需要。

(2) 评价的主体和目标

传统战略评价体系注重本企业短期利益的最大化，而战略准备度注重企业的长远目标和整体利益的最大化。传统战略评价体系所注重的只是单个企业在有限期间内的发展，主要是对企业内部经营决策及经营管理有作用，对投资方案的评价仅限于从财务效益的角度展开，企业经营业绩也只表现在当期的利润上，只注重追求企业短期利润的最大化。而实际上，当企业间的竞争上升为全局性的战略竞争时，对企业战略的评价不能仅仅局限于财务效益指标，而必须同时考虑非财务效益方面的指标。战略准备度框架体系提供长期发展能力的评价指标，使企业能够适应快速多变的经营环境，主动把握未来，提高未来业绩。

(3) 评价的方法

传统的评价方法是非常有限的，仅限于对财务指标的评价，而战略准备度体系是在此基础上从多方位、多角度来进行综合分析和研究。处理问题的方法更加多元化，有助于企业管理层在更广泛、更深刻的层面上进行综合研究、全面分析，做出正确的战略性决策。

11.1.4 战略准备度评价体系的构建

利用卡普兰教授的"战略准备度"的观点来评价公司整体战略的战略准备度，可以从财务、客户、内部流程、学习和成长四个方面来审视一个公司的整体战略。

(1) 财务角度的评价指标

财务评价是对企业经营效果的综合评价。长期以来，各国的财务专家对财务评价进行了深入的分析，得到了相对一致的评价指标，即从财务的角度看，通常可以从盈利能力、营运能力、偿债能力和发展能力四个方面来进行。

① 盈利能力

盈利能力是指公司获取利润的能力，反映公司的财务结构状况和经营业绩，是公司营运能力、偿债能力和发展能力的综合体现。对公司盈利能力的评价指标包括净资产收益率、总资产报酬率等。

② 营运能力

营运能力反映了企业充分运用资源创造价值的能力，体现企业的经营效益。对营运能力的评价指标包括总资产周转率、流动资产周转率等。

③ 偿债能力

偿债能力是指企业以资产偿还其债务的能力，分为短期偿债能力和长期偿债能力。前者可通过流动比率、速动比率来反映，后者则通过资产负债率、产权比率、已获利息倍数等指标加以评价。

④ 发展能力

发展能力反映了企业持续发展的能力，通常可采用绝对盈利指标或者资产指标的相对变化率来表示，如销售（营业）增长率、资本积累率等。

（2）客户角度的评价指标

买方市场条件下，企业要想获得生存并有所发展，必须把眼睛盯住顾客，“一心为顾客提供价值”。因此，企业如何从客户角度去运作企业，已成为管理层首先要考虑的问题之一。如果公司的顾客所关心的事情有时间、质量、成本、性能和服务五类，那么公司应该明确时间、质量、成本、性能和服务所应达到的目标，然后把这些目标转化成具体的测量指标。从客户角度，企业一般可以选取市场份额、顾客满意度、顾客获利能力三个方面来运作。

① 市场份额

市场份额主要包括市场占有率、顾客保留率、顾客获得率等。其中，市场占有率是由顾客的数量、花费的金额或销售数量来反映企业在既定市场的销售比例。顾客保留率是以相对数来追踪企业与顾客继续维持既有关系的比例。顾客获得率是衡量企业吸引或赢得新顾客的比例。

② 顾客满意度

顾客满意度主要从柔性、可靠性、价格和质量四个角度来进行评价。柔性是反映企业对环境变化的响应能力，可分别用新产品比率、顾客需求平均响应时间、净化松弛时间百分比、顾客满意率等指标来进行评价。对可靠性的反映指标可包括准时交货率、顾客抱怨率等。对价格的反映指标可包括一定时间内的同比价格优势。对质量的反映指标可包括修退货比例、顾客抱怨时间等。

③ 顾客获利能力

顾客获利能力侧重于考察企业在单个顾客上的长期获利情况，是在扣除用于支持顾客的特定费用后的净获利水平，通常以某顾客产品利润率指标进行评价。

（3）内部流程角度的评价指标

这一角度所重视的是对提高客户满意度和实现企业财务目标有最大影响的那些内部业务过程，包括影响循环期、质量、员工技能和生产率的各种因素。公司还应尽可能地确定和测量自己的核心能力，并且清楚自己必须擅长哪些程序和能力，并一一具体规定测评指标。从内部流程角度可以选取创新能力水平、营运能力水平、售后服务水平等指标进行评价。

① 创新能力

由于企业管理者对市场的调研主要是研究市场容量、客户偏好、目标市场的价格敏感度等。因此创新能力可以用企业在市场上领先的产品数量、新上市产品的销售程度、投标中标率等指标来进行评价。

② 营运能力

营运过程是从客户订单开始，至产品发送到客户结束。这个过程强调效率、连贯、及时。因此可以从质量、时间、成本等方面制定相关的衡量指标，使用诸如处理过程中的缺陷率、产出比率、安排产品批量、原材料整理时间或批量生产准备时间、存货率、订单发送准确率等指标来评价。

③ 售后服务

售后服务包括售后保证、保修和退还、账款回收管理等，可用安全事件指数、返修比率、计划执行指数、项目完成指标、关键员工流失率等指标来进行评价。

(4) 学习和成长角度的评价指标

这一角度主要考虑企业要创造长期的成长和改善所必须的基础设施。公司学习和成长能力的提高与公司价值直接相连。通常学习和成长主要有三个来源，即人员、信息系统和企业程序。因此评价也是围绕这三方面展开。对员工的评价内容包括员工满意度、培训时间、挽留率、员工潜力的增加等；对信息系统能力的评价是处于决策和行动第一的员工所获得的有关客户的内部过程的准确性和重要信息的适时性；企业程序所检验的是对员工的激励措施与企业总的成功要素和重要客户及过程程序的改善情况[3]。

(5) 不同生命周期阶段的企业的评价指标的选择

企业在生命周期的各个阶段，其战略目标可能会有很大的差异，因此企业生命周期不同阶段的评价指标的重点也有差别。通常可以将一个公司的生命周期划分为三个阶段，即成长、维持和成熟，如表 11-1 所示。

表 11-1 不同生命周期的评价

公司生命周期	主要战略目标	对各评价指标的关注程度			
		财务	客户	内部流程	学习和成长
成长	销售额的增长、成本控制、资本经营、员工成长	中	强	中	强
维持	获利能力、获得并保持顾客、关注效率	强	强	强	中
成熟	现金回流最大化、关注效率、成长降低	强	中	强	中

11.1.5 战略准备度的测算及评价框架

(1) 战略准备度的测算

① 权重

权重是各评价指标对上层指标或总评价目标重要程度的反映。权重确定的方式对评价结果甚至评价系统功能的有效发挥均有重大的影响,合理的权重既能反映评价主题的偏好,又能反映评价体系内部各指标对评价目标的重要程度。权重的确定通常可以采用德尔菲法和层次分析法(Analytic Hierarchy Process,AHP)。德尔菲法属于主观赋权法,能够充分地让专家自由地发表个人观点,使分析人员与专家意见得到反馈。在进行专家调查过程中,可以采用数理统计方法对专家的意见进行处理,使定性分析与定量分析有机地结合起来。层次分析法属于客观赋权法,它的基本原理是充分利用人的经验和谈判,对定量和非定量因素进行统一测度,通过两两比较方案或目标的相对重要性构造判断矩阵,计算判断矩阵的最大特征根和特征向量,进而得到方案或目标相对重要性的定量化描述。财务、客户、内部流程、学习和成长四个角度的权重及每个角度内部评价指标的权重都可以用这种方法来确定。

② 战略准备度的计算[4]

在各指标和相应权重的基础上,可以分别计算出公司在财务、客户、内部流程、学习和成长四个角度的战略准备度,也可以求出公司整个战略的战略准备度,战略准备度的公式为:

$$S = \sum_{i=1}^{n} W_i S_i$$

$$\sum_{i=1}^{n} W_i = 1$$

式中 S——公司战略准备度;

W_i——第 i 个指标的权重;

S_i——第 i 个指标的得分,每个指标满分为 100。

(2) 战略准备度的评价框架

综合上述指标体系和权重两方面的分析,可以得到如图 11-1 所示的战略准备度评价体系的基本框架。

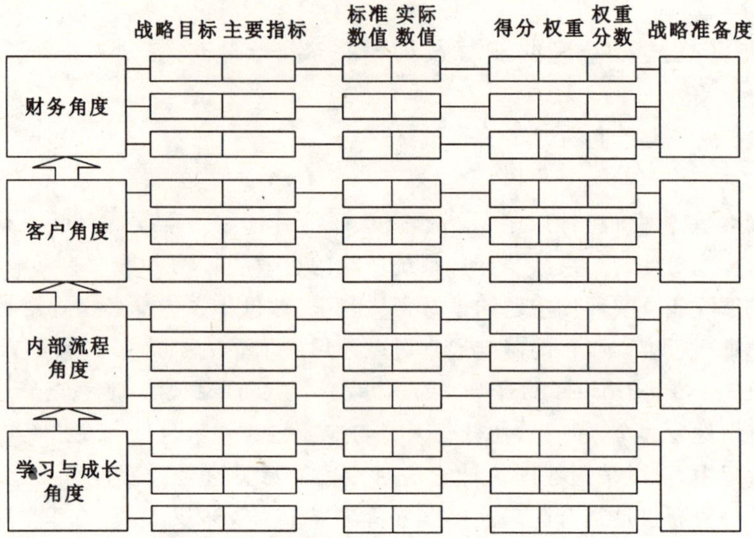

图 11-1　战略准备度评价体系的基本框架

11.2　平衡计分卡

11.2.1　平衡计分卡的提出背景及概念

平衡计分卡(The Balanced Score Card,BSC)是绩效管理中的一种新思路,适用于对部门的团队考核。在 20 世纪 90 年代初由哈佛商学院的罗伯特・卡普兰(Robert Kaplan)和诺朗诺顿研究所所长、美国复兴全球战略集团创始人兼总裁戴维・诺顿(David Norton)提出的一种全新的组织绩效管理方法。平衡计分卡自创立以来,在国际上,特别是在美国和欧洲,很快引起了理论界和客户界的浓厚兴趣与反响。

平衡计分卡被《哈佛商业评论》评为 75 年来最具影响力的管理工具之一。它打破了传统的单一使用财务指标衡量业绩的方法,而是在财务指标的基础上加入了未来驱动因素,即客户因素、内部经营管理过程和员工的学习与成长。

实际上,平衡计分卡方法打破了传统的只注重财务指标的业绩管理方法。与平衡计分卡相比,传统的财务会计模式只能衡量过去发生的事情(落后的结果因素),但无法评估组织前瞻性的投资(领先的驱动因素)。在工业时代,注重财务指标的管理方法还是有效的。但在信息社会里,传统的业绩管理方法并不全面，组织必须通过在客户、供应商、员工、组织流程、技术和革新等方面的投资，获得持续发展的动力。正是基于这样的认识，在平衡计分卡的方法中，组织从四个角度审视自身业绩，即财务、客户、内部流程、学习和成长[5]。

11.2.2 平衡计分卡的基本原理和流程

平衡计分卡中的目标和评估指标来源于组织战略，把组织的使命和战略转化为有形的目标和衡量指标。在 BSC 中的客户方面，管理者们确认了组织将要参与竞争的客户和市场部分，并将目标转换成一组指标，如市场份额、客户留住率、客户获得率、顾客满意度、顾客获利水平等。

在 BSC 中的内部流程方面，为吸引和留住目标市场上的客户，满足股东对财务回报的要求，管理者需关注对客户满意度和实现组织财务目标影响最大的那些内部过程，并为此设立衡量指标。在这一方面，BSC 重视的不是单纯的现有经营过程的改善，而是以确认客户和股东的要求为起点、满足客户和股东要求为终点的全新的内部经营过程。

在 BSC 中的学习和成长方面，确认组织为了实现长期的业绩而必须进行的对未来的投资，包括对雇员的能力、组织的信息系统等方面的衡量。

组织在上述各方面的成功必须转化为财务上的最终成功。产品质量、完成订单时间、生产率、新产品开发和客户满意度方面的改进只有转化为销售额的增加、经营费用的减少和资产周转率的提高，才能为组织带来利益。因此，BSC 的财务方面列出了组织的财务目标，并衡量战略的实施和执行是否为最终的经营成果的改善作出贡献。BSC 中的目标和衡量指标是相互联系的，这种联系不仅包括因果关系，而且包括结果的衡量和引起结果的过程的衡量相结合，最终反映组织战略。

下面简述 BSC 基本原理和流程[6]：

(1) 将公司愿景与战略转化为具体目标

以组织的共同愿景与战略为内核，运用综合与平衡的哲学思想，依据组织结构，将公司的愿景与战略转化为下属各责任部门（如各事业部）在财务、客户、内部流程、学习和成长四个方面的系列具体目标（即成功的因素），并设置相应的四张计分卡，其基本框架见图 11-2。

(2) 依据目标设置对应绩效评价指标体系

依据各责任部门分别在财务、客户、内部流程、学习和成长四种计量可具体操作的目标，设置对应的绩效评价指标体系。这些指标不仅与公司战略目标高度相关，而且是以先行（Leading）与滞后（Lagging）两种形式，同

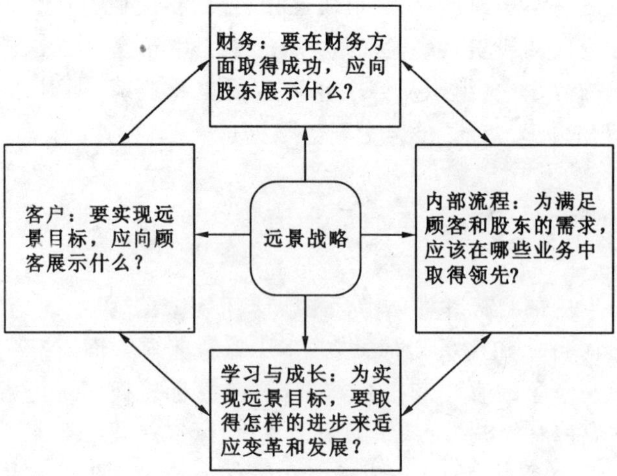

图 11-2　BSC 基本框架图

时兼顾和平衡公司长期和短期目标、内部与外部利益，综合反映战略管理绩效的财务与非财务信息。

(3) 商定各项指标的具体评分准则

由各主管部门与责任部门共同商定各项指标的具体评分规则。一般是将各项指标的预算值与实际值进行比较，对应不同范围的差异率，设定不同的评分值。以综合评分的形式，定期（通常是一个季度）考核各责任部门在财务、客户、内部流程、学习和成长四个方面的目标执行情况，及时反馈，适时调整战略偏差，或修正原定目标和评价指标，确保公司战略得以顺利与正确地实行。BSC 管理循环过程的框架见图 11-3。

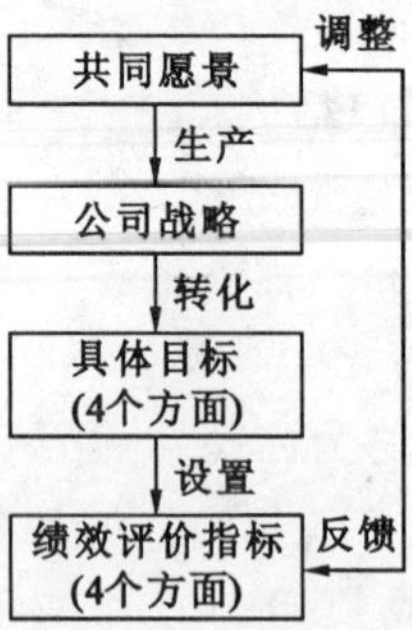

图 11-3　BSC 管理循环过程

11.2.3　平衡计分卡的优点

平衡计分卡不仅是一种管理手段，也体现了一种管理思想，那就是只有量化的指标才是可以考核的。因此,必须将要考核的指标进行量化。并且组织愿景的达成要考核多方面的指标,不仅是财务要素,还应包括客户、内部流程、学习与成长。自平衡计分卡方法提出之后,其对企业全方位的考核及关注企业长远发展的观念受到学术界与企业界的充分重视,许多企业尝试引入平衡计分卡作为企业管理的工具。实施平衡计分卡的管理方法主要有以下优点[7]:

(1) 克服财务评估方法的短期行为;

(2) 使整个组织行动一致,服务于战略目标;

(3) 能有效地将组织的战略转化为组织各层的绩效指标和行动;

(4) 有助于各级员工对组织目标和战略的沟通和理解;

(5) 有利于组织和员工的学习与成长以及核心能力的培养;

(6) 实现组织长远发展;

(7) 通过实施 BSC,提高组织整体管理水平。

11.2.4 平衡计分卡与战略管理

BSC 贯穿于战略管理的三个阶段。由于制定 BSC 时,要把组织经营战略转化为一系列的目标和衡量指标,此时管理层往往需要对战略进行重新的审视和修改,这样 BSC 为管理层提供了就经营战略的具体含义和执行方法进行交流的机会。同时,因为战略制定和战略实施是一个交互式的过程,在运用 BSC 评价组织经营业绩之后,管理者们了解了战略执行情况,可对战略进行检验和调整。在战略实施阶段,BSC 主要是一个战略实施机制,它把组织的战略和一整套的衡量指标联系起来,弥补了制定战略和实施战略间的差距。传统的组织管理体制在实施战略时有很多弊端:或是虽有战略却无法操作,或是长期的战略和短期的年度预算相脱节,或是战略未同各部门及个人的目标相联系,使战略处于一种空中楼阁的状态。

(1) 在制定 BSC 时与战略挂钩,用 BSC 解释战略

如前所述,一份好的 BSC 通过一系列因果关系来展示组织战略。例如,某一组织的战略之一是提高收入,则有下列因果关系:增加对雇员销售技能培训;了解产品性能,促进销售工作;收入提高。BSC 中的每一衡量指标都是因果关系中的一环。一份好的 BSC 中的评估手段包括业绩评估手段和推动业绩的评估手段,前者反映某项战略的最终目标及近期的工作是否产生了成果,后者反映实现业绩所做的工作,两者缺一不可。

(2) 利用 BSC 宣传战略

实施战略的重点是所有的雇员、组织高级经理、董事会成员都了解这

项战略。通过宣传BSC可以使雇员加深对战略的了解，提高其实现战略目标的自觉性。同时通过定期、不间断地将BSC中的评估结果告诉雇员，可以使其了解BSC给组织带来的变化。为了使董事会能够监督组织的高级经理人员及整个组织的业绩表现，董事会成员也应了解BSC。这样，监督的重点将不再是短期的财务指标，而是组织战略的实施。

(3) 将BSC与团队、个人的目标挂钩

这一工作可以通过分解BSC的目标和衡量指标来完成。平衡计分卡是由一整套具有因果关系的目标、衡量指标组成的体系，因此，它对于分解非财务指标有着独特的优势(传统意义上非财务指标很难分解)。分解可以采取两种方式：

第一种是由总组织管理人员制定BSC中财务、客户方面的战略，然后由中层管理人员参与制定内部流程、学习和成长方面的目标和衡量指标。

第二种是下一级部门将总组织的BSC作为参考，部门经理从组织的计分卡中找到自己可以施加影响的目标和衡量指标，然后制定该部门的计分卡。

(4) 把BSC用于执行战略和计划的过程，将战略转化为行动

第一步，要为战略性的衡量指标制定3～5年的目标。

第二步，制订能够实现这一目标的战略性计划。以资本预算为例，传统的资本预算未能把投资和战略相联系，而选用了回报率等单纯的财务指标进行投资决策。而现在可以用BSC来做，通过利用BSC来为投资项目打分，名列前茅并在资本预算范围内的投资项目将被采用。这种投资决策方法使资本预算和组织战略紧密相连。

第三步，为战略计划确定短期计划。管理人员根据顾客情况、战略计划、经营过程、雇员情况按月或季制定短期目标，即把第一步"3～5年的目标"中的第1年目标转化为BSC中4个方面的目标和衡量指标。制定战略性衡量指标、长远目标、战略计划、短期计划的过程，为组织目标转化为切实的行动提供了途径。在战略评价和反馈阶段，BSC中的衡量指标之间存在着因果联系。因此，当发现某项指标未达到预期目标时，便可以根据因果关系层层分析引起这项指标变动的其他指标是否合格，如果不合格，则表明是执行不力；如果均合格，那么管理人员就应对组织内外部环境重新分析、检查，据以确定战略的环境因素是否已发生变化，是否需要调整战略。这一反馈分析的过程，对于战略管理有着重要的意义，充分体现了战略管理动态的特征[8]。

个案研究——中外运敦豪平衡计分卡使用

中外运敦豪国际航空快件有限公司(简称中外运敦豪)于1986年12月1日在北京正式成立。自公司成立以来,随着中国经济迅速增长,中外运敦豪亦创下了骄人业绩。中外运敦豪是个西方管理和东方文化相融合的公司,中国区总经理就来自中西文化融合的新加坡。

1998年起,中外运敦豪开始在北京、上海和广州三个合资公司实行罗伯特·卡普兰的作业成本法(Activity-Based Costing,ABC)。通过ABC的运用,中外运敦豪对成本结构和在中国不同地区的成本差异有了进一步的了解,有效地辅助了成本基准的制定和管理,并且为公司能够制定具有竞争力和有赢利的价格政策提供了更具有价值的信息,帮助管理层更有效地制定公司总体战略目标。

中外运敦豪对运用作业成本法后取得的成果非常满意,决定继续运用这个管理理论去不断完善内部程序,为客户提供更好的服务。同时,罗伯特·卡普兰的管理工具——平衡计分卡(Balanced Score Card)引起中外运敦豪的关注。

2002年被中外运敦豪设定为“服务年”,这本来是加强内部服务意识的一个项目,但是它在全国39个地区共有2800名员工,让每一名员工对客户的服务意识和态度都得到提升是一个极其艰巨的任务。中外运敦豪认识到平衡计分卡能够配合内部的组织结构,帮助公司制定一个把管理目标和奖励系统相结合的模式,便决定开始实行平衡计分卡。

中外运敦豪首先建立了公司的远景战略,就是Market Leader(市场领导者),在国际快递行业中提供最好的服务给客人,这就是中外运敦豪的战略目标。

中外运敦豪认为平衡主要体现在四部分,即内部和外部、短期和长期、结果和动机、数量和质量。

中外运敦豪以前主要是用财务指标衡量分公司,看收入的增长是否达到标准,采用的是盈利和收款的情况等这些硬性的财务指标。但是中外运敦豪认为主要用财务指标来评判公司的经营业绩是远远不够的。中外运敦豪在平衡计分卡里不但重新设计了财务指标,如使用超过90天的应收账款来描述收入和预算的完成情况、利润和预算的完成情况,还涵盖了很多客户的指标,如客户保有率以及新增客户、客户满意度等外部的、软性的指标。

这些数据指标被称作关键绩效指标(Key Performance Index,KPI)。运用KPI能够起到通过指标控制流程的作用。中外运敦豪明确给客人提供最好服务的同时,重在过程,而不仅仅是一个结果。

为此,中外运敦豪在总部成立了“平衡计分卡小组”,负责公司的策略制定、实施、考评和完善。还邀请了一家培训顾问公司设计整个课程，然后再培训39个分公司的内部培训师，内部的培训师再培训内部员工。这样的实施就非常有效，因为内部讲师讲的故事或者模式都很贴近员工。

实施平衡计分卡促进了中外运敦豪的业绩增长，公司业务年平均增长率为40%，营业额跃升了60多倍。目前，中外运敦豪已在中国建立了最大的合资快递服务网络，稳居中国航空快递业的领导地位，在中国的市场占有率达到37%。

（资料来源：转载于《管理学家》2006年第3期，编者有删节。）

11.3 PIMS分析

11.3.1 PIMS分析的提出背景及概念

PIMS(Profit Impact of Market Strategies)分析又称战略与绩效分析，也叫PIMS数据库分析方法，其含义为市场战略对利润的影响。

PIMS研究最早于1960年在美国通用电气公司内部开展，主要目的是找出市场占有率的高低对一个经营单位的业绩到底有何影响。以通用电气公司各个经营单位的一些情况作为数据来源，经过几年的研究和验证，研究人员建立了一个回归模型。该模型能够辨别出与投资收益率密切相关的一些因素，而且这些因素能够较强地解释投资收益率的变化。

1972年，PIMS研究的参与者已不再局限于通用电气公司内部的研究人员，还包括了哈佛商学院和市场科学研究所的学者们。在这个阶段，该项研究所用的数据库不仅涉及通用电气公司的情况，还包括许多其他公司内经营单位的信息资料。

1975年，由参加PIMS研究的成员公司发起成立了一个非盈利性的研究机构，名为战略规划研究所，由它来负责管理PIMS项目并继续进行研究。迄今为止，已有200多个公司参加了PIMS项目，其中多数公司在财富500家全球最大的企业中榜上有名。

后期PIMS研究的主要目的是发现市场法则，即要寻找出在什么样的竞争环境中，经营单位采取什么样的经营战略会产生怎样的经济效果。具体来说，要回答下面几个问题：

(1) 对于一个给定的经营单位，考虑它的特定市场、竞争地位、技术、成本结构等因素，什么样的利润水平算是正常的和可以接受的？

(2) 哪些战略因素能够解释各经营单位之间经营业绩的差别？

(3) 在给定的经营单位中,一些战略性变化如何影响投资收益率和现金流量?

(4) 为了改进经营单位的绩效,应进行怎样的战略性的变化,以及在什么方向上做出这些变化[9]?

11.3.2 PIMS研究的主要结论

经过多年的研究,PIMS项目已得出了九条关键的结论。但在这九条关键的结论中,第四条结论即战略要素对利润率和净现金流量的影响,具有极其重要的意义。本节重点介绍第四条结论的内容。

PIMS研究人员运用多变量回归的方法对2000多个经营单位建立了战略要素与经营绩效的关系。通过分析发现,下述的几个战略要素对投资收益率和现金流量有较大的影响。如何运用这些重要的战略要素,在80%的程度上决定了一个经营单位的成功或失败。将这些战略要素的影响按照其重要程度分述如下:

(1) 投资强度

投资强度以投资额对销售额的比值来度量,或更准确地说,以投资额对附加价值的比率来表示。总体来说,较高的投资强度会带来较低的投资收益率ROI和现金流量。如图11-4所示,机械化、自动化和库存成本强度较高的经营单位通常显示出较低的投资收益率。然而,对于资本密集的经营单位来说,可以通过以下措施来减低投资强度对利润的影响:集中于特定的细分市场;扩大产品线宽度;提高设备生产能力的利用率;开发在能力和用途上有灵活性的设备;尽可能租赁设备而不购买。投资强度与投资收益的关系见图11-4。

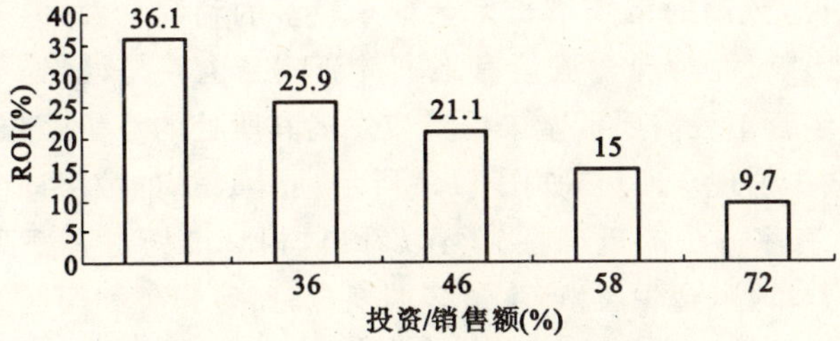

图11-4 投资强度与投资收益的关系

(2) 劳动生产率

劳动生产率以每个职工平均所创造的附加价值来表示。劳动生产率对经营业绩有正面的影响,劳动生产率高的经营单位较劳动生产率低的经营单位具有良好的经营业绩。

(3) 市场竞争地位

相对市场占有率对经营业绩有较大的正面影响，较高的市场占有率会带来较高的收益，如图 11-6 所示。图 11-5 显示出市场占有率与投资强度两者混合对现金流量的影响。可以看出，高市场占有率与低投资强度结合能产生较多的现金；反之，低市场占有率和高投资强度结合会带来现金的枯竭。市场占有率与投资强度对现金流量的影响见图 11-5，市场占有率与投资收益率的关系见图 11-6。

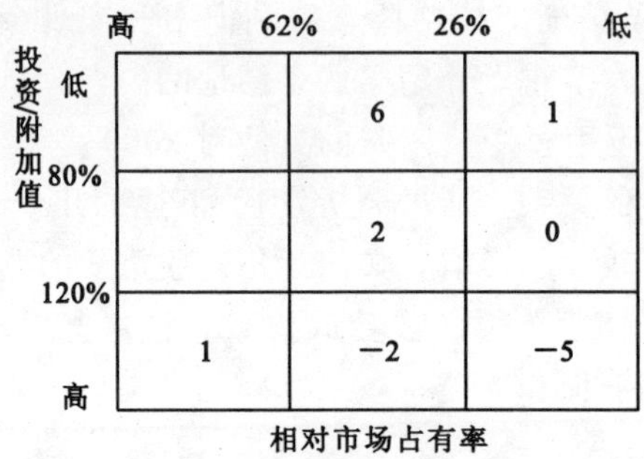

图 11-5　市场占有率与投资强度共同对现金流量的影响

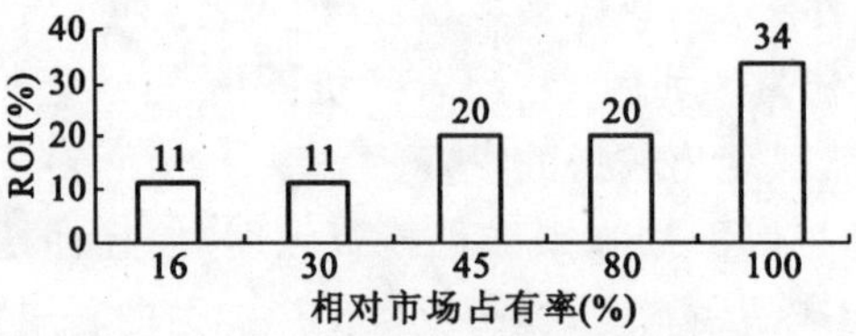

图 11-6　市场占有率与投资收益率的关系

(4) 市场增长率

一般来说，较高的市场增长率会带来较多的利润总额，但对投资收益率没有什么影响，而对现金流量有不利的影响。也就是说，处于高市场增长率行业的经营单位需要资金来维持或发展其所处的竞争地位，因而需要耗费资金，减少了现金回流，如图 11-7 所示。图 11-7 的数字证明了市场增长率-市场占有率方法的正确性。可以看出，相对市场占有率高和市场增长率低的经营单位(金牛类)产生最多的现金；而瘦狗类和问题类经营单位产生负的现金回流。市场增长率与市场占有率共同对现金流量的影响见图 11-7，产品质量与市场占有率共同对投资收益的影响见图 11-8。

(5) 产品或服务的质量

产品质量与经营业绩密切相关。出售高质量产品或服务的单位较出售低质量产品或服务的单位具有较好的经营业绩。还发现，产品质量与市场占有率具有强正相关关系，两者起互相加强的作用。当一个经营单位具有较高的市场占有率并出售较高质量的产品时，其经营业绩也最好，如图 11-8所示。

相对市场占有率（高—75%—60%—低）；市场增长率（高—7%—0%—低）

市场增长率 \ 相对市场占有率	高～75%	75%～60%	60%～低
高～7%	5 (明星)	−1	−5 (幼童)
7%～0%	7	3	−2
0%～低	7 (金牛)	2	−1 (瘦狗)

图 11-7　市场增长率与市场占有率共同对现金流量的影响

相对市场占有率（低—6%—36%—高）；产品质量（低—26%—63%—高）

产品质量 \ 相对市场占有率	低～6%	6%～36%	36%～高
低～26%	12	10	17
26%～63%	17	17	26
63%～高	29	29	37

图 11-8　产品质量与市场占有率共同对投资收益的影响

(6) 革新或差异化

如果一个经营单位已经具有较强的市场竞争地位，则采取开发较多的新产品，增加研究与开发的费用，以及加强市场营销努力等措施会提高经营业绩。反之，如果经营单位市场竞争地位较弱，则采取上面的措施会对利润产生不利的影响，如图 11-9 所示。

R&D/销售额（低—1.3%—3.7%—高）；相对市场占有率（低—26%—63%—高）

相对市场占有率 \ R&D/销售额	低～1.3%	1.3%～3.7%	3.7%～高
低～26%	17	12	4
26%～63%	14	20	10
63%～高	27	30	30

图 11-9　革新与市场地位共同对投资收益的影响

(7) 纵向一体化

一般来说,对处于成熟期或稳定市场中的经营单位,提高纵向一体化程度会带来较好的经营业绩。而在迅速增长或处于衰退期的市场,在一定条件下,提高纵向一体化程度对经营业绩则有不利的影响。

(8) 成本因素

工资增加、原材料涨价等生产成本的上升对经营业绩的影响程度及方向是比较复杂的。这取决于经营单位如何在内部吸收成本上升部分或怎样将增加的成本转嫁给客户。

(9) 现时的战略努力方向

改变上述任一因素,都会影响经营单位的未来业绩。譬如,较高的市场占有率会产生较多的现金流量,但是如果经营单位试图提高市场占有率,就会消耗现金。

除此以外,PIMS 研究还发现,产品的特点与企业业绩没有关系,而对企业业绩起决定作用的是如上所述的经营单位的特点。无论是生产钢铁产品的经营单位,还是科电产品或化工产品的经营单位,如果它们的特点基本相似,那么它们会有相似的经营业绩。

11.4 战略人力资源管理模型

11.4.1 SHRM 提出的背景与概念

战略人力资源管理(Strategic Human Resources Management, SHRM)的理念首先是由美国学者提出的。但在 20 世纪 80 年代以前,日本的企业实际上扮演着战略人力资源管理先驱实践者的角色。日本人力资源管理实践的精髓在于其人本主义理念,在这一理念指导下,日本企业将其管理重心集中在对"人的管理"之上,实行了一系列充分体现其人本主义思想的人力资源管理制度,如终身雇佣制、年功序列制、教育培训制以及保障制等。这些制度的战略基础是能力、品质、技能、教育程度、完成任务的适应性和岗位工作绩效等。但在 20 世纪 80 年代以后,日本人力资源管理的弊端也日益暴露出来。约翰·沃洛诺夫在《日本管理的危机》、帕茨·史密斯在《日本:一种新的解释》、菲利普·安德森在《黑纱的里面:除去日本人商业行为的迷雾》等著作中,深刻地分析了日本模式的弊端。他们指出,在日本企业中,人力资源管理在更大程度上陷入一般事务性职能,对人力资源的战略性、战略人力资源的工作绩效激励、核心雇员的配置等方面缺乏充分的界定、使用和激励,这使得日本企业"核心人力资源(Core

Human Resources)”的“战略性”受到极大削弱和限制。

战略人力资源管理产生于20世纪80年代中后期，近一二十年来这个领域的发展令人瞩目，对这一思想的研究与讨论日趋深入，并被欧、美、日企业的管理实践证明为获得长期可持续竞争优势的战略途径。相对于传统的人力资源管理，SHRM定位于在支持企业的战略中人力资源管理的作用和职能。目前，学术理论界一般采用Wright & Mcmanhan的定义，即SHRM是指为企业能够实现目标所进行和所采取的一系列有计划、具有战略性意义的人力资源部署和管理行为[10]。

11.4.2 SHRM的特征

(1) 人力资源的战略性

企业拥有的人力资源是企业获得竞争优势的源泉。战略人力资源(Strategic Human Resources，SHR)是指在企业的人力资源系统中，具有某些或某种特别知识(能力和技能)，或者拥有某些核心知识或关键知识，处于企业经营管理系统的重要或关键岗位上的人力资源。相对于一般性人力资源而言，被称为战略性的人力资源具有某种程度的专用性和不可替代性。

(2) 人力资源管理的系统性

企业为了获得可持续竞争优势而部署的人力资源管理政策、实践、方法、手段等构成一种战略系统。

(3) 人力资源管理的战略性

人力资源管理的战略性也即“契合性”，包括：“纵向契合”，即人力资源管理必须与企业的发展战略契合；“横向契合”，即整个人力资源管理系统各组成部分或要素相互之间的契合。

(4) 人力资源管理的目标导向性

战略人力资源管理通过组织建构，将人力资源管理置于组织经营系统，促进组织绩效最大化。

11.4.3 SHRM定位研究

人力资源管理的重要性日益增强。许多企业已经认识到人力资源是最具有竞争优势的资源。在外部环境不断变化的今天，企业要想取得可持续竞争优势，就不能仅仅依靠传统金融资本的运营，还必须依靠人力资源优势来维持和培育竞争力。这种变化促进人力资源管理的战略性定位研究。这种研究主要集中在以下两个方面：

(1) 促进人力资源管理职能转型的主要因素的研究

马托森(Mathis)、杰克逊(Jackson)等人侧重于人力资源管理对产业转型和组织重组的适应性方面的论述。他们认为,最主要的挑战来自于经济和技术的变化与发展、劳动力的可用性和质量问题、人口多样性问题、组织重组问题。戴维·沃尔里奇等人从经济全球化组织如何维持自身优势的角度加以论述。他们认为,要想在激烈的全球经济竞争中保持优势,人力资源管理就必须要克服来自八个方面的挑战,即全球化,价值链重组,创造利润增长途径的变化,以能力为本,组织竞争力模式的变化,技术创新和进步,教育创新,组织再造和重组。

(2) 对人力资源管理职能的"战略性定位"

当代人力资源管理是组织的"战略贡献者(Strategy Contribution)"。马托森从三个方面论述这种"战略贡献者"的作用:提高企业的资本运营绩效;扩展人力资本;保证有效的成本系统。斯托瑞则认为战略人力资源管理的基本职能是保证组织在竞争力、利润能力、生存能力、技术优势和资源配置等方面具有效率。舒勒、胡博等人则从组织战略目标实现方面论述战略人力管理的职能,他们认为,战略人力资源管理是统一性和适应性相结合的人力资源管理,必须和"组织的战略"及"战略需求"相统一。他们将战略人力资源管理分成几个不同的部分:人力资源管理哲学、政策、项目、实践和过程,认为每个部分都是一种"战略性的人力资源管理活动",同时又是企业发展的战略目标。沃尔里奇则提出人力资源管理"战略性角色"的概念,认为当代人力资源管理已经从传统的"成本中心"变成企业的"利润中心"。在这种转变过程中,人力资源管理的角色也处于不断的转型中,正经历由传统的"职能事务性"向"职能战略性"的转变。他描述了四种主要的角色:管理战略性人力资源,管理组织的结构,管理员工的贡献程度,管理企业或组织正在经历的各种转型与变化。沃尔里奇认为,人力资源管理若要能够有效担当这四种基本角色,就必须掌握四类基本技能。

① 掌握业务(Business Mastery):要求人力资源管理成为核心经营管理的有机组成部分,了解并参与企业基本的业务活动,具有强烈的战略业务导向。

② 掌握人力资源(HR Mastery):确保基本的管理和实践相互协调,并担当起一定意义的行政职能。

③ 人力资源信誉(HR Credibility):人力资源管理部门及其管理人员必须具有良好的信誉体系,具备广泛的人际关系能力、问题解决能力和创新能力。

④ 掌握变革 (Change Mastery):积极参与推动企业的变革,并提供有效的决策信息依据。

劳伦斯·S. 克雷曼(美)、乔森纳·斯迈兰斯基(英)等人侧重于从企业人力资源管理对企业价值链的重构、人力资源管理实践边界的扩展等角度,阐述人力资源管理职能的战略性定位。他们认为,当代人力资源管理正日益突显其在企业价值链中的重要作用,这种作用就在于它能够为企业内部的各个部门提供"附加价值(Added Value)"。因此,人力资源管理部门必须积极加强与企业各业务部门的密切联系,支持配合企业的长期发展战略。为此,人力资源管理部门必须从过去传统的"权力中心(Power Center)"的地位转变为"服务中心(Service Center)"的地位。由于企业组织结构的创新和变革,必然引起人力资源管理职能的变化和扩展,人力资源管理将越来越多地参与企业战略制定、业务经营、技术创新、员工精神培育等战略性活动。总之,人力资源管理正日益成为企业建立竞争力优势的重要途径[11]。

11.4.4 战略人力资源管理绩效研究

战略人力资源管理贯穿于组织管理的每一个环节。绩效研究的目的在于通过有效管理的实践,为保证组织的发展和培育核心竞争力的战略制定提供机制和导向。

战略人力资源管理的绩效研究包括战略人力资源管理本身的管理绩效或实践绩效,也包括战略人力资源管理对于组织(企业运营)的贡献绩效。前者涉及的内容主要是对组织人力资源管理的政策和方法实施效果的评价和分析,通过具体的人力资源投资、开发和利用的计划和规划,不断提高人力资源生产率或工作业绩;后者则是通过对组织状况、环境与特点的分析,力求组织人力资源管理能够成为或实现组织"战略贡献者"。两者相互联系、相互制约。

从企业整体目标考察,战略人力资源管理的核心在于保证和增进组织绩效。米切尔·谢帕克(Michael A. Sheppeck)等人提出了一个关于战略人力资源管理与组织绩效关系的概念模型。他们认为,组织绩效的提高是企业的环境、经营战略、人力资源管理实践和人力资源管理的支持因素四个基本变量相互联系、相互作用的复杂系统行为的结果。人力资源管理不能单独对企业的绩效产生作用,必须与其他三个变量相互配合并形成一定的关系模式。

为获得并保证人力资源管理的管理绩效,与之相关的一个问题是绩效是关于什么的?是企业财务收益,或是股东收益,或是顾客满意。许多学者认为现行的人力资源管理绩效评价方法(如360°绩效评估、平衡计分卡、满意度调查等)未能深刻揭示人力资源管理与企业绩效之间的关系。菲里斯(Ferris)提出人力资源管理与组织绩效之间关系的"社会背景理论(Social Context Theory)",这一理论将人力资源管理放在一个更加广泛的背景中,通过引入多因素调查(如政治、文化、技术和组织结构等)、中介联结和约束条件,建立了两者之间的动态关系模型。

必须指出的是,为了充分实现战略人力资源管理的绩效,还需进行人力资源绩效的定量分析研究。这方面的工作目前已经取得了一定的进展,发展了一系列的定量分析和定量研究的模型和方法,如人力资源指数问卷、人力资源案例研究、人力资源竞争基准、人力资源关键指标法、人力资源效用指数、人力资源声誉研究、会计学资产模式、人力资源成本模式等。这些定量研究和分析对于提高人力资源管理绩效、发挥人力资源管理的战略性职能具有重要意义[12]。

11.5 案例讨论:华为的动力学

(1) 基本法、IPO

2008年2月,华为给为自己做了10年管理咨询的IBM咨询师们送行。从1995年开始,华为从两个方向对管理做了探索。对内,华为开始对历史经验做出总结,这些智慧集中表现为《华为基本法》(以下简称基本法);对外,华为开始以IBM为标杆来学习。从这一年开始,华为和它的历史同伴们走上了两条完全不同的道路。

从1995年开始筹备基本法到成稿经历了3年,而这3年,华为经历了从1995年的800多人到1998年近两万人的高速发展过程。曾任基本法起草小组组长的中国人民大学教授彭剑锋认为,基本法至少为华为增加了10亿元品牌价值。基本法的意义在于将高层的思维真正转化为大家能够看得见、摸得着的东西,使彼此之间能够达成共识,这是一个权力智慧化的过程。

1998年,华为的战略管理和项目管理之间矛盾重重。更重要的是,华为开发的产品中有相当一部分是极端复杂的大型产品系统,要管理和协调这么一支庞大的开发团队,保证千万行代码不出差错,不仅需要超人的智慧,更需要一种有效的管理策略。类似的问题也曾出现在蓝色巨人IBM身上。20世纪90年代初,郭士纳操刀让技术强大但缺乏章法的IBM进入集成产品开发(Integrated Product Development,IPD)的管理文化,成功地推动IBM走上了从技术向市场转化的商业路径,使企业各个环节成为一个有机的整体。这也是IBM在管理上的核心思想——"一次做对"。

1999年初,由IBM作为咨询方设计的IPD变革在华为正式启动。IPD是关于产品开发(从产品概念产生到产品发布)的全过程的一种理念和方法，它强调以市场和客户需求作为产品开发的驱动力，在产品设计中构建产品质量、成本、可制造性和可服务性等方面的优势。

更重要的是，IPD 将产品开发作为一项投资进行管理。在产品开发的每个阶段，都是从商业的角度而不是从技术的角度进行评估，以确保产品投资回报的实现，或尽可能减少投资失败所造成的损失。在学习各种先进经验的基础上，任正非形成了关于均衡管理的思想。

(2) 市场攻坚战

企业诞生就要发展。而华为涉足的通信行业又是一个竞争异常激烈的行业，要么死，要么活。面对强手如林的国内外市场，年轻的华为怎么做？对于任正非来说，世界级企业是他毕生的目标。

狙击国内对手，“以超过竞争对手的强度和配置资源，要么不做，要做就极大地集中人力、物力和财力，实现重点突破”。这就是华为的压强原则。华为研制 C&C08 机落后于主要竞争对手中兴、巨龙和长虹电信，但是 1994 年下半年推出的大容量的万门机 C&C08 型机，却早于其他竞争对手。

它在既定战略上拉开了与竞争对手的距离。这种策略的运用前提是敌强我弱，作为电信设备巨头中唯一的民营企业，华为在资金、人员、政策扶持等关键资源上都处于劣势，只有在企业内部资源的配置上做文章，由整体的弱变为局部的强，在某一个阶段、某一个方面领先对手，占领市场，形成竞争力。在自己已有的市场中，华为还会把技术更新和推进当做一种狙击新进入者的手段。通过自我否定和自我淘汰，强迫产业进步，提高进入者的门槛。

用价格战狂扫海外市场，亚洲版《华尔街日报》的报道曾说，华为是“思科在亚洲地区最大的竞争对手，同类产品的价格远低于思科”。思科的老总钱伯斯就曾明确说过，在今后几年里，思科将只有一个竞争对手，就是华为。事实上，知识密集型企业必然会走向国际化，这是由产品性质决定的。它们的产品是高附加值的知识产品，这种产品的特性之一就是容易复制，而大规模地复制将大大摊薄成本，还可以化解国内市场不稳定的风险。

价格永远是中国知识密集型企业的优势，华为在美国的广告词就是“它们唯一不同的就是价格”。而在国际市场上，华为仍然采取在国内市场上采取的“从农村包围城市”策略，从亚洲、非洲的第三世界国家入手。在这些国家，华为的竞争对手不是当地的廉价劳工，仍然是跨国公司的销售人员和它们的代理，这使得华为的“狼性”发挥得淋漓尽致。一位在刚果的市场代表说：“这个地方虽然乱，但是块好地方，拱一拱就能拱出金子来。”而在这块能拱出金子的地方，爱立信、诺基亚等国际品牌却很难派销售人员来，因为高额的员工补贴让它们的产品毫无优势可言。华为自 2005 年起，海外销售收入开始超过国内市场。2005年，华为的海外收入所占比例为58%，2006年达到65%，2007年则超过了70%，已经连续三年海外收入超过国内市场。

"但是，如果不能很快把握客户价值，那么价格优势就会逐渐丧失。"锡恩公司总经理姜汝祥分析说，"业界通用的核心竞争力应该是两个能力：围绕客户，前端是为客户创造价值，后端是它强大的执行力。前端似乎不明确。华为围绕客户创造价值方面，比较偏向价格利益，就是产品价格低。价格给客户带来的好处，我们通常不把它称为核心竞争力。一般会把服务、品牌等综合能力看成是核心竞争力。因此，未来华为的多元化与核心竞争力的定义有很大的关系。如果在这个层面上不是很清楚，就意味着战略上的摇摆。如果是把价格作为竞争力的优势，那么现在面临的情况就更严峻。关键是，这种所谓优势是不能持续。在未来5～10年内，华为要思考的是在这个产业里如何为客户创造独特的价值，这个价值不仅仅是技术，更是对产业客户发展战略的协同。实际上，在你为大客户提供服务的时候，你要知道大客户在想什么、未来的发展趋势是什么、产业的属性是什么、产业未来的方向是什么等，这样你才知道如何打造产品、如何打造执行团队。"

进入2008年，华为发展进入一个新的阶段。2007年年报显示，华为销售收入已经达到125.6亿美元，跻身世界通信设备商的前五强。

"尽管如今经济环境不好，电信还是要发展的，但经济环境要求人们在价格上有所考虑。或许这段时间的冬天，正是华为的春天了。"姜汝祥说，"未来4～5年，就是华为提升核心竞争力的时候。在战略、组织、制度层面改善提升，以应对下一轮的经济复苏。"瑞典延雪平大学校长、经济学教授托马斯·安德森也表示："我认为世界经济将会陷入一个较长时期的缓慢增长的'冬天'，但这对中国来说是一个机会。中国在这次经济危机中受到的打击相对较小，正好可以趁这个机会调整经济和产业结构、刺激消费、拉动内需，甚至可以借机改善能源系统和生态环境。只不过政府和企业的管理、实践和责任都需要谨慎行事。"

居安思危，华为和任正非是中国企业及企业家的典范。

（资料来源：石丹．华为动力学．商学院，2008，12．编者有删节。）

思考并分析：

（1）华为是通过什么战略取胜的？

（2）华为是如何成功实施基本法和IPD的？具体做法是怎样的？

（3）你认为华为在市场战略实施方面有哪些是可以借鉴的？

战略管理前沿——经济附加值

经济附加值(Economic Value Added,EVA)又称经济增加值,是美国思腾思特咨询公司(Stern Stewart & Co.)提出并实施的一套以经济增加值理念为基础的财务管理系统、决策机制及激励报酬制度。《财富》杂志称EVA为"当今最为炙手可热的财务理念"。它是基于税后营业净利润和产生这些利润所需资本投入总成本的一种企业绩效财务评价方法。公司每年创造的经济增加值等于税后净营业利润与全部资本成本之间的差额。其中资本成本包括债务资本的成本,也包括股本资本的成本。目前,以可口可乐为代表的一些世界著名跨国公司大都使用EVA指标评价企业业绩。从算术角度说,EVA等于税后经营利润减去债务和股本成本,是所有成本被扣除后的剩余收入(Residual Income)。EVA是对真正"经济"利润的评价,或者说,是表示净营运利润与投资者用同样资本投资其他风险相近的有价证券的最低回报相比,超出或低于后者的量值。

(1) EVA是股东衡量利润的方法

资本费用是EVA最突出、最重要的一个方面。在传统的会计利润条件下,大多数公司都在盈利。但是,许多公司实际上是在损害股东财富,因为所得利润是小于全部资本成本的。EVA纠正了这个错误,并明确指出,管理人员在运用资本时,必须为资本付费,就像付工资一样。考虑包括净资产在内的所有资本的成本,EVA显示了一个企业在每个报表时期创造或损害了的财富价值量。换句话说,EVA是股东定义的利润。假设股东希望得到10%的投资回报率,他们认为只有当他们所分享的税后营运利润超出10%的资本金的时候,他们才是在"赚钱"。在此之前做的任何事情,都只是为达到企业风险投资的可接受报酬的最低量而努力。

(2) EVA使决策与股东财富一致

思腾思特公司提出了EVA衡量指标,帮助管理人员在决策过程中运用两条基本财务原则。第一条原则:任何公司的财务指标必须是最大限度地增加股东财富。第二条原则:一个公司的价值取决于投资者对利润是超出还是低于资本成本的预期程度。从定义上来说,EVA的可持续性增长将会带来公司市场价值的增值。这条途径在实践中几乎对所有组织都十分有效,从刚起步的公司到大型企业都是如此。EVA的当前的绝对水平并不真正起决定性作用,重要的是EVA的增长,正是EVA的连续增长为股东带来连续财富增长。

(资料来源:MBA智库百科.编者有删节。)

本章小结

战略准备度以战略评价为切入点，重点介绍它在公司整体战略评价中的应用，探讨财务、客户、内部流程和学习与成长四个方面的评价变量和衡量指标的构建，并阐明各衡量指标之间以及与公司战略评价的内在关系。

平衡计分卡方法打破了传统的只注重财务指标的业绩管理方法。与平衡计分卡相比，传统的财务会计模式只能衡量过去发生的事情（落后的结果因素），但无法评估组织前瞻性的投资（领先的驱动因素）。在工业时代，注重财务指标的管理方法还是有效的。但在信息社会里，传统的业绩管理方法并不全面的，组织必须通过在客户、供应商、员工、组织流程、技术和革新等方面的投资，获得持续发展的动力。正是基于这样的认识，在平衡计分卡方法中，组织从四个角度审视自身业绩，即学习与财务、客户、内部流程、学习和成长。

PIMS分析又称战略与绩效分析，也叫PIMS数据库分析方法，是数据库技术在竞争分析中的运用。PIMS研究的主要目的是发现市场法则，即要寻找出在什么样的竞争环境中，经营单位采取什么样的经营战略会产出怎样的经济效果。

战略人力资源管理定位于在支持企业的战略中人力资源管理的作用和职能，即为企业能够实现目标所进行和所采取的一系列有计划、具有战略性意义的人力资源部署和管理行为。

本章英文词汇

战略准备度　Strategy Readiness
平衡计分卡　The Balanced Scorecards
PIMS分析　PIMS Analysis
战略人力资源管理模型　Strategic Human Resources Management

本章思考题

11-1　如何利用战略准备度评价一个公司的整体战略？
11-2　平衡计分卡的基本原理和流程是怎样的？
11-3　PIMS分析中，战略要素和经营绩效间的关系是什么？
11-4　战略人力资源管理和传统人力资源管理有什么区别？

参考文献

[1]　罗伯特·卡普兰，大卫·诺顿．评估无形资产的战略准备度．哈佛商业评论，2004(3).

[2] 王佳,郑立群.战略准备度——公司战略评价的新视角,科学技术与工程,2005(24).

[3] 罗伯特·卡普兰.高级管理会计.大连:东北财经大学出版社,1999.

[4] BUTLER A, LETZA S R, NEALE B. Linking the balanced scorecard to strategy. Long Range Planning, 1997:58-72.

[5] 罗伯特·卡普兰,大卫·诺顿.平衡计分卡.广州:广东经济出版社,2004.

[6] 罗伯特·卡普兰,大卫·诺顿.战略地图.广州:广东经济出版社,2005.

[7] MBA 智库."平衡计分卡"词条. http://wiki.mbalib.com/wiki/.

[8] 肯·威尔伯.平衡计分卡战略实践.北京:中国人民大学出版社,2009.

[9] MBA 智库."PIMS 分析"词条. http://wiki.mbalib.com/wiki/.

[10] KAUFMANBE. The theory and practice of strategic HRM and participative management antecedents in early industrial relation. Human Resource Management Review, 2001(11):507.

[11] SCHULERRS. Strategic human resource management linking the people with the strategic needs of the business. Organizational Dynamic, 1992:18-31.

[12] MBA 智库."战略人力资源管理"词条. http://wiki.mbalib.com/wiki/.